Lilly Nielitz-Hart, Simon Hart
KulturSchock Großbritannien

„Der gelbe Mann stand neben mir auf dem Verdeck,
als ich die grünen Ufer der Themse erblickte und
in allen Winkeln meiner Seele die Nachtigallen erwachten.
‚Land der Freiheit‘, rief ich, ‚ich grüße dich!‘"

Heinrich Heine, Englische Fragmente

Impressum

Lilly Nielitz-Hart, Simon Hart
KulturSchock Großbritannien

erschienen im
REISE KNOW-HOW Verlag Peter Rump GmbH
Osnabrücker Str. 79
33649 Bielefeld

Gestaltung

Umschlag: Günter Pawlak (Layout), Klaus Werner (Realisierung)
Inhalt: Günter Pawlak (Layout), Anna Medvedev (Realisierung)
Karten: Anna Medvedev
Abbildungen: siehe Bildnachweis S. 10

Lektorat: Dhaara Petra Volkmann

Druck und Bindung: Fuldaer Verlagsanstalt GmbH & Co. KG

ISBN 978-3-8317-1796-5
Printed in Germany

Dieses Buch ist erhältlich in jeder Buchhandlung Deutschlands, der Schweiz, Österreichs, Belgiens und der Niederlande.
Bitte informieren Sie Ihren Buchhändler über folgende Bezugsadressen:

Deutschland
Prolit GmbH, PF 9, D-35461 Fernwald (Annerod) sowie alle Barsortimente
Schweiz
AVA-buch 2000, Postfach, CH-8910 Affoltern
Österreich
Mohr Morawa Buchvertrieb GmbH, Sulzengasse 2, A-1230 Wien
Niederlande, Belgien
Willems Adventure, www.willemsadventure.nl

Wir freuen uns über Kritik, Kommentare und Verbesserungsvorschläge.

Alle Informationen in diesem Buch sind von den Autoren mit größter Sorgfalt gesammelt und vom Lektorat des Verlages gewissenhaft bearbeitet und überprüft worden.

Da inhaltliche und sachliche Fehler nicht ausgeschlossen werden können, erklärt der Verlag, dass alle Angaben im Sinne der Produkthaftung ohne Garantie erfolgen und dass Verlag wie Autoren keinerlei Verantwortung und Haftung für inhaltliche und sachliche Fehler übernehmen.

Der Verlag sucht Autoren für weitere KulturSchock-Bände.

Lilly Nielitz-Hart, Simon Hart

KulturSchock
Großbritannien

Inhalt

Die Gesellschaft heute – Staat, Politik und Wirtschaft 165

Kulturerbe und Popkultur   207

Der Alltag von A bis Z   239

Zu Gast in Großbritannien 287

Anhang 305

Vorwort

Die Briten sehen sich selbst als ein Vielvölkergemisch und sind stolz darauf. Über die Jahrhunderte hinweg wurde das Land von Zuwanderern aus dem europäischen Festland besiedelt und besetzt: Kelten, Römer, Angeln und Sachsen, Wikinger und Normannen haben alle ihre Spuren hinterlassen. Später kamen Einwanderer aus den ehemaligen Kolonien bzw. dem heutigen Commonwealth hinzu: Australien, Südafrika, Indien, Pakistan und aus der Karibik –, aber auch politische und religiöse Flüchtlinge aus Europa siedelten sich hier an.

Wenn Briten zusammen in einer Runde sitzen, dauert es daher nicht lange, bis einer sagt: „Wir sind ja alle Immigranten hier." Britischsein ist keine Frage der Abstammung, sondern vielmehr eine Haltung, eine Einstellung, die bestimmte Werte einschließt. So können Einwanderer aus den unterschiedlichsten Ländern irgendwann genauso britisch werden wie die in Britannien geborenen und von Briten abstammenden Einwohner.

Das heutige Britannien ist **ein Konglomerat aus den verschiedenen Kulturen.** Damit nicht genug, setzt sich die Union des Vereinigten Königreiches von Großbritannien und Nordirland *(United Kingdom of Great Britain and Northern Ireland),* wie der Staatenverbund offiziell heißt, außerdem aus den vier Nationen England, Wales, Schottland und Nordirland zusammen, die sich ebenfalls kulturell voneinander unterscheiden. Da Schottland, Wales und Nordirland nie vollständig von Einwanderern besetzt, eingenommen oder unterworfen wurden, hat sich hier im Gegensatz zu England die romantisierte Vorstellung von einer keltischen Herkunft erhalten. Als kleinere Nationen versuchen sich Schottland, Wales und Irland außerdem von der dominierenden Provinz und Kultur Englands durch eine eigene Identität abzugrenzen.

Der Grieche *Pytheas* bereiste bereits 325 v. Chr. Nordeuropa und bezeichnete die britischen Inseln als *Albion,* sehr wahrscheinlich beeinflusst von den weißen Kalksteinklippen in Dover *(albus* = weiß). *Pytheas* sprach auch als erster von *Britannia.* Die Römer benutzten den Begriff *Britanniae* für die britischen Inseln. Erst ab 1707, als die beiden Königreiche England und Schottland vereint wurden, entstand **die Bezeichnung Großbritannien.** Da Wales bereits 1283 unterworfen worden war, gehörte es zu England und hatte keinen Anspruch mehr darauf, ein eigenes Königreich zu bilden. Im Jahr 1801 kam Irland mit in den Verbund und das Vereinigte Königreich von Großbritannien und Irland entstand. Erst ab 1921 spaltete sich die Republik Irland ab und nur Nordirland verblieb in der Union. Seitdem spricht man vom **Vereinigten Königreich von Großbritannien und Nordirland.**

Heute werden im Sprachgebrauch **die Bezeichungen Großbritannien (Great Britain), Britannien (Britain) und UK (United Kingdom)** verwendet, mit denen man jeweils das gesamte Vereinigte Königreich meint, da niemand den umständlicheren langen Titel gebrauchen will. Auch in diesem Buch werden daher die verschiedenen Bezeichnungen in diesem Sinne verwendet.

Im Prinzip sind alle Einwohner damit einverstanden, als **Briten** bezeichnet zu werden (laut Pass sind Engländer, Schotten, Waliser und Nordiren britische Bürger *(British Citizens)*. Nach Ansicht der Viktorianer vererbten die Römer den Briten ein Verständnis für das Bürgertum und die Pflicht des Einzelnen gegenüber dem Reich. Von den Wikingern stammt die kämpferische Natur. Von den Kelten erhielten die Briten eine gemütvolle Ader und romantische Sehnsüchte. Für die spießige und düstere Insulanermentalität darf man wohl den Angelsachsen danken.

Viktorianische Fantasien mal beiseite gelassen, findet sich hier vielleicht ein wahrer Kern.

Bildnachweis

Die Kürzel an den Abbildungen stehen für folgende Personen, Firmen und Einrichtungen. Wir bedanken uns für ihre freundliche Abdruckgenehmigung.

nh Lilly Nielitz-Hart, inkl. Titelbild
sh Simon Hart
fl www.fotolia.com, S. 109, 171, 182
wp Wikimedia Commons, lizenziert unter GNU-Lizenz für freie Dokumentation, S. 49, 54

Foto S. 175: www.buffyholt.com

Exkurse zwischendurch

DER GESCHICHTLICHE HINTERGRUND

In den Jahrtausenden bis zu *Wilhelm dem Eroberer* (1066 n. Chr.) waren die britischen Inseln mehreren Einwanderungswellen unterworfen. Im Sprachgebrauch neigen die Briten gern dazu, diese Einwanderungswellen als „Invasionen" zu bezeichnen, als ob die Fremden die ursprünglichen Einwohner überfielen, um sich dann auf den „frei geräumten" Arealen niederlassen zu können. Wahrscheinlich handelte es sich jedoch viel eher um friedliches Eindringen – von einigen Ausnahmen abgesehen –, bei dem sich die alten und neuen Siedler vermischten und voneinander lernten.

Alfred der Große, König und Held der Angelsachsen

Frühe Ursprünge der Inseln und ihrer Bevölkerung (500.000 v. Chr.–43 v. Chr.)

Früheste Ausgrabungen belegen, dass in England bereits vor einer halben Million Jahren Menschen lebten. In einer Kiesgrube in Boxgrove (außerhalb von Chichester) fand man Überreste von Knochen und Zähnen eines Mannes, die etwa eine halbe Million Jahre alt sind. Dies ist der älteste Fund menschlicher Überreste in Großbritannien.

Zur **altsteinzeitlichen Kultur** (Paläolithikum) gehören Schädelfunde an der südlichen Themsemündung in Swanscombe, die etwa auf 60.000 v. Chr. zurückgehen und eine Zwischenstufe zwischen Homo erectus und Homo sapiens zeigen. Ähnliche Entdeckungen wurden auch im deutschen Steinheim an der Murr gemacht.

Gegen Ende der letzten Eiszeit, etwa um 10.000 v. Chr., war Britannien noch über eine Landzunge mit dem heutigen europäischen Kontinent verbunden. Noch heute finden sich in Fischernetzen hin und wieder Knochen und Eckzähne von Mammuts, die die Wanderung von Wildtierherden belegen. Wahrscheinlich wanderten **Jäger und Sammler** über diese Landzunge und folgten den Tieren. Um ca. 8000 v. Chr. begann die **Eisschmelze** und die sumpfigen Gegenden wurden vom Schmelzwasser überflutet. Das englische Festland begann zu sinken, während das schottische Hochland vom Eis befreit anstieg (ein bis heute anhaltender Vorgang). Gleichzeitig begann der Meeresspiegel anzusteigen, sodass sich die Nordsee ihren Weg bahnen konnte und sich auf diese Weise die britischen Inseln bildeten.

Das Neolithikum (Jungsteinzeit) brach in England aufgrund der Isolierung der Inseln mit Verspätung an. Erst ab dem Jahr 4000 v. Chr. gibt es Hinweise, dass Einwanderer aus Nord- und Westeuropa die **Landwirtschaft** auch nach Britannien brachten. Diese Umwälzung der Lebensweise veränderte die Insel grundlegend. Weitreichende Waldgebiete wurden gerodet und entsprechende Funde belegen die Existenz von Naturreligionen. Zugleich breitete sich die **Megalithkultur** in Westeuropa aus, gekennzeichnet durch Bauten aus großen Steinblöcken (Menhire, Steinreihen, -kreise und -säulen und vor allem Megalithgräber). Aus dieser Zeit stammen z. B. die **Steinkreise in Avebury** (etwa 2800 v. Chr.), die denen im bretonischen Carnac ähneln. Diese religiösen Symbole zeugen von ei-

ner recht weit entwickelten Religion und Kultur. Die Steinkreise gaben den Stand der Sonne über das Jahr hinweg an und waren daher wichtig als Kalender für die Landwirtschaft.

Bereits ab 3500 v. Chr. wurde mit Waren gehandelt und die Wege für diesen Handel verliefen über die gut überschaubaren Kalksteinhügelketten und Erhebungen im Süden des Landes. Hier finden sich **die berühmtesten prähistorischen Monumente in Britannien:** *The White Horse* in Uffington (wahrscheinlich aus der Eisenzeit), der künstliche Hügel Silbury Hill und auch Avebury (alle in Wiltshire). Auf diesen Erhebungen entstanden auch die ersten Bevölkerungszentren und verteidigten Siedlungen: Hügelforts wie z. B. Badbury Rings, Maiden Castle und Hod Hill (alle in Dorset). Die Siedlung auf Maiden Castle war wahrscheinlich bereits ab 4000 v. Chr. bewohnt, bei den anderen Forts läßt sich dies nicht ganz genau belegen. Allerdings gibt es Hinweise darauf, dass diese Hügelforts über mehrere Jahrtausende hinweg von verschiedenen Kulturen genutzt und befestigt wurden. Hod Hill, Maiden Castle und Badbury Rings wurden etwa 43 n. Chr. von den Römern erobert.

Stonehenge, das in Wiltshire in der Ebene von Salisbury liegt, wurde in mehreren Phasen erbaut, etwa zwischen 3000 v. Chr. und 1600 v. Chr. Eine der Hauptbauphasen wird der Wessex-Kultur zugerechnet, die mit der Glockenbecherkultur *(Beaker People)* auf dem Kontinent verwandt ist. Die

Toten wurden einzeln in Hügelgräbern *(Barrows)* bestattet. Sehr wahrscheinlich wanderten die Glockenbecherleute von anderen Teilen Europas nach Britannien ein und Handelsbeziehungen entstanden. In Amesbury, unweit von Stonehenge, fand man das Grab eines bedeutenden Kriegers, des *Amesbury Archers,* das etwa auf die Jahre 2400–2200 v. Chr. zurückdatiert wird. Die Analyse der Knochen ergab, dass der Mann ursprünglich

Keltische Kultur in Britannien

Über die Anfänge keltischer Kultur auf den Inseln gehen die Meinungen der Historiker stark auseinander. Nach herkömmlichen Quellen spricht man erst ab 500 v. Chr. in Südbritannien von einer keltischen Kultur, die der in Nordwesteuropa ähnelt. In griechischen und römischen Schriften tauchen die Kelten als ernstzunehmende Völkergruppe erst ab dem 6. Jh. v. Chr. und später auf. Heute vermutet man jedoch, dass es bereits ab 2000 v. Chr. Hinweise auf keltische Kulturen in Britannien gibt, d. h. Übereinstimmungen mit Gesellschaftsformen, Kultur und Kunst der Stämme in Europa. Hier kann man sich nur an archäologischen Funden orientieren, da es noch keine schriftlichen Überlieferungen gab. Die inselkeltische Kultur entwickelte sich jedoch sehr wahrscheinlich bereits vor der in antiken Schriftquellen belegten Einwanderung durch Kelten vom Kontinent um 500 v. Chr. und ist eine Vermischung der Kulturen der ursprünglichen Inselbewohner und der zugewanderten Völker.

Von 2000 bis ca. 400 v. Chr. kam es zu regelmäßigen Einwanderungen vom Festland Europas auf die britischen Inseln und es gab einen regen Austausch zwischen britischer und gallischer Küste. Man nimmt an, dass Irland und die Westküste Britanniens von Einwanderern der Iberischen Halbinsel bevölkert wurden, während man in Südbritannien und an der Ostküste mit Galliern und Belgiern Handel trieb. Ebenso gab es Kontakte zwischen Irland und der Westküste Britanniens, was sich auf die Entwicklung der Kulturen in Schottland, Wales und Cornwall auswirkte.

Sprachlich kam es zu einer **Herausbildung zweier Hauptdialekte.** *Das „Goidelische" (Gallisch), auch* **q-keltisch** *genannt, ist eine ältere Form der keltischen Sprache, zu der das Irische, Schottisch-Gälische und der Dialekt der Isle of Man, „Manx", gehören und die auf die Gallier zurückgeht. Zu den britonischen Dialekten, auch* **p-keltisch** *genannt, gehören Walisisch, Bretonisch und Kornisch. Diese Sprache wurden von den „brythonen" mitgebracht, die aus Belgien nach Britannien einwanderten.* **Kornisch und Manx** *sind beides ausgestorbene Sprachen (Kornisch Mitte des 18. Jh.*

aus der Alpenregion kam, sehr wahrscheinlich aus der heutigen Schweiz. In dem Grab fand man zahlreiche Waffen, ebenso wie Goldschmuck, der aus dem Mittelmeerraum stammt.

Während der mittleren Bronzezeit ab etwa 1600 v. Chr., wurden die ersten Kupfervorkommen entdeckt. Die Wessex-Kultur betrieb Handel mit Zinn bis in den Mittelmeerraum hinein. Ab 1300 v. Chr. spricht man von

und Manx 1974). Beide Sprachen wurden von Sprachaktivisten mühsam aufgrund von Tonbandaufnahmen wieder ins Leben gerufen, weshalb einige Sprachhistoriker die Authentizität anzweifeln. Beide Sprachen sind jedoch durch die Europäische Charta der Regional- und Minderheitensprachen geschützt. Sie werden heute in einigen Schulen unterrichtet. Ihre Bedeutung ist jedoch überaus gering und weitgehend akademisch, da die Dialekte nur von sehr wenigen Menschen gesprochen werden.

*Die **Ureinwohner Schottlands**, die **Pikten**, vermischten sich mit Kelten irischen Ursprungs und wuchsen in späteren Jahrhunderten zu einer*

New-Age-Mystik im Souvenirshop

großen Macht an, die den Römern das Leben an der nördlichen Grenze des Reiches schwer machte. Das Wort Pikten bedeutete bei den Römern „bemalte Menschen" und bezog sich wahrscheinlich auf die Tatsache, dass die Pikten tätowiert waren bzw. sich vor dem Kampf eine blaue Kriegsbemalung zulegten.

In Schilderungen von Aristoteles und später auch in Cäsars (100 v. Chr.-44 n. Chr.) „De bello Gallico" (Der Gallische Krieg) werden die Kelten als **unerschrockenes, kriegerisches Volk** *beschrieben, das in Stammesverbänden lebte. Lediglich die Druidenkaste nahm eine höhere Machtposition ein. Bermerkenswert war den Römern z. B. auch, dass die keltischen Frauen ihre Männer in die Schlacht begleiteten und mitkämpften. Die Stämme hatten Könige (oder Häuptlinge) und es gab eine Unterscheidung zwischen kämpferischen Einheiten und landwirtschaftlichen Arbeitern. Diese Gefüge waren instabil - es gab keine übergeordnete Macht oder Regierung. Nur in schweren Auseinandersetzungen wie den Kämpfen gegen die römische Einwanderermacht vereinigten sich die Stämme kurzzeitig.*

Die heutigen Einwohner der **keltischen Gebiete Englands** *sind stolz auf ihre Vergangenheit, die allerdings stark romantisiert wird, da man sich historisch im Dunkeln bewegt. Man fühlt sich dem keltischen Kulturerbe näher als dem Angelsächsischen oder dem Normannischen, aber was ist dieses Erbe eigentlich? Die Kelten galten als künstlerisches Volk, bei denen Poesie und Musik eine große Rolle einnahmen. Da es aus dieser Zeit so gut*

der **Urnenfelderkultur,** da Tote verbrannt und in großen Feldern beigesetzt wurden. In der jüngeren Eisenzeit zwischen 500 und 400 v. Chr. wanderten keltische Stämme in größerer Anzahl von Mitteleuropa auf die britischen Inseln und führten die Eisenverarbeitung ein.

Die Römer in Britannien – Eintritt in die Geschichtsschreibung (43 v. Chr.–410 n. Chr.)

Nach einem kurzen Aufenthalt von **Julius Cäsar** in den Jahren 55 und 54 v. Chr. waren die Römer nicht dauerhaft in Britannien sesshaft geworden. *Cäsar* ließ seine Truppen wieder abziehen. Dennoch blieben Handelskontakte zwischen Britannien, dem Festland und den Römern bestehen.

wie keinerlei schriftliche Überlieferungen gibt, wird weitgehend aufgrund von archäologischen Funden und den Schriftquellen der Beobachter, d. h. den römischen und griechischen Chronisten, spekuliert.

*Die **Folkmusikszene**, die alte überlieferte Musikstücke neu vertont und damit für die Nachwelt bewahrt, trägt einen großen Teil zur Erhaltung der altenglisch-keltischen Dialekte bei. In jedem schottischen und irischen Souvenirshop finden sich daher Folk-CDs, keltisch inspirierter Schmuck, keltische Symbole und Literatur voller Zauberer und Sagengestalten, die allerdings weitgehend auf Mythen und Legenden aus dem Mittelalter und dem 19. Jh. aufbauen. Natürlich findet man diese Art von „New-Age-Gut" auch in Läden in der Nähe der Steinkreise, wie z. B. in Avebury oder Stonehenge.*

*Es gibt heute eine kleine Gruppe von heidnischen Sekten (Neopaganismus), die das **Druidentum** praktizieren und sich an den Naturphilosophien der altertümlichen Bewohner der Inseln anlehnen. So kann man sich z. B. von einem Druiden an prähistorischen Orten wie der Bronzezeitsiedlung Budser Hill trauen lassen. Die Druiden „bewachen" auch alte keltische Kultstätten, wie das „White Horse" in Uffington auf den South Downs und stellen sicher, dass diese nicht entweiht werden (allerdings ohne großen Erfolg). Bekannter sind wahrscheinlich die Sonnenwendfeiern bei Stonehenge, die dort jedes Jahr von Mitgliedern heidnischer Sekten und New-Age-Anhängern zelebriert werden.*

Erst im Jahr 43 n. Chr. besetzten die Römer die Insel und elf britische Könige unterwarfen sich *Aulus Plautius,* dem Statthalter der neuen römischen Provinz, und damit Kaiser *Claudius* (10 v. Chr.–54 n. Chr.). Britannien wurde dem Römischen Reich zugefügt und wird von nun an auch in der überlieferten Literatur erwähnt. Unter den Römern konnten mehr Menschen lesen und schreiben als z. B. im Mittelalter (obwohl sich das auf die Stadtbevölkerung beschränkte). Die römische Zivilisation drang jedoch nicht bis in die kleinsten Einheiten vor und die Landbevölkerung war vielfach komplett abgeschnitten. Dies begünstigte die Erhaltung britisch-keltischer Traditionen in den entlegeneren Gebieten.

Die Römer waren hauptsächlich an der Ausbeutung der Bodenschätze (z. B. Zinn und Blei) ihrer neuen Provinz interessiert. Normalerweise versuchten die Besatzer, die einheimischen Könige auf ihre Seite zu bringen und übertrugen ihnen dann die Verwaltung des eroberten Gebietes. Dies ging natürlich nicht immer ohne **Widerstand** vonstatten. Nordwales rebellierte 60 v. Chr. gegen die römische Herrschaft. 61 v. Chr. erhoben sich die keltischen Icener in Norfolk – **Königin Boadicea,** eine der bekanntesten kriegerischen Königinnen der Kelten, zog durch den Süden Britanniens und verbrannte die römischen Siedlungen Colchester, London und Verulamium (St. Albans). Nachdem ihr Gatte getötet worden war, hatte *Boadicea* die Herrschaft über den Stamm der Icener inne und lehnte sich gegen die Invasoren auf. Nachdem die Römer unter General *Paulinus* die Oberhand gewonnen hatten, tauchte sie unter und beging Selbstmord.

Um 75 bis 77 n. Chr. befand sich das südliche Britannien fest in römischer Hand. Die Römer besetzten die Gebiete, die später England und Wales werden sollten, und auch weite Bereiche Nordenglands, jedoch nicht das spätere Schottland und Irland. Hier gab es mehrfach Vorstöße, aber ohne dauerhaften Erfolg, so z. B. der Sieg am Mons Graupius in Schottland (Grampian Mountains, Provinz Caledonia) unter dem römischen Statthalter Britanniens *Gnaeus Iulius Agricola* im Jahr 83 oder 84 n. Chr. Irland blieb der römischen Macht entzogen, auch weil *Agricola* frühzeitig 84 n. Chr. nach Rom zurückbeordert wurde.

122 n. Chr. kam Kaiser *Hadrian* (reg. 117–138 n. Chr.) nach Britannien. Um die in den schottischen Highlands beheimateten kämpferischen Pikten von der Provinz fernzuhalten, iniziierte *Hadrian* den Bau eines Grenzwalls nahe der heutigen Grenze zwischen England und Schottland. Der

Hadrianswall trennte den Norden Britanniens vom Süden bis weit in die moderne Geschichte hinein. Heute ist das Gebiet um den Wall ein Niemandsland mit weiten einsamen Landstrichen. Teilweise gibt es entlang des Walls Wanderwege und man kann die Anlagen einiger ehemaliger römischer Forts besichtigen.

Das **wirtschaftliche System** der Römer, basierend auf einer Geldwirtschaft und internationalem Handel, wurde von den meisten Einwohnern Britanniens bereitwillig übernommen. Die Römer förderten auch die Kunst und Handwerkskunst und man findet Anzeichen einer Überflussgesellschaft, so wurden beispeilsweise mehr Tonwaren produziert als tatsächlich benötigt wurden. Man konnte zwischen verschiedenen Stilen, Farben etc. wählen.

In den **Thermen in Bath** *(Aquae Sulis),* neben dem Hadrianswall eines der am besten erhaltenen römischen Bauwerke in Britannien, wurde die Gottheit der warmen Quellen *Sulis Minerva* verehrt, die es in der keltischen Religion *(Sul* oder *Sulis)* ebenso wie im römischen Glauben gab *(Minerva).*

Die Kontrolle des Ärmelkanals spielte eine entscheidende Rolle in der Verteidigung Britanniens. Entlang der Küste wurden Festungen zum Schutz vor angelsächsischen Piraten gebaut.

Etwa 211 n. Chr fand die Teilung Britanniens in **Britannia superior** und **Britannia inferior** statt. Die Grenzen der Provinzen sind nicht genau festzulegen, aber *Britannia superior* beinhaltete definitv das heutige Wales und den Osten Englands mit der Hauptstadt *Londinium* (London). *Britannia inferior* erstreckte sich über Nordengland mit der Hauptstadt *Eburacum* (York).

Unzählige **Städte** in England gehen auf einen römischen Ursprung zurück. Man kann sie heute noch leicht an der Endung -chester oder -caster erkennen. So entstand der Name Colchester aus dem römischen *Camulodunum,* Doncaster aus *Danum,* Chester aus *Deva,* Gloucester aus *Glevum,* Dorchester aus *Durnovaria,* Manchester aus *Mancunium,* Winchester aus *Venta Belgarum* etc. Den Römern waren auch die umliegenden Inseln bekannt: die *Kassiterides* (Scillyinseln und Cornwall), *Monapia* (Isle of Man), *Vectis* (Isle of Wight). Weiter entfernt lagen *Hibernia* (Irland) und *Thule* (Shetlandinseln).

Tacitus und die Briten

Ein frühes Bild von Britannien überlieferte Tacitus (ca. 56-117 n. Chr.), der römische Historiker, der die Einwohner des Insellandes beschrieb: „... Die Beschaffenheit ihrer Körper ist unterschiedlich, und daraus sind Schlüsse möglich. Denn das rötliche Haar, die gewaltigen Glieder der Bewohner Caledoniens sprechen für germanische Abkunft; der Siluren dunkle Gesichter, ihr meist krauses Haar und das ihnen gegenüberliegende Hispanien machen es glaubhaft, dass die alten Hiberer herübergekommen sind und diese Gebiete besetzt haben. Die den Galliern zunächst Wohnenden sind ihnen auch ähnlich ... Doch ist es aufs Ganze gesehen glaublich, dass Gallier die nahe Insel besetzt haben: Ihre heiligen Bräuche kann man in der Überzeugung des gleichen Aberglaubens wiederfinden; die Sprache ist nicht wesentlich verschieden ... Doch zeigen die Briten mehr Wildheit, weil ja noch keine lange Friedenszeit sie verweichlicht hat ... Im Fußvolk liegt ihre Kraft. Einige Stämme kämpfen auch zu Wagen; der Vornehmere ist Lenker, die Dienstmannen kämpfen für ihn. Einst folgten sie Königen, jetzt werden sie unter Häuptlingen von Parteikämpfen und Eifersüchteleien hin und her gerissen. Nichts aber ist uns nützlicher im Kampf gegen so starke Völker, als dass sie nicht gemeinschaftlich beschließen. Selten nur verbünden sich zwei oder drei Völkerschaften zur Abwehr gemeinsamer Gefahr; so kämpfen sie einzeln und werden allesamt besiegt."

Tacitus bestätigt auch etwas, dass den modernen Besucher der Inseln kaum überraschen wird:

„Das Klima ist wegen häufiger Regengüsse und Nebel widerwärtig, starke Kälte fehlt. Der Tage Länge übersteigt das Maß unserer Breiten, die Nacht ist klar und im äußersten Teil Britanniens so kurz, dass du Ende und Anfang des Tages nur an geringem Unterschied bemerkst ..."

Und weiter „Die Briten selbst unterwerfen sich der Aushebung, den Abgaben und anderen Lasten, die mit unserer Herrschaft verbunden sind, unverdrossen, wenn Ungerechtigkeiten vermieden werden; diese ertragen sie nur schwer - schon gezähmt zum Gehorchen, noch nicht aber zum Knechtsdienst ..."

Die **Feldarmeen der Römer** waren größtenteils aus Germanen zusammengesetzt. Etwa die Hälfte der westlichen Armee war germanisch, einschließlich der Offiziere bis in die höchsten Ränge. Ab dem Ende des 4. Jh. wurden barbarische Truppen (manchmal sogar ganze Stämme) unter dem

Kommando ihrer eigenen Könige in das römische Heer aufgenommen. Oft wurden diese „barbarischen" Armeen gegen andere Barbaren, z. B. die Pikten und Scoten aus dem Norden oder die Sachsen im Süden eingesetzt. Die Römer hatten deutsche Volksgruppen als Söldner in Anstellung genommen und es ist wahrscheinlich, dass die ersten Angeln auf die Inseln kamen, um diese gegen andere Eroberer zu verteidigen.

Nach dem Machtverlust des Römischen Reiches zogen die Römer ihre Truppen aus den ausländischen Provinzen nach und nach ab. Truppen aus Britannien wurden außerdem auf dem Kontinent zur Verteidigung gegen die Barbaren am Rhein und der Donau benötigt. Im Jahr 410 n. Chr. **verließ die römische Besatzungsmacht endgültig die Inseln.** Die „römischen Briten" verteidigten die Provinzen zunächst und waren bestrebt, die Errungenschaften und die Lebensweise zu bewahren, die sie von der Imperialmacht geerbt hatten –, was jedoch scheiterte. Die Iren stießen nach Schottland und Nordwestengland vor. Die Angeln und Sachsen sowie jütländische Dänen nahmen die Ostküste in Anspruch. Obwohl auch von den britischen Stämmen Widerstand geleistet wurde, ist anzunehmen, dass sich die germanischen Söldner z. T. mit den Einwanderern verbündeten und so schließlich die Überhand gewannen.

Angelsächsische Periode (ca. 430 n. Chr.–1066 n. Chr.)

Aus den ersten Jahrzehnten des Übergangs von der britisch-römischen Kultur bis hin zur Etablierung der angelsächsischen Kultur gibt es keine schriftlichen Überlieferungen. Auch auf archäologische Funde kann man sich nicht beziehen, denn die unter den Römern blühende Töpfereikunst nahm nach deren Abzug ein jähes Ende und gebaut wurde mit Holz, das die Jahrhunderte nicht überdauerte. Viele Kunstgegenstände gingen auch durch spätere Plünderungen der Wikinger verloren. Die frühe angelsächsische Periode wird daher auch als **Dark Ages** (das dunkle Zeitalter) Britanniens bezeichnet, da die von den Römer eingeführte zivilisierte Gesellschaftsform verlorenging.

Aus dem 5. und 6. Jh. n. Chr. gibt es einige wenige überlieferte Quellen aus Britannien. Unter den Chronisten finden sich z. B. der britische Abt **Gildas** (ca. 510–570 n. Chr.), der um 540 n. Chr. in seiner Schrift *De excidio et conquest Britannia* („The Ruin of Britain") gegen die Übel seiner Zeit schrieb. Zum anderen verfasste der Benediktinermönch und Theologe *Beda Venerabilis,* **The Venerable Bede,** (ca. 672–735 n. Chr.) in der Abtei Jarrow in Nor-

thumberland um 731 n. Chr. die *Historia Ecclesiastica Gentis Anglorum* („Kirchengeschichte des englischen Volkes"). Ansonsten muss man sich auf wenige Chroniken verlassen, wie z. B. die spätsächsische **Anglo-Saxon Chronicle,** die Jahr für Jahr die Ereignisse in den südlichen englischen Königreichen (Wessex) wiedergibt und von *Alfred dem Großen* geführt und zum Teil auch niedergeschrieben wurde. *Alfred* sammelte frühere Teile der Chronik und sorgte für deren Aufbewahrung und systematische Fortführung. Er übersetzte auch *Bedas* Chronik aus dem Lateinischen ins Altenglische.

Ab 430 n. Chr. zogen **Sachsen, Angeln und Jüten** in größerer Anzahl nach Britannien. *Beda* beschreibt, dass die Einwohner von Kent und Hampshire aus Jütland (Südskandinavien) kamen, Essex, Sussex und Wessex wurden von germanischen Zuwanderern bevölkert und East Anglia von Friesen aus Schleswig.

Um 450 n. Chr. übernahmen die niedersächsischen Brüder *Hengist* und *Horsa* in Kent die Herrschaft. Möglicherweise waren sie ursprünglich vom römischen Keltenführer *Vortigern* ins Land gerufen worden, um bei der Verteidigung Britanniens zu helfen.

Aus dieser Zeit stammt wahrscheinlich auch die **Sage um König Artus** und die Ritter der Tafelrunde. *Artus* könnte ein britischer Stammesfürst oder sogenannter „Oberkönig" (siehe unten) gewesen sein. Einer der wenigen aus der römischen Zeit verbliebenen Feldherren, der nach Rückzug der Römer das Land gegen die angelsächsischen Eroberer verteidigte. Leider bewegt man sich hier auf Glatteis, was die Fakten angeht. Aus einigen Quellen geht hervor, dass *Artus* wahrscheinlich bei der Schlacht in Mons Badonicus um 516 n. Chr. beteiligt war, wo ein großer Sieg über die Angelsachsen errungen wurde. *Gildas* schreibt, dass der Friede, der bei Mons Badonicus gewonnen worden war, 50 Jahre andauerte – für die damaligen Verhältnisse ein beachtlich langer Zeitraum.

Die Burg Tintagel in Cornwall wird mit König Artus in Verbindung gebracht

Königreiche der Angelsachsen

Gegen Ende des 6. Jh. kontrollierten die Angelsachsen große Teile der britischen Hauptinsel, abgesehen von Schottland, Wales und Cornwall. Viele Briten flohen vor den Angelsachsen nach Osten und verursachten damit einen **Bevölkerungsanstieg in den westlichen Gebieten.** Da Wales zunächst nicht erobert wurde, blieben hier große Anteile der britisch-römischen Kultur erhalten. Die Königtümer Gwynedd, Dyfed, Powys und Gwent existierten etwa ab dem Jahr 550 n. Chr. Gwynedd wurde später die dominante walisische Provinz, aus der auch die Königslinie hervorging, und wurde erst im 13. Jh. von den Engländern unterworfen. Cornwall, Devon und Somerset formten die britische Provinz Dumnonia. Cornwall hielt bis ins Jahr 838 n. Chr. den Angelsachsen stand.

Nach und nach entstanden **verschiedene Kleinkönigreiche:** East Anglia (Ostangeln), Essex (Ostsachsen), Mercia (Mittelengland), Bernicia (Lindisfarne) und Deira (York), die später zum Königreich Northumbria zusammenschmolzen. Weitere nordbritische Königreiche in Strathclyde (Dumbarton), Rhegged (Solway Firth) und Elmet (Leeds) wurden im späten 6. und 7. Jh. von Northumbria vereinnahmt. Im 6. Jh. wanderten Nordiren in Westschottland ein und weiteten damit ihr Königreich Dalriada aus. Ansonsten war Schottland noch hauptsächlich von den Pikten bevölkert.

Die Angelsachsen stießen immer weiter nach Norden und Osten vor. Im 7. Jh. sprach man bereits von Sussex (Südsachsen), Wessex (Westsachsen), Kent, Essex (Ostsachsen), East Anglia (Ostangeln), Mercia (Mittelangeln) und Northumbria. Aus diesen sieben Königreichen (Heptarchie) bildete sich mehrere Jahrhunderte später schließlich das **Gesamtkönigreich England.** Allerdings war dies kein gleichförmiger Verlauf, denn auch zwischen den Kleinkönigreichen gab es ständig kriegerische Auseinandersetzungen. Die Königreiche unterschieden sich auch stark in ihrer Größe und ihrem Machteinfluss. Außer den sieben großen Königreichen gab es außerdem weitere kleinere Kleinkönigreiche wie Lindsey in Lincolnshire, Haestingas (Hastings) und Withwara auf der Isle of Wight.

Gesellschaftssystem

Für die angelsächsische Gesellschaft waren Familienbande, das sogenannte **Kinship,** sehr wichtig. Ganze Ansiedlungen wurden von Großfamilien bewohnt. Ebenfalls bedeutsam war die Loyalität zum Stammesvorsitzenden. Orte mit den Endungen -ing, -ingham, -ington weisen auf einen angelsächsischen Ursprung hin. Bezeichnet wurde hiermit die Zugehörigkeit zu einem Clan. So bedeutet Wokingham z. B. „Woccas Gefolgschaft".

Das Leitbild für die angelsächsische Gesellschaft war die **„Gefolgschaft der Krieger"**, die sich in der Halle des Stammesfürsten traf. Die militärische Aristokratie, die *Thegns* (später *Knights* – „Ritter"), war direkt an den König gebunden. Es wurde erwartet, dass die *Thegns* den öffentlichen Handlungen des Königs beiwohnten, mit ihm in der königlichen Halle lebten und in Kriegen für ihn ihr Leben aufs Spiel setzten. In den königlichen Hallen wurden auch Gedichte und Heldenepen rezitiert.

Die Unterkönige bzw. Stammesvorsitzenden verfügten jeweils nur über einen geringen Machtbereich. **Oberkönige,** auch *Bretwaldas* genannt, hatten außer der Herrschaft über ihr Reich auch die Hoheit über andere Könige inne. In Sutton Ho, Ostangeln, wurde ein königliches Grab entdeckt, das dem Oberkönig *Rädwald* zugeordnet wird. *Rädwald* war von ca. 600–624 n. Chr. ein bedeutender Oberkönig in East Anglia, der u. a. einen Angriff auf Mercia und Northumbria unternahm. Ein Hinweis auf ihn findet sich in *Bedas* Chronik. Der Oberkönig wurde in dem Hügelgrab in einem Schiff beigesetzt, das viele Grabbeigaben wie Waffen und Schätze enthielt. Dies ist der reichste Grabfund aus dieser Zeit in Großbritannien.

Das Zusammenleben in der Gefolgschaft der Krieger wird im Heldenepos **Beowulf** dargestellt. Der Text zu „Beowulf" findet sich in der angelsächsischen Chronik „Cotton Vitellius A. xv" oder „Nowell Codex", die heute zusammen mit drei anderen Chroniken aus dem 8. bis 11. Jahrhundert im Britischen Museum zu finden ist. Demnach ist *Beowulf* ein *Thegn,* der vom dänischen König *Hrothgar* angeheuert wird und diesen mit seinem Leben verteidigt, indem er z. B. Ungeheuer und einen Drachen besiegt. Er erhält ein Heldenbegräbnis, ähnlich dem des Oberkönigs *Rädwald* im 7. Jahrhundert.

Macht wurde schnell gewonnen und wieder verloren. Die Macht eines Oberkönigs wurde nicht notwendigerweise innerhalb seiner Familie vererbt. Es gab zahlreiche Fehden um die Thronnachfolge, die oft blutig endeten und vielen der Anwärter ein verfrühtes Ende bereiteten. Die meisten angelsächsischen Herrscher sind daher heute vergessen.

Zu den bedeutendsten gehörte z. B. **Offa von Mercia,** von 757 bis 796 war er der mächtigste König vor *Alfred dem Großen.* Er errang die totale Kontrolle über Kent und unterdrückte königliche Dynastien in den *Counties,* war Oberkönig über Northumbria und Wessex und besaß Macht über Ostangeln. *Offa* benutzte als erster den Titel „König der Engländer" (obwohl es ja noch gar kein Gesamtengland gab) und wurde auch von *Karl dem Großen* (742–814) so betitelt. Zu den bedeutendsten Bauwerken seiner Regierungszeit gehörte **Offas Dyke** (*Offas* Deich), ein Erdwall, der eine dauerhafte Grenze zu Wales bildete und zur Verteidigung gegen Angriffe diente. Der Wall reichte von Küste zu Küste, und zwar von der Mündung des Severn bis zur Mündung des Flusses Dee. In verschiedenen Ortschaften in der Grenzlandschaft zwischen England und Wales kann man noch Überreste des Deiches besichtigen. Es gibt auch einen offiziellen Wanderweg, den *Offa's Dyke Path.*

Obwohl die kriegerischen Könige in einigen der römischen Befestigungen ihre Hauptquartiere einrichteten, gab es nicht in dem Sinne eine städtische Kultur wie unter den Römern. In einigen der ehemaligen römischen Kulturzentren wie Canterbury, York, Winchester, Worcester und Dorchester enstanden jedoch während der Christianisierung **Kathedralen,** um die sich neue Städte formierten. Auch um kleinere Abteien herum, die im Land verstreut waren, bildeten sich Ansiedlungen. Ab dem 7. Jh. gewann Handel wieder an größerer Bedeutung und Ipswich entwickelte sich zu einem Zentrum der Töpferindustrie. *Offa* unternahm Anstrengungen, eine einheitliche Währung zu entwickeln, die das Handeln mit Waren vereinfachen sollte.

Heidnische und christliche Religionen

In den keltischen Gebieten Nordirland, Schottland und Wales, die weder von den Römern noch später von den Angelsachsen ganz erobert wurden, hatte die **Christianisierung** bereits Ende des 3., Anfang des 4. Jh. begonnen. Das keltische Druidentum wurde allmählich durch den christlichen Glauben ersetzt. Die Angelsachsen wiederum brachten ihre **heidnische germanische Religion** mit nach Britannien. Ihre Götter waren die der nordischen Mythologie. Dies ist heute noch an den Namen der Wochentage zu erkennen: *Tuesday* (Dienstag), der auf den Gott *Tiw* zurückgeht, *Wednesday* (Mittwoch) auf *Wodan* und *Thursday* (Donnerstag) auf *Thor.* Die Angelsachsen verehrten Naturstätten, Bäume, Steine und Quellen. Opferrituale wurden an heiligen Stätten vorgenommen.

Mehrere Jahrhunderte lang existierten die heidnischen Glaubensrichtungen und die christliche Religion nebeneinander, teilweise sogar in denselben Familien.

Der **erste christliche Märtyrer Britanniens** war *St. Alban,* ein Soldat der römischen Legion in Verulanium. Er wurde Anfang des 4. Jh. für seinen Glauben hingerichtet. König *Offa* ließ 793 n. Chr. am Platz seines Todes (heute St. Albans) eine Kirche errichten.

Der Bischof *St. Ninian* (360–432 n. Chr.) reiste nach Schottland und gründete 397 n. Chr. das Bistum Galloway. Der später zum Schutzheiligen der Iren ernannte **St. Patrick** wurde in Wales geboren und gelangte Anfang des 5. Jh. nach Irland, wo er die Christianisierung der Iren vorantrieb.

Errungenschaften der Angelsachsen

*Viele Institutionen der Briten gehen auf einen angelsächsischen Ursprung zurück. Hierzu gehören z. B. die **sehr effektiven Regionalverwaltungen.** Im 7. Jh. waren die englischen Bundesstaaten („Counties") aus rechtlichen und administrativen Gründen in sogenannte „Hundreds" unterteilt, formiert aus zusammenhängenden Distrikten, zwischen 5 und 100 Quadratmeilen groß, wie z. B. Kent, Mercia, Sussex etc. Im Herzen jedes Distriktes befand sich das königliche „Manor House", genannt „Tun", das von einem Verwalter des Königs bewirtschaftet wurde. Die weit verstreuten Einwohner des Distriktes wurden von dieser Halle des Königs aus regiert: Gesetz, Verwaltung, Erhebung von Steuern und Pacht wurden hier geregelt. Zu bewirtschaftendes Land wurde in „Hides" aufgeteilt. Die Pächter zahlten eine Abgabe in Form von Naturalien, sodass der königliche Hofstaat immer versorgt war. Die Bauern waren demnach keine Leibeigenen, sondern konnten ihr Land frei bewirtschaften, sofern sie die Abgaben für die „Hides" bezahlten.*

*Von 1012 bis 1051 wurde eine jährliche **Steuer,** das „Danegeld", auf Landeigentum und Landbewirtschaftung erhoben. Dieses Geld diente zunächst als eine Art „Bestechungsgeld", mit dem man sich von den Angriffen der Dänen freikaufen wollte. Später entwickelte sich das „Danegeld" jedoch zu einer richtigen Steuer, womit die Aufrechterhaltung der Armee im Kampf gegen die dänischen Invasoren gewährleistet werden sollte. Ab 973 wurden die Counties (oder auch „Shires") neu festgelegt. Die damals getroffene Einteilung blieb bis ins Jahr 1974 erhalten. Ein „Alderman" (Ältester) war jeweils mit der Verwaltung eines „Counties" betraut. Jedes „Hundred" innerhalb der „Counties" hatte sein eigenes Gericht.*

*Zu den Errungenschaften der Angelsachsen gehörte außerdem ein ausgeklügeltes **Rechtssystem.** Spätestens ab dem 10. Jh. gab es in Britannien*

Der Mönch *Columba* (ca. 521–597 n. Chr.) aus Irland, ein Schüler *St. Patricks,* segelte im Jahr 560 n. Chr. zur Insel Iona, von der aus er die Bekehrung der nördlichen Pikten in Angriff nahm.

König Ethelbert von Kent (ca. 560–616 n. Chr.) war gegen Ende des 6. Jh. einer der mächtigsten Oberkönige. Er heiratete eine fränkische Prinzessin, die bereits zum Christentum bekehrt war. Im Jahr 597 sandte Papst *Gregor I. der Große* (540–604 n. Chr.) auf Einladung von *Ethelbert*

*festgelegte Strafen und Bußgelder für bestimmte Vergehen. Ab dem 11. Jh. verfügte der König über weitreichende Machtbefugnisse: Ihm oblagen die Verbrechensbekämpfung, die Erlassung von Markt- und Handelsgesetzen, die Bestimmung der Kirchenhierarchie und er war verpflichtet den Frieden im Land zu erhalten. Im **Rat des Witan** (bestehend aus Adligen, Bischöfen und einflussreichen Bürgern) wurden neue Gesetze verabschiedet, Bauwerke in Auftrag gegeben und Geschäfte diskutiert.*

*Unter König Eduard dem Bekenner (ca. 1004–1066) wurde eine neue Position eingeführt: Der „Shire-Reeve" oder spätere **Sheriff** war ähnlich einem „Alderman" die ausführende Autorität des Königs in den Lokalverwaltungen und sammelte königliche Einnahmen z. B. aus Steuern ein. Im mittelalterlichen England erlangten die Sheriffs einen noch viel größeren Stellenwert.*

*Die zunehmende Bedeutung des internationalen Handels begünstigte die Einführung einer eigenen **Währung**. Bis 600 gab es nur Fremdwährungen im Land bzw. schlecht gefertigte und nur lokal gültige Zahlungsmittel. König Offa führte Silbermünzen ein, die nach einem Modell der fränkischen Münzen gefertigt waren. Im Jahr 939 führte man endlich eine einheitliche Währung im ganzen damaligen England (d. h. in allen englischen Königreichen südlich des Humber) ein.*

*Das **Royal Writ**, eine Besitzurkunde über Landeigentum vom König mit Siegel und Wachs bestätigt, war schwerer zu fälschen als die alten „Charters" (Schutzbriefe). Der König hatte seine eigenen Schreiber, rekrutiert hauptsächlich aus den Abteien und angeführt von einem „Chief Clerk" (Gerichtsschreiber, im Mittelalter wurde daraus der Kanzler). Diese Schreiber mussten Urkunden führen, z. B. über Landeigentum, Einnahmen, Ausgaben und Steuern.*

den Mönch *Augustin* nach Kent, um von dort aus **die Christianisierung Englands** voranzutreiben. *Augustin* (gestorben 604 n. Chr.) wurde im Jahr 601 n. Chr. zum Bischof von Canterbury ernannt. Im Jahr 604 n. Chr. wurden die Ostsachsen bekehrt und eine Kathedrale zu Ehren von *St. Paulus* in London errichtet. Eine zweite Diözese wurde in York geschaffen. Die Kirche förderte die (lateinische) Schriftsprache, Gesetze und Verordnungen konnten somit niedergeschrieben werden.

Durch die Beschlüsse der Synode von Whitby 664 n. Chr. **wurde die römische Kirche zur dominierenden Kraft.** Die Bekehrung von Königen garantierte allerdings nicht unbedingt auch die Bekehrung des Volkes. Zahlreiche Missionare aus den Abteien und Klöstern, von denen es bis ins Jahr 750 n. Chr. bereits mehrere Hundert gab, kümmerten sich darum, dem einfachen Volk den christlichen Glauben nahezubringen. Erst zu Beginn des 9. Jh. galt die Christianisierung Britanniens als abgeschlossen. Die Könige nahmen an Kirchenkonzilen teil und Krönungen der angelsächsischen Oberkönige wurden mit großem Pomp durchgeführt, ähnlich der Bischofsweihe. Hierauf beriefen sich die Könige später und leiteten davon ab, dass sie von Gott in das Amt gesetzt worden seien.

Alfred der Große

Gegen Ende des 8. und zu Beginn des 9. Jh. brach über Britannien eine neue Invasion vom Osten herein: dänische und norwegische **Wikinger.** Ab 850 gab es regelmäßige Angriffe und Einfälle mit dem Ziel der Plünderung von Kirchenschätzen. Die norwegischen Wikinger segelten um den Norden Schottlands herum zu den Küsten und Inseln im Westen: Irland, Schottland, Wales und Cornwall. Die dänischen Wikinger fuhren entlang der Ost- und Südküste nach Northumbria, Mittelengland und Angeln. 867 eroberten die Dänen York und innerhalb von drei Jahren waren die Königreiche Northumbria und East Anglia ausgelöscht.

Alfred der Große (reg. 871–899) war der bedeutendste König dieser Ära und gilt noch heute als Held der Angelsachsen. *Alfred* und seine Nachfolger brachen aus den Grenzen von Wessex im Südwesten aus und vereinigten die sich gegenseitig bekämpfenden Königtümer der Angelsachsen im Kampf gegen die Wikinger. Dies war ein wichtiger Schritt auf dem Weg zu einem geeinten England, denn man erkannte, dass man sich gegen die mächtigen Wikinger nur zur Wehr setzen konnte, wenn man Seite and Seite kämpfte. Dies kann daher als **Beginn der Geschichte Englands** gesehen werden. Der erste bekannte Chronist, der den Begriff *Angelcynn* („Land der Engländer") benutzte, war *Alfred* selbst. Ein Jahrhundert später taucht die Bezeichnung *Englaland* auf.

Nach verschiedenen Auseinandersetzungen schloß *Alfred* mit den dänischen Königen einen Friedensvertrag, der den **Dänen** ein Gebiet nordwestlich von London bis Chester (East Anglia und Teile Mercias) zugestand, das als unabhängiges Königreich anerkannt wurde. Für eine Weile unterband dies weitere Übergriffe der Dänen. Um 886 gewann *Alfred* außerdem die Herrschaft über London, das mit seinem Hafen für die wachsende Flotte wichtig war. Er baute Armee und Marine aus, Städte wurden neu geplant. *Alfreds* Hauptstadt war Winchester, für das er ein neues Straßenraster anlegte, das über die ehemaligen Anlagen der Römer gebaut wurde und das an einigen Stellen noch heute zu erkennen ist. Ähnliches geschah in Oxford, Chichester und Wareham. *Alfred* startete darüber hinaus ein umfassendes **Bau- und Restaurierungsprogramm** für die Stadtbefestigungen. Außerdem wurden in Wessex viele neue *Burhs* (Burgen) zur Verteidigung gegen die Wikinger gebaut. *Alfred* ging auch mit den Machtbestrebungen der Könige in den Provinzen klug um. Er traf Vorkehrungen für seine Nachfolge, um Fehden zu vermeiden und Stabilität zu fördern. In den letzten zehn Jahren seiner Herrschaft kümmerte sich der König um die **Alphabetisierung** der Bevölkerung (d. h. der Angehörigen von Adel und Kirche). Er selbst schrieb Bücher (neben *Heinrich VIII.* war er der einzige britische König, der dies tat) und übersetzte Werke aus dem Lateinischen ins Altenglische, so z. B. auch *Bedes* „Ecclesiastical History". *Alfred* führte auch die **Angelsächsische Chronik.**

Das königliche Haus von Wessex wurde zum **Royal House of England,** d. h. die Königsnachfolge erfolgte nun von hier aus.

Kampf gegen die Wikinger

Die Könige von Wessex mussten sich an drei Fronten verteidigen: im Osten gegen die Dänen, im Westen gegen die Waliser und im Nordwesten gegen die Norweger. 920 verlief die **englische Grenze** entlang des Humber im Norden. Das Gebiet nördlich der Grenze war als **Danelaw** bekannt. Städtenamen an der Nordostküste Englands, die auf -by (Whitby) oder -thorp (z.B. Cleethorpes) enden, weisen auf den Einfluss der skandinavischen Sprache hin. Im Norden macht sich dieser Einfluss auch in den Dialekten bemerkbar. Die Dänen hielten sich außerdem nicht an die angelsächsische Gesellschaftsstruktur, sondern brachten ihre eigenen Gesetze und Verwaltungsmodelle mit.

Verschiedentlich versuchten die Angelsachsen den Norden zurückzuerobern, während an den Ostgrenzen ständig Auseinandersetzungen mit Dänen und Norwegern stattfanden.

Äthelred der Unentschlossene (reg. 978–1016) hielt sich mithilfe der Einführung des *danegelds* die Dänen für eine Weile vom Leib. (Siehe Exkurs „Errungenschaften der Angelsachsen".)

Von 1016–1035 übernahm der Däne **Knut der Große** die Macht und regierte als englischer König. *Knut* war stark in die dänische Politik verwickelt und hielt sich oft im Ausland auf, daher teilte er das Land in Verwaltungsregionen (Herzogtümer) auf, die in seiner Abwesenheit von seinen Untertanen verwaltet wurden. Nach *Knuts* Tod im Jahr 1035 gab es mehrere Anwärter auf den Thron, unter anderem auch *Äthelreds* Sohn *Edmund Ironside (Edmund Eisenseite).* Aber um 1042 endete die dänische Königslinie und die Wessex-Dynastie kam wieder an die Macht. **Eduard der Bekenner** (ebenfalls *Äthelreds* Sohn) aus der Wessex-Dynastie herrschte von 1042 bis 1066. Er pflegte enge Beziehungen zu den Normannen.

Schottland und Wales strebten weiterhin Einheit innerhalb ihrer Nationen an. Gwynedd wurde zur größten Macht in Wales und die Königsnachfolge erfolgte von hier. Um 850 wurde der Skote **Kenneth I. McAlpin** (reg. 843–859) schottischer König von Dalriada und annektierte das piktische Reich. Ähnlich wie *Alfred der Große* in England war er einer der ersten, der die verschiedenen Regionen Schottlands im Kampf gegen die Norweger vereinte. Unter *Duncan I.* (ca. 1034–1040) wuchs Schottland fast bis an seine heutigen Grenzen heran. *Duncan* wurde in *Shakespeares Macbeth* verewigt, der *Duncan* ermordete und die Krone an sich nahm. *Duncans* Sohn *Malcolm III. Canmore* (reg. 1057–1093) folgte *Macbeth* auf den Thron.

Zur Zeit der Normannen erschienen Schottland und Wales daher als eigenständige Nationen. Ein Jahrhundert der Isolation von Europa (abgesehen vom Handel) fand im Jahr 1066 ein jähes Ende.

Eine Insel am Rande von Europa (1066–1337)

1066 ist wohl eines der berühmtesten Daten in der britischen Geschichte, denn hier wurde das angelsächsische Königreich von dem Herzog der Normandie, **Wilhelm I. dem Eroberer** (1027–1087) unterworfen. Ausschlaggebend war die **Schlacht bei Hastings.**

Nach *Eduards* Tod hatte es mehrere Anwärter auf den Thron gegeben. Sein Cousin *Wilhelm,* Herzog der Normandie, stand in der Erbfolge am nächsten. Als seinen Nachfolger hatte *Eduard* jedoch seinen Schwager, den Dänen *Harold Godwinson* (1022–1066), Earl of Essex, nominiert. Dieser wurde dann auch am 6. Januar 1066 gekrönt.

Auch der König von Norwegen erhob Anspruch auf den angelsächsischen Thron und überfiel Nordengland. *Harolds* Truppen hatte gerade siegreich den Kampf gegen die Norweger beendet, als *Wilhelm* im Süden einfiel. In der Schlacht bei Hastings wurde *Harold* ermordet und *Wilhelm* krönte sich daraufhin zum König. Die Ereignisse der Schlacht sind auf dem

Das Schlachtfeld der „Battle of Hastings" mit der Battle Abbey im Hintergrund

berühmten **Teppich von Bayeux** festgehalten worden, den man im Museum von Bayeux in der Normandie besichtigen kann.

Wilhelms nachfolgende Politik war **aggressiv und skrupellos.** Er vertrieb die angelsächsischen Grundherren aus ihren Machtpositionen und ersetzte sie durch normannische Barone, er ließ die anderen Thronanwärter umbringen und teilte das Land neu auf. Er führte das in Europa vorherrschende **Feudalsystem** und damit die Leibeigenschaft ein. Die neue Herrscherklasse sprach französisch und die Schriftsprache war Latein. Das Angelsächsische verlor damit seine Bedeutung am Hofe und wurde zur Volkssprache.

Die angelsächsischen Freiheiten mit ihrem kollegialen Verständnis von Herrscher und Untertanen wurde durch ein hierarchisches System ersetzt, dass auf brutaler Durchsetzung der Verordnungen fußte. Jeder von *Wilhelms* Baronen erhielt Land, das parzelliert und an die Ritter und Gefolgsmänner als Lehnsherren weitergegeben wurde. Dann wurde das Land an Bauern vergeben, die hierfür mit ihrem Militärdienst zahlten. Um die Eintreibung seiner Steuergelder zu beschleunigen, gab *Wilhelm* 1086 die Erstellung des berühmten **Domesday Book** in Auftrag. In diesem Reichsgrundbuch werden alle Dörfer und Städte Englands mit deren Besitztümern aufgelistet. Das *Domesday Book* wird heute als eine einzigartige Chronik eines Feudalstaates angesehen. Diese Bestandsaufnahme hätte jedoch sicherlich nicht so schnell zusammengestellt werden können, wenn die Informationen nicht bereits vorher so ausführlich von den Angelsachsen dokumentiert worden wären. Manche heutige Gebäude oder Sehenswürdigkeit sind im *Domesday Book* aufgelistet, ihre Geschichte reicht also bis in die Zeit der Angelsachsen zurück.

Die nächsten 400 Jahre verliefen für die kleine Insel vor dem Hintergrund eines wirtschaftlich mächtigeren und bevölkerungsreicheren europäischen Kontinents, der mit sozialen Umwälzungen, Krankheit, Hunger und Krieg zu kämpfen hatte. Bis Mitte des 13. Jh. war England nur Teil des umfassenden angevinischen Reiches, das von der **Dynastie der Anjou-Plantagenets** regiert wurde. *Heinrich II.* (reg. 1154–1189), der mächtigste angevinische Herrscher besaß große Ländereien in Frankreich und hielt sich nur selten in England auf. Er entwickelte das von den Angelsachsen übernommene **Common Law** (Gemeines Recht). Bis heute ist das *Common Law* (zusammen mit dem *Statute Law* und der *Equity*) Grundlage des englischen Rechtswesens, d. h., das Richterrecht bezieht sich bei der Rechtsprechung auf Präzedenzfälle und die Verurteilung erfolgt durch eine Jury.

Heinrichs Sohn **Richard I. Löwenherz** (reg. 1189–1199) verbrachte einen Großteil seiner Regentschaft auf Kreuzzügen oder in der Normandie. Von 1190 bis 1194 unternahm *Richard* seinen dritten Kreuzzug und wurde auf dem Rückweg in Deutschland eingekerkert. Während seiner Abwesenheit versuchte sein Bruder **Johann Ohneland** (reg. 1199–1216) den Vertreter *Richards,* den Bischof von Ely zu stürzen und errang später die Herrschaft. *Johann* führte mehrere kostspielige, durch hohe Steuern finanzierte, aber erfolglose Kriege in Frankreich, wo er seine Ansprüche auf

Ländereien aufgeben musste. Bedeutend war der Verlust der Normandie im Jahr 1204. Dadurch mussten auch viele der englischen Barone einträgliche Ländereien abgeben und wollten hierfür nicht auch noch höher besteuert werden. Sie probten den Aufstand im Jahr 1214. Nachdem dies nichts fruchtete, zogen sie im Mai 1215 nach London. Zusammen mit den Bischöfen und Staatsbeamten wurde ein Vertrag ausgehandelt, der den Baronen Rechte und Privilegien garantierte. König *Johann* musste diesen Vertrag, die **Magna Carta Libertatum,** gezwungenermaßen unterzeichnen. Die *Magna Carta* bestimmte, dass der Wille des Königs durch das Gesetz gebunden war und er keine absolute Macht besaß. Sie war die früheste Niederschrift und Festlegung von Bürgerrechten, die die Macht des Königs gegenüber seinen Untertanen eingrenzte, und bildete den Grundstock für die Entwicklung eines Parlamentes in England. Obwohl es dabei weniger um Grund- oder Menschenrechte ging, wurde festgelegt, dass der König durch seine Vasallen (später das Parlament) kontrolliert wurde, die sich bei Missbrauch seiner Macht gegen ihn auflehnen konnten, d. h., der König konnte ihm widersprechende Untertanen nicht einfach willkürlich ohne Verhandlung ins Gefängnis werfen lassen. Leider brach der König den Vertrag schon wenige Monate später.

Angesiedelt in der Zeit König *Johanns* ist die Legende von **Robin Hood,** der mit seiner Bande in den Wäldern sein Unwesen trieb. Die Figur *Robin Hoods* stand symbolisch für die Auflehnung gegen das Joch der normannischen Könige und verkörperte die Freiheit und Unabhängigkeit der niederen Edelleute. Erwähnt wird *Robin Hood* zum ersten Mal 1377 – und bereits hier gilt er als erfunden. Es ist jedoch möglich, dass die Geschichte einige Quentchen an Wahrheit enthält, wobei jedoch nicht nur der Sherwood Forest bei Nottingham den Helden beheimatet haben will, sondern auch fast jedes andere Gebiet in England.

MAGNA CARTA
15 JUNE 1215

Johanns Sohn *Heinrich III.* (reg. 1216–1272) versuchte die Politik seines Vaters auf dem Kontinent fortzusetzen und verwickelte das Land in weitere kostspielige Kriege. Der niedere Adel und das Bürgertum taten sich daher unter der

Leitung von **Simon De Montfort** (1208–1265), Earl of Leicester, zusammen, um gegen Zölle und Abgaben zu protestieren. 1264 wurde *Heinrich III.* festgenommen und kurzzeitig abgesetzt. 1265 rief *Monfort* eine Ratsversammlung ohne den König ein, die heute als **das erste englische Parlament** bezeichnet wird und sich aus den Baronen sowie den Vertretern der Grafschaften zusammensetzte.

Eduard I. (reg. 1272–1307) setzte die Reformen fort und erweiterte das Parlament. Er lud regelmäßig Repräsentanten der *Commonality* (Gemeinheit), d.h. gewählte Repräsentanten aus den mittleren Ständen, Ritter, Kaufleute und Ordensbrüder, in das *Great Council* ein. Im **Model Parliament** von 1295 hatten diese Vertreter Gelegenheit, Anliegen und Beschwerden zu formulieren. Aus dieser Ratsversammlung entwickelten sich später die beiden Kammern des Parlaments, das *House of Lords* (Oberhaus) und das *House of Commons* (Unterhaus). (Siehe auch das Kap. „Demokratische Bestrebungen und Konfessionskonflikte".)

Ausbildung der Nationalidentitäten

Der Prozess der Ausbildung der Nationalidentitäten begann im Mittelalter und dauerte mehrere Jahrhunderte an. Erst während der Regentschaft *Eduards I.* begannen die normannischen Könige, sich auch als englische Könige zu sehen und sprachen englisch statt französisch. England wurde erst zu diesem Zeitpunkt von den Nachbarn auf der anderen Seite des Kanals **als separate Nation anerkannt.** Im Mittelalter war man loyal zu den ansässigen Adligen gewesen, unabhängig davon, ob sie französisch, englisch oder schottisch waren. Im Laufe des 13. und 14. Jh. begann man sich jedoch mehr und mehr mit den britischen Landesgenossen aus den verschiedenen Nationen zu identifizieren. Der Beginn für diese Entwicklung lag im Verlust des angevinischen Machtbereiches auf dem Kontinent. Die Inselnation betrachtete sich zum ersten Mal nicht als kleinen Teil eines wesentlich größeren Reiches, sondern als eigenständige Einheit. Allerdings wurden die Souveränitätsbestrebungen von Wales und Schottland von den Engländern unterdrückt.

Die **Expansionsfeldzüge Eduards I.** gegen die Schotten und Waliser hatten nachhaltige Folgen. Im Jahr 1283 wurde Wales unterworfen. *Llywellyn ap Gruffydd,* den *Eduard I.* selbst zuvor als Prinzen von Wales aner-

Urquhart Castle, Loch Ness, im schottischen Hochland

kannt hatte und der ein eigenständiges Wales anstrebte, wurde in der Schlacht bei Irfon Bridge niedergeschlagen. *Eduard I.* legte fest, dass der Thronerbe der britischen Krone in Zukunft die walisischen Grafschaften als Lehen erhalten sollte, weshalb die englischen Kronprinzen bis heute den Titel **Prince of Wales** führen.

Eduard I. verfolgte auch eine gnadenlose Politik gegenüber den **Juden.** Sein Edikt von 1290 gebot allen Juden unter Androhung der Todesstrafe, das Land zu verlassen. Bis 1295 waren alle von Juden bewohnten Stadtviertel aufgelöst und *Eduard I.* heimste die Gewinne aus den Verkäufen ein. Erst unter *Oliver Cromwell* konnten die Juden sich wieder in England niederlassen.

Eduard I. erwarb sich den Beinamen „Hammer der Schotten" aufgrund seiner aggressiven **Kampagne gegen Schottland.** Auch dort führte, wie in Wales, die Aggression zu einem Erstarken des schottischen Nationalismus. Nachdem *Eduard I.* in Berwick die Einwohner abgeschlachtet hatte, erhob sich die schottische Bevölkerung unter der Führung von **William Wallace** (1270–1305), der fest entschlossen war, die Engländer aus Schottland zu vertreiben. 1297 kam es zur Schlacht bei **Stirling Bridge.** *Wallace* wurde in London 1305 grausamst hingerichtet, seine Eingeweide wurden bei lebendigem Leib entfernt und sein abgeschlagener Kopf wurde auf auf der London Bridge ausgestellt. Seitdem wird er von den Schotten als Märtyrer und Nationalheld verehrt. Bis ins 20. Jh. wurde eine ro-

010gb Foto: nh

mantisierte Version seiner Biografie in den Schulen gelehrt. (Eine stark geschönte Version gab *Mel Gibson* in dem Film *Braveheart* wieder.)

Erst im Jahr 1314 fanden die Schotten in **Robert the Bruce** (1274–1329) einen Anführer, der sie zum Sieg über *Eduards* Sohn *Eduard II.* führte. *Robert the Bruce* hatte sich gegen den Willen *Eduards I.* im Jahr 1306 selbst zum schottischen König gekrönt. In Bannockburn führte er eine entscheidende Schlacht gegen die Engländer, die Schottlands Unabhängigkeit garantierte. 1315 wurde er von England als rechtmäßiger König der Schotten anerkannt. Er begründete die **Dynastie der Stuarts,** die bis ins 18. Jh. hinein die schottischen Könige stellte.

Der 100-jährige Krieg mit Frankreich (1337–1453)

Eduard III. erhob wiederum Ansprüche auf den Thron Frankreichs. Er sah sich hierzu aufgrund seiner Verwandschaft mit *Philip IV.* von Frankreich berechtigt, dessen Tochter *Isabella* mit seinem Vater *Eduard II.* verheiratet gewesen war. Die direkte Erblinie wäre durch einen Sohn *Philips* gewährleistet worden, die allerdings alle im Kindesalter verstorben waren. Als kleine Insel setzte sich Britannien gegen das mittelalterliche Frankreich zur Wehr, das einer der reichsten, am dichtesten bevölkerten und mächtigsten Staaten jener Zeit war.

Hiermit begann eine Reihe von kriegerischen Auseinandersetzungen über die Erbfolge zwischen England und Frankreich, die als **Hundertjähriger Krieg** in die Geschichte einging und genau genommen 116 Jahre andauerte. Dieser dynastische Disput setzte sich von 1337 bis 1453 über die Regentschaften *Richards II.* (reg. 1377–1400), *Heinrichs IV.* (reg. 1399–1413) und *Heinrichs V.* (reg. 1413–1422, dem berühmten Sieger in Agincourt) fort. Der Krieg ging noch über 20 Jahre nach dem Tod von *Johanna von Orléans* bis ins Jahr 1453 weiter.

Die englischen Grenzen waren zwar durch den Ärmelkanal geschützt, doch konnten sich die Briten weder in ihrer Truppenstärke noch in ihrem Reichtum mit Frankreich messen. Mit einer kleinen Armee konnten die Engländer natürlich in die nördlichen Gebiete Frankreichs an der Küste einfallen, mussten sich aber genauso oft wieder zurückziehen. Wenn sie in einer Schlacht auf die Franzosen trafen, wie z. B. in Poitiers und Agincourt, benutzten sie den **Longbow,** eine einzigarte Waffe, die es nur in England gab und die mit verheerenden Folgen gegen die stark gepanzerte Kavallerie eingesetzt werden konnte. Die **Schlacht bei Agincourt** drama-

Eve of St. Crispin's Day („Der Abend vor Sankt Crispianstag")

„ …
This story shall the good man teach his son;
And Crispin Crispian shall ne'er go by,
From this day to the ending of the world,
But we in it shall be remember'd;
We few, we happy few, we band of brothers;
For he to-day that sheds his blood with me
Shall be my brother; be he ne'er so vile,
This day shall gentle his condition:
And gentlemen in England now a-bed
Shall think themselves accursed they were not here,
And hold their manhoods cheap whiles any speaks
That fought with us upon Saint Crispin's day."

„ …
Diese Geschichte soll der gute Mann seinen Sohn lehren;
und Crispin Crispian soll niemals vergehen,
von diesem Tag bis zum Ende der Welt,
ohne dass unser an ihm gedacht wird.
Wir wenigen, wir glücklichen wenigen, wir Schar von Brüdern;
denn wer heute sein Blut mit mir vergießt,
soll mein Bruder sein; sei er noch so niedrig,
dieser Tag soll seinen Stand adeln;
und Edelleute, die jetzt in England zu Bett sind,
sollen sich selbst für verflucht halten, dass sie nicht hier waren,
und ihre Männlichkeit für gering halten, wenn irgend jemand spricht,
der mit uns am Sankt Crispianstag kämpfte."

Auszug aus William Shakespeares „King Henry V"

tisierte *William Shakespeare* eindrucksvoll in seinem Stück *Heinrich V*. Noch heute weckt die „Eve-of-St.-Crispin's-Day"-Rede, die *Shakespeare* seinem Titelhelden in den Mund legt und die er am Vorabend der Schlacht an seine Truppen gerichtet haben soll, bei den Briten patriotische Gefühle. Dass man trotz zahlenmäßiger Unterlegenheit tapfer für sein Vaterland in den Kampf zog und dem Tod mutig ins Auge sah, steht symbolisch für den Mut und Kampfgeist des britischen Volkes, der auch während des Zweiten Weltkriegs wieder heraufbeschworen wurde.

Während man sich mit den Franzosen herumschlug, schrieb **Geoffrey Chaucer** (1340–1400) seine **Canterbury Tales,** das erste Buch in englischer Sprache. Zu dieser Zeit fand eine Vokalverschiebung in der Sprache statt und das moderne Englisch entstand. Die Mittelschicht sprach zwar schon lange Englisch, aber nun wurde es auch bei offiziellen Anlässen verwendet, z. B. ab 1362 bei Gericht, bei der Eröffnung des Parlaments und auch in Gottesdiensten. Die Bibel wurde von 1382 bis 1390 von dem Theologieprofessor **John Wycliffe** (gestorben 1384) ins Mittelenglische übersetzt.

Die alte Feudalordnung mit ihren überkommenen Sozialstrukturen begann zu zerfallen. Der **Pest** fiel in den Jahren 1348/1349 über ein Drittel der britischen Bevölkerung zum Opfer. Dies führte zu einer Knappheit an landwirtschaftlichen Arbeitskräften und nachfolgenden Hungersnöten. Unter dem Feudalsystem waren Bauern Leibeigene des Landadels. Sie bewirtschafteten das Land, um ihr eigenes Auskommen zu sichern und gleichzeitig ohne Entlohnung Waren für den Lehnsherren zu produzieren. Da nun Arbeitskräfte fehlten, mussten die Feudalherren Gehälter zahlen, um genug Landarbeiter zu verdingen. Daher war es wirtschaftlicher, das Land zu verpachten. Hierdurch entstand die neue Klasse der **Yeoman** (freie Bauern, Freisassen), die ihrerseits Arbeitskräfte anheuerten und kleine Gewinne mit ihrem Land erwirtschaften konnten. Kapital und Arbeit wurden freigesetzt und die alte mittelalterliche Ordnung wandelte sich allmählich in eine auf dem **Geldhandel** basierende Gesellschaft.

Als Nebeneffekt wurde die **Leibeigenschaft** hierdurch fast vier Jahrhunderte früher abgeschafft, als z. B. in Deutschland oder Frankreich. Dieser Prozess der sozialen Umwälzung ging nicht ohne Schwierigkeiten vor sich und 1381 kam es zum **Bauernaufstand.** Der Aufstand *(Peasants' Revolt)* war wohl die weitgreifendste Auflehnung des einfachen Volkes in England. Wie auch bereits bei der Rebellion der Barone unter König *Johann* war der Anlass für den Aufstand finanzieller Natur, denn es sollte eine Kopfsteuer erhoben werden, die dem König genug Mittel für die Kriegsführung garantieren sollte. Die Aufständischen marschierten unter **Wat Tyler** (1431–1481) nach London und man öffnete ihnen aufgrund ihrer Übermacht die Stadttore. Sie ermordeten den Lordkanzler und den Erzbischof von Canterbury. Der Aufstand wurde schnell brutal niedergeschlagen. *Wat Tyler* kam während des Kampfes um und einige der Rebellen wurden gehängt.

Das Schlachtfeld bei Towton in Yorkshire, hier wurde einer der blutigsten Kämpfe des Rosenkrieges ausgetragen

Einheit und Weltimperium (1485–1763)

Es wird oft behauptet, das englische Mittelalter endete auf dem Schlachtfeld von Bosworth im Jahr 1485 während des **Rosenkriegs,** als die Macht vom **Haus York** auf das **Haus Lancaster** und die Tudor-Dynastie unter *Heinrich VII.* überging. Der Rosenkrieg dauerte von 1450 bis 1485 und es ist letztlich *Eduard III.,* dem die Schuld für diesen langen Konflikt zwischen den beiden adligen Linien der großen Häuser Lancaster (symbolisiert durch eine rote Rose) und York (symbolisiert durch eine weiße Rose) zugeschrieben wird. Da er keine eindeutige Erbfolge festgelegt hatte, kämpften die zahlreichen Nachkommen *Eduards III.* 35 Jahre lang um die Kontrolle über das Königreich. Da *Heinrich VI.* geisteskrank und nicht zurechnungsfähig war, erhob letztendlich **Richard III.** (reg. 1483–1485), Herzog von Gloucester (der berüchtigte, als missgestaltet und bösartig bezeichnete Thronanwärter aus *Shakespeares* gleichnamigen Theaterstück), den Anspruch auf den Thron und erreichte sein Ziel im Jahr 1483. Er war der letzte Erbe des Hauses York, nachdem er angeblich 1483 die zwei jungen Neffen und Erben *Heinrichs VI.* (die Söhne *Edwards VI.)* ermordet hatte, die im Tower von London gefangen gehalten worden waren. In der **Schlacht bei Bosworth** wurde er im Jahr 1485 von **Heinrich Tudor VII.** (reg. 1485–1509) besiegt. Die Schlacht beendete den Rosenkrieg offiziell, obwohl die

Auseinandersetzungen um die Thronfolge noch zwei Jahre danach weitergingen und verschiedene Mitglieder des Hauses York ermordet wurden. Nach dem Ende des Rosenkrieges konnte jedoch der einflussreiche Landadel nicht mehr unabhängig vom König agieren, denn es gab keine wohlhabenden adligen Familien mehr, die noch Möglichkeiten gehabt hätten, den Monarchen zu bedrohen. *Heinrich VII.* stammte aus der walisischen Hierarchie derer von Lancaster und begründete die **Tudor-Dynastie.** Er nahm dem Konflikt auch dadurch die Spitze, indem er *Elizabeth von York,* die Tochter *Eduards IV.,* heiratete und damit die beiden Häuser vereinte.

Reformation und Konterreformation (1509–1558)

Nur 30 Jahre später löste der Deutsche *Martin Luther* die protestantische Reformation aus, die **Heinrich VIII.** (reg. 1509–1547) in England unter seinen eigenen Regeln und vor allem aufgrund seiner Klüngel mit dem Papst vorantrieb. 1534 geriet *Heinrich VIII.* in einen Disput mit dem römischen Papst *Clement II.* über die Scheidung von seiner Frau *Katharina von Aragon* (1485–1536), da sie ihm keinen Sohn und Thronerben gebären konnte. *Heinrich VIII.* brach mit der katholischen Kirche und ernannte sich selbst zum Oberhaupt der **Church of England** (der anglikanischen Kirche). Hiermit begannen 30 Jahre einer tyrannischen Herrschaft, in der viel Blut vergossen wurde. Im Namen der Reformation löste *Heinrich VIII.* die Klöster und Abteien auf und konfiszierte Kirchenländereien und Eigentum. Viele Kulturschätze aus den vorangegangenen Jahrhunderten gingen auf diese Weise verloren. Seinen langjährigen Kanzler Kardinal *Wolsey* (1471–1530), ließ *Heinrich VIII.* hinrichten, da er die angestrebte Scheidung beim Papst nicht durchbringen konnte. Als der Nachfolger **Thomas Moore** (1478–1535) dem katholischen Glauben nicht abschwören wollte, wurde er ebenfalls hingerichtet. *Moore,* besser bekannt als *Thomas Morus,* war der Autor des im Jahr 1518 erschienenen humanistischen Werkes „Uto-

pia" über einen imaginären Inselstaat, auf dem politische Probleme unter humanistischen Gesichtspunkten tolerant gelöst werden. Es war eines der bedeutendsten literarischen Werke der englischen Renaissance.

Thomas Cromwell (1485–1540) schließlich brachte die englischen Bischöfe dazu, *Heinrich VIII.* als Kirchenoberhaupt anzuerkennen.

Die Frauen *Heinrichs VIII.* mussten eine nach der anderen ihr Leben lassen, da sie ihm nicht den gewünschten männlichen Erben gebaren. *Heinrich VIII.* errichtete die erste namhafte englische Marine *(Royal Navy)*, die unter seiner Tochter *Elizabeth I.* die Macht Spaniens in Frage stellte und die Kolonien in Amerika unter englische Herrschaft brachte. Indem er seine Schwester mit dem König von Schottland verheiratete, setzte er die Weichen für die Vereinigung der beiden mächtigsten Königreiche Britanniens unter der Herrschaft seines Großneffen **Jakob I.** (reg. 1603–1625). *Heinrich VIII.* ging zwar aus der Reformation stärker und reicher hervor, aber er hinterließ der Tudor-Familie auch eine Reihe von religiösen und dynastischen Problemen.

Heinrichs einziger überlebender Sohn *Eduard* (reg. 1547–1553), kam als Junge auf den Thron und wurde von fanatischen Protestanten beraten. Während die **anglikanische Kirche** unter *Heinrich VIII.* viele Merkmale des katholischen Glaubens beibehalten hatte, richtete sie sich unter *Eduard VI.* nach calvinistischen Prinzipien aus, ähnlich der protestantischen

Fachwerkarchitektur aus der Tudor-Periode

Pendennis Castle in Falmouth, eine der vielen
von Heinrich VIII. neu errichteten Befestigungen

Kirche in Europa. *Eduard* starb jung und seine ältere Schwester, **Maria I. Tudor** (reg. 1553–1558), Tochter von *Katharina von Aragon,* wurde seine Nachfolgerin. Sie war entschlossen, die Reformation rückgängig zu machen und England wieder zum Katholizismus zurückzuführen, notfalls mit Galgen und Feuer. Reformation und Konterreformation rissen Englands Kirche daher zwischen *Luther* und Rom hin und her. *Maria* verdiente sich ihren Beinamen **Bloody Mary** vor allem deshalb, weil sie während ihrer Regentschaft über 300 Protestanten hinrichten ließ – mehr als in den gesamten 200 Jahren zuvor. Auch *Maria* starb relativ früh an einer Krankheit. Ihre Nachfolgerin **Elizabeth I.** (reg. 1558–1603), Tochter von *Anne Boleyn,* machte es sich zur Aufgabe, wieder Einigkeit in die englische Kirche zu bringen und die Spaltung zwischen der protestantischen und der katholischen Kirche zu beheben. Obwohl die anglikanische Kirche unter ihr im Grunde auch weiterhin protestantisch blieb, war *Elizabeth I.* kompromissbereit und behielt einige katholische Zeremonien bei. Dies besänftigte die strengeren Katholiken.

Das elisabethanische Zeitalter (1558–1603)

Unter *Elizabeth I.* erlebte Britannien einen wirtschaftlichen Aufschwung, deshalb spricht man auch vom „goldenen Zeitalter". Sie finanzierte Seefahrer und Abenteurer wie *Sir Walter Raleigh, Sir Francis Drake, Martin Frobisher* und *John Hawkins,* die aus den spanischen Kolonien Schätze mit nach Hause brachten. *Sir Francis Drake* (1540–1595) segelte von 1577 bis 1580 um die Welt. Er brachte Kartoffeln und Tabak mit nach England. Laut *Harry Bingham* setzte er so den Grundstein für zwei der wichtigsten Konsumartikel der nächsten Jahrhunderte: „Pommes und Zigaretten".

Der **Konflikt zwischen England und Spanien,** der zum Englisch-Spanischen Krieg von 1585 bis 1604 führte, ging auf Rivalitäten um die Kolonien in Amerika und die religösen Auseinandersetzungen während der Reformation in Europa zurück. Als sich das protestantische Holland vom katholischen Spanien lossagte, kam England seinem größten Abnehmer für englische Wolle zu Hilfe. Daraufhin versuchte *Philipp II.* von Spanien (reg. 1556–1598) im Jahr 1588 mit seiner Flottenstreitmacht, der **Armada,** in England einzufallen. Die Flotte wurde allerdings im Ärmelkanal in eine Enge getrieben und von den Engländern durch eine List geschlagen. Man steckte einige Schiffe in Brand, die von der Strömung direkt auf die Spanier zugetrieben wurden. Nachdem die Spanier die Orientierung verloren hatten, schlugen die Engländer zu und die Schiffe der Armada flohen zunächst nach Norden. Sie umrundeten Schottland und Irland, wobei ein Großteil der Flotte durch heftige Stürme beschädigt wurde, sodass sie mit großen Verlusten nach Hause zurückkehren mussten. *Sir Francis Drake* war als Vizeadmiral maßgeblich an dieser Schlacht beteiligt. Nach diesen Auseinandersetzungen kam es zu erneuten Rivalitäten um den Handel mit Gewürzen von Asien. Im Jahr 1600 gründete *Elizabeth I.* die **East India Company,** die den Handel mit den späteren Kolonien in Afrika und Asien begründete.

In der elisabethanischen Ära erblühte die literarische Kunst und brachte Autoren wie den damals sehr bekannten **Christopher Marlowe** (1564–1593) und **William Shakespeare** (1564–1616) hervor. (Siehe auch das Kap. „Shakespeare, Dickens, Austen & Co.")

Ein Konflikt entstand mit *Elizabeths* Cousine *Maria,* Tochter *Jakobs V.* von Schottland. **Maria Stuart** (1542–1587) wurde von vielen katholischen Engländern als die rechtmäßige Königin Englands angesehen, da *Elizabeth I.* als „Bastard" *Heinrichs VIII.* aus der für die Katholiken ungültigen Ehe mit **Anne Boleyn** hervorgegangen war. *Maria Stuart* war die Großnichte von *Margaret Tudor,* Schwester von *Heinrich III.* Bereits als Kind wurde sie mit dem Thronfolger von Frankreich, *Franz II.,* vermählt und wurde nach dessen Amtserhebung Königin von Schottland (reg. 1542–1567) und Königin von Frankreich (reg. 1559–1560).

Englische, schottische und britische Königshäuser

Haus Wessex und dänische Könige (802–1066)
- *Alfred der Große 871-899*
- *Eduard der Ältere 899-924*
- *Athelstan 924-939*
- *Edmund 939-946*
- *Edred 946-955*
- *Edwy 955-959*
- *Edgar 959-975*
- *Eduard der Märtyrer 975-978*
- *Äthelred der Unentschlossene 978-1016*
- *Edmund Ironside (Edmund Eisenseite) 1016*
- *Knut der Große 1016-1035*
- *Harold I. 1035-1040*
- *Harthaknut 1040-1042*
- *Eduard der Bekenner 1042-1066*
- *Harold II. Godwinson 1066*

Normannische Könige (1066–1154)
- *Wilhelm I. der Eroberer 1066-1087*
- *Wilhelm II. Rufus 1087-1100*
- *Heinrich I. Beauclerc 1100-1135*
- *Stephan von Blois 1135-1154*

Haus Anjou-Plantagenet (1154–1359)
- *Heinrich II. Kurzmantel 1154-1189*
- *Richard I. Löwenherz 1189-1199*
- *Johann Ohneland 1199-1216*
- *Heinrich III. 1216-1272*
- *Eduard I. 1272-1307*
- *Eduard II. 1307-1327*
- *Eduard III. 1327-1377*
- *Richard II. 1377-1399*

Haus Lancaster (1399–1461)
- *Heinrich IV. 1399-1413*
- *Heinrich V. 1413-1422*
- *Heinrich VI. 1422-1461, 1470-1471*

Haus York (1461–1485)

- *Eduard IV. 1461-1470, 1471-1483*
- *Eduard V. 1483*
- *Richard III. 1483-1485*

Haus Tudor (1485–1603)

- *Heinrich VII. 1485-1509*
- *Heinrich VIII. 1509-1547*
- *Eduard VI. 1547-1553*
- *Maria I. (Bloody Mary) 1553-1558*
- *Elizabeth I. 1558-1603*

Haus Stuart (1603–1649 und 1660–1714)

- *Jakob I. 1603-1625*
- *Karl I. 1625-1649*
- *Karl II. 1660-1685*
- *Jakob II. 1685-1688*
- *William III. von Oranien 1688-1702 zusammen mit*
- *Maria II. 1688-1694*
- *Anna 1702-1714*

Commonwealth und Protektorat (1653–1659)

- *Oliver Cromwell, Lord Protector 1653-1658*
- *Richard Cromwell, Lord Protector 1658-1649*

Haus Hannover (1714–1901)

- *Georg I. 1714-1727*
- *Georg II. 1727-1760*
- *Georg III. 1760-1820*
- *Georg IV. 1820-1830*
- *Wilhelm IV. 1830-1837*
- *Viktoria 1837-1901*

Haus Sachsen-Coburg Gotha (1901–1910)

- *Eduard VI. 1901-1910*

Haus Windsor (1910 bis heute)

- *Georg V. 1910-1936*
- *Eduard VIII. Juni 1936*

- *Georg VI. 1936–1952*
- *Elizabeth II. seit 1952*

Schottische Könige (842–1625)
- *Kenneth I. McAlpin 842–858*
- *Donald I. 858–862*
- *Konstantin I. 862–876*
- *Aed 876–878*
- *Giric 878–889*
- *Donald II. 889–900*
- *Konstantin II. 900–943*
- *Malcolm I. 943–954*
- *Indulf 954–962*
- *Duf 962–966*
- *Culen 966–971*
- *Kenneth II. 971–975*
- *Konstantin III. 995–997*
- *Kenneth III. 997–1005*
- *Malcolm II. 1005–1034*
- *Duncan I. 1034–1040*
- *Macbeth 1040–1057*
- *Malcolm III. Canmore 1057–1093*

Sie strebte die Herrschaft über das gesamte Britannien an und war in mehrere Attentate auf Königin *Elizabeth I.* verwickelt. Aufgrund der Bedrohung für die Regentin wurde *Maria* im Jahr 1568 gefangen genommen und schließlich 1587 wegen Hochverrats, wenn auch widerwillig (schließlich war es nicht üblich, dass Monarchen andere Monarchen umbrachten), hingerichtet. Dieser Konflikt diente *Friedrich Schiller* als Vorlage zu seinem Drama *Maria Stuart*.

Demokratische Bestrebungen und Konfessionskonflikte (1603–1745)

Da *Elizabeth I.* nie heiratete und kinderlos blieb, wurde nach ihrem Tod der Sohn *Maria Stuarts*, **Jakob I.** (reg. 1603–1625), der erste König Englands aus der Linie der Stuarts. Er vereinigte die Königreiche England und

- *Donald III. 1093-1094 und 1094-1097*
- *Duncan II. 1094*
- *Edgar 1097-1107*
- *Alexander I. 1107-1024*
- *David I. 1124-1053*
- *Malcolm IV. 1153-1165*
- *Wilhelm der Löwe 1165-1214*
- *Alexander II. 1214-1249*
- *Alexander III. 1249-1286*
- *Margaret 1286-1290*
- *John Balliol 1292-1296*
- *Robert I. the Bruce 1306-1329*
- *David II. 1329-1371*
- *Robert II. 1371-1390*
- *Robert III. 1390-1406*
- *Jakob I. 1406-1437*
- *Jakob II. 1437-1460*
- *Jakob III. 1460-1488*
- *Jakob IV. 1488-1513*
- *Jakob V. 1513-1542*
- *Maria (Queen of Scots) 1542-1567*
- *Jakob VI. 1567-1625*

Schottland und wurde somit **König von Großbritannien.** Dies war allerdings nur der von ihm benutzte Titel, ansonsten sprach man weiterhin von England und Schottland. Obwohl er eine Politik der Versöhnung mit den Katholiken betrieb, versuchten rebellische Katholiken im Jahr 1605 den König und das weitgehend protestantische Parlament während der Parlamentseröffnung in die Luft zu sprengen, was heute als der sogenannte **Gunpowder Plot** bekannt ist. An den Anführer **Guy Fawkes** (1570–1606), der zur Strafe geviertelt wurde, wird noch heute an jedem 5. November zur *Bonfire Night* erinnert, indem Lagerfeuer angezündet werden und eine Puppe verbrannt wird, die ihn darstellen soll.

Die religiösen Auseinandersetzungen des 16. und 17. Jh. hatte einen unbeabsichtigten Nebeneffekt. Die ersten britischen Kolonisten, die die gefährliche **Reise in die Neue Welt** auf sich nahmen, waren Puritaner und Presbyterianer, Angehörige protestantischer Sekten. Sie fanden in ihrer Heimat keine Toleranz für ihre extremen und fundamentalistischen Ideologien und strebten in die Kolonien, um dort ihre Religion in Freiheit ausüben zu können. Die sogenannten **Pilgrim Fathers** unternahmen im Jahr 1620 auf der **Mayflower** die Fahrt über den Atlantik und gründeten dort die Kolonie Jamestown noch im Namen König *Jakobs I.* Viele andere Auswanderer, die sich in den endlosen Weiten Amerikas ein besseres Leben als zu Hause erhofften, folgten ihnen.

Bürgerkrieg und Absolutismus

Während dieser Zeit brachen verschiedene **Bürgerrevolten** über England, Schottland und Irland herein, die den Konflikt zwischen dem Monarchen und dem Parlament zutage brachten und verstärkten. Die Konflikte des Bürgerkrieges waren religiöser, aber auch politischer Natur und begannen mit der Regentschaft von **Karl I.** (reg. 1625–1649).

Karl I. sah sich als **König von Gottes Gnaden,** d.h., er war überzeugt, dass er den Thron durch göttliches Recht innehatte. Auf dem europäischen Kontinent regierten Monarchen von Gottes Gnaden absolutistisch und definierten den Staat nach ihrem Ermessen. Bürgervertretungen und Parlamente wurden hier schnell unpopulär. In Frankreich und Spanien waren die Ständeversammlungen *État Général* und *Cortes* in unterwürfige Rollen degradiert worden. Der französische König berief das Parlament bis zur Revolution 1789 nicht mehr ein. *Karl I.* wollte das englische Parlament in gleicher Weise überflüssig machen. Während der elf Jahre der sogenannten **Terrorherrschaft** von 1629 bis 1640 regierte *Karl I.* nach absolutistischem Modell (ohne Parlament), stellte Steuern ohne Abstimmung mit dem Parlament auf und setzte seine eigenen Gesetze rücksichtslos durch. Eine **Petition of Rights,** die er aufgrund des parlamentarischen Drucks im Jahr 1628 unterzeichnete, ignorierte er später. 1642 versuchte er, aufrührerische Mitglieder im *House of Commons* zu verhaften. Seither durfte kein englischer König mehr das *House of Commons* betreten.

Im Jahr 1640 sah sich *Karl I.* aufgrund von Geldknappheit durch anhaltende militärische Konflikte gezwungen, das Parlament wieder einzuberufen. Die Bürger nahmen ihre Chance war und weigerten sich, die nötigen Gelder bereitzustellen, solange der König bestimmten Reformen nicht zugestimmt hatte. Der Zusammenstoß der Vorstellung vom gottgegebenen Recht mit dem Konzept eines Rechtsstaates führte im Jahr 1642 zum Aus-

Die St. Paul's Cathedral – Meisterwerk des Architekten Christopher Wren

bruch des **Englischen Bürgerkrieges** (Civil War), der bis 1646 andauern sollte und aus dem das Parlament als Sieger hervorging. Dem Bürgerkrieg, der sich auch auf Schottland und Irland erstreckte, fielen etwa 10 % der gesamten Bevölkerung zum Opfer, weshalb er als der schlimmste Krieg angesehen wird, der je auf britischem Boden ausgetragen wurde. Die puritanischen Parlamentarier *Roundheads* kämpften gegen die königstreuen Truppen. Die Bevölkerung spaltete sich in zwei Lager: Befürworter und Gegner der Monarchie.

Oliver Cromwell (1599–1658) entstammte einer Familie von Landbesitzern (der sogenannten *Landed Gentry*). Er war Puritaner, gewähltes Mitglied des Parlaments für Cambridge und trat auf der Seite der *Roundheads* in den Konflikt ein. 1649 wurde König *Karl I.* unter der Anschuldigung des Hochverrats gegen sein eigenes Volk hingerichtet, auch *Cromwell* gehörte zu den Unterzeichnern der Verurteilung. Von diesem Zeitpunkt an gab es in England (und später Großbritannien) nie wieder den Versuch, eine absolute Monarchie zu etablieren, obwohl diese Regierungsform auf dem Kontinent noch lange weiter bestand.

Commonwealth und Restauration

Von 1649 bis 1653 experimentierte man mit einer Form der republikanischen Regierung, die als das **Commonwealth of England** bekannt ist. 1653 stieg *Cromwell* zum sogenannten **Lord Protector** auf und regierte bis 1658. Im Jahr 1657 wurde ihm die Krone angeboten, die er jedoch ablehnte.

Mit **Karl II.** (*The Merry Monarch*, reg. 1660–1685), Sohn *Karls I.*, wurde 1660 mit dem Königshaus der *Stuarts* die Monarchie wieder eingesetzt. Daher spricht man von der geschichtlichen Periode der **Restauration.** *Karl II.* war ein genusssüchtiger König, der die Kultur und das Theater förderte. Während seiner Regentschaft erlebte England jedoch auch die Schrecken der **Pestepedemie** von 1665/1666 und die große **Feuersbrunst** von 1666, aus der London stark angeschlagen hervorging.

Der Chronist *Samuel Pepys* (1633–1703) hinterließ der Nachwelt eine wertvolle Sozialgeschichte seiner Zeit, indem er sein tägliches Leben in einem Tagebuch niederschrieb. Dem Architekten *Christopher Wren* (1632–1723) wurde aufgetragen, London wieder aufzubauen.

Glorious Revolution

Als *Karl II.* im Juni 1685 starb, übernahm der Katholik **Jakob II.** (reg. 1685–1688) als vorletzter Thronfolger aus der schottischen Linie der *Stuarts* den britischen Thron. Er drohte wie *Karl I.* damit, das sorgfältig aufgebaute Parlament wieder aufzulösen. *Jakob II.* versuchte Geld für die Instandhaltung seiner Armee aufzubringen und wollte die **Testakte** *(Test Acts)* rückgängig machen, die den Katholiken verbot, öffentliche Ämter einzunehmen. Das Parlament, aber auch die Bischöfe widersetzten sich diesem Wunsch, da man befürchtete, *Jakob II.* würde versuchen, die Reformation wieder rückgängig zu machen. Die Bischöfe wurden festgenommen und in den Tower geworfen.

Als Reaktion darauf rebellierten Bürger in den Straßen, verbrannten Bildnisse des Papstes und attackierten katholische Gotteshäuser. Die liberalen und konservativen Kräfte schlossen sich zusammen, um *Jakob II.* abzusetzen.

Es kam zur sogenannten **Glorious Revolution** von 1688, in der man die Bildung einer **konstitutionellen Monarchie** erreichte. Diese sogenannte Revolution war eine weitgehend friedliche Auseinandersetzung zur Verteidigung der parlamentarischen Rechte gegenüber der Monarchie. Dem protestantischen Schwiegersohn *Jakobs II.,* **Wilhelm III. von Oranien** (reg. 1688–1702) aus Flandern, wurde der Thron angetragen. Er landete am 5. November 1688 in Devon mit 15.000 Soldaten und gelangte am 19. Dezember nach London. Einige Tage später floh *Jakob II.* nach Frankreich und galt ab diesem Zeitpunkt als abgesetzt. Am 22. Januar 1689 trat ein neues Parlament zusammen und begann, Regeln für eine konstitutionelle Monarchie festzuschreiben. Die Macht des Königs wurde stark begrenzt und das Parlament übernahm die Schlüsselrolle in den meisten staatlichen Ämtern.

Das Parlament erhielt auch das Recht, den König selbst zu ernennen. Es erstellte eine Erklärung von Bürgerrechten, die **Declaration of Rights** (auch *Bill of Rights* genannt), die im Dezember 1689 verabschiedet wurde. Die Frage, welche Rolle das Parlament in der konstitutionellen Monarchie spielen sollte, führte ab dem Jahr 1688 zur Formierung zweier Gruppen: den *Whigs,* die die Macht des Königs mehr einschränken wollten und den *Tories,* die wesentlich weniger radikal waren. Erst ungefähr

200 Jahre später entstand aus den *Whigs* die Liberale Partei und aus den *Tories* die Konservative Partei.

Die **Bill of Rights** (*„An Act Declaring the Rights and Liberties of the Subject and Settling the Succession of the Crown"*) legte gewisse Bürgerrechte fest, ebenso wie verfassungsmäßige Pflichten der Krone. Der König musste von nun an die Zustimmung des durch das Parlament repräsentierten Volkes suchen. Im Jahr 1701 wurde durch den **Act of Settlement** zusätzlich festgelegt, dass kein englischer Monarch je wieder katholisch sein und auch keinen Katholiken heiraten durfte (dies gilt bis heute).

1707 vereinte außerdem der **Act of Union** die Parlamente Englands und Schottlands und man sprach nun vom Königreich Großbritannien. Von 1702 bis 1714 regierte **Königin Anna,** die jüngste Tochter von *Jakob II.* Sie beauftragte den Schriftsteller **Daniel Defoe** (1661–1731) durch England zu reisen und eine Bestandsaufnahme (d. h. eine Art Untersuchung zur Lage der Nation) aufzunehmen. Er war einer der ersten, der die alte Welt in seiner literarischen Veröffentlichung „Tour through the Whole Island of Great Britain" („Reise durch England und Wales") mit modernen Augen betrachtete.

Die Hannoveraner

Der protestantische (deutsche) Thronerbe **Georg I. von Hannover** (1660–1727), Großneffe von *Karl I.,* wurde vom britischen Parlament 1714 als König eingesetzt. Er begründete damit die Dynastie des Hauses Hannover, die alle mit den deutschen Adelslinien verbunden waren. Die Regenten waren alle entweder gebürtige Deutsche, von zweistaatlicher Nationalität oder mit Deutschen verheiratet. Nach dem Namen der Regenten wurde diese Zeit als die **Georgianische Periode** bezeichnet.

Georg I. setzt **Robert Walpole** (1676–1745) als ersten Premierminister ein und die *Whigs* gewannen die Oberhand im Parlament. *Georg I.* gründete 1719 die *Royal Academy of Music* und setzte den deutschen Landsmann *Georg Friedrich Händel* (1685–1759) als musikalischen Direktor ein. **Georg II.** (reg. 1727–1760) übernahm den Thron von seinem Vater im Jahr 1727. Er förderte das Theater und die Oper und gab beim Hofkomponisten *Händel* vier Hymnen für die Krönungszeremonie in Auftrag. Eines dieser Stücke, „Zadok the Priest", wurde seither bei jeder Krönung eines britischen Monarchen gespielt.

Jakob II. und seine Anhänger, die **Jakobiter,** waren an zwei Rebellionen in den Jahren 1715 und 1745 beteiligt, in denen man versuchte, den Neffen von *Jakob II., Karl Eduard,* besser bekannt als **Bonnie Prince Charlie** (1720–1788), als schottischen Thronerben einzusetzen. Die

Stuarts verbündeten sich mit den *Highland Clans,* schwertschwingenden, kilttragenden Kämpfern aus den schottischen Highlands. Die Armee von *Bonnie Prince Charlie* gelangte auf ihrem Marsch in Richtung London bis nach Derby. Sie war jedoch schlecht ausgestattet und musste sich nach Schottland zurückziehen, wo im Jahre 1746 die letzten halb verhungerten Clanmitglieder in Culloden von den britischen Soldaten mit ihren modernen Musketen vernichtend geschlagen wurden. Die **Schlacht bei Culloden** war die letzte Schlacht auf britischem Boden bis heute. Sie läutete auch das Ende des schottischen Clansystems ein.

Georg III. (reg. 1760–1801) ernannte den Tory **William Pitt den Jüngeren** (1759–1806) zum Premierminister. *Pitt* baute das Amt aus und verlieh ihm erstmals moderne Züge. Der Machtgewinn des Premierministers wurde auch dadurch begünstigt, dass *Georg III.* an einer vererbten Geisteskrankheit litt, wodurch der Premierminister zeitweilig wesentlich stärker gefordert war. (Ein Schauspiel von *Alan Bennett,* das 1994 als „The Madness of King George", deutsch: „King George – Ein Königreich für mehr Verstand", verfilmt wurde, gibt ein eindringliches Bild von den Folgen dieser Krankheit.)

Im **Amerikanischen Unabhängigkeitskrieg** (1775–1783) machten sich die englischen Kolonien in Nordamerika selbstständig. Die dreizehn Kolonien erklärten ihre Unabhängigkeit von der Krone und erfochten kriegerisch das Recht auf ihre eigene Verfassung. Der *Union Jack,* die Nationalflagge des Vereinigten Königreiches Großbritannien, wurde aus der Rot und Weiß gestreiften Kolonialflagge entfernt und durch 13 Sterne ersetzt. (Siehe auch den Exkurs „Die Farben des Union Jack'".) Nachdem Großbritannien die Unabhängigkeit der Vereinigten Staaten anerkannt hatte, legte man seine Differenzen schnell bei und wurde Handelspartner.

Im Jahr 1801 wurde Britannien im **Act of Union** mit Irland vereint und das **United Kingdom of Great Britain and Ireland** („Vereinigtes Königreich von Großbritannien und Irland") entstand, auch *United Kingdom* oder kurz *UK* genannt.

Die erste Industrienation (1745–1900)

Die Demokratisierung der Institutionen schuf in Großbritannien ein Klima, in dem Innovation und Unternehmensgeist belohnt wurden und das somit für Geschäftsleute attraktiv war. Nach fast einem Jahrhundert von inneren und außenpolitischen Konflikten, endeten diese mit dem Sieg über den letzten absolutistischen Anwärter auf den Thron im Jahr 1745. Es ist daher

Das Wörterbuch von Samuel Johnson

Als erster Literat veröffentlichte Samuel Johnson am 15. April 1755 „A Dictionary of the English Language", ein Wörterbuch der englischen Sprache, auch als __„Johnson's Dictionary"__ bekannt. Es gab schon lange das Bestreben, ein Wörterbuch zusammenzustellen und Johnson wurde von verschiedenen Buchhändlern im Jahr 1746 dazu verpflichtet, das Werk zu schreiben, und zwar für ein Entgelt von 1500 Guineas (heute etwa 1575£). Anstatt der anvisierten drei Jahre, arbeitete Johnson neun Jahre lang an der Fertigstellung des Wörterbuches. Die meiste Arbeit wurde von ihm allein geleistet, dazu hatte er verschiedene Schreibassistenten.

Das Buch war ein solcher Erfolg, dass Johnson noch während seiner Lebenszeit mehrere Neuauflagen schreiben musste. Er versah jedes Wort mit einer ausführlichen Erklärung und einem Zitat aus der Literatur, um die Anwendung zu veranschaulichen. Daher ist es nicht nur ein Wörterbuch, sondern auch eine hervorragende Quelle für englische Literatur und Kultur.

nicht verwunderlich, dass Großbritannien, das zu dieser Zeit stabiler und einheitlicher war als andere Nationen, als erste Industrienation hervortrat und ein globales Imperium schuf.

Frühe Pioniere der Industrialisierung – Aufstieg zur Kolonialmacht

Abgesehen vom Verlust der Länder in Nordamerika erzielte Großbritannien unter *Georg III.* (reg. 1760–1801) große Erfolge als Kolonialmacht. Der erste Schritt auf dem Weg zum britischen Imperium war der Sieg im **Siebenjährigen Krieg** gegen Frankreich (1763). Der Konflikt begann im Jahr 1756 und erstreckte sich über Europa, Asien, die amerikanischen Kolonien, die Karibik und die Pazifikregion. Hier ging es im Wesentlichen um See- und Handelsrechte sowie den Schutz der Kolonien. Großbritannien gewann den Franzosen die Herrschaft über Kanada und Indien ab. Hierdurch erneuerten sich allerdings die britischen Konflikte mit Frankreich und auch mit Spanien. Die Auseinandersetzungen der damaligen „Supermächte" dominierten sowohl die europäische als auch die Weltpolitik bis 1815.

Großbritannien trat aus den Konflikten als vorherrschende Kolonial-macht hervor. Es besaß Anrechte auf ein Reich von Kolonien, das sich von Kanada, Indien bis in die Karibik erstreckte und die Basis für das große vik-torianische Empire bildete, das ein Jahrhundert später die Welt umspan-nen sollte. Nach der Französischen Revolution unterstützte Britannien ei-ne Anzahl europäischer Koalitionen gegen das aggressive neue Regime **Napoleons** (reg. 1799–1821).

Nach dem überragenden Sieg in der **Schlacht von Trafalgar** im Jahr 1805 wurde das „Monstrum" *Napoleon* eingedämmt: Britannien errang die Herrschaft über die Seewege, indem es die französisch-spanische Flot-te vor der Küste Spaniens vernichtete. *Napoleons* Pläne für eine Invasion der britischen Inseln waren mit der Zerstörung seiner Flotte endgültig ge-scheitert, stattdessen wandte er seine Energien nun Österreich zu. Über die nächsten hundert Jahre hinweg, bis zum Beginn des Ersten Weltkrie-ges, war die *British Royal Navy* („Britische Königliche Marine") die **größte Seestreitmacht der Welt** und blieb ungeschlagen.

Die Werkstatt der Welt

Während Frankreich immer noch mit dem letzten absolutistischen Mo-narchen kämpfte und sich dort eine Revolution zusammenbraute, war Britannien bereits einen Schritt weiter in der politischen Reform, hatte das Wahlrecht ausgedehnt und seine politischen Systeme umstrukturiert. Insofern kann man bereits von dem Beginn einer modernen Demokratie sprechen. Hierzu trug der **Great Reform Act** aus dem Jahr 1832 bei, der das Parlament demokratisierte und das Wahlsystem fairer machte. Nach dem endgültigen Sieg über die Franzosen 1815 dominierte die britische Flotte den Welthandel. Um 1850 produzierte Großbritannien die Hälfte aller Fertigwaren in der Welt und kontrollierte ein Drittel des gesamten Welthandels. Das **Empire** erstreckte sich über ein Viertel der Landmas-sen des Globus und regierte etwa ein Drittel der Weltbevölkerung.

Die europäischen Revolutionen gegen den Absolutismus im 18. und 19. Jh. konnten der stabilen, zu diesem Zeitpunkt bereits gereiften parla-mentarischen Regierung des imperialen Großbritannien nichts anhaben. Durch den weltweiten Handel hatte sich in England früh eine **wohlhaben-de Mittelschicht** herausgebildet, die sich schnell politisches Mitsprache-recht erkämpfte. Das Wahlrecht wurde auf größere Kreise des Bürgertums ausgedehnt und es wurden Maßnahmen ergriffen, die Lebensverhältnisse der Armen zu bessern (*Poor Laws*, 1834). Die Kooperationsbereitschaft des Königs war den Gefühlen von Nationalstolz und Einheit zuträglich und wahrscheinlich rettete die Monarchie auf diese Art und Weise ihre Exis-

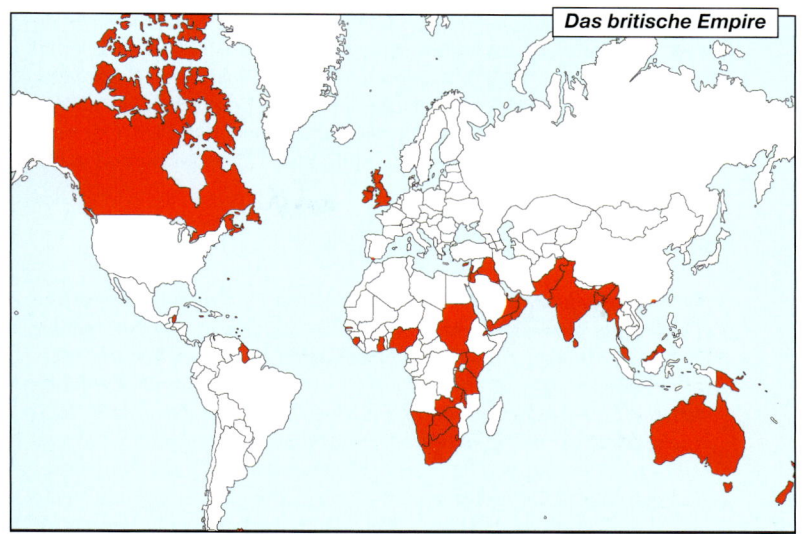

Das britische Empire

tenz. Verfassungsänderungen wurden auf friedlichem Wege bewirkt und ideologische Kämpfe wurden nicht gewalttätig ausgefochten.

Anstelle politischer Auseinandersetzungen gab es in Britannien daher eine **industrielle Revolution.** Sie wurde durch verschiedene technische Neuerungen ausgelöst, wie die 1788 von **James Watt** (1736–1819) entwickelte **Dampfmaschine.** Bisher waren die frühen Manufakturen für Textil- und Eisenverarbeitung auf Wasserkraft angewiesen gewesen. *Watts* kohlebetriebener Dampfmotor konnte dazu eingesetzt werden, die unterschiedlichsten Maschinen zu betreiben. Die neue Technik führte schnell zu einer Verbesserung und Weiterentwicklung der Produktionsprozesse. Glücklicherweise verfügte Britannien über die größten Kohlevorkommen in Europa. Bereits 1830 gab es daher viele industrielle Großbetriebe, die mit den neuen Maschinen arbeiteten.

Das Wachstum von Industrie und Empire ging Hand in Hand – dem Aufstieg der Nation waren keine Grenzen gesetzt. Die Marineflotte *(Royal Navy)* unterstützte den Seehandel, indem sie die Wasserwege frei hielt und zur Not auch die Handelsschiffe beschützte. Mithilfe der Flotte war es möglich, Rohstoffe von den neuen Kolonien billigst zu importieren, diese wurden in den Manufakturen von Manchester, Birmingham und Leeds zu Fertigwaren verarbeitet, die dann wiederum zum Verkauf in die ganze Welt exportiert wurden. Die **Textilindustrie** war der erste stark expandierende Industriezweig gewesen, zusammen mit dem Sklavenhandel, der etwa zur gleichen Zeit begann und seine Hochzeit von 1700–1800 erlebte. Die **Eisenverarbeitung** gab wiederum den Anstoß für den Ausbau alter und neuer Industrien wie den Schiffsbau und den Eisenbahnbau.

Der **Sklavenhandel** rief gegnerische Stimmen auf den Plan. Der britische Politiker *William Wilberforce* (1759–1833) war federführend in der

Bausteine der industriellen Revolution

*Bis ins 19. Jh. hinein gab es England eine lange Tradition der Garn- und Tuchproduktion. Diese wurde u. a. dadurch begünstigt, dass sich bereits im frühen Mittelalter durch **Wollproduktion** und deren Verkauf gutes Geld verdienen ließ. So wurde vielerorts von der herkömmlichen Landwirtschaft auf Schafzucht umgestellt. Bis in die Tudor-Zeit (1485-1603) hinein wurde vor allem unbearbeitete Wolle nach Flandern und Frankreich exportiert, dann ging man zur Wollverarbeitung über. Englisches Tuch war überall in Europa begehrt. Der Schwerpunkt der Produktion lag in Yorkshire und den Midlands. Unter Heinrich III. wurde der sogenannte „Stamford Cloth" (Wollstoff, der in Stamford in Lincolnshire hergestellt wurde) sogar in Venedig geschätzt. Zu elisabethanischen Zeiten versuchte man, das englische Tuch bis nach Indien zu exportieren, fand jedoch, dass dies in wärmeren Gefilden nicht gefragt war. Dafür importierte man von dort andere Waren wie z. B. Gewürze und verkaufte diese gewinnbringend zu Hause.*

*Bereits im Jahr 1600 war die **East India Company** (Ostindiengesellschaft) durch eine „Charter" (Schutzbrief) von Elizabeth I. gegründet worden. Anfang des 17. Jh. betrieb die Gesellschaft mit etwa 30 Schiffen Handel im Orient und erwirtschaftete unglaubliche Reichtümer.*

*Die „Virginia Company" und die „Massachusetts Bay Company" finanzierten und organisierten die **Emigration in die amerikanischen Kolonien** mit dem Hintergedanken, daraus später Profit schlagen zu können. Man wollte in Übersee einen dauerhaften Markt für englische Waren etablieren. Zwischen 1630 und 1643 wurden ca. 200.000 £ ausgegeben, um 20.000 Menschen nach Neu England zu transportieren. Dabei war nur für eine Minderheit der Auswanderer der religiöse Aspekt entscheidend. Vielmehr erhoffte man, Land erwerben zu können und sich wirtschaftlich zu verbessern.*

*Von Bristol aus wurde hauptsächlich mit Tabak gehandelt, der in Virginia angebaut wurde. Ebenso blühte der Handel mit **Sklaven** aus Afrika*

Bewegung gegen die Sklaverei. Bis zur Verabschiedung des **Slavery Abolition Act** (Gesetz zur Abschaffung der Sklaverei) von 1833 trieb er den Widerstand im Parlament vorwärts. Er weitete anschließend seine Aktivitäten auch auf andere Länder aus. Auch der bereits erwähnte Literat *Samuel Johnson* missbilligte öffentlich, dass sich britische Kaufleute am Menschenhandel bereicherten.

von Liverpool und London aus. Man tauschte in Afrika englische Wolle für Sklaven ein, die dann wiederum in die amerikanischen Kolonien verfrachtet wurden. Von dort brachte man Baumwolle, Tabak und Zucker nach England zurück. Allein im Jahr 1771 wurden auf diese Art und Weise 50.000 Sklaven transportiert.

*In den frühen Stadien der Tuchproduktion war Wolle hauptsächlich in privaten Haushalten bzw. Familienbetrieben gesponnen und gewebt worden. Später verlagerte sich die Produktion in die Nähe größerer Flüsse, wo die Walkmühlen durch Wasserkraft betrieben werden konnten. Technische Erneuerungen, wie James Hargreaves' (1720-1778) „Spinning Jenny" im Jahr 1770 und Richard Arkwrights (1733-1792) mechanischer Webstuhl aus dem Jahr 1790 steigerten die Produktion. Frühindustrielle **Textilgroßbetriebe** wuchsen beständig und die neue Dampfmaschinentechnik wurde dort eingesetzt. Der Ausbau der Wasserwege war für die Verschiffung der Produkte in die großen Seehäfen unerlässlich. Auch der Straßenbau machte Mitte des 18. Jh. große Fortschritte. Im Laufe des 19. Jh. kamen Baumwollstoffe in Mode, der Rohstoff hierfür wurde aus den Kolonien importiert.*

Der Erfolg und die Gewinne der Textilindustrie trugen sicherlich ihren Teil zur Entwicklung und Verbesserung der technischen Produktionsmethoden bei und waren daher ein wichtiger Faktor für den Beginn der industriellen Revolution. Als Symbol für die Bedeutung der Wollproduktion für den Wohlstand des Landes, sitzt der „Lord Chancellor" (Lordkanzler) im „House of Lords" heute noch auf einem Wollsack.

*Obwohl Britannien den Weltmarkt in der Textilproduktion schon seit Langem nicht mehr anführt, sind englische Wollgewebe oder auch **Tweeds** weltbekannt und gehören nach wie vor zu den Stoffen von höchster Qualität. Tweed wurde ursprünglich nahe des Flusses Tweed hergestellt, der an der schottischen Grenze verläuft. Die Stoffe sind sehr dick und werden in einer speziellen Webtechnik im Karo- oder Fischgrätmuster gewebt.*

Viktorianische Ideale und Realitäten

Die viktorianische Ära umfasste die Regentschaft **Königin Viktorias** von 1837 bis 1901. Sie war eine Enkelin von *Georg III.* und heiratete 1840 ihren Cousin ersten Grades *Albert von Sachsen-Coburg und Gotha* (1819–1861). Die beiden bekamen neun Kinder (Prinzessin *Victoria,* geb. 1840, heiratete später den deutschen Kaiser *Friedrich III.*).

Die Regentschaftszeit Königin *Viktorias* war unumstritten eine der herausragendsten Perioden der Geschichte Britanniens. Dem damaligen Wirtschaftswachstum war sicher auch die Friedensperiode zu Beginn dieser Ära zuträglich, die man auch als **Pax Britannica** bezeichnet. Gegen Ende des Jahrhunderts führte die Politik des **Imperialismus** allerdings zu einem Wiedererstarken der Konflikte in den Kolonien mit den Burenkriegen (1880 bis 1881 und 1899 bis 1902) und dem Krimkrieg (1853 bis 1856). Während des Krimkrieges wurde zum ersten Mal über die Lebensbedingungen der Soldaten berichtet, u. a. durch einen Korrespondenten der *Times.* Zu großer Berühmtheit gelangte die Krankenschwester **Florence Nightingale,** die sich in den Kriegslazaretten aufopfernd einsetzte. Sie erreichte, dass sowohl die Arbeitsbedingungen des Pflegepersonals als auch die Hygiene in den Einrichtungen verbessert wurden.

017.gb Foto: nh

Am Anfang der Ära wurde das **House of Commons** von zwei Fraktionen regiert, den *Whigs* und den *Tories*. Ab 1850 wurde aus den *Whigs* die **Liberale Partei** (offiziell benutzter Name ab 1868) und aus den *Tories* die **Konservative Partei.** Die Konservative Partei und ihre Mitglieder nennt man noch heute *Tories.*

Im Jahre **1851** fand in London die erste **Weltausstellung** statt, wo zukunftsweisende Neuerungen des Jahrhunderts vorgestellt wurden. In ihrem Zentrum stand der *Crystal Palace,* eine Ode der Architektur an die Baumaterialien Glas und Stahl, die für das 20. Jh. wegweisend wurde. Leider brannte er in den 1920er-Jahren ab.

Als Gegenbewegung zu den Erneuerungen durch die moderne Technik und die Enthumanisierung des Arbeitsprozesses, gab es eine Rückbesinnung auf die mittelalterliche Ritterlichkeit, ein Wiederaufleben der Gotik, die sogenannte **Neugotik.** In der Literatur z. B. vertreten durch *Sir Walter Scotts* (1771–1832) Ivanhoe-Romane und in der Architektur durch *Augustus Welby Pugin* (1812–1852), der zusammen mit *Charles Barry* die *Houses of Parliament* in London entwarf.

Die Große Hungersnot in Irland (1845–1852), auch **Potato Famine** (Hungersnot durch Kartoffelmissernten) genannt, führte u. a. zu einer Massenemigration von Iren. Die Auswanderer suchten entweder ein Auskommen in den industriellen Großstädten Englands oder hofften, in Amerika oder Australien, Kanada oder Neuseeland ein besseres Leben aufbauen zu können.

Auch in Britannien kam es aufgrund der anhaltenden Landwirtschaftsreform, durch die Tausende und Abertausende von Menschen arbeitslos wurden, zu einer vermehrten Stadtflucht. Die **Bevölkerung Englands** verdoppelte sich in einem Zeitraum von nur 50 Jahren von 16,8 Millionen (1851) auf 30,5 Millionen (1901). Dagegen halbierte sich Irlands Bevölkerung von 8,2 Millionen (1841) auf weniger als 4,5 Millionen (1901).

1833 gab es den allerersten Ansatz, eine Gewerkschaft aufzubauen. Diesem Versuch der Arbeiter in Tolpuddle in Dorset wurde ein brutales Ende gesetzt, indem sie in die Strafkolonie nach Australien verfrachtet wurden *(Tolpuddle Martyrs).* **Die ersten Gewerkschaften** versuchten gegen Mitte des 19. Jh., sich im Parlament Gehör zu verschaffen. Eine Bewegung forderte die Gründung einer nationalen unabhängigen Partei, die die Arbeiter repräsentierte. Ein Streik in Bradford führte 1890 zur Grün-

Ein Meisterwerk viktorianischer Architektur: Big Ben und die Houses of Parliament

Soziale Probleme der viktorianischen Zeit

Der unglaublich schnelle Aufstieg zur Weltmacht blieb nicht ohne Folgen und schuf große soziale Probleme in Britannien und Irland.

*In den viel zu schnell wachsenden industriellen Großstädten vor allem im Norden Englands, wurde dem **Bevölkerungszuwachs** städtebaulich nicht Rechnung getragen, sodass die Arbeiter in beengten und höchst ungesunden Verhältnissen leben mussten. Sie wurden massenhaft in schnell errichteten Behausungen ohne Sanitäranlagen untergebracht. In diesen **Slums,** die vielfach nicht einmal gepflastert waren und in denen Exkremente einfach auf die Straße geschüttet wurden, führten die unmenschlichen Lebensbedingungen in Verbindung mit harter körperlicher Arbeit und schlechter Ernährung zu Krankheiten und hoher Kindersterblichkeit. Von 350.000 Toten im Jahr 1842 waren 140.000 Kinder unter fünf Jahren.*

*Hinzu kam ein Verfall sozialer Strukturen, Familienbande existierten nicht mehr, die Prostitution stieg an. In einigen der am schlimmsten betroffenen Stadtviertel in London (wie z. B. Whitechapel im East End), prostituierte sich fast jede dritte Frau, um zu überleben. Die Kriminalitätsraten stiegen in ungeahnte Höhen. Zu dieser Zeit (im Jahr 1888) trieb auch **Jack the Ripper** sein Unwesen, der es sich zur Aufgabe gemacht hatte, die Zahl der Prostituierten durch grausame Morde zu dezimieren.*

Die Viktorianer standen dem Problem hilflos gegenüber, ignorierten es zunächst und sahen sich dann außerstande, in kurzer Zeit mit dem Bevölkerungswachstum zurechtzukommen. Die durch Adam Smith 1776 aufgestellte Nationalökonomie des „Laissez-faire", d. h. der Nichteinmischung des Staates in Handel und Industrie, brach unter dem Druck des sozialen Chaos und Elends, mit dem man sich konfrontiert sah, zusammen.

*Die unmenschlichen Zustände wurden von mehreren Chronisten beschrieben, u. a. von Edwin Chadwick (1800-1860) „Report on the sanitary condition of the Labouring Population of Great Britain, 1842" (Bericht der Armengesetz-Kommissare an den Innenminister über eine Untersuchung der sanitären Lage der arbeitenden Klassen Großbritanniens), Alexis de Tocqueville (1805-1859) „Journeys to England and Ireland, 1835" (Reisen durch England und Irland), J. P. Kay „The moral and physical condition of the working classes employed in the cotton manufacture in Manchester, 1832" (Die sittliche und physische Lage der in der Baumwollfabrikation in Manchester beschäftigten arbeitenden Klassen), Friedrich Engels (1820-1895) „The condition of the working classes in England, 1845" (Lage der arbeitenden Klassen in England). Auch **Karl Marx** (1818-*

1883) verbrachte viel Zeit in London, wo er aus erster Hand die furchtba-
ren Lebensumstände der Arbeiterklasse in den Straßen des Ostendes beob-
achten konnte. Literarisch wurde das gesellschaftliche Bild des viktoriani-
schen Englands vor allem von Charles Dickens (1812-1870), Elizabeth Gas-
kell (1810-1865) und Charlotte Brontë (1816-1855) bildhaft festgehalten.

Es traten Kritiker des Systems auf den Plan, soziale Reformen und Regu-
lierungen wurden unvermeidbar. Die Arbeitsstunden für Kinder wurden
per Verordnung reduziert. Ebenso wurden Anstrengungen unternommen,
*eine grundlegende **Bildung für alle** zu ermöglichen. Frauen wurden von*
besonders harter körperlicher Arbeit (z. B. in Kohlezechen) ausgeschlossen.

Lange war man sich nicht bewusst, dass Krankheiten durch Bakterien im
Wasser hervorgerufen wurden, man glaubte an die infektiösen Qualitäten
von schlechter Luft, genannt „Miasma". Nur langsam gingen daher Verbes-
serungen in der Wasserqualität und der sanitären Einrichtungen voran. In
den Slums, wo ganze Familien, ja sogar teilweise mehrere Familien, in ei-
nem Raum zusammen mit Schweinen und Hühnern lebten, verbreiteten
sich Krankheiten wie Thypus und Cholera mit rasender Geschwindigkeit.

*1858 kam es zum „Großen Gestank", **The Great Stink**. In dem beson-*
ders heißen Sommer begann die von Industrieabwässern und Fäkalien
stark verschmutzte Themse an zu gären. Dies löste letztlich die Planung
*und Konstruktion eines **Abwasserkanalsystems** aus (1859 bis 1866 durch*
den Ingenieur Bazalgette). In vielen Städten, die noch viktorianische Ar-
chitektur vorweisen, so auch in London, ist das viktorianische Kanalsys-
tem noch heute in Betrieb.

Den Ärmsten der Armen und den „Gescheiterten" wurde ein Auskom-
*men in den sogenannten **Workhouses** angeboten, die militärisch und*
streng moralisch organisisert waren. Im Jahr 1839 gab es ungefähr 350
solcher Häuser. Um 1860 wurden hier auch Geisteskranke und Menschen
mit Sexualkrankheiten untergebracht. Die „Workhouses" wurden von den
Armen gefürchtet, da die Arbeits- und Lebensbedingungen dort so hart
waren, dass man oft nicht besser dran war als auf der Straße. Nur ein
Zehntel aller Arbeitslosen lebte daher in diesen Häusern. Bis zum Ende des
19. Jh. hatte sich der allgemeine Lebensstandard jedoch um ein Vielfaches
verbessert. Die Löhne waren gestiegen und Qualität und Verfügbarkeit
von Nahrungsmittel hatten sich verbessert.

Erst zu Beginn des 20. Jh. gab es jedoch mit der Einführung von Renten-
*politik und **Sozialfürsorge** bzw. der staatlichen Gesundheitsfürsorge („Na-*
tional Health und National Insurance"), ein Sicherheitsnetz, von dem die
Bevölkerungsmehrheit profitierte.

dung der *Bradford Labour Union.* Weitere Bewegungen waren die *Social Democratic Federation* und die *Fabian Society.* Im Jahr 1893 entstand die *Independent Labour Party,* die von den beiden großen Parteien unabhängig war und im Jahr 1895 zum ersten Mal in nationalen Wahlen antrat. Im Jahr 1906 schließlich formierte sich die **Labour-Partei.**

Auch in anderen industrialisierten Ländern Europas bekam man die Folgen der Destabilisierung der Gesellschaft zu spüren. Die politischen Systeme wurden angegriffen. In Russland reagierte man auf die Forderungen der Arbeiterschaft nach politischer Repräsentation mit Waffengewalt durch einen autokratischen Zar. Das Ergebnis war letztlich die Oktoberrevolution. In Großbritannien war das politische System flexibel genug, um die Forderungen zu absorbieren und den veränderten Umständen Rechnung zu tragen. Das Wahlrecht wurde 1914 auf die meisten männlichen Arbeiter ausgeweitet, verheiratete Frauen über Dreißig durften ab 1918 wählen. Bei Ausbruch des Ersten Weltkrieges gab es die ersten Ansätze, Elemente eines **Sozialstaates** einzuführen, wie z. B. Sozialhilfe und ein Rentensystem.

20. Jahrhundert und Neuere Geschichte

Das Vereinigte Königreich begann das 20. Jh. als eine der herausragendsten Nationen der Welt mit einem riesigen Empire und dem Commonwealth. Es war nicht nur eine „Supermacht", sondern eine „Hypermacht", bedeutender als die USA heute in Bezug auf Größe der Territorien bzw. der Kolonien in Übersee, der Flotte und dem Anteil am Welthandel.

Mit dem Erstarken der anderen Kolonialmächte, insbesondere Deutschland, war es Ende des 19. Jh. zum ersten Mal zu einer **Bedrohung der Vormachtstellung** Großbritanniens gekommen. Beispielsweise in den afrikanischen Kolonien gab es ständige Auseinandersetzungen mit den Deutschen um Territorien. Die deutsche Kriegsmarine wuchs an und wurde zu einem ernst zu nehmenden Gegner. Das Vereinigte Königreich richtete daher seine Aufmerksamkeit weg vom Empire auf Europa, wo man ein Bündnis mit Frankreich und Russland anstrebte *(Entente),* um Kaiser *Wilhelm II.* und seiner dreifachen Allianz mit Italien und Österreich-Ungarn die Stirn zu bieten. *Wilhelm II.* (reg. 1888–1918) warf den Briten eine Poli-

Denkmal für die Gefallenen aus dem Zweiten Weltkrieg
am D-Day-Museum in Portsmouth

11. November – Tag der Erinnerung an das Ende des 1. Weltkrieges

Der Erste Weltkrieg hatte einen nachhaltigen Effekt auf die britische Gesellschaft. Jedes Dorf, unabhängig von seiner Größe, hat sein eigenes Denkmal zur Erinnerung an diesen Weltkrieg, da es kaum eine Familie im Land gab, die nicht einen Toten in den Schlachten zu betrauern hatte.

*Jedes Jahr am **Remembrance Day,** am 11. November, wird um 11 Uhr am Cenotaph in London an das Kriegsende im Jahr 1918 erinnert. Um diese Zeit findet auch in den meisten Betrieben und öffentlichen Einrichtungen eine Schweigeminute statt. In neuerer Zeit dient diese Schweigeminute nicht nur der Erinnerung an die Toten des Ersten Welkrieges, sondern man gedenkt auch der Gefallenen in anderen Kriegen des 20. und 21. Jh., insbesondere auch den Opfern des Krieges im Irak.*

Üblicherweise kauft man eine Anstecknadel mit einer roten Papiernelke („Poppy"). Der Erlös daraus geht an wohltätige Organisationen für Kriegsveteranen. Soldaten aus den Kriegen werden durch Paraden am „Remembrance Sunday" geehrt, wo alle Regimenter aufmarschieren. Diese Paraden finden immer an dem Sonntag statt, der dem 11. November am nächsten liegt.

*Ein weiterer Gedenktag ist der Tag der Landung der alliierten Truppen in der Normandie am 6. Juni 1944, der **D-Day.** Auch hier finden oft Paraden und andere Veranstaltungen mit Kriegsveteranen statt. In Anlehnung an den Bayeux-Teppich gab man nach dem Krieg die „Overlord Tapestry" in Auftrag, eine Installation aus 34 Wandpaneelen von je zwei Metern Länge, in der Materialien aus den Uniformen der Soldaten verarbeitet wurden. Sie ist im D-Day-Museum in Portsmouth ausgestellt.*

tik der Einkesselung vor. Dieser Konflikt führte schließlich zum Ersten Weltkrieg. Obwohl man zunächst den deutschen Vorstoß nach Frankreich stoppen konnte, wurden ausgedehnte, blutige Kämpfe in den Schützengräben geführt und es entstand eine Pattsituation, in der Tausende von Briten ihr Leben lassen mussten.

Nach dem Ersten Weltkrieg begann ein langer und schmerzvoller Abstieg für Großbritannien, der sich durch **wirtschaftliche Rezession** abzeichnete, während sich die USA gleichzeitig als die nächste Supermacht herauskristallisierten.

Die Gründe für den wirtschaftlichen Einbruch nach dem Krieg waren vielfältig. Britannien hatte sich fast ausschließlich auf sein Handelsnetz innerhalb des Empires verlassen. Das Land wiegte sich in der Sicherheit eines garantierten Marktes. Mit Anbruch der modernen Zeit änderte sich auch die Haltung der Mitglieder des britischen Commonwealth und die Kolonien strebten nach Selbstverwaltung. 1930 trat beispielsweise in Indien die Freiheitsbewegung unter **Mahatma Gandhi** (1869–1948) an.

Im entscheidenden Moment wurde versäumt, in neue Techniken zu investieren. Während die USA und Deutschland als dynamische Nationen auf den Plan traten und mit Elektrizität und Benzinmotoren arbeiteten, verließ sich Britannien immer noch auf Dampfmaschinen, z. T. weil die einheimische Kohle so günstig war.

Großbritannien war die einzige Nation, die an beiden Weltkriegen vom Anfang bis zum bitteren Ende beteiligt war. Dies trug zum Zusammenbruch des Systems bei, indem es eine ausgelaugte und bankrotte Nation zurückließ.

Zusammen mit den Alliierten opferte und verlor Britannien eine ganze Generation von Männern in diesem Krieg. Die Reserven der Nation, die durch den Krieg bereits angeschlagen waren, wurden durch die Weltwirtschaftskrise in den 1930er-Jahren noch weiter erschöpft.

1921 entbrannte der **Konflikt um Irland** (Auflehnungen hatten bereits in den Jahren 1641 und 1798 stattgefunden). Nach einer gewalttätigen Auseinandersetzung mit den Briten erklärten die Iren ihr Land zu einem Freistaat, wobei Nordirland Teil des Vereinigten Königreiches blieb und der Süden eine eigenständige Republik wurde. Dies führte zu einem andauernden, gewalttätigen Konflikt zwischen den politischen und religiösen Fraktionen in der Provinz Ulster. (Siehe auch das Kap. „Polaritäten in der Union".)

Während und nach dem Ersten Weltkrieg kam es zum Zusammenbruch vieler Monarchien in Europa: Österreich, Deutschland, Griechenland und Spanien. Auch die Rolle der britischen Monarchie wurde umdefiniert. 1936 kam es zur **Abdankungskrise Eduards VIII.** (1894–1972), vor dem

„Their finest hour" (Ihre größte Stunde) – Churchills berühmteste Rede an das britische Volk, am 18. Juni 1940

„What General Weygand called the Battle of France is over. I expect that the Battle of Britain is about to begin. Upon this battle depends the survival of Christian civilization. Upon it depends our own British life and the long continuity of our institutions and our Empire. The whole fury and might of the enemy must very soon be turned on us now. Hitler knows that he will have to break us in this island or lose the war. If we can stand up to him, all Europe may be free and the life of the world may move forward into broad, sunlit uplands. But if we fail, then the whole world, including the United States, including all that we have known and cared for, will sink into the abyss of a new Dark Age, made more sinister, and perhaps more protracted, by the lights of perverted science. Let us therefore brace ourselves to our duties, and so bear ourselves that, if the British Empire and its Commonwealth last for a thousand years, men will say, ‚This was their finest hour.'"

„Die Schlacht, die General Weygand die Schlacht um Frankreich genannt hat, ist vorüber. Ich erwarte, dass nun die Schlacht um England beginnen wird. Von ihrem Ausgang hängt das Schicksal der christlichen Zivilisation ab. Von ihr hängt unser eigenes britisches Leben und der Fortbestand unserer staatlichen Einrichtungen unseres Weltreiches ab. Die ganze Wut und Macht des Feindes muss sich sehr bald gegen uns wenden. Hitler weiß sehr wohl, dass er uns auf dieser Insel niederwerfen muss oder den Krieg verlieren wird. Wenn wir seinen Angriff abschlagen können, so kann ganz Europa befreit werden, und das Schicksal der Welt wird sich auf einer hellen, sonnigen Bahn aufwärtsbewegen. Wenn es uns aber misslingt, dann wird die ganze Welt, auch die Vereinigten Staaten, und all das, was wir gekannt und geliebt haben, in den Abgrund eines neues Mittelalters versinken, den das Licht einer missbrauchten Wissenschaft nur noch dunkler und vielleicht tiefer macht. Rüsten wir uns daher zur Erfüllung unserer Pflicht, handeln wir so, dass, wenn das Britische Weltreich mit seinem Staatenbund noch tausend Jahre besteht, die Menschen immer noch sagen werden: ‚Das war ihre größte Stunde!'"

Hintergrund der gescheiterten **Appeasement-Politik** gegenüber *Adolf Hitler* durch den Premier **Neville Chamberlain** (1869–1940). *Eduard VIII.* regierte lediglich von Januar bis Dezember 1936. Er hatte ebenso wie *Chamberlain* Kontakte zu den Nationalsozialisten gepflegt. *Chamberlain* war noch 1938 mit *Hitler* und *Mussolini* zusammengetroffen und hatte zu Hause über deren guten Absichten berichtet. Während des Zweiten Weltkriegs demonstrierte *Georg VI.* (reg. 1936–1952) seine Unterstützung des Volkes. Er war der erste sogenannte „populäre" Monarch des 20. Jh.

Dies trug einen großen Teil zum Überleben der Monarchie in Britannien bei. (Siehe auch das Kap. „Monarchie und Alltag: Was darf die Queen?".)

Als *Hitler* im September 1939 in Polen einmarschierte, war Britannien eigentlich nicht in der Lage, schon wieder eine kostspielige Auseinandersetzung zu führen. 1939 erklärte Britannien Deutschland den Krieg und 1940 dankte Chamberlain ab. Unter **Winston Churchill** (1874–1965) wurde 1940 zum ersten Mal eine Koalitionsregierung gebildet. *Churchill* schaffte es wie kein anderer, das britische Volk zum Kampf gegen die Bedrohung durch das nationalsozialistische Deutschland zu vereinen.

Im Mai 1940 fand der Einsatz der britischen Armee in **Dunkirk** (Dünkirchen) statt. Die *Royal Navy* führte hier zusammen mit vielen kleineren britischen Schiffen eine Evakuierung oder besser gesagt, Heimholung, der besiegten britischen Soldaten vor der belgischen Küste durch. Dies war eine patriotische Aktion, in der Hunderte von Schiffen, bemannt mit Amateurmatrosen, ihren Teil zur Rettung der eigenen Soldaten beitrugen. Dies wird noch heute als Symbol für den Mut und den Kampfgeist der Briten in ihrer „dunkelsten Stunde" gesehen. Der **Esprit von Dünkirchen** (*Dunkirk spirit*) vereinte sie alle in gegenseitiger Hilfe füreinander. Wenn beispielsweise heute jemand eine Gruppe zusammentrommelt oder an das Durchhaltevermögen appelliert, sagt man: *„Where is your Dunkirk spirit?"*.

Churchills Kriegspropaganda

Im Sommer 1940 kam es zur **Battle of Britain** (Luftschlacht um England) und im Winter 1940/1941 starteten die Deutschen einen **Blitzangriff**. London wurde zusammen mit vielen anderen Städten zerbombt. Das Land überstand den Krieg nur aufgrund der anschließenden Unterstützung durch die Amerikaner, was allerdings zu einer Verschuldung gegenüber den USA führte. 1949 unterzeichnete Großbritannien den **Nordatlantikpakt**. Die Labour-Partei unter *Clement Atlee* (1883–1967) führte ein radikales Nationalisierungsprogramm durch. Viele der Schlüsselindustrien wie Energie (Kohle, Gas, Elektrizität) und Transport ebenso wie Eisen und Stahl kamen unter staatliche Verwaltung.

„Fifties" und „Swinging Sixties"

Das Ende des Empires in den 1950er- und 1960er-Jahren war auch der Beginn der **Unabhängigkeit für die Kolonien.** Die britische Regierung erkannte, dass das Festhalten an den Besitztümern in den Kolonien weder wirtschaftlich noch moralisch zeitgemäß war. Gleichzeitig war auch Europa als Handelspartner wesentlich wichtiger geworden als die Staaten des Empire. Die militärischen Stützpunkte in den Kolonien überließ man daher den USA. Stattdessen richtete Großbritannien seine Aufmerksamkeit auf die wachsende Bedrohung durch den Kalten Krieg mit Russland.

Im Jahr 1947 erhielten Indien und Pakistan die Unabhängigkeit. In den 1950er- und 1960er-Jahren folgten Afrika und die karibischen Staaten. Dies führte zu einer **Einwanderungswelle** von Menschen aus den Commonwealth-Ländern, die im Mutterland eine neue Zukunft suchten. Dort gab es Arbeit z. B. im Gesundheitssektor, in der Transportbranche und auch in der Industrie. Ähnlich wie in Deutschland war man froh über den Zuwachs an Arbeitskräften für die nach dem Krieg expandierende Wirtschaft, obwohl der englische Wirtschaftsaufschwung sich nicht mit dem „Wirtschaftswunder" in Deutschland messen konnte. (Siehe auch das Kap. „Vom Minenarbeiter der 1970er-Jahre zum City Banker des 21. Jahrhunderts – Wirtschaftslage und Konjunktur".)

Am 2. Juni 1953 wurde **Elizabeth II.** (geb. 1926) zur Königin gekrönt *(Coronation)*. Zum ersten Mal wurde ein solches Staatsereignis nicht nur im Radio, sondern auch im Fernsehen übertragen – mit ungefähr 20 Millionen Zuschauern. Überall fanden spontane Straßenpartys statt und britische Fahnen wehten aus allen Fenstern. Für das Bankett wurde sogar ein spezieller Sandwichbelag erfunden, das sogenannte *Coronation Chicken*. Später wurde die Krönung als das Ereignis des Jahrzehnts bezeichnet.

Die **Suezkrise** von 1956 führte den Briten deutlich vor Augen, dass die vergangenen Glanzzeiten endgültig vorbei waren. Der Suezkanal war für den britischen Handel mit Indien, dem Fernen Osten, Australien und Neuseeland strategisch wichtig. Daher hatte man 1875 den Anteil der Ägypter an der Betreiberfirma des Kanals erworben und sich so zusammen mit französischen Investoren eine gewisse Kontrolle gesichert. Der ägyptische Präsident *Gamal Abdul Nasser* verstaatlichte den Kanal im Sommer 1956. Er zahlte die Anteilseigner zwar aus, doch wehrte man sich gegen den Verlust dieses wichtigen Handelsweges. Die USA waren gegen eine Intervention, daher schloss Großbritannien einen heimlichen Pakt mit Frankreich und Israel, um den Kanal zurückzugewinnen und begann im Jahr 1956 in einer Luftoffensive strategische Punkte zu bombardieren. Die USA erzwangen unter Präsident *Eisenhower* einen Waffenstillstand und Britannien musste sich beschämt zurückziehen. Bis 1966 wurden alle Stützpunkte in der Region um Suez abgebaut.

Ebenso war man den USA in der **Atomwaffenforschung** weit unterlegen. Zwar hatte Britannien Atomwaffen entwickelt und im Oktober 1952 wurde die erste Atombombe im Pazifik gezündet, 1957 sogar eine Wasserstoffbombe. Allerdings hatte das vom Krieg geschwächte Land nicht die finanziellen Ressourcen, um diese Forschung unabhängig fortzuführen. 1958 schloss man daher mit der USA einen Vertrag der Zusammenarbeit für atomare Entwicklung.

In den 1950er-Jahren stieg der Lebensstandard auf ein vor dem Krieg ungekanntes Maß, im Vergleich zu den aufstrebenden Ökonomien in Europa, Amerika und Asien blieb Britannien jedoch weit zurück. Es verlor seinen Einfluss als Weltwirtschaftsmacht. Kohle- und Stahlindustrie wurden immer unbedeutender und andere Produktionszweige wie z. B. die Autoindustrie litten so stark, dass in den 1970er-Jahren die meisten Waren, die vorher im Land selbst hergestellt worden waren, aus den USA, Japan oder Europa importiert wurden.

Trotz – oder vielleicht gerade – aufgrund des drohenden wirtschaftlichen Niedergangs blühte in den 1960er-Jahren die britische **Popkultur** auf. Bereits in den späten 1950er-Jahren war es zu einer Art „kultureller Revolution" in den Bereichen Kunst und Design gekommen. Mit der Rockmusik entwickelte sich die Jugendkultur der *Teddy-Boys,* deren Rivalen in den 1960er-Jahren die *Mods* waren. In den **Swinging Sixties** entstanden Bands wie die *Beatles* und die *Rolling Stones,* der Musikexport entwickelte sich zu einem wichtigen Wirtschaftsfaktor. Einige Jahre lang war London das Zentrum der Pop- und Modewelt. Die multikulturellen Einflüsse, die die Einwanderer aus den Commonwealth-Staaten, der Karibik und Indien, mit sich brachten, trugen ihren Teil dazu bei. (Siehe auch die Kap. „Musik als Ausdruck der Identität" und „Design, Mode und Lifestyle".)

In diesen zwei Jahrzehnten des relativen Wohlstands baute man auch die Sozialsysteme aus, wie z. B. den **National Health Service.** Innenpolitisch erfuhr das Land eine Erweiterung von Bürgerrechten, indem z. B. die Homosexualität entkriminalisiert (*Sexual Offences Act,* 1967 in England und Wales; in Schottland übrigens erst 1980 und in Nordirland 1982) und der Schwangerschaftsabbruch erlaubt wurde (*Abortion Act,* 1967).

1969 brach in **Nordirland** der **Bürgerkrieg** zwischen den protestantischen *Ulster Unionists,* repräsentiert durch die *UDA (Ulster Defence Association),* die im Vereinigten Königreich verbleiben wollen, und den separatistischen Kräften der katholischen *IRA (Irish Republican Army)* aus. Ein wirklicher Bürgerkrieg war dies jedoch nicht, da nur ein harter Kern von Aktivisten an den Auseinandersetzungen beteiligt war. Am meisten litt die nordirische Bevölkerung unter den Kämpfen. Ab dem Jahr 1969 wurden britische Truppen in Nordirland eingesetzt, um die gewalttätigen Auseinandersetzungen zwischen den Parteien einzudämmen. Dies führte jedoch zu neuer Aggression seitens der separatistischen Kräfte. (Siehe auch das Kap. „Polaritäten in der Union".)

Beitritt zur EWG im Jahre 1973

Zu Beginn der 1970er-Jahre sah Großbritannien seine Zukunft als Mitglied der **Europäischen Wirtschaftsgemeinschaft.** Die Geschäfte mit den anderen europäischen Staaten hatten den Handel mit den ehemaligen Empire-Staaten bereits in den 1960er-Jahren überholt und die Verstärkung des Konfliktes zwischen den beiden Supermächten USA und UdSSR bestärkte die Briten in dem Glauben, dass ihnen eine Vermittlerrolle zwischen den USA und Europa zukam. Diese Idee war bereits von Premierminister *Clement Atlee* direkt nach dem Zweiten Weltkrieg formuliert worden. Auch nachfolgende Premierminister wie *Harold Macmillan* und *Edward Heath* sprachen vom Vereinigten Königreich als einer „Brücke zwischen Europa und den USA" im Kampf gegen den Kommunismus.

Großbritanniens Antrag auf Aufnahme in die EWG wurde zweimal von den Franzosen unter *De Gaulle* abgelehnt, der Großbritannien als Bedrohung für die französische Dominanz in Europa ansah. 1973 wurde die Aufnahme jedoch bewilligt.

Die „Eiserne Lady"

Abgesehen von der Aufnahme in die EWG (engl. *EEC – European Economic Community)* stand es wirtschaftlich eher schlecht um Großbritannien. Im Jahr 1979 wurde die Konservative **Margaret Thatcher** (geb. 1925) zur

No future

*Die ausgehenden 1970er-Jahre waren in Britannien keine fröhliche Zeit. Stadtsanierung war noch kein Thema und die ehemaligen Industriestädte befanden sich in einem maroden Zustand. Es gab Arbeitslosigkeit und das Gefühl, keine Zukunft zu haben. Dies führte zu Aufständen, Rassenunruhen, Demonstrationen und Streiks. Die Punkbewegung schien das Lebensgefühl dieser Generation zu erfassen, was sich auch in destruktivem Verhalten äußerte. Durch die radikalen Maßnahmen Thatchers war die Arbeitslosigkeit horrend gestiegen und die Lebensbedingungen, z. B. für Einwanderer in den Slums der Innenstädte, wurden unhaltbar. Es kam daher zu **Rassenunruhen** in verschiedenen Stadtteilen Londons und in anderen Großstädten. Der bekannteste Aufstand waren die „Brixton Riots". Hier kämpften farbige Einwohner des sozial schwierigen Stadtteils Brixton gegen die Polizei. Der Londoner Polizei („Metropolitan Police") wurde Rassismus vorgeworfen. Diese Anschuldigen halten sich noch bis heute.*

*Einige der Gruppen der **Punk-Bewegung** sahen sich als Sprachrohr der benachteiligten Minderheiten. Die Songs „White Riot" und „Guns of Brixton" der linksgerichteten Band „The Clash", die stark von der Ska-Musik beeinflusst war, wurden nachträglich auf diese Auseinandersetzungen bezogen, obwohl sie bereits lange vorher geschrieben worden waren. Andere*

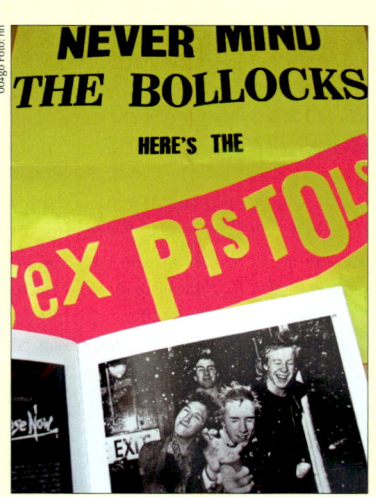

Bands wendeten sich generell gegen das Establishment. (Siehe auch Kap. „Musik als Ausdruck der Identität".) Im Jahr 1977, in dem die Queen ihr „Silver Jubilee" feierte, ihr 25-jähriges Amtsjubiläum, brachte die Gruppe „Sex Pistols" den sarkastischen Song „God Save the Queen" heraus. Das Stück durfte im Radio nicht gespielt werden, obwohl es in dieser Woche auf dem ersten Platz der Charts stand. Die Band fuhr auf einem Boot am Westminster Palace vorbei und spielte den Song, woraufhin sie von der Polizei angehalten und festgenommen wurde.

ersten Premierministerin Britanniens gewählt. (Siehe auch das Kap. „Gesellschaft heute – Staat, Politik und Wirtschaft".) In den elf Jahren ihrer Macht nahm sie tief greifende Änderungen an der politischen, wirtschaftlichen und sozialpolitischen Struktur Britanniens vor. *Thatcher* machte es sich zu ihrer Aufgabe, das Ruder herumzureißen und verfolgte eine radikale Politik der **Privatisierung** und der **Beschneidung von Sozialleistungen.** Unter *Thatcher* gewann die Konservative Partei drei Wahlen (1979, 1983 und 1987). Im Jahr 1984 zerstörte die Premierministerin die Macht der Gewerkschaften durch **Antistreikgesetze** und durch die Niederschlagung des Bergarbeiterstreiks. Die Gewerkschaften sollten sich hiervon bis heute nicht erholen. Bis Ende der 1980er-Jahre hatte sie die meisten der vorher staatlichen Unternehmen wie British Gas, British Telecom und British Steel privatisiert.

Obwohl sie in der dritten Amtsperiode wiedergewählt wurde, gab es eine **starke Opposition** gegen *Margaret Thatcher.* Gleichzeitig rutschte die Labour-Partei nach links. Der radikale Flügel der Partei hatte sich mehr und mehr durchgesetzt, was 1981 zur Abspaltung der gemäßigten Sozialdemokraten aus der Labour-Partei führte. Diese bildeten dann die *SDP,* die *Sozialdemokratische Partei,* die sich im Jahr 1988 mit der liberalen Partei zusammenschloss, die daraufhin ihren Namen von *Liberal Party* (Liberale Partei) in *Liberal Democrats* (Liberale Demokraten) abänderte, der bis heute gültig ist. Der Beginn der 1980er-Jahre war eine unruhige Zeit, es gab Terrorakte und Bombenanschläge der **IRA** *(Irish Republican Army)* in London. Rassenunruhen und Demonstrationen führten zu Ausschreitungen zwischen der Polizei und den Bürgern. (Siehe auch das Kap. „Polaritäten in der Union".)

Im Jahr 1982 brach der **Falklandkrieg** aus, da argentinische Truppen die Inseln besetzten, die immer noch in britischer Hand waren. Es dauerte zehn Wochen, bis die Briten letztlich siegten. Der Krieg hatte mehr oder weniger symbolische Natur, da man einen der letzten strategischen Handelsposten des Empire halten wollte. Die Inseln haben heute weder ökonomisch noch politisch eine Bedeutung und sind zum großen Teil unbewohnbar.

Margret Thatcher reformierte die finanziellen Institutionen der Londoner City, was auch als **Big Bang** (der „Große Knall") bezeichnet wird. Die positiven Folgen der von *Thatcher* vorgenommenen Veränderungen zeigten sich erst in den späten 1980er-Jahren. Es kam zu einem Wirtschaftsboom, der mit einigen Schwankungen bis ins Jahr 2007 anhielt. 1990 wollte *Mar-*

Das kontroverse Album der Sex Pistols

garet Thatcher eine Kopfsteuer (festgelegte steuerliche Abgabe pro Person), die sogenannte **Poll Tax** einführen, was im ganzen Land zu Demonstrationen führte. Sie wurde in ihrer dritten Amtsperiode von den eigenen Kollegen abgewählt und 1992 durch *John Major* ersetzt.

Die „Noughties" –
Übergang in das 21. Jahrhundert

Während die 1990er-Jahre als *Caring and Sharing* (Fürsorglichkeit und Bereitschaft zum Teilen) in die Geschichte eingingen, suchte man für den Beginn des neuen Millenniums einen schnittigeren Titel. Als die *Noughties* (abgeleitet von *naughty* – ungezogen) betitelte man die erste Dekade des 21. Jh. Die Überleitung ins 21. Jh. war jedoch fließend.

Im Jahr 1990 begründete der britische Wissenschaftler *Tim Berners-Lee* das **World Wide Web (WWW),** entwickelte das Internetprotokoll (HTTP – *Hypertext Transfer Protocol,* „Hypertext-Übertragungsprotokoll") und die Internetsprache (HTML – *Hypertext Markup Language,* „Hypertext-Auszeichnungssprache", kurz „Hypertext"). Diese Erfindungen waren wegweisend für die Entwicklung der Kommunikation in der gesamten Welt. Britannien vollzog nach langer Zeit der Dürre eine Wandlung hin zu einem neuen Selbstbewusstsein.

Auch entdeckte man neue Tugenden, wie z. B. ein „grünes Gewissen", ein wachsendes Bewusstsein für gesündere Ernährung und die Eingliederung von Minderheiten oder benachteiligten Mitbürgern in die Gesellschaft. Während in Deutschland durch die Bewegung der Grünen bereits in den 1980er-Jahren eine **Umweltbewegung** entstanden war, begann man in Britannien erst in der nachfolgenden Dekade, sich über Energieressourcen und Umweltverschmutzung Gedanken zu machen, ausgelöst u. a. durch die weltweiten Diskussionen über die globale Erwärmung.

1994 wurde eröffneten *Queen Elizabeth II.* und der französische Präsident *François Mitterand* den **Eurotunnel.** Nach 10.000 Jahren gab es somit zum ersten Mal wieder eine direkte Landverbindung vom europäischen Kontinent nach Großbritannien.

1997 kam eine reformierte Labour-Partei, die **„New Labour",** unter *Tony Blair* an die Macht und propagierte einen neuen „dritten Weg" *(Third Way),* d. h. eine Politik der Mitte zwischen der noch in den 1970er-Jahren radikal sozialistischen Labour-Partei und der gnadenlosen konservativen Politik von *Maggie Thatcher.* Man tat jedoch wenig mehr, als die von den Konservativen begonnene Politik fortzuführen. Hierbei war es sicher hilfreich, dass es der Wirtschaft relativ gut ging. Die Mehrheit der Bevölkerung hatte akzeptiert, dass einige von *Thatchers* Reformen notwendig gewesen waren und fand sich mit den neuen ökonomischen Realitäten des 20. Jh. ab. *Blair* änderte die alten sozialistischen Statuten der Labour-Partei und kooperierte mit den Wirtschaftsführern, um *Labour* zu einer „wirtschaftsfreundlichen Partei" zu machen. *Peter Mandelson,* einer von *Blairs* engsten Mitarbeitern und der „Architekt" von *New Labour,* brachte es auf den Punkt, indem er sagte: „Heutzutage sind wir alle Thatcheristen". *Blair* und sein Finanzminister *Gordon Brown* profitierten von dem lang andauernden wirtschaftlichen Boom zwischen den Jahren 1994 und 2008.

Aufgrund eines dauerhaften Wirtschaftswachstums von 3 % pro Jahr ist Britannien heute die **fünftgrößte Wirtschaftsmacht der Welt** (seit China es vom vierten Platz verdrängte). Man hat einen sehr flexiblen Arbeitsmarkt, auch durch die vielen Einwanderer, ist wettbewerbsfähig und zieht Investitionen aus dem Ausland an.

Im Juni 2002 feierte *Queen Elizabeth II.* ihr Goldenes Jubiläum – 50 Jahre im Amt.

Brown war zehn Jahre lang mit der Verwaltung der britischen Schatzkammer betraut. Er drückte dem System seinen persönlichen Stempel auf, indem er Prinzipien der freien Marktwirtschaft anwendete, aber gleichzeitig soziale Belange im Auge behielt. Leider sah *Brown* nicht voraus, dass ein Wegfall der Regulierung auf den finanziellen Weltmärkten in einer Krise des Finanzwesens in den USA und ganz Europa resultieren könnte oder gar in dem Kollaps des Bankwesens im Jahr 2008, dem sogenannten **Credit Crunch.** Der Unmut über die Finanzkrise entlädt sich auf *Brown,* der *Blair* als Premierminister für die Labour-Partei abgelöst hat. Zudem gab es im Frühjahr 2009 einen Spesenskandal, aufgrund dessen mehrere Kabinettsminister zurücktraten, die zugleich dem Premierminister jegliche Führungsqualitäten absprachen. Man spekuliert, dass er unter Umständen seine Amtszeit verkürzen muss und nicht bis zum Frühling 2010, dem offiziellen Ende seiner Amtsperiode, durchhalten wird.

Eine weitere Schwierigkeit mit der *Labour* heute zu kämpfen hat, ist der Nachhang aus dem **Irakkrieg,** in dem sich *Blair,* wie viele finden, zu schnell und zu bereitwillig auf die Seite von US-Präsident *Bush* schlug. Viele können der Regierung bis heute nicht verzeihen, dass man sich in eine solch kostspielige und langwierige Auseinandersetzung verwickeln ließ, die viele Menschenleben gekostet hat.

Gordon Brown war jedoch nie ein besonderer Freund von *George Bush.* Er hat nun mit dem neuen US-Präsidenten **Barack Obama** den Pakt der beiden Länder als Freunde und Verbündete erneuert. Beide arbeiten zusammen an einem Plan zur Bewältigung der Weltwirtschaftkrise.

DER KULTURELLE RAHMEN

Großbritannien ist eine **multikulturelle Gesellschaft,** mit einer hohen Anzahl von Einwanderern verschiedenster Nationalitäten. Wie soll man ein modernes Britannien und die darin lebenden Briten definieren?

Als die Labour-Partei 1997 die Regierung übernahm, hatte sie sich u. a. zur Aufgabe gemacht, dem Land ein moderneres Image zu verleihen – **Cool Britannia** (in Anspielung auf die nationalistische Hymne *Rule Britannia,* siehe auch das Kap. „„Rule, Britannia!' – Patriotismus"). Hierzu gehörte zum einen die Übertragung von größerer Autonomie an Schottland, Wales und Nordirland, die sogenannte *Devolution* (Dezentralisierung), aber auch die stärkere Rücksichtnahme auf die Bedürfnisse von Einwandererkulturen innerhalb des Königreiches. Je mehr Gewicht den verschiedenen Kulturen eingeräumt wird, umso schwieriger wird es heute allerdings, ein übergreifendes Verständnis von *Britishness* zu formulieren.

Die neuesten Einwanderungswellen aus Osteuropa, im Zuge der Eingliederung weiterer Staaten in die Europäische Union, haben die Identitätsdebatte wieder neu entfacht. Für einen weißen Engländer stellen sich die typischen Charkterzüge eines Briten anders dar als für einen Schotten, Waliser oder Nordiren – oder für einen schwarzen Briten oder für Briten indischer Herkunft.

Schwätzchen auf der High Street

Wer ist ein typischer Brite?

Laut Meinungsumfragen kristallisieren sich jedoch gewisse Werte heraus, die die meisten Einwohner des Königreichs den Briten zuschreiben und die Großbritannien so attraktiv machen: Hierzu gehören vor allem die **Toleranz** und der **Respekt,** die man sich untereinander und anderen Kulturen entgegenbringt. Eigenschaften, die die Briten sich selbst zuschreiben, sind außerdem Liberalismus und die Bereitschaft zum **Fair Play** (Chancengleichheit für alle), der **Common Sense** (gesunder Menschenverstand) und ein ausgeprägtes Streben nach **Privatsphäre.**

Einige mögen außerdem auf die frühen demokratischen Bestrebungen der Inselbewohner verweisen, auf die *Magna Charta* von 1215 und die lange Tradition eines relativ modernen Rechtswesens. Briten mögen keine Extreme, was sich in der Außenpolitik auszahlt. Außerdem setzt man sich für Unterdrückte und für Minderheiten ein. Zum Held erhoben wird im Allgemeinen der kleine Mann, der sich gegen einen übermächtigen Staat zur Wehr setzt.

Im Ausland halten sich einige überkommene **Stereotypen vom „typischen" Engländer:** das romantisierte Bild eines *country gentleman* mit Schnauzer und Tweedanzug, vielleicht noch mit einer Pfeife im Mund und dem Jagdgewehr unterm Arm. Oder man denkt an die Teestunde und distinguierte *Times* lesende Herren mit Schirm, Charme und Melone. Zu den negativeren Bildern gehören z. B. Fußballrowdys, die bei internationalen Spielen oft Ausschreitungen anzetteln. Beides sind lediglich verschiedene Seiten derselben Medaille.

Die **Schotten** kommen auch nicht besser weg, denn zu den Eigenschaften, die ihnen zugerechnet werden, gehören u. a. Berechnung und Geiz – wer hat nicht schon einmal einen Witz über einen geizigen Schotten gehört? Berühmt berüchtigt sind sie auch für ihr Nationalgetränk, den Whisky, der hier gebraut, getrunken und auch exportiert wird. Die **Waliser** werden oft als rückständiges Bergvolk beschrieben, obwohl die wenigsten eine genaue Vorstellung von der Nation haben. Und wenn man an **Irland** denkt, hat man auf der einen Seite das Bild einer grünen Insel mit Menschen in Strickpullovern vor sich, auf der anderen Seite die Erinnerung an die gewalttätigen Auseinandersetzungen zwischen Katholiken und Protestanten der letzten Jahrzehnte.

Umfragen haben ergeben, dass Ausländer die Briten als rückständig ansehen, weil sie an **althergekommenen Traditionen** festhalten, wie z. B. dem Linksverkehr, den nichtmetrischen Maßeinheiten und der Monarchie. Insbesondere die Engländer gelten als europafeindlich und man versteht nicht, warum sie sich so konsequent weigern, den Euro als Währung zu übernehmen. Einen prägenden Eindruck haben aber auch die *Swinging Sixties* hinterlassen, eine der Epochen, in der bahnbrechende Musik und innovative Mode aus England kamen. (Siehe auch das Kap. „Design, Mode und Lifestyle".) Seit dem Zweiten Weltkrieg hat sich in der englischen Gesellschaft eine grundsätzliche Wandlung im Sozialgefüge ergeben und das öffentliche Leben wird heute zum großen Teil von der **Populärkultur** bestimmt, d. h. nicht mehr von der Hochkultur einer bürgerlichen Elite. Populäre Kultur ist durch eine unterhaltende Zugangsweise bestimmt. Dabei gibt es zunehmend Überschneidungen von Hochkultur und Trivialkultur, da beide in den Medien für den Massengeschmack aufbereitet werden. So werden Interpreten klassischer Musik, wie z. B. die Opernsängerin *Katherine Jenkins* wie Popstars präsentiert. Umgekehrt wird das Idol der Post-Punk-Bewegung *Pete Doherty* (Sänger der Gruppe *Libertines,* bis 2004, und der *Babyshambles)* in den Status eines Poeten erhoben.

„Britishness" im 21. Jahrhundert

Im Jahr 2005 erschien ein Programm auf den englischen (inzwischen auch auf den deutschen) Fernsehkanälen mit dem Titel **Little Britain.** Im Wesentlichen handelt es sich hierbei um eine Sketch-Show zweier Kabarettisten, in der verschiedene, zeitgemäße britische Charakterphänomene auf die Schippe genommen werden. Obwohl dabei viele soziale Gruppen nicht besonders gut abschneiden, treffen die grotesken, oft stark vereinfachten Darstellungen genau den Nerv der Zuschauer. Sie können sich sofort damit identifizieren, was zu positiven, aber auch negativen Reaktionen führt.

Slogans und Begriffe aus der Sendung sind inzwischen in den allgemeinen Sprachgebrauch übergegangen, so werden z. B. **Teenager** aus den unterprivilegierten Klassen gern als *Vicky Pollard* bezeichnet. In „Little Britain" ist *Vicky* eine übergewichtige, vulgäre, arbeitslose Teenagerin. Sie raucht, trinkt, ist alleinerziehend und Sozialhilfeempfängerin. Sie verneint jegliche Verantwortung für sich und ihr Leben und ist auf kindliche Weise egoistisch. Unter Politikern jeden Spektrums besteht eine reelle Angst, Großbritannien ziehe momentan eine Generation von *Vicky Pollards* heran, für die sogar ein neuer Begriff erfunden wurde *NEET (Not in Education, Employment or Training* – nicht in schulischer Ausbildung, Anstellung oder berufsbildender Ausbildung*).*

Ein weiterer Charakter aus der Show ist z. B. eine konservative, propere ältere Dame aus der oberen Mittelschicht, die sich sehr aktiv in Wohltätigkeitsorganisationen engagiert, aber über ihre Fremdenfeindlichkeit und ihre Abneigung gegen Minderheiten jeglicher Art nicht hinwegsehen kann.

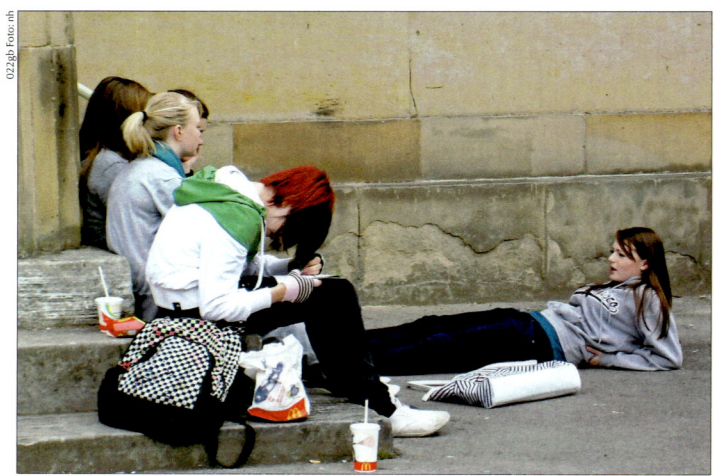

Dafyd hingegen, Einwohner einer kleinen walisischen Stadt mit stillgeleg-
ter Kohlenzeche, versucht verzweifelt zu beweisen, dass er als „einziger
Schwuler in der Stadt" eine unterdrückte Minderheit ist – obwohl die gesamte Einwohnerschaft dem Thema sehr offen gegenübersteht. Da gibt es
die übergewichtige *Mrs. De Vere,* die im ständigen aussichtslosen Kampf
mit ihren Pfunden Monate in Schönheitskliniken verbringt, oder *Andy,* einen jungen Mann im Rollstuhl, der seinem Pfleger die Behinderung vor-
spielt und diesen schamlos ausnutzt. Eine inkompetente und bösartige
Verkaufsassistentin beschimpft und beleidigt ihre Kunden und lässt sie
enttäuscht nach Hause gehen.

Diese Charaktertypen stehen symbolisch für **Themen, die in der britischen Gesellschaft lebhaft diskutiert werden:** engstirniges Verhalten
der konservativen Mittelschicht, die Rolle von Minderheiten in der Gesellschaft, Orientierungslosigkeit der Jugend, Pro und Contra des Sozialstaates, drohende Verfettung der Menschen durch schlechte Ernährung, das
Besessensein von Schönheitschirurgie und Botox (worunter in Großbritannien nicht nur das Einspritzen des lähmenden Giftes in die Falten, sondern auch alle anderen Anti-Aging-Maßnamen gefasst werden) sowie das
Fehlen einer Servicekultur in der Dienstleistungsgesellschaft. Obwohl man
bereit ist, über die karrikativen Darstellungen und damit über sich selbst
zu lachen, findet doch eine hitzige Auseinandersetzung über den Verfall
traditioneller britischer Werte statt. Es gibt eine lebhafte Diskussion darüber, was den britischen Nationalcharakter heute ausmacht.

Es gibt keinen Zweifel, dass man in Britannien große Anstrengungen unternommen hat, um sich von vielen der überkommenen Verhaltensweisen und Anschauungen gegenüber Menschen anderer Hautfarbe oder Nationalität, anderer Religionen, Lebenseinstellungen etc. loszusagen. Die **Antidiskriminierungsgesetze** der 1970er-Jahre (der *Equal Pay Act* von 1970, Gesetz zur Gleichbezahlung von Männern und Frauen; der *Sex Discrimination Act* von 1976, Gesetz gegen die Diskriminierung aufgrund von Geschlecht; der *Race Relations Act* von 1976, Gesetz zur Rassenintegration) haben die öffentliche Einstellung gegenüber Rassismus und Sexismus verändert. Witze, die sich auf Rassenunterschiede beziehen oder sexistische Anmerkungen sind heute nicht mehr angesagt und können z. B. am Arbeitsplatz zu ernsthaften Konsequenzen führen.

Reserviertheit

Die traditionelle britische Reserviertheit, die durch die sogenannte *stiff upper lip* (steife Oberlippe) repräsentiert wird, die Zurückhaltung und fehlende Zurschaustellung von Gefühlen selbst im Angesicht der schrecklichsten Ereignisse, gilt heute nicht mehr als zeitgemäß. Ohnehin war dies ein von der Oberklasse zelebriertes Ideal, die sich ihren Führungsnachwuchs nach einem bestimmten Bild heranzog. Das Musterbild des reservierten, beherrschten Briten entsprach nie der tatsächlichen Volksmentalität.

Im 18. Jh. trat der Geschäftsmann auf den Plan, der industrielle Selfmademan, der die neue Mittelklasse symbolisierte. Er fand 1712 in der Karikatur des **John Bull** von *Dr. John Arbuthnot* seinen Ausdruck. Der Selfmademan war in vielen Punkten das Gegenteil von einem steifen *Gentleman*. Er stand mit beiden Beinen auf der Erde, trank und lachte gerne, hatte eine romantische Ader und war voller gesundem Menschenverstand. Er wurde als „bulliger Mann" mit roten Wangen und dickem Bauch dargestellt. Mit der Figur von *John Bull* konnte sich der Mann von der Straße eher identifizieren als mit der des *Gentleman*. Weder *Gentleman* noch *John Bull* sind heute noch maßgebliche Figuren, allerdings finden sich im modernen Briten zweifellos einige ihrer Charaktereigenschaften vereint.

Briten sind gern ausgelassen, trinken, singen und tanzen. Der Künstler *William Hogarth* (1697–1764) nahm 1751 in den beiden Bildern *Beer Street and Gin Lane* (Bierstraße und Ginweg) die Folgen des Alkoholismus

Teenagern wird vorgeworfen wenig Rücksicht zu üben,
so lassen sie z. B. ihren Müll oft einfach liegen

satirisch auf die Schippe. Er zeichnete ein mahnendes Bild über den wachsenden Genuss von Gin, der zu dieser Zeit aufgrund niedriger Zölle billiger geworden war und an dem sich viele Briten zu Tode tranken. Auch heute nimmt das exzessive Trinken wieder bedenkliche Ausmaße an. (Siehe auch den Exkurs „Binge drinking – Trinken bis zum Abwinken".)

Die heute vorherrschende **Populärkultur,** die durch die Medien verbreitet wird, ist laut und direkt, *Reality Shows* wie *Big Brother* oder *Pop Idol* und die sogenannten *Dokusoaps* zeigen Menschen in ständigen Gefühlsausbrüchen. Bis vor nicht allzu langer Zeit galt dies als gänzlich unbritisch. Der Tod von Prinzessin *Diana* im Jahr 1997 löste eine bis dahin in England unbekannte Massenhysterie aus: Tausende von Menschen weinten am Zaun des Buckingham-Palastes und legten ein Meer von Blumen nieder, selbst der Premierminister *Tony Blair* konnte bei seiner Gedenkansprache aufsteigende Tränen kaum unterdrücken. Ein guter Teil der Bevölkerung steht diesem „neuen Britannien" skeptisch und fassungslos gegenüber. Es irritiert viele, dass sich solche Verhaltensweisen mehr und mehr eingebürgert haben.

Ebenso wie positive **Gefühlsäußerungen** werden auch verstärkt negative Emotionen öffentlich ausgelebt. Briten beschreiben sich heute selbst als aggressiver, weniger tolerant, weniger moralisch und weniger höflich als früher.

Selbst der hartnäckigste Verfechter traditioneller Werte muss zugeben, dass alle diese Aspekte inzwischen Teil des britischen Lebens geworden sind und viele **althergekommene Verhaltensmuster ersetzt** haben. Es ist heute erlaubt, ja sogar erwünscht, in der Öffentlichkeit Emotionen zu zeigen. Als die Queen sich nach dem Tod *Dianas* in ihre Privatsphäre zurückzog, was noch zehn Jahre vorher ohne weiteren Kommentar als eine normale Verhaltensweise angesehen worden wäre, warf man ihr nun vor, sie sei „distanziert" und „kalt". Die Monarchin wurde vom eigenen Volk wegen Eigenschaften gerügt, die normalerweise Außenstehende den Briten zuschreiben.

Höflichkeit

Auch wenn mehr Gefühle als früher gezeigt werden und die traditionelle Höflichkeit unter Jugendlichen allmählich verschwindet, funktioniert die Verständigung in der britischen Gesellschaft immer noch auf der Basis von allgemeingültigen Ritualen.

Was den meisten Ausländern in Britannien auffällt, ist das Ritual des Schlangestehens. Wenn man irgendwo auf etwas wartet, an der Bushaltestelle, am Schalter, an der Kasse etc., reiht sich jeder automatisch in die

Schlange ein. Wer dies nicht tut und sich vordrängelt, wird mit bösen Blicken gerügt, selten jedoch mit Worten. Man kennt die **Höflichkeitsregeln** und es wird vorausgesetzt, dass jeder sich daran hält.

In letzter Zeit häufen sich jedoch Beschwerden über fehlenden Respekt und vermehrte Unflätigkeit. Menschen lassen Müll einfach auf die Straße fallen, Autofahrer verhalten sich aggressiv, in den öffentlichen Verkehrsmitteln wird laute Musik gespielt und es ist generell **weniger Rücksicht gegenüber dem Anderen** zu spüren. Betrunkene randalieren nachts lauthals auf den Straßen, Jugendbanden formieren sich vor Supermärkten und greifen wehrlose Passanten an. Um dieser Entwicklung etwas entgegenzusetzen, hat die Regierung die *Respect Agenda* eingeführt. Polizisten sind nun berechtigt, Jugendlichen einen **ASBO** (*Anti Social Behaviour Order* – Verwarnung gegen asoziales Verhalten) aufzuerlegen. Dieser besagt, dass zur Strafe Sozialdienst in einer öffentlichen Einrichtung geleistet werden muss. Auch Schulen werden verstärkt mit einbezogen. Ein *ASBO* wird verhängt, wenn jemand andere Mitglieder der Gemeinschaft belästigt oder in Gefahr gebracht hat, wie z. B. durch Vandalismus, Diebstahl, illegales Plakatekleben, antisoziales Verhalten, illegal organisierte *Rave Parties* etc. Der *ASBO* wird in einem Gerichtsverfahren auferlegt, d. h. der Jugendliche wird rechtmäßig und nur unter Vorlage von Beweisen verurteilt. Es ist allerdings umstritten, ob dieses neue Gesetz, das im Rahmen des *Crime and Disorder Act* im Jahr 1998 eingeführt wurde, tatsächlich eine positive Wirkung hat.

Ironie und Understatement

Während ein Amerikaner z. B. über eine gerade gesehene wunderbare Opernaufführung „*Wonderful!*" schwärmen würde, wäre der Kommentar des Engländers: „Es war in Ordnung, aber die Sitze waren unbequem und haben Sie den Preis für die Eiscreme gesehen?" Die Äußerung „*It was alright*" („Es war in Ordnung") vernimmt man in Großbritannien sehr oft, sie wird genauso wie die Bemerkung „*nice*" („nett") auf alles und jeden angewendet.

Die Tendenz zum *Understatement,* das heißt stets **alles ironisch zu nehmen** und herunterzuspielen, erstreckt sich auch auf die Person selbst. Beispielsweise haben viele Briten zwar nichts gegen den Erfolg, stellen ihn nur nicht gern zur Schau. Stolz wird nicht gezeigt, Nonchalance und Lässigkeit ist angesagt. Daher gibt man auch nur ungern zu, dass man irgendetwas gut macht, stattdessen wird eher hervorgehoben, was man gar nicht gut kann. Ausländer können solche Äußerungen leicht missinterpretieren.

Deutsche beispielsweise sagen die Dinge gern, wie sie sind und geben ruhig auch mal mit ihren Vorzügen an. Engländer hingegen umschreiben die Dinge meist höflichst und gehen immer von der Möglichkeit aus, aber nie von der Tatsache. Im Englischen kann man fast keinen Satz bilden, ohne den Einsatz von Konditonalwörtern wie *could, might* und *may* (alles Variationen von „könnte"), *would* (würde) und *should* (sollte). Während ein Deutscher vielleicht geradeheraus sagen würde „Das ist ...", würde der Brite dies umschreiben mit *This might possibly be ...* („Dies ist unter Umständen vielleicht ...") oder *This could be said to be ...* („Man könnte sagen, dass dies so sein könnte ...").

Auch wer sich und seine Verdienste zu ernst nimmt, wird beargwöhnt. Dies erstreckt sich selbst auf Preisträger bei der Entgegennahme einer Auszeichnung, die ihren Verdienst herunterspielen, ja sich darüber lustig machen. So sind z. B. die Kandidaten für den Turner-Preis, der alljährlich in der Bildenden Kunst vergeben wird, das ganze Jahr Anlass zur Volksbelustigung, obwohl es hier um einen höchst anerkannten Preis geht. Den ehrerbietenden Respekt, wie er z. B. der intellektuellen Elite in Frankreich und Deutschland entgegengebracht wird, findet man in Großbritannien nicht. Das bedeutet jedoch nicht, dass die Briten antiintellektuell sind, sie legen nur Wert auf **Bescheidenheit.** *Kate Fox* bringt dies in ihrem Buch „Watching the English" auf den Punkt: „Wir haben nichts gegen intelligente Menschen, solange sie keine Staatsaffäre daraus machen, nicht angeben und sich selbst nicht zu ernst nehmen." Während andere Nationen ihre Nobelpreisträger feiern und sogar Nationalfeiertage ausrufen, räuspert sich die englische Nation lediglich höflich. Der Journalist *Jeremy Paxman* beschreibt in diesem Zusammenhang in seinem Buch „The English" eine Anekdote über die Vergabe des Nobelpreises für Chemie an den Engländer *Aaron Klug* im Jahr 1982. So soll *Klug,* nachdem er über die Nominierung informiert worden war, lediglich gesagt haben: „Endlich kann ich mir ein neues Fahrrad leisten." Von einem international anerkannten Fußballer wie *David Beckham* sagt man nicht, dass er ein sehr professioneller Spieler ist, sondern „Er hat einige Spiele hinter sich." Ein Weltklasse-Schachspieler wie *Kasparov* wird als „nicht schlecht" bezeichnet, „O. K." bedeutet „gut", „hoffnungslos" bedeutet „nicht schlecht" usw. Problematisch wird dieses System spätestens dann, wenn man erklären muss, dass man etwas *wirklich* nicht gut kann.

Als Ausländer sollte man sich an den Grundsatz halten, nicht zu sehr von sich überzeugt zu sein, denn dies wird schnell als Arroganz interpretiert. Wenn man im Gegenteil die eigenen Vorzüge etwas herunterspielt, versteht der Engländer genau, was gemeint ist, und weiß die Bescheidenheit seines Gegenübers zu schätzen.

Bitte lächeln! – Der britische Humor

Eine Sache, über die sich alle Briten einig sind ist, dass sie **weltweit den besten Sinn für Humor** besitzen. Besser als der der Amerikaner, die aus Sicht der Briten keine Ironie verstehen und deren Komik nicht subtil genug ist. Besser als der der Europäer, deren Humor oft slapstickhaft und grob ist. Ein ganz besonderes Vorurteil gibt es gegenüber den Deutschen, denn diesen wird vorgeworfen, sie hätten gar keinen Humor und nähmen alles bierernst. (Dies ist vor allem auf Unkenntnis oder Sprachschwierigkeiten zurückzuführen, denn brillante deutsche Kabarettisten und Komiker werden nicht ins Englische übersetzt und Engländer wissen nichts von deren Existenz.)

Besonders stolz ist man auf die Fähigkeit, über sich selbst zu lachen. Humor durchzieht alle Bereiche des öffentlichen und privaten Lebens. Ein Brite versäumt selten die Gelegenheit, über irgendetwas eine geistreiche, witzige Bemerkung zu äußern oder sich über sich selbst oder seine Nation generell lustig zu machen. Ein Brite ist nie ganz ernst oder gar schwermü-

Briten sehen in Allem das Humorvolle

tig. Der trockene oder sogenannte **„schwarze" Humor** besteht in schlagfertiger Ironie, vorgebracht mit ernstem Gesicht, einer kleinen Nuancierung in der Stimme oder vielleicht höchstens der Spur eines Lächelns, um anzudeuten, dass gerade gescherzt wurde. Gern macht man sich auch über Institutionen lustig und sieht das Humorvolle in peinlichen oder gar traurigen Situationen des Alltagslebens. So singt zum Beispiel in dem Monty-Python-Film „The Life of Brian" – „Das Leben des Brian" der ans Kreuz genagelte Jesus *„Always look on the bright side of life"* – „Schau immer auf die Sonnenseite des Lebens".

Als **Ausländer** sollte man sich bewusst sein, dass, wo immer man ist und was immer man gerade tut, stets das Humorvolle darin gesehen werden kann. Fremde gliedern sich leichter ein, indem sie die eigenen Charakterzüge auf die Schippe nehmen, wie z. B. die deutsche Ordnungsliebe oder die Unfähigkeit, Schlange zu stehen. Ironische Bemerkungen über die Briten sollte man jedoch diesen selbst überlassen.

Liberalismus als Grundhaltung

Die Briten führen ihre Liebe zur Freiheit und zum **Liberalismus,** die durchaus charakteristisch für die britische Nation ist, auf die Ideale und Philosophien des 17. Jh. zurück. (Allerdings lassen sich Bestrebungen zur Mitbestimmung der Bürger sogar noch viel weiter zurückverfolgen, nämlich bis auf die *Magna Carta*). Damals wurde unter Liberalismus vor allem die Nichteinmischung des Staates in die persönlichen Belange verstanden sowie das Recht auf Eigentum und Handelsfreiheit.

Heute herrscht die Überzeugung, dass Großbritannien nur deshalb so viele Jahrhunderte ohne geschriebene Verfassung überstehen konnte, weil man davon ausging, dass Bürger und Staat neben einer allgemeinen Toleranz auch ein **natürliches Verständnis ihrer Rechte und Pflichten** hatten. Diese etwas selbstgefällige Auffassung ist jedoch seit dem Ende des 20. Jh. ins Wanken geraten. Man fragt sich: „Kann ein multikulturelles Britannien, in dem die Nationen und Bundesländer im Norden und Süden immer mehr auseinanderdriften, in dem Minderheiten-Interessengruppen im öffentlichen Leben ein relativ großes Gewicht haben und in dem die Bedeutung der Rechte von Individuum und Kollektiv nicht mehr klar abgesteckt ist, überhaupt solch einen Hintergrund gemeinsamer Werte haben?" Auch die Rolle des Staates in nationalen und persönlichen Belangen wird infrage gestellt. Der Glaube in öffentliche Institutionen, insbesondere in Politiker aller Parteien, hat stark abgenommen – nicht zuletzt aufgrund der Inkompetenz, die oft demonstriert wird. Dies lässt sich auf alle Bereiche des Lebens anwenden: Politik, Stadtplanung, Betriebswirtschaft, Erziehung. Oft erscheint es, als gäbe es zwar viele gute Ideen, aber keinen übergeordneten Plan. Dem Staat wird vorgeworfen, keine Vision für die Neuorientierung Britanniens im 21. Jh. zu haben.

„Live and let live" – Leben ohne Einmischung

Der viktorianische Philosoph *John Stuart Mill* schrieb in seiner Abhandlung „On Liberty" („Über die Freiheit"), dass der einzige Zweck, zu dem Macht über ein Individuum gegen dessen Willen ausgeübt werden kann, nur der sein kann, zu verhindern, dass andere Individuen zu Schaden kommen. Dies gibt einem Lebensgefühl Ausdruck, das im britischen Nationalbewusstsein verankert ist: **Jeder kann machen, was er will, solange er keinem anderen damit Schaden zufügt.** *Mill* sagt außerdem, man könne niemanden zwingen, sich auf eine bestimmte Art und Weise zu verhalten, nur weil man davon überzeugt sei, dies wäre besser für denjenigen, weil es ihn glücklicher machen würde oder weil dies richtig oder weise sei. Dies alles seien gute Gründe, jemandem Vorhaltungen zu machen, aber kein Grund ihn zu irgendetwas zu nötigen. Umso mehr erschreckt es, wenn nordirische Freiheitskämpfer oder muslimische religiöse Fanatiker plötzlich in Britannien Bomben legen und man begreift, dass unter den Terroristen auch Briten sind, die mit dem Gedankengut der Toleranz und des Liberalismus aufgewachsen sind und es dennoch nicht achten.

Die Briten stehen traditionellerweise politischen Konstrukten wie Faschismus oder Stalinismus argwöhnisch gegenüber, da sie selbst nicht zu Extremen neigen, insbesondere nicht zu solchen, die Bürger im Sinne einer Philosophie umerziehen wollen. **George Orwell** formulierte die Idee des *Big Brother,* des allgegenwärtigen und kontrollierenden Staates in seinem Werk „1984". Der Brite rühmte sich, dass so etwas in Großbritannien nicht passieren könnte. Heute ist nicht nur die Idee des *Big Brother* in einer Fernsehshow umgesetzt worden, es gibt außerdem Bedenken über den vom Staat angestrebten größeren Einfluss auf das Leben des Einzelnen.

Der „Nanny-Staat"

Momentan ist der Begriff des „Nanny-Staates" in aller Munde, der die Bürger **wie ein Kindermädchen bevormundet** und ihnen vorschreibt, wie sie zu leben haben. Hierauf reagiert die britische Bevölkerung sehr empfindlich. In den letzten Jahren wurden verschiedene Gesetze und Verordnungen vorgeschlagen oder eingeführt, die meist von Organisationen wie der Ärztevereinigung *BMA (British Medical Association),* von Wohltätigkeitsorganisationen wie z. B. der *NSPCC (National Society for Prevention of Cruelty to Children)* oder anderen Interessengruppen in die Diskussion gebracht wurden. Diese Bestimmungen sollen angeblich die Lebensqualität des Einzelnen verbessern und eine gesündere und bessere Gesellschaft fördern. Viele dieser Ideen werden von der Regierung nach Meinung der Bürger viel zu bereitwillig in die Praxis umgesetzt. Hierzu gehört z. B. das **Rauchverbot** in öffentlichen Räumen und der Gastronomie, das ja nun sozusagen zu einer europaweiten Bewegung geworden ist.

Es gibt aber auch **Kampagnen gegen „Junk Food",** um der Verfettung vor allem jüngerer Kinder vorzubeugen. Ständig gibt es Reden und Fernsehsendungen darüber, was und wie viel man essen sollte, wie viel Alkohol erlaubt ist usw. Dies geht sogar soweit, dass der Staat in die **Kindererziehung** eingreifen will, indem Eltern kontrolliert werden sollen. So sollte z. B. ein Gesetz eingeführt werden, dass das Ohrfeigen von Kindern unter Strafe stellt – dies wurde jedoch nicht durchgebracht. Laut dem *NSPCC* sollte es heute als Kindesmisshandlung gelten, wenn Eltern ihre Kinder schlecht ernähren und sie zu viel fernsehen lassen.

Andere Vorschläge von Politikern sind z. B. dem Trinkwasser Fluor und dem Brot Folsäure beizumengen (dies wird in einigen Städten bereits praktiziert), damit Kinder weniger Karies bekommen und Schwangere das Vitamin automatisch zu sich nehmen. (In Deutschland hat man die Zufügung von **Fluor ins Trinkwasser** gerade wieder aufgegeben.) Viele Menschen sehen dies als enormen Eingriff in ihre Privatsphäre. Solche Ansätze zeigen auch, dass der Staat alle Menschen über einen Kamm schert und ihnen die Fähigkeit abspricht, für ihr Leben selbst die Verantwortung zu übernehmen. Man hat das Gefühl, dass diese Eingriffe gegen existierende Menschenrechtsbestimmungen und Gesetze verstoßen. So hört man auf den Straßen Großbritanniens Begriffe wie „Gesundheitspolizei" oder „Gesundheitsfaschismus". Darin äußert sich der starke Widerwille gegen Regulierungsversuche und Eingriffe des Staates in das Leben

024gb Foto: sh

des Individuums. Neben den Vorschriften für ein gesünderes und vernünftigeres Leben gibt es auch eine Art Manie, jede Aktivität durch Vorsichtsmaßnahmen abzusichern und zahlreiche Warnungen auszusprechen. Diese sogenannte **Health and Safety** („Gesundheit und Sicherheit") erstreckt sich auf alle möglichen Lebensbereiche, angefangen beim altbekannten *Mind the Gap!* („Achtung, Spalt!") in der Londoner U-Bahn bis zum Verbot des Aufhängens von Weihnachtsschmuck in Büros aufgrund von Unfallgefahr. Hier zeigt sich zum Teil auch die Angst vor der von Amerika beeinflussten Kompensationskultur, wo öffentliche Behörden oder Firmen leicht wegen angeblicher Fahrlässigkeit verklagt werden.

Aufgrund des Großangriffs gegen den Terrorismus gibt es in Großbritannien inzwischen mehr **Überwachungskameras** an öffentlichen Plätzen als in irgendeinem anderen Land in Europa. Hierzu zählen auch verstärkt Kameras auf Autobahnen, die Raser blitzen sollen. Die Bürger fühlen sich hierdurch nicht geschützt, sondern sehen dies als eine Beeinträchtigung ihrer Privatsphäre an. Briten wehren sich ebenso gegen die Einführung des Personalausweises, der zu einer **Meldepflicht** führen würde, die es bisher nicht gibt, und gegen die Einrichtung einer genetischen DNS-Datenbank. (Siehe auch Kap. „Hürden der Integration: Wie britisch bist Du?".) Dies steht dem Verständnis entgegen, der Staat existiere, um den Bürgern zu dienen und nicht umgekehrt. Der europäische Gerichtshof hat zu verstehen gegeben, dass die DNA von unschuldigen Menschen nicht aufbewahrt werden darf. Momentan sind aber in Großbritannien die Daten von 4,5 Millionen Menschen gespeichert und nur jeder Fünfte ist tatsächlich vorbestraft. Am liebsten würde die Polizei die DNS aller Bürger speichern, damit man im Straffall immer Zugang hat. Für die Bürgerrechtlerin *Sharmi Chakrabati* von der Organisation „Liberty" ist dies eine beängstigende Entwicklung, da sie ungeahnte Missbrauchsmöglichkeiten eröffnet. (Die Bürgerrechtsorganisation „National Council for Civil Liberties", kurz „Liberty", setzt sich seit 1934 für die Wahrung von Grundrechten der Bürger in England und Wales ein.)

Diese Kontrollversuche und das Sendungsbewusstsein der Labour-Regierung haben allerdings auch einige **positive Aspekte** hervorgebracht. So ist Britannien ein Vorreiter in Bezug auf Rechte für ethnische Minderheiten, Behinderte und ältere Menschen. Arbeitgeber können keine Bevölkerungsgruppe mehr ausschließen, hier hat die Quotenregelung tatsächlich enorme Erfolge erzielt.

Polaritäten in der Union

Die gebräuchlichen Bezeichnungen „Britannien", „Vereinigtes König-reich", „UK", „Britische Inseln", „England" sind für Außenstehende hin und wieder verwirrend und daher wird gern alles in einen Topf geworfen. Die politisch korrekte Bezeichnung lautet **„Vereinigtes Königreich von Großbritannien und Nordirland".** Werden die Bürger der einzelnen Na-tionen, die Waliser, Schotten oder Nordiren, als „Engländer" bezeichnet, kann dies empfindliche Reaktionen hervorrufen. Man sollte für alle die Be-zeichnung „Briten" verwenden.

Zusammen umfassen die britischen Inseln etwa eine Landmasse von 242,842 km^2, die zwischen dem 50. und 60. Grad nördlicher Breite liegt. Die Entfernung von Nordschottland bis zum südlichsten Punkt Englands beträgt 955 km. Ebenfalls Teil der britischen Union sind die Inseln Angle-sey, Isle of Wight, die Orkney Inseln, die Shetland Inseln, die Hebriden und die Inseln Scilly. Die Isle of Man in der irischen See und die Kanalin-seln vor Frankreich sind selbstständige Territorien, die jedoch unter dem

Die Farben des „Union Jack"

Der „Union Jack", wie die Flagge des Vereinigten Königreiches auch ge-nannt wird, hat einen hohen Wiedererkennungswert, nicht nur für Ein-heimische. Die Flaggen anderer Länder mögen Ausdruck einer durch krie-gerische Auseinandersetzungen erkämpften Nationalidentität sein. Der „Union Jack" hingegen wurde - wie auch der britische Staat selbst - über die Jahre hinweg zusammengestückelt, bis er das heutige Design hatte.

__Englands Flagge__ zeigt das rote Kreuz des Schutzheiligen St. Georg auf weißem Grund. Als 1603 König Jakob von Schottland aufgrund der Thronfolgehierarchie auch König von England wurde, beschloss er, nicht nur die beiden Kronen zu vereinen, sondern auch ihre Flaggen. Das engli-sche rote Kreuz wurde über das weiße diagonale Kreuz auf blauem Unter-grund der __schottischen Flagge__ (symbolisch für den Schutzheiligen St. An-dreas) gelegt. Obwohl vorher bereits Teil der Union, wurde das irische Par-lament formell erst im Jahr 1801 mit dem englischen und schottischen Par-lament zusammengeführt. Zu diesem Zeitpunkt wurde auch die __irische Flagge__, ein rotes diagonales Kreuz auf weißem Untergrund in das Design eingegliedert, und zwar unter dem englischen, aber über dem schottischen Kreuz.

Schutz der Krone stehen (*Dependencies of the Crown* – „Kronkolonien").
In England leben ungefähr 84 % der gesamten britischen Bevölkerung, die
heute fast 60 Millionen Menschen ausmacht.

Fast überall in Großbritannien ist die **Meeresküste** gut zugänglich und
an vielen Stellen schneiden Buchten tief ins Land ein. An der breitesten
Stelle der Hauptinsel, von der walisischen Westküste bis zur englischen
Ostküste, beträgt die Entfernung zwischen den Küsten nur etwa 480 km,
sodass man nirgends sehr weit vom Meer entfernt ist. Der Osten Britanniens ist flach, während sich im Westen verschiedene Gebirge befinden,
wie Snowdonia in Wales, der Peak District in Lancashire, die Penninen in
Yorkshire, der Lake District und natürlich die schottischen Highlands. Im
Süden ist das Inselklima vom Golfstrom beeinflusst, d. h., es ist mild im
Winter und wird im Sommer nicht so heiß wie auf dem Kontinent. Daher
findet man in Südengland eine tropische Vegetation, wo auch Palmen
den Winter überstehen und in Kent, das etwa auf demselben Breitengrad
wie das Rheinland liegt, wird sogar Wein angebaut. Der nördlichste
Punkt in Schottland befindet sich auf der Höhe von Norwegen, daher

*Während die Schotten immer bemängelt haben, dass ihre Flagge unter
den beiden anderen vergraben liege, haben die Waliser weit mehr Grund,
unzufrieden zu sein, denn sie sind gar nicht repräsentiert. Der Grund
hierfür ist, dass Wales nie ein Königreich war, sondern seit 1215 ein Fürstentum, das jeweils von einem Mitglied der englischen Königsfamilie regiert wurde, nämlich dem „Prince of Wales" (momentan ist das Prince
Charles). Doch wird überlegt, ob man Elemente der **walisischen Flagge**
(roter Drache auf weiß-grünem Untergrund) in einem Teil des „Union
Jack" unterbringen soll. Die Unabhängigkeitsbestrebungen der Schotten,
Iren und Waliser lassen jedoch befürchten, dass es an einem Punkt in der
Zukunft zu einem Zerfall der Union kommen könnte, was dazu führen
würde, dass man die Flagge ganz neu überdenken müsste.*

*Als in den amerikanischen Kolonien im Jahr 1776 der Unabhängigkeits-
kampf gefochten wurde, hatten die Amerikaner in Erwägung gezogen, den
„Union Jack" in ihrer Flagge unterzubringen. Wie allgemein bekannt, ent-
schied man sich stattdessen für die Sterne als Symbole für die amerikanischen Staaten. Die ehemaligen britischen Kolonien Australien und Neuseeland hingegen haben ihren Flaggen den „Union Jack" hinzugefügt.*

sind die Klimaunterschiede zwischen dem britischen Norden und Süden recht groß.

Die **Völker der verschiedenen Nationen** sind stolz auf die Unterschiede, die sie voneinander abgrenzen, und alle pflegen ihr Kulturgut, ihre Sprache und Traditionen. Zum Teil ist die Geschichte der Nationen von gewalttätigen Auseinandersetzungen und Unabhängigkeitsbestrebungen gekennzeichnet, die sich noch heute in Feindseligkeiten und nationalistischen Bestrebungen äußern.

Wichtige Metropolen und Regionen Englands

Auch innerhalb Englands gibt es gravierende Unterschiede im **Nord-Süd-Gefälle,** bedingt durch die landschaftlichen Gegebenheiten und die Industriegeschichte. England besteht aus vielen unterschiedlichen Regionen und Gebieten mit zahlreichen Metropolen, die innerhalb des Königreiches eine wichtige Rolle spielen.

London und der Südosten

Die Einwohner Londons halten ihre Stadt für den Mittelpunkt der Nation und in vielen Belangen ist sie tatsächlich tonangebend. Das Weltfinanzzentrum London mit seinen Banken und der Börse ist auch der Sitz der Regierung, der Presse sowie weltberühmter Museen und Theater. Fast 8 Millionen Menschen leben auf ca. 1600 km^2 im Großraum London, der sich auf 35 Meilen beiderseits der Themse erstreckt: von der Mündung in Dagenham im Osten bis zu den Startbahnen des Flughafens *Heathrow* im Westen. Dieser Bereich setzt sich zusammen aus der *City of London* (auch *Square Mile* genannt), der *City of Westminster* und den 32 *Metropolitan Boroughs* („städtische Verwaltungseinheiten"), die sich wiederum aufteilen lassen in *Inner* und *Outer London.* Die Verwaltungseinheit Groß-London (**Greater London Authority – GLA,** vormals GLC, *Greater London Council*) wurde unter Premierministerin *Thatcher* zunächst abgeschafft, jedoch nach der Regierungsübernahme durch Labour 1997 wiederbelebt. Der erste neu gewählte Bürgermeister für London mit seinen Stadtgemeinden war der ehemalige Labour-Politiker und nun politisch unabhängige *Ken Livingstone.* Am 4. Mai 2008 wurde er von dem Konservativen *Boris Johnson* ersetzt, der die Wahl mit großer Mehrheit gewann.

Der Ballungsraum London, der die umliegenden Grafschaften mit einschließt, hat ca. 14 Millionen Einwohner und bestimmt weitgehend das Leben und den Charakter des englischen Südostens. Der Moloch London wächst stetig und breitet sich wie ein Algenteppich aus, auch über die einstige Grenze der Ringautobahn M25, sodass immer mehr umliegende

Städtchen eingemeindet werden und zunehmend grünes Land verschluckt wird. Der sogenannte **Commuter Belt** („Pendlergürtel"), ursprünglich bestehend aus den angrenzenden Grafschaften Middlesex, Surrey, Essex, Kent und Hertford, dehnt sich ebenfalls weiter aus. Wo London aufhört und wo das Umland anfängt, lässt sich nur noch schwer feststellen. London ist die bevölkerungsreichste Metropole innerhalb der Europäischen Union.

Das Riesenrad London Eye, Big Ben und die Houses of Parliament

Die Sprache des Südostens

Die Dominanz Londons über den Süden zeigt sich im Geschäftsleben, im Sport, in der Kultur und in der Art, wie die Menschen miteinander sprechen und kommunizieren. Das sogenannte **Estuary English** *(abgeleitet von der Themsemündung: „Estuary", also Mündungsenglisch) ist ein Dialekt, der sich aus dem Londoner „Cockney" und dem Englisch der Oberklassen, das vor allem von der BBC kultiviert wurde, zusammensetzt. Er hat heute das nasale sogenannte Oxford-Englisch (im Englischen spricht man nicht von Oxford-Englisch, sondern von RP – „Received Pronunciation") ersetzt, das auch „King's" oder „Queen's English" genannt wird.*

Herkömmliche **Unterschiede zwischen den Dialekten,** *z. B. eines Farmers aus Suffolk und eines Busfahrers aus Oxford, sind hierdurch im Laufe der Zeit verschwommen oder sogar ganz verschwunden. Studien zeigen, dass selbst in Swindon, das westlich von London im tiefsten Wiltshire liegt, der einheimische ländliche Dialekt, der hier noch in den 1950er-Jahren gesprochen wurde, fast völlig zugunsten des „Estuary English" verschwunden ist. Jugendliche nehmen die Sprache an, die sie jeden Tag im Fernsehen, im Radio und in Filmen hören. Das „Estuary English" gilt als klassenlos und jung, es repräsentiert einen städtischen Lebensstil mit progressiver Einstellung. Selbst der ehemalige Premierminister Tony Blair, der auf Privatschulen ausgebildet wurde und in Oxford studiert hatte, versuchte zur allgemeinen Belustigung seine „Street Credibility" (Glaubwürdigkeit gegenüber jungen Leuten) aufzubessern, indem er Schlagwörter aus dem Jargon in seine Sprache übernahm. Für einen Deutschen wäre dies, als würde Angela Merkel plötzlich verzweifelt versuchen, Teenager-Slang zu sprechen. Blair war allerdings nicht der Einzige mit solchen Versuchen und der Kult um London wischte die Peinlichkeit seiner Verlautbarungen schnell aus.*

An der Südostküste des Landes in Sussex finden sich die Badeorte Brighton und Hastings, die hauptsächlich Bewohnern des Ballungsraumes als Naherholungsgebiet dienen, sowie die Fährhäfen Folkestone, Dover und Ramsgate. Als **Wohngebiet für Londoner Pendler** gewinnen diese Städte bisher nur langsam an Attraktivität, denn die Infrastruktur

Das Londoner Westend – auch „Theatreland" genannt

lässt noch zu wünschen übrig. Durch verbesserte Zuganbindungen, insbesondere auch die Eurostarverbindung von St. Pancras auf den Kontinent sowie die Fähren über den Ärmelkanal und die Nordsee, erhält diese Region jedoch größere Bedeutung für Pendler, die z. B. in Frankreich oder Belgien arbeiten.

Besonderheiten und Rolle der Hauptstadt

„Ich habe das Merkwürdigste gesehen, was die Welt dem staunenden Geiste zeigen kann, ich habe es gesehen und staune noch immer – noch immer starrt in meinem Gedächtnisse dieser steinerne Wald von Häusern und dazwischen der drängende Strom lebendiger Menschengesichter mit all ihren bunten Leidenschaften, mit all ihrer grauenhaften Hast der Liebe, des Hungers und des Hasses – ich spreche von London."

Heinrich Heine – Englische Fragmente

Seit der Frühgeschichte Britanniens war London meistens die Hauptstadt des Landes und **das Zentrum der Geschehnisse.** Fast alle bedeutenden Momente der Geschichte und fast alle Persönlichkeiten, die für die britische Geschichte wichtig waren, hatten zumindest eine Verbindung mit der Hauptstadt oder haben dort ihre Spuren hinterlassen.

Ebenso facettenreich wie die Menschen dieser multikulturellen Metropole, ist das Stadtbild – ein wahrer Schmelztiegel, in dem etwa **300 Sprachen** gesprochen werden. Da London aus vielen kleineren Ortschaften gewachsen ist, die über verschiedene Perioden hinweg entstanden waren, hat die Stadt kein ausgeklügeltes Straßensystem und keinen einheitlichen Baustil. Die Fassaden bilden unzählige Ansichten, zusammengewürfelt aus Architekturstilen der verschiedenen Jahrhunderte. Fast jede Straße hat ihre eigene Geschichte und zahlreiche Gebäude weisen die sogenannten *Blue Plaques* (Blaue Plaketten) auf, die zeigen, dass dort einmal eine berühmte Person gelebt hat.

Sicherlich geht von dieser Stadt mit ihrer Historie eine gewisse **Romantik** aus und schon früh gab es die Verheißung: Wer es im Leben

026gb Foto: nh

zu etwas bringen wollte, der musste sein Glück in London versuchen. Symbolisch für die britische Version des amerikanischen Traums vom Tellerwäscher zum Millionär, steht *Richard* oder auch *„Dick"* *Whittington* (1354–1423), Londons erster Bürgermeister. Als armer Waisenjunge wanderte er etwa 1365 ohne einen Pfennig von Gloucestershire nach London und arbeitete sich nach und nach zum reichsten Mann der Stadt empor. Vielfach wurde dieses Motiv des jungen Mannes aus ärmlichen Arbeiterverhältnissen, der zwischen der Vertrautheit seiner Heimat und den Lichtern der Großstadt hin- und hergerissen ist, auch literarisch und

Die Themse

Die Themse ist das romantische Herz der Stadt und war lange Zeit ihre Lebensader. Noch bis in die 1960er-Jahre waren die Londoner Docks wichtiger Umschlagplatz für Güter im Seehandel der Metropole mit dem Rest der Welt. Der Fluss wurde von Canaletto, Turner und Monet auf die Leinwand gebannt, wobei der emsige Schiffsverkehr jeweils im Vordergrund stand. Heute sieht man hauptsächlich Ausflugsboote und Jachten hier herumschippern. Die Themse und ihre Brücken haben auch Dichter und Komponisten inspiriert: Die Waterloo Bridge wurde z.B. von den Kinks in „Waterloo Sunset" besungen. William Wordsworth verewigte eine der vielen Brücken in seinem Gedicht „Upon Westminster Bridge".

Die Themse durchschneidet die Stadt und beeinflusst durch ihren kurvenreichen Verlauf das Stadtbild. Nicht nur das Parlament sitzt hier, vom Südufer („South Bank") sieht man auch die St.-Pauls-Kathedrale und die Hochhäuser der City. Wer vom Westen in Richtung Waterloo mit dem Zug in die Stadt hineinfährt und über eines der Viadukte zuckelt, dem eröffnet sich ein Blick über alte Warenhäuser und Fabrikgebäude, vorbei an nun denkmalgeschützten Bauentwicklungen der 1960er-Jahre. Dann erspäht man in der Ferne die leere Hülle der Battersea Power Station (bekannt geworden u.a. durch das Cover des Pink-Floyd-Albums „Animals" und als Filmkulisse), einmalig in ihrer Architektur und vielfach im Gespräch für Umbauten und Renovierung. Man passiert das Hauptquartier des Geheimdienstes (MI6) in Vauxhall, sieht Big Ben und das Riesenrad „London Eye" am Flussufer.

Heute haben die ehemaligen Docklands eine neue Bedeutung als Baugrund gewonnen, von der Tower Bridge bis nach Greenwich flussabwärts findet man eine moderne Appartmentanlage nach der anderen. Auch wurden viele der alten Lagerhäuser in teure Lofts umgewandelt. Die

filmisch verarbeitet. (In neuester Zeit z. B. in „Billy Elliot", aber auch bereits im Jahr 1963 von *John Schlesinger* in „Billy Liar" nach einer Vorlage von *Keith Waterhouse*.) Laut dem *Forbes Magazine* beheimatet London neben New York, Moskau und San Francisco weltweit die **vierthöchste Anzahl an Milliardären.**

Die meisten Touristen, die England zum ersten Mal besuchen, schlagen ihre Zelte in London auf. Die jährlich etwa zehn Millionen Besucher sehen jedoch selten mehr als die wenigen Quadratmeilen der Innenstadt, die die wichtigsten Sehenswürdigkeiten umfassen. Viele Ansichten der Weltstadt,

Themse und das East End sind in der Vorstellung der Menschen unlösbar miteinander verbunden. Im Ostend mit seinen Docks und seiner hohen Kriminalitätsrate wurde die Gegend in der Nähe des Flusses zu einem gefährlichen Platz. Aus dem Fluss wurde und wird jede Art von Strandgut gefischt, hin und wieder auch mal eine Leiche.

Die Themse, das romantische Herz der Stadt

wie z. B. Big Ben, Westminster Abbey, Buckingham Palast, Downing Street No. (Nr.) 10 erscheinen vertraut, da man bereits in der Schule darüber gelesen und sie in Film und Fernsehen gesehen hat. London hat mehr international anerkannte Museen und Gallerien als das gesamte Land zusammengenommen. Wenn ein Film Premiere hat, geschieht dies in London am Leicester Square. Wenn eine Band eine Konzerttour beginnt, dann in London. Auf den Theaterbühnen sind Weltstars zu sehen und die Stücke werden normalerweise hier erstaufgeführt, bevor sie auf Tournee gehen.

Dies führt zu einer **Fixierung der Medien auf die Hauptstadt** und zu einer Vernachlässigung der Berichterstattung über Ereignisse im Rest Britanniens. London ist das Barometer für die Stimmung im Lande. Dort ist auch immer etwas los, was den viktorianischen Chronisten *Samuel Johnson* zu seinem bekannten Zitat veranlasste: *„Who's tired of London, is tired of life"* („Wer Londons müde ist, ist des Lebens müde"). In anderen Worten: Wer hier nichts findet, womit er sich die Zeit vertreiben kann, dem kann nicht mehr geholfen werden.

Dennoch, wer hier lebt und arbeitet, sieht die Millionenstadt nicht ganz so verklärt wie vielleicht ein Besucher – auch wenn Londoner ausnehmend stolz auf ihre Stadt sind.

Der Alltagsrhythmus ist **hektisch,** die Luft ist schlecht, alles ist unglaublich **teuer.** Hier zu leben, wird von Tag zu Tag schwieriger, da die Immobilienpreise in der Innenstadt ins Unermessliche steigen und man daher immer längere Fahrtwege in Kauf nehmen muss.

Eines der größten Probleme, die sich dem Londoner stellen, ist, wie er in die Stadt hinein und vor allem, wie er wieder hinauskommt. Um den Straßenverkehr zu vermindern, führte der Bürgermeister *Ken Livingstone* im Februar 2003 die *Congestion Charge* (**Staugebühr**) ein. Diese Maut muss von allen gezahlt werden, die die Innenstadtgrenze mit dem Auto passieren (gekennzeichnet durch ein großes „C" auf der Straße). Dies dämmte den Verkehr allerdings nur vorübergehend ein, denn Geschäftsleute sind bereit, jeden Preis für ihre Flexibilität zu zahlen. Die Londoner U-Bahn, genannt *Tube* oder *Underground,* einst Vorbild für die Verkehrssysteme anderer Städte, ist alt geworden und immer öfter bleiben die ratternden, überfüllten Waggons plötzlich aufgrund von technischem Versagen stehen. Seit dem Terroranschlag im Juli 2005, bei dem 50 Menschen starben, hat sich zudem Unsicherheit und Angst vor erneuten Attentaten breitgemacht.

Auch wer im Inneren Londons lebt, muss sich morgens durch die Menschenmassen in der U-Bahn oder durch die **Verkehrsstaus** zwängen und abends wieder Stunden damit verbringen, die Stadt zu verlassen. Wer nicht genug verdient, um sich in den angenehmeren Bezirken wie Putney,

Hampstead oder Islington oder in einem der neuen Wohnblocks entlang der renovierten Docklands ein Haus oder Apartment leisten zu können, muss mit einer kleinen, oft schlecht renovierten Wohnung in einem der weniger erfreulichen Viertel im Osten oder Süden vorlieb nehmen. Für einen wahren Londoner wiegen dennoch die Vorteile der Stadt die Nachteile auf. Wer aber „müde" geworden ist, entscheidet sich irgendwann, ganz nach draußen zu ziehen, da man sich dort mit dem guten Londoner Gehalt einen wesentlich besseren Lebensstandard erlauben kann. Viele kaufen sich ein Zweithaus am Meer oder auf dem Land in einem Radius von maximal zwei Stunden außerhalb Londons, worin die Familie lebt, während der Brotverdiener unter der Woche in einem sogenannten *Pied à Terre,* einer vorübergehenden Unterkunft in einer Kleinstwohnung nahe am Arbeitsplatz, ein freudloses Dasein fristet. Dies hat zur Folge, dass jeden Freitagabend die Hauptverkehrsadern aus der Stadt hinaus in alle Himmelsrichtungen stundenlang mit Pendlern verstopft sind. Von Immobilienmaklern ist oft zu hören, dass ein Ort mit einer Zuganbindung, die 60 bis 90 Minuten bis zur Metropole dauert, die dortigen Immobilienpreise bereits in die Höhe treibt, da die Londoner Gehälter den Preis bestimmen. Außerdem gibt es auch viele Engländer, die Ferienhäuschen in Wales oder Cornwall besitzen, wohin dann die ganze Familie am Wochenende pendelt.

Der Südwesten

Für den Engländer teilt der **Fluss Solent** die Südküste etwa in der Mitte, auf der Höhe der Isle of Wight, in Ost und West. Hier verläuft auch in etwa die geografische Grenze der Kalksteinformationen der South Downs. Am Solent liegen die größten Städte der Region: **Portsmouth,** die Heimat der Marine, und **Southampton,** der wichtigste Hafen für die Kreuzfahrtindustrie. Hinter dem New Forest, der noch zu der Grafschaft Hampshire gehört, beginnt das sogenannte West Country, das Dorset, Somerset, Devon und Cornwall einschließt. Das Klima im Südwesten wird vom Golfstrom bestimmt und durch die milden Winter kann an den Küsten eine mediterrane Flora überleben. **Dorset** ist bekannt für die Juraküste, wo Erdaufwerfungen zahlreiche Fossilien freigelegt haben. Die dünn besiedelte Klippenküste bietet atemberaubende Ansichten und gehört zum Weltkulturerbe. In **Devon** findet man die „Englische Riviera" mit breiten Stränden, um die sich große touristische Badeorte gruppieren. **Cornwall** ist oft die einzige britische Region (außer London), von der Deutsche eine Vorstellung haben, da sie ein beliebtes Urlaubsgebiet ist (oder weil man irgendwann eine Verfilmung der dort spielenden Romane von *Daphne du Maurier* oder *Rosamunde Pilcher* im Fernsehen gesehen hat). Aufgrund des

Fehlens größerer Autobahnen konnte die Südwestregion bisher ihre landschaftliche Schönheit und Ursprünglichkeit weitgehend bewahren, was sie fast schon zu einem mythischen Platz werden ließ. In Cornwall kommt man kaum um verklärt romantische Schilderungen von Schmugglern herum, die hier in den vergangenen Jahrhunderten ihr Unwesen getrieben hatten. Die windgepeitschten Höhen des Dartmoor und die zerklüfteten Klippen der Küste bildeten den Hintergrund für die Entstehung der Sage um **König Artus,** aber auch für schaurige Erzählungen, wie *Arthur Conan Doyles* Erzählung über „Sherlock Holmes" und den **Hund von Baskerville.** An der raueren Nordküste von Cornwall befinden sich Surferparadiese wie Newquay, die sich auch international wachsender Beliebtheit erfreuen. Aufgrund der Tatsache, dass diese Gegend früher schwierig zu erreichen war, blieb sie lange eine der letzten Hochburgen der Kelten. In neuerer Zeit hat man als Kulturgut die fast ausgestorbene keltische Sprache **Kornisch** wiederbelebt, die dem Bretonischen ähnelt. (Siehe auch den Exkurs „Keltische Kultur in Britannien".) In Somerset werden die Äpfel für den englischen Apfelwein *(Cider)* angebaut.

Die gesamte Südwestregion lebt heute, neben der Fischerei und Landwirtschaft, fast ausschließlich vom **Tourismus.** Die Idylle ist jedoch auf lange Sicht bedroht, denn ein Ausbau der Straßen ist geplant und auch hierhin reicht bereits der lange Arm des reichen Südostens. In vielen kleineren

Städtchen stirbt die Infrastruktur, Schulen und Läden müssen schließen, da es aufgrund der vielen Wochenendpendler zuwenig Schüler und Verbraucher gibt. Zudem werden auch hier die Immobilienpreise in die Höhe getrieben, sodass nun Initiativen versuchen, den Hausverkauf an nicht permanent Ansässige zu stoppen oder zumindest aufzuhalten.

Ost- und Mittelengland

Nordöstlich von London liegen **East Anglia** (mit den Grafschaften Cambridgeshire, Norfolk und Suffolk) und **Lincolnshire.** Bereits seit angelsächsischen Zeiten gehören Lincolnshire und East Anglia (damals als *Mercia* bekannt) zu den am dichtesten besiedelten Gebieten in England, da das flache Land mit seinen Marschen für die Landwirtschaft und Salzgewinnung ideal war. Auch heute noch wird hier das meiste Getreide und Gemüse Großbritanniens angebaut. Von dem ehemaligen Reichtum zeugen zahlreiche eindrucksvolle Kathedralen in Ely, Petersborough und Norwich sowie auch eine der bedeutendsten Universitäten Englands, die *University of Cambridge* (das erste College wurde hier 1284 gegründet).

In den **Norfolk Broads,** einem der bedeutendsten Naturschutzgebiete in Europa, finden sich viele seltene Vogelarten. Aus früheren Mooren entstanden hier Binnenseen mit Kanälen, auf denen man heute mit dem Boot Urlaub machen kann. In dem Marsch- und Moorland der **„Fens",** das sich von Cambridge bis Lincoln zieht, betrieben im Mittelalter holländische Ingenieure Landgewinnung durch Trockenlegung des Meeres. Die Küste ähnelt der an der deutschen Nordsee, mit ähnlich starken Gezeiten und heftigem Wind.

Etwas weiter im Landesinneren befinden sich **Buckinghamshire** und die **Cotswolds,** die weitgehend von der industriellen Revolution verschont blieben. Daher bietet sich dort das auf Postkarten verbreitete idyllische Bild Englands mit sanften Hügeln, pittoresken Dörfchen, alten Herrensitzen und großen Ländereien.

Birmingham, die zweitgrößte Stadt Englands, war bis Mitte des 20. Jh. ein bedeutendes Handels- und Industriezentrum. Hier leben viele indische und pakistanische Zuwanderer. Leider gilt die Stadt weitgehend als charakterlos und häßlich und hat es unter den ehemaligen Industriestädten vielleicht am schwersten, nationale Anerkennung zu finden.

Am Hafen von Fowey in Cornwall

Nordengland

Bereits die Römer bauten ihre Hauptverkehrsadern in der Provinz Britannien vom Bristolkanal im Westen diagonal bis zur Einbuchtung The Wash an der Nordseeküste im Osten aus. Alles, was nördlich davon lag, war damals eine wilde, hügelige oder auch bergige Gegend, in der die Menschen von Schafzucht, Landwirtschaft und Fischerei lebten. Auch Eisenerzabbau wurde in kleinem Umfang betrieben. Nur wenige Menschen bewohnten die von rauem Klima gekennzeichnete Region. Vor der normannischen Eroberung standen die östlichen *counties* teilweise unter dänischer Herrschaft *(Danelaw)* mit eigener Regierung und Sprache. Eine unsichtbare **Trennlinie zwischen dem Norden und Süden** der Insel existiert noch immer in den Köpfen der Menschen. Je weiter man sich von London entfernt, desto stärker wird das Zugehörigkeitsgefühl zu der eigenen Region, innerhalb Englands ist dies nirgendwo so stark wie in den nördlichen Grafschaften. Jeder Engländer weiß sozusagen von der Wiege auf, ob er ein *Northerner* oder *Southerner* ist, ähnlich wie ein Deutscher weiß, ob er ein Nord- oder Süddeutscher ist. Innerhalb der Regionen identifiziert man sich oft mit einem Landkreis oder einer Stadt. So heißen Einwohner Liverpools, die den örtlichen Dialekt sprechen, *Scouser* und wer aus Newcastle-upon-Tyne stammt, ist ein *Geordie.*

Die **Penninen,** ein kohlehaltiges Gebirge, dass auch das „Rückgrat Englands" genannt wird, durchzieht von der schottischen Grenze bis zum

Peak District Nord- und Mittelengland und unterteilt es in Westen und Osten. Ganz im Westen liegen Lancashire und Cumbria mit dem Lake District, in dem sich der höchste Berg Englands (Scafell Pike, 979 m ü.M.) und zahlreiche Bergseen befinden. Im Osten liegen die Hügel der Yorkshire Dales und Northumbria, die zu den am dünnsten besiedelten Gebieten ganz Britanniens gehören. Über den Hügeln der Penninen regnet es im Schnitt an zwei von drei Tagen. Dies sorgt für grüne und saftige Vegetation, weshalb sich

die Landschaft so gut für die Schafzucht eignet. Durch die **Industrialisierung** im 18. und 19. Jh. erlebte der Norden ein unvorhergesehenes Wachstum und wurde innerhalb kürzester Zeit neben London zur wirtschaftlich wichtigsten Region des Landes. In Manchester (*„Cottonopolis"*), Liverpool, Leeds, Birmingham und Sheffield, die im 18. Jh. noch Kleinstädte waren, verdoppelte und verdreifachte sich innerhalb weniger Jahre die Bevölkerung.

Das Bild der viktorianischen Stadt mit vom Kohlenstaub geschwärzter Luft, von Industrieabfällen verpesteten Flüssen und ungesunden engen Behausungen hielt sich noch bis in die 1980er-Jahre, bis zur Schließung der letzten Kohlengruben. Dem Norden haftet daher immer noch der Ruf an **„grimmig"** zu sein (*„it's grim up north ..."*). Von dieser Entstellung der Landschaft waren jedoch hauptsächlich die Ballungsgebiete um die Großstädte sowie die Gebiete um die Kohlengruben betroffen. Tatsächlich hat der Norden einige der **schönsten Landschaften Britanniens** zu bieten, wie die Gegend um den Hadrianswall in Northumbria, den Lake District oder die Yorkshire Dales.

In den letzten 15 Jahren erfuhr der Norden eine grundlegende Wandlung. Insbesondere wurden mithilfe staatlicher Mittel die Stadtsanierung und die Kultur gefördert, sodass das Leben hier wieder attraktiv geworden

Beatles-Festival in Liverpool

Hartlepool an der britischen Nordostküste

ist. **Leeds,** die drittgrößte Stadt Englands, ist heute ein Dienstleistungszentrum mit Schwerpunkt auf Bankenwesen und Forschung, **Manchester** hat eine rege Musik- und Partyszene, wie auch **Liverpool,** dessen Hafen saniert und wiederbelebt wurde. Außerdem lebt man hier noch ein bisschen vom Glanz und Gloria der 1960er-Jahre und dem Beatles-Tourismus.

Die Sozialgeschichte ist bestimmt von Armut und harter Arbeit, Arbeiterkämpfen und Arbeitslosigkeit. Nordengländer gelten als ehrlich und offen im Gegensatz zu den eher materialistisch orientierten Geschäftsmännern des Südens.

Schottland

Schottland nimmt etwa ein Drittel der britischen Hauptinsel ein und hat ca. 4,9 Millionen Einwohner. Zwei Drittel der Bevölkerung leben in den sogenannten **Lowlands,** die auch die beiden Metropolen Glasgow und Edinburgh mit einschließen. Nordschottland hat die geringste Bevölkerungsdichte im ganzen Vereinigten Königreich. Southern Uplands ist die Region südlich von Glasgow und Edinburgh und schließt das Grenzgebiet der Cheviot Hills mit ein. Die **Highlands** beginnen nördlich von Glasgow und Edinburgh. Hier findet sich der höchste Berg Großbritanniens: Ben Nevis, 1343 m ü. M. Die Gebirge der Highlands und die den Küsten vorgelagerten Inseln, wie Orkney, Shetland, Isle of Skye nehmen den größten Teil des Landes ein. Sie sind nur spärlich bevölkert.

In Schottland gibt es eine starke protestantische Tradition in der *Church of Scotland* (Presbyterianische Kirche), einer Form des Calvinismus, die sich während der Reformation entwickelte. Schotten legen großen Wert auf gute Ausbildung und sind bekannt für ihre puritanische **Arbeitsethik,** ihre **Ehrlichkeit** und **Rechtschaffenheit.** Schottland weist im Vergleich zu seiner niedrigen Bevölkerungszahl eine ungleich höhere Menge an Wissenschaftlern, Ingenieuren und Ärzten auf, als die anderen Mitglieder der Union. Auch viele namhafte Politiker Großbritanniens sind Schotten, seit Neuestem auch der frühere Finanzminister und Blair-Nachfolger, Premierminister *Gordon Brown.* Aufgrund der oben genannten Eigenschaften gelten Schotten als vertrauenswürdig und besonders in der **Medizin** und im **Finanzwesen** ist ein schottischer Akzent karrierefördernd.

Die Hauptsprache ist Englisch, aber das Lowland-Schottisch oder **Scots** ist als eigene Sprache anerkannt und wird von ungefähr 30 % der Einwohner gesprochen. Das schottische **Gälisch** wird von etwa 1,3 % der Bevölkerung (etwa 66.000 Menschen) gesprochen, hauptsächlich auf der Insel Skye und einigen anderen westlichen Hebrideninseln. Aber auch in einem Pub in Glasgow kann es einem Unwissenden schon mal passieren, dass er die Herren- und Damentoilette verwechselt, wenn diese in Gälisch markiert sind (*Mna* heißt „Frauen" und nicht „Männer"). Auf Orkney und den Shettlandinseln wurde noch bis ins 18. Jh. hinein das *Norn* gesprochen, eine nordische Sprache, die auf die Wikinger zurückgeht.

Auch Schottland hatte nach dem Zerfall des Empire mit wirtschaftlichen Problemen zu kämpfen. So haben beispielsweise die Werften am Fluss Clyde, die einst die Schiffe für die englische Handelsflotte produzierten, an Bedeutung verloren.

Glasgow, die größte Stadt Schottlands, hat sich in den letzten Jahren zur Heimatstadt von Avantgarde und Kultur entwickelt. Ein Besuch der Hauptstadt **Edinburgh** mit seinem eleganten klassizistischen Stadtbild, dem Schloss und den weltbekannten Festivals (International Festival, Fringe Theaterfestival) ist ebenfalls ein Muss für Schottlandtouristen. Die Stadt ist ein beliebter Anlaufpunkt für US-Amerikaner, die hier auf die Suche nach ihren Wurzeln gehen, um ihren Stammbaum mit dem Schottenkaro (*Tartan*) ihres Clans zu vervollständigen.

Schottland ist berüchtigt für die **schlechte Ernährung** seiner Einwohner: Sie konsumieren im Schnitt die ungesundeste und fetteste Kost innerhalb Großbritanniens: z. B. panierte und frittierte Mars-Riegel – die besondere Delikatesse daran ist, dass das Karamel in der Mitte zerfließt und dann noch warm gegessen wird! Dies schlägt sich u. a. in erschreckenden Statistiken über die Volksgesundheit nieder – hier gibt es die höchste Anzahl an Herzkrankheiten im ganzen Vereinigten Königreich. Berühmt-berüchtigt sind die Schotten auch als Whisky-Brauer und -Trinker und wer das Nationalgetränk verabscheut oder nicht verträgt, wird automatisch zum Außenseiter. Zugleich ist der Export von Whisky ein wichtiger Wirtschaftsfaktor für Schottland. Allein im Jahr 2007 wurden damit 2,8 Millarden Pfund eingenommen.

Unter der konservativen *Margaret Thatcher* fühlten sich die mehrheitlich sozialdemokratischen Schotten unterdrückt und von der Tory-Regierung vernachlässigt. Seitdem gewann die schottische Nationalpartei SNP (*Scotish National Party*) an Bedeutung. Als Antwort auf die Unabhängigkeitsbestrebungen wurde die Politik der **Devolution,** der Dezentralisierung, entwickelt. Im Zuge dieser Politik wurde die neue schottische Nationalversammlung mit mehr Eigenverantwortlichkeit ausgestattet. Heutzutage verfügen die Schotten über **weitgehende Autonomie** bei der Gestaltung von Schulpolitik, Steuergesetzen und regionalen Belangen.

Schottland hat sicherlich sowohl in der Vergangenheit als auch in der Gegenwart von der Union profitiert. Als im **Act of Union** 1707 die Parlamente zusammengeschlossen wurden, herrschte hier noch ein überkommenes Feudalsystem, das Land war weitgehend bankrott und von reli-

giösen und politischen Auseinandersetzungen geschwächt. Hundert Jahre später hatten auch die Schotten von den Segnungen des Empires profitiert, waren Mitglieder eines modernen demokratischen Staates geworden und nahmen in einflussreichen Positionen am öffentlichen Leben teil.

Das für die Touristen kultivierte Bild des „Highlanders im Schottenrock", ist etwa so nahe an der Realität wie die bayrischen Lederhosen für einen Norddeutschen. Die Einheimischen schmunzeln eher darüber.

Schottland ist übrigens im Gegensatz zu England weitgehend frei von Einwanderern und nicht nur das: Selbst **Einheimische wandern beständig nach Süden ab.** Über die letzten Jahrzehnte hinweg verließen mehr Menschen Schottland als dort hinzogen. Erst in den letzten Jahren hat sich die Anzahl der ein- und auswandernden Menschen etwa auf den gleichen Stand eingependelt.

Auch in Schottland gibt es wie in Irland abgegrenzte religiöse Lager, wo zwischen Protestanten und Katholiken Konflikte ausgetragen werden. Dies passiert allerdings weniger durch organisierte oder gar terroristische Gewalt, sondern eher durch Wortgefechte oder beim Fußball. In Glasgow gibt es eine überdurchschnittlich hohe Anzahl an Katholiken, da hier viele Iren einwanderten. Die Antipathien zeigen sich hier z. B. bei den beiden Fußballklubs *Celtic* (katholisch) und *Rangers* (protestantisch) und deren Fans.

Nordirland

Der Ursprung für die blutigen **Auseinandersetzungen in Belfast,** die Ende der 1960er-Jahre zum britischen Truppeneinmarsch führten, geht auf jahrelange Besatzung und Fremdherrschaft zurück. Die Weichen hierfür wurden bereits während der Reformation gelegt. Im 16. und 17. Jh. siedelte die britische Regierung loyale Protestanten aus England und Schottland in Nordirland an. Die **nordirische Provinz Ulster** ist daher der einzige Teil Irlands mit einer protestantischen Mehrheit. Die katholische Minderheit, die sich von den protestantischen englischen Herren unterdrückt fühlte, lehnte sich gegen die Fremdherrschaft auf.

Nach einem brutalen, mehrere Jahre dauernden Freiheitskampf wurde 1921 die Teilung des Landes in Nordirland und Irische Republik vorgenommen. Der **unabhängige Freistaat Irland** wurde gegründet, während sechs *counties* der Grafschaft Ulster sich zum Verbleib in der Union entschieden. Seitdem hat die Konfessionszugehörigkeit Menschen in den beiden Teilen Irlands, ebenso wie innerhalb der Provinz Ulster, in zwei separate Lager gespalten. Die Katholiken in der nördlichen Region fühlten sich gefangen in einem Staat, der ihnen feindlich gegenüber stand, der sie im öffentlichen und Arbeitsleben diskriminierte und als Menschen zweiter Klasse behandelte. Die Bürgerrechtsbewegungen der 1960er-Jahre gaben den Protesten der Ulster-Katholiken einen Hintergrund und die Auseinandersetzungen wurden schnell gewalttätig.

In den 1970er-Jahren wuchs die republikanische Fraktion der Terroristen **IRA (Irish Republican Army)** und startete eine Kampagne der Aggression, um das britische Militär und damit die britische Herrschaft aus Nordirland zu verbannen. Das Ziel war ein vereintes Irland. Mehr als 3000 Menschen wurden getötet und der Konflikt dauerte bis 1998 an. Die **Partei Sinn Fein** ist der politische Arm der *IRA,* die mehrere Jahre von *Gerry Adams* angeführt wurde. *Adams* brachte die *IRA* dazu, einen Weg der politischen Einigung einzuschlagen und die bewaffnete Auseinandersetzung schließlich aufzugeben.

Der 30 Jahre andauernde Konflikt wurde am 10. April 1998 durch das *Good Friday Agreement* („Karfreitagsabkommen") gemildert, das im Rahmen der *Devolution* zur Autonomie des Nordirischen Parlaments führte. Es gab jedoch weitere Übergriffe. Erst am 28. Juli 2005 **erklärte die IRA den bewaffneten Kampf offiziell für beendet** und legte Anfang 2007 die Waffen nieder. Mitte des Jahres 2007 zog dann die britische Armee ihre Truppen endgültig ab.

Heute bilden die beiden Seiten der Republikaner unter *Sinn Fein* und der Traditionalisten in der *Ulster Unionists* eine Koalitionsregierung. Obwohl der Großteil der Bevölkerung mit dem so erreichten Frieden zufrieden ist, versuchen weiterhin **radikale Splittergruppen,** den Prozess der politischen Einigung zu sabotieren. Unter diesen Gruppen gibt es z. B. die *Official IRA (OIRA),* die *Provisional IRA (PIRA),* die *Continuity IRA (CIRA)* und die *Real IRA (RIRA).* Die *Real IRA* bekannte sich zu dem Bombenanschlag

Die schottischen Highlands – Glen Coe

in Omagh 1998, bei dem 29 Menschen getötet wurden. Am 7. März 2009 wurden zwei britische Soldaten erschossen, die vor ihrer Kaserne eine Pizzalieferung in Empfang nahmen. Zwei Tage später wurde ein Polizist getötet. Beide Taten werden auf die *Real IRA* zurückgeführt. Die *Sinn Fein* verurteilte die Anschläge und gab zu verstehen, dass dies den Friedensprozess nicht unterbrechen werde.

Belfast war bis vor Kurzem noch ein vergessener oder vielmehr bewusst ignorierter Bereich Großbritanniens, ist aber gerade im Begriff, sich neu zu definieren und neu zu orientieren. Obwohl Belfast von England nicht weiter entfernt ist als das beliebte britische Urlaubsziel Dublin, schreckte man in den vergangenen Jahren vor den Bedrohungen durch Bombenanschläge, Entführungen und Schießereien sowie vor der allgegenwärtigen sichtbaren Präsenz der Armee zurück. Nordirland versucht nun, die Jahre der Vernachlässigung nachzuholen. Ein durch Investitionen ausgelöster Bauboom verleiht der Stadt nach und nach ein modernes Aussehen, es öffnen neue Hotels und Bars und Billigfluglinien bieten verlockende Angebote für Kurzurlaube. In der Stadt ebenso wie in der Provinz ist ein Aufatmen zu spüren, man möchte die **Vergangenheit hinter sich lassen** und neu anfangen. Wer auf Schauriges aus ist, kann heute Taxitouren zu den Schauplätzen der gewalttätigen Auseinandersetzungen in der *Falls Road* und *Shanklin Road* buchen.

Wales

Wales (auf Walisisch *Cymru*) hat einen ungewöhnlichen Status: Obwohl es eine in sich geschlossene Nation mit einer Grenze zu England ist, war es nie ein Königreich, sondern **immer ein Fürstentum** – und zwar seit dem Mittelalter. Die walisischen Adligen schworen dem englischen König ihre Treue, behielten jedoch eine gewisse Autonomie. Im Jahr 1282 eroberte *Eduard I.* die letzte unabhängige walisische Provinz, deren Fürst *Llywellyn ap Gruffydd* in den Kämpfen umkam. Dann übergab er das neu erworbene Land an seinen Sohn, als dessen eigenes Fürstentum. Dieser wurde hiermit zum **Prince of Wales.**

Der heutige Prince of Wales, **Prince Charles,** bezieht hauptsächlich Einnahmen aus Abgaben, die die Ländereien der Duchy of Cornwall (Grafschaft Cornwall) erwirtschaften. Er erhält eine jährliche Nettosumme, von der er jedoch 40 % Einkommensteuer wieder abführt. Sein Titel beinhaltet keinerlei Befugnisse oder Rechte über Wales als solches, nur über die noch in der Grafschaft Cornwall enthaltenen Ländereien.

Im **Act of Union** 1536 („Unionsvertrag") wurde Wales England „einverleibt, vereint und angeschlossen". Seitdem unterstand es dem englischen

Recht und der englischen Regierung und wurde schließlich **Teil des Vereinigten Königreichs.** Eine Lösung mit der die meisten Waliser einverstanden sind.

Bis ins 18. Jh. blieb Wales ein landwirtschaftliches Hinterland mit geringer Bevölkerungsdichte. Die bergige Landschaft erlaubte keinen großflächigen Anbau von Getreide oder Gemüse, sodass man sich im Wesentlichen auf die **Schafzucht** konzentrierte. Durch die Ausbeutung von Kohle und Eisenvorkommen veränderte die industrielle Revolution auch Wales.

Die Unterschiede zwischen Wales und England sind weniger politischer als vielmehr kultureller Natur. Im Süden befinden sich die größten Städte, wie die **Hauptstadt Cardiff,** und dort gibt es auch die meisten Industrie- und Dienstleistungsbetriebe. Der Norden lebt hauptsächlich von der Landwirtschaft und vom Tourismus.

032gb Foto: © Stefan Heinzl, www.fotolia.com

In Südwales, das zum englischen Osten hin offener ist, werden nur die Grundkenntnisse in **Walisisch** in der Schule gelehrt. In den größeren Städten im Süden ist die Bevölkerung eher kosmopolitisch eingestellt. Wie die Schotten auch, sind viele Waliser vor allem in den letzten zwei Jahrzehnten nach England abgewandert, da es außer der Landwirtschaft und dem Tourismus wenig Arbeitsmöglichkeiten in ihrer Heimat gibt.

In Wales herrscht ein ausgeprägtes **Nationalbewusstsein,** was sich in den Unabhängigkeitsbestrebungen seit 1970 zeigt. Damals verübten einige Freiheitskämpfer Brandanschläge gegen das Eigentum dort lebender Engländer. Seit der *Devolution* verfügt Wales, ebenso wie Schottland, über seine eigene Nationalversammlung mit größerer Autonomie, z. B. in der Schulpolitik. Alle anderen Bereiche werden zentral von London geregelt. Dies hat die Lage etwas entspannt, aber immer noch ist man empfindlich gegenüber öffentlichen Äußerungen, die die Bedeutung von Wales in der Union herunterspielen. Für eine negative Bemerkung über das walisische

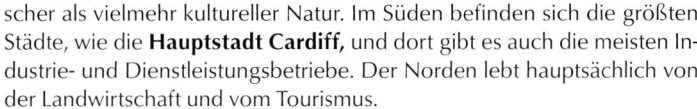

Die walisische Flagge

Wählerverhalten wurden *Tony Blair* rechtliche Maßnahmen wegen Diskriminierung auf der Basis von Rasse und Religion angedroht.

Waliser sprechen zwar englisch, haben jedoch auch ihre eigene Sprache: das **keltische Walisisch,** das besser überlebt hat, als die keltischen Sprachen der Nachbarn Schottland, Nordirland und Cornwall. Besonders in der Berglandschaft des Nordens ist die walisische Unabhängigkeitsbewegung sehr stark und es zeigt sich ein eiserner Wille, an den Traditionen und der keltischen Sprache festzuhalten. Walisisch ist die erste und Englisch die zweite Sprache. Hier ist auch die walisische Nationalpartei *Plaid Cymru* besonders aktiv. Die britische Regierung unterstützt die Erhaltung der walisischen Sprache, Straßenschilder etc. sind jeweils in beiden Sprachen angegeben.

Die walisischen Fußballteams spielen in der englischen Liga, aber Wales hat auch sein eigenes Nationalteam, das in internationalen Meisterschaften gegen England und Schottland antritt. Bei Leichtathletikmeisterschaften geht ein britisches Team an den Start, aber im Rugby oder Cricket sind die Mannschaften dann wiederum geteilt. Viele halten dieses Verwirrspiel für schizophren, ein Zeichen dafür, dass die Waliser sich ihres Status und ihrer Rolle innerhalb der britischen Nation nicht sicher seien.

Auch unter den Walisern finden sich einige namhafte britische Politiker wie z. B. *Lloyd George* (1863–1945), Premierminister während des Ersten Weltkriegs. Vielen Ausländern sind wahrscheinlich vor allem Sänger wie *Tom Jones, Shirley Bassey* oder *Bonnie Tyler* bekannt oder in jüngerer Zeit die Sängerin *Duffy*.

Wem gehört das Land?

Der größte **Landeigentümer in Großbritannien** ist der Staat, an zweiter Stelle steht die Königliche Familie und an dritter die Kirche. Ein weiterer Teil des Bodens gehört adligen Großgrundbesitzern oder ist in Privatbesitz, der Rest gehört Bauunternehmern oder wird von landwirtschaftlichen Betrieben genutzt.

In der Vergangenheit war es nicht immer üblich, dass Spaziergänger ungehindert übers Land wandern konnten. Noch zu Beginn des 20. Jh. setzten Landeigentümer **strikte Durchgangsregelungen** durch. Damit wurden einige der schönsten Regionen Englands für die Normalbevölkerung unzugänglich und Naherholungsgebiete waren für die Großstädter sozusagen gesperrt.

Um 1930 wurde die **Wandervereinigung „Rambling Society"** gegründet, deren Mitglieder in Zusammenarbeit mit Arbeiterorganisationen bewusst über die abgesperrten Hügel und Berge wanderten, um ihren Protest und ihr Recht auf das Land zu behaupten. Am bekanntesten wurde eine Protestaktion im Peak District (*Kinder Scout mass trespass,* 1932), wo große Gruppen von Minenarbeitern ohne Befugnis den Kinder-Scout-Berg betraten, um für ihr Recht zu kämpfen, wenigstens sonntags der durch Kohlenstaub verseuchten Luft in den Städten entfliehen zu können. Dies war der Ursprung einer Bewegung, die zur **Gründung vieler Nationalparks** führte, wie z. B. in den Yorkshire Dales, im Peak District, in Snowdonia in Wales, aber auch seit 2008 im New Forest im Süden. Das *Right to Roam,* das **Wanderrecht,** wurde hiermit verbrieft.

Allerdings wurde zur Bedingung gemacht, dass wenig benutzte **Fußwege** nach und nach für den öffentlichen Zugang gesperrt werden können. Die „Rambling Society" organisiert daher spezielle Wandergruppen mit der Aufgabe, alle öffentlichen Strecken regelmäßig zu begehen. Fußwege sind als solche markiert und auch auf staatlichen Wanderkarten abgedruckt. Manchmal führen diese Wege buchstäblich durch Hintergärten, daher versuchen Großgrundbesitzer immer wieder, Fußwege zu blockieren. Hierzu gehörte auch Popstar *Madonna,* die in Wiltshire ein Anwesen besaß. *Madonna* gewann den Kampf gegen die Wanderer, da sie als Star ihre Privatsphäre gegen Paparazzi schützen durfte. Die Gesetze werden regelmäßig aktualisiert und man plant nun einen Fußweg, der die gesamte Küste Britanniens umfasst.

„An Englishman's Home is his Castle"

„Die Engländer sind ein häusliches Volk, sie leben ein begrenztes, umfriedetes Familienleben; im Kreise seiner Angehörigen sucht der Engländer jenes Seelenbehagen, das ihm schon durch seine angeborene gesellschaftliche Unbeholfenheit außer dem Hause versagt ist. Der Engländer ist daher mit jener Freiheit zufrieden, die seine persönlichsten Rechte verbürgt und seinen Leib, sein Eigentum, seine Ehe, seinen Glauben und sogar seine Grillen unbedingt schützt. In seinem Hause ist niemand freier als ein Engländer, um mich eines berühmten Ausdrucks zu bedienen, er ist König und Bischof in seinen vier Pfählen, und nicht unrichtig ist sein gewöhnlicher Wahlspruch: ‚My house is my castle.'"

Heinrich Heine – Englische Fragmente

Das Sprichwort besagt: *An Englishman's Home is his Castle* („Das Heim eines Engländers ist seine Burg"). Die Liebe zu den eigenen vier Wänden steht symbolisch für die Bedeutung der hoch geschätzten **Privatsphäre,** für die Liebe zur Toleranz, die in der Idee vom „Leben und Leben lassen" zum Ausdruck kommt, und für den Freiheitssinn bzw. die Abneigung gegen eine Einmischung von außen. Die meisten Briten streben nach einem Eigenheim. Vor allem *Margaret Thatcher* förderte dieses Bestreben in den 1980er-Jahren, indem sie ehemalige Sozialwohnungen zum Privaterwerb für die Bewohner freigab. Dadurch wurde der Immobilienmarkt aufgelockert und auch Normalsterbliche ohne großes Vermögen konnten sich Wohneigentum leisten. Im Jahr 2007 besaßen 70 % aller Briten ein eigenes Haus bzw. eine eigene Wohnung. (In Deutschland betrifft dies nur 40 % der Einwohner.)

Dies trägt erheblich zum **Reichtum der Nation** bei. Ökonomisch hat es den tief greifenden Effekt, dass die *Bank of England,* die englische Nationalbank, die Auswirkung von steigenden Zinssätzen immer im Auge behalten muss, denn Hypotheken müssen erschwinglich bleiben. Ein zu großer Anstieg würde bedeuten, dass niemand mehr seine Raten bezahlen kann, wie dies z. B. auch in den USA vor dem *Credit Crunch* der Fall war.

Aufgrund der **globalen Finanzkrise** wurde die *Bank of England* von der Regierung dazu angehalten, die Zinssätze zu senken. Hierdurch sollte auf der einen Seite die Schuldenlast gemindert und andererseits Erstkäufern von Eigentum trotz Krise ein Kaufanreiz geboten werden. Innerhalb weniger Monate fielen die Zinssätze von 5,6 % auf einen zuvor ungekannten Niedrigstand von 0,5 %. Leider profitieren hauptsächlich die Banken von dieser Senkung, denn sie weigern sich, diese günstigen Raten an die Kunden weiterzuleiten. Der Kunde zahlt stattdessen bei Aufnahme eines Kredites ca. 5 % Zinsen.

Jedem Castle seinen Burggraben

Kein *Castle* ist komplett ohne Burggraben, sprich **Garten,** der eine grüne Oase in den städtischen Wüsten darstellt. Die Mehrheit der Briten lehnte daher bisher generell das Baumodell der auf dem Kontinent so verbreiteten Mietwohnungen in Hochhäusern ab. Stattdessen wird das traditionelle **Einfamilienhaus** bevorzugt, entweder als Reihenhaus *(terraced)*, Dopelhaushälfte *(semi-detached)* oder frei stehend *(detached)*. Apartmentblocks, die jetzt aus Platzmangel in den Großstädten wie die Pilze aus dem Boden schießen, entsprechen eher dem Lebensstil von Singles oder jungen berufstätigen Paaren. Wenn man den Äußerungen von Sozialwissenschaftlern und Philosophen glauben darf, hegen die Engländer tief in

ihrer Seele ein Sehnen nach dem idealen, ländlichen England, nach einem kleinen Dörfchen mit **Village Green** (Grünfläche, Dorfwiese), einer intakten Natur und gemächlichem Lebensrhythmus.

Während dieses Verlangen aufgrund des Bevölkerungszuwachses in der Zukunft schwer zu erfüllen sein wird, hat die Liebe zum eigenen Garten Vorteile für die Umwelt gebracht. Auch in städtischen Gegenden hat sich eine reiche Flora und Fauna erhalten. Ganze Fuchskolonien können in den Städten überleben, aber auch Zugvögel bleiben das ganze Jahr über im Land, da sie genug Nahrung finden.

Auf den Grünflächen außerhalb der Städte ist die Bebauung verboten. So wird der Ausdehnung Einhalt geboten und **Grüngürtel** und Stadt verschmelzen nicht gänzlich miteinander. Der Grüngürtel ist heutzutage jedoch stark gefährdet. Die Regierung muss in den nächsten 20 Jahren zwei Millionen Wohnungen bauen, um dem Bevölkerungswachstum Rechnung zu tragen. Es wird daher wahrscheinlich unumgänglich werden, an und auf unbenutzten Grünflächen zu bauen. Ebenso wird es nicht mehr möglich sein, ausschließlich Einfamilienhäuser zu errichten, daher baut man mehr und mehr in die Höhe. Als Bedrohung wird auch die **planlose Verbauung jedes freien Landstücks** durch Baufirmen angesehen. In beliebten Wohngegenden werden überall Einfamilienhäuser niedergerissen, um **Mehrfamilienhäuser** oder Apartmentblocks zu errichten, in denen mehr Menschen untergebracht werden können. Dies verändert nicht nur die Landschaft, sondern übt auch Druck auf die Infrastruktur aus: Es gibt zu viele Menschen und Autos, aber zu wenig Parkplätze, zu wenig Schulen, Ärzte etc.

Sogenanntes **Brownfield,** zu dem auch private Gärten gerechnet werden, ist Land, das bereits als bebaut gilt und somit nicht wie der Grüngürtel vor Bebauung geschützt ist. Es wird heutzutage diskutiert, inwieweit der Staat Zugriff auf dieses Land bekommen kann, um es zu bebauen. Die drastischste Form wäre sicherlich eine Zwangsenteignung. Allerdings entschließen sich viele Bürger mit besonders großen Gärten meist freiwillig dazu, dieses Land lukrativ an Baufirmen zu verkaufen.

Inselmentalität und Weltverständnis

Die Briten haben ein ambivalentes Verhältnis zu den anderen Nationen Europas. Aufgrund der insularen Geografie sieht man sich eher als Betrachter des Geschehens auf dem Kontinent, denn als Teilnehmer. Allerdings hat man unter der Labour-Regierung in den letzten zehn Jahren sicherlich Fortschritte in der Annäherung erzielt. Lang andauernde dynastische, religiöse und herrschaftliche Rivalitäten mit Frankreich, Spanien und den Deutschen hinterließen gewisse Animositäten. Als Konsequenz schaut man von Britannien aus oft mit Befremdung auf das übrige Europa, das als Austragungsort kultureller Differenzen, als ein Kontinent der radikalen Ideen und militärischen Auseinandersetzungen angesehen wird. Im Gegensatz dazu entwickelte sich in Britannien die Demokratie in mehreren Stufen und auf friedlichem Wege. Extremistische Ideologien konnten hier nicht Fuß fassen. Man ist stolz darauf, dass die englische Verfassung auf einem großteils ungeschriebenen moralischen Code beruht – was in Europa bzw. in der Welt einzigartig ist.

Das Commonwealth

Das britische Empire entstand über vier Jahrhunderte hinweg, im 19. Jh. umfasste es etwa ein Viertel der Weltbevölkerung. Dies schloss Briten ein, die in die Kolonien emigriert waren. Man ist stolz darauf, die eigene Kultur in der ganzen Welt verbreitet zu haben. Andererseits fand ja auch ein Austausch mit den anderen Nationen statt, der sicherlich die **multikulturelle Einstellung** begünstigt hat. Pakistaner, Inder und Einwanderer aus den British West Indies (Karibikstaaten) sind heute in die britische Kultur integriert und aus der Gesellschaft nicht mehr wegzudenken.

Bereits im frühen 20. Jh. hatten einige der alten Kolonien ihre Selbstverwaltung erreicht. Als erste erkämpften sich, wie man weiß, die USA im Jahr 1776 ihre **Unabhängigkeit,** gefolgt von Australien und Neuseeland. Anstatt jedoch ihre Bande mit dem Mutterland komplett zu lösen, wurde der Aufbau vieler Institutionen kopiert, wie z. B. die Bildungs- und Rechtssysteme. Das moderne Commonwealth wurde 1926 geschaffen, als Premierminister *Arthur Balfour* in einer Gesetzesvorlage festlegte, dass das Empire in einen Staatenverbund umgewandelt werden sollte, bei dem alle Mitgliedsstaaten gleiche Rechte haben sollten. 1931 wurde das britische Commonwealth zum **Commonwealth of Nations,** obwohl nach und nach mehr Kolonien die Unabhängigkeit erlangten. Es wurde den Ländern freigestellt, ob sie als unabhängige Nationen in dem Verbund verbleiben wollten, und die meisten entschieden sich dafür. Außer den unabhängigen Nationen gibt es Territorien in Übersee, wie z. B. die Falkland Inseln und Gibraltar, ebenso die **Crown Dependencies** (Kronkolonien oder Kronlande) der Kanalinseln und der Isle of Man. Diese Territorien verwalten sich selbst, genießen jedoch den Schutz der Krone durch das Militär und das Vereinigte Königreich repräsentiert diese Gebiete in der Außenpolitik.

Das verbleibende Commonwealth ist ein freiwilliger Zusammenschluss von 53 Staaten und 2 Milliarden Menschen der unterschiedlichsten Rassen, Kulturen und Religionen. Die Vorteile für die Mitglieder waren und sind vor allem die **Handelsbeziehungen** mit den anderen Mitgliedsstaaten. Alle zwei Jahre findet eine Commonwealth-Konferenz statt, wo die Premierminister der Staaten zusammenkommen. Außerhalb von wirtschaftlichen Interessen fehlt jedoch heute der übergeordnete Sinn für den Zusammenschluss.

Zu heftigen Auseinandersetzungen wegen antidemokratischer Bestrebungen kam es in Südafrika und Rhodesien, dem heutigen Zimbabwe. Die Apartheid war in **Südafrika** eingeführt worden, nachdem die Buren die Selbstverwaltung erlangt hatten. Da man sich nicht mit der Kritik über die Apartheidspolitik auseinandersetzen wollte, verließ Südafrika das Commonwealth im Jahr 1961. Im Jahr 1994 wurde es jedoch wieder aufgenommen. Zimbabwe macht die britischen „Imperialisten" noch heute für das Elend im Land verantwortlich, es verließ den Bund daher im Jahr 2002.

Noch heute gibt es die Tradition der **Commonwealth Games,** sozusagen der Olympiade des ehemaligen Empire, die alle vier Jahre stattfindet.

Der Titel der **Queen** trägt den Zusatz *Head of Commonwealth,* obwohl ihre Rolle in den jeweiligen Staaten heute stark variiert und hauptsächlich symbolischen Charakter hat. Ihr ausgefüllter Stundenplan beinhaltet daher Staatsbesuche in Afrika, Australien, der Karibik oder Kanada, wo sie repräsentative Aufgaben wahrnimmt.

034 gjb Foto: nh

In 16 Staaten des Commonwealth, darunter auch **Kanada,** ist die Queen bis heute das offizielle Staatsoberhaupt geblieben. In Kanada schmückt ihr Portrait den kanadischen Dollar. Zwischen Britannien und **Australien** besteht nach wie vor ein reger Austausch. Die ehemalige Strafkolonie ist heute zu einem Auswanderungsmekka geworden. Die hier lebenden Menschen stammen weitgehend von Briten ab und haben einen ähnlichen kulturellen Hintergrund. Es scheint daher ganz normal, dass Briten sich einem Australier näher fühlen als z. B. einem Franzosen oder Deutschen.

Der große Bruder USA

„Tatsache ist, dass die Briten ein ganz eigenes Gefühl für Entfernungen haben. Das wird am deutlichsten in der von allen geteilten Wahnidee, dass Großbritannien eine einsame Insel inmitten eines leeren, grünen Meeres sei. Klar weiß ich, dass sie sich theoretisch der Nähe einer größeren Landmasse names Kontinentaleuropa bewusst sind, wo man von Zeit zu Zeit hin muss, um den ollen Fritzen eine ordentliche Abreibung zu verpassen oder am Mittelmeer Ferien zu machen; doch diese Nähe heißt gar nichts, jedenfalls nicht im Vergleich zu den USA. Wenn Ihre geografische Vorstellung der Erde gänzlich davon geprägt wäre, was Sie (*in Britannien, sic*) in der Zeitung lesen und im Fernsehen sehen, würden auch Sie unweigerlich zu dem Schluss kommen, dass Amerika ungefähr da ist, wo sich Irland befindet, dass Frankreich und Deutschland nicht weit von den Azoren liegen und Australien in einer heißen Zone im Bereich des Nahen Ostens ...“
Bill Bryson, Reif für die Insel

Mit dem angelsächsischen „Nachbarn“ USA fühlt man eine größere Verbundenheit als mit den Bewohnern des europäischen Festlandes. Umgekehrt empfinden sich auch die Amerikaner eher den Einwohnern der britischen Inseln verwandt als dem restlichen Europa. Dies hat nicht nur mit der gemeinsamen Sprache zu tun. Für viele Amerikaner ist Großbritannien das **Herkunftsland ihrer Familien,** liegt hier ihr traditionelles Erbe. Hunderte von Amerikanern pilgern jährlich nach Schottland und Irland, um dort nach den Spuren ihrer Vorfahren zu suchen.

Als ehemalige Kolonie, die sich vom britischen Mutterland lossagte, teilt man ein Stück Geschichte mit dem Vereinigten Königreich sowie das Streben nach Demokratie und natürlich die Sprache (obwohl man sich allgemein einig ist, dass sich die englische und amerikanische Sprache im Alltagsgebrauch doch erheblich voneinander unterscheiden). US-Institutionen und -Gesetze basieren auf der englischen Vorlage der *Magna Carta* und der *Bill of Rights*. Großbritannien erhebt daher ebenso wie die USA den Anspruch darauf, die Demokratie erfunden zu haben.

Nach der Verfeindung im Unabhängigkeitskrieg von 1783 näherte man sich schnell wieder an. Seitdem teilen beide Länder eine zwei Jahrhunderte andauernde **Geschichte der Allianz** und kämpften im letzten Weltkrieg sowie im Irakkrieg Seite an Seite.

Noch während der Epoche des Empire hatte Großbritannien das Sendungsbewusstsein, die Demokratie und den Frieden in die Welt zu tragen, eine Rolle, die inzwischen von den USA als dominierender Weltmacht übernommen wurde.

Die Einstellung gegenüber der europäischen Union

In der Außenpolitik hegen die Briten eine lange Tradition des Misstrauens gegenüber allzu mächtigen „Superstaaten". Politische Systeme, die wie das französische auf der Idee eines übergreifenden zentralistischen Staates basieren, sind den Briten ein Gräuel, da sie Politikern gegenüber grundsätzlich skeptisch sind und möglichst wenig Einmischung in das persönliche Leben vorziehen.

Bei der Integration in das Gebilde Europa fürchten Briten vor allem den Verlust der Souveränität, den man im Gegenzug für wirtschaftliche Vorteile in Kauf nehmen muss. Die Bürger der Irischen Republik sprachen sich beispielsweise in einem Referendum im Jahr 2008 gegen den Vertrag von Lissabon aus. 2009 muss daher eine neue Abstimmung stattfinden. Dass man in Europa einen Volksentscheid nicht akzeptieren will, ist für die Briten ein Beweis für die undemokratische Vorgehensweise der **übermächtigen Europäischen Union.** Die Skepsis gegenüber Europa hat daher weniger damit zu tun, dass man nicht modern sein will und an alten Traditionen festhält, sondern dass man eine Beschneidung von Rechten fürchtet.

Premierminister *Gordon Brown* unterschrieb die Ratifizierungsurkunde des Vertrages, in dem es um die Festlegung einer europäischen Verfassung geht, in einer Nacht-und-Nebel-Aktion, um negative Pressereaktionen zu umgehen. Er reiste im Dezember 2007 nach Lissabon, um den Vertrag über eine Verfassung für Europa zu unterschreiben, weigerte sich aber, an der Pressekonferenz der Landesoberhäupter teilzunehmen oder gar fotografiert zu werden. Die Konservative Partei wertete dies als Beweis dafür, dass sich *Brown* im Grunde seines Herzens für seine Tat schämte. Bereits 1988 hatte *Margaret Thatcher* in einer Rede formuliert, dass die Bürokratie in Brüssel zu elitär sei. Für sie bestand der wesentliche Grund für einen Anschluss an Europa in wirtschaftlichen, nicht ideologischen Interessen.

Britannien ist der Europäischen Gemeinschaft daher erst sehr spät (1973) beigetreten und hat vielen Entwicklungen nur zögernd zugestimmt.

Umgekehrt gibt es auch von Europa aus (insbesondere vom Erzfeind Frankreich) **Zweifel über Britanniens Rolle** in der Gemeinschaft. *Charles de Gaulle* war der Ansicht, dass die Briten nicht den politischen Willen hätten, Teil eines starken Europas zu werden. Die heutigen Führer der europäischen Länder haben Großbritannien nicht verziehen, dass es sich im Irakkrieg sofort auf die Seite der USA stellte. Daher betrachtete *Angela Merkel* es mit Befremden, als *Tony Blair* von *Nicolas Sarkozy* für den Posten des Präsidenten des Europarates vorgeschlagen wurde.

Großbritannien ist bisher **nicht Mitglied der Währungsunion** und es scheint nicht so, als ob sich daran bald etwas ändern würde. Zu diesem Thema stellt sich auch bei den pro-europäischen Politikern kein wirklicher Enthusiasmus ein. Wirtschaftlich hat es für Britannien auch Vorteile, nicht an den Euro gebunden zu sein. Es gibt politische Vereinigungen, die als ausgesprochen **„euroskeptisch"** gelten, wie z. B. die UKIP *(United Kingdom Independence Party),* die in den letzten Nationalwahlen im Jahr 2005 Erfolge erzielte, weil sie das Festhalten an alten britischen Werten und Traditionen propagierte, die angeblich durch den Anschluss an die Europäische Union unterminiert würden. Paradoxerweise hat besonders diese Partei nun zahlreiche Sitze im Europaparlament. Oft ist das Parteiprogramm dieser Gruppen sehr einseitig und bezieht sich tatsächlich nur auf die Einführung des Euro, wie bei der *UKIP.* Aber auch die nationalistische *BNP (British National Party)* hat sich den Kampf gegen den Euro auf die Fahnen geschrieben, allerdings wird hier das Thema mit sehr zweifelhaften nationalistischen Ansprüchen vermischt. Auch innerhalb der Konservativen und der Labour-Partei gibt es Fraktionen, die entweder für oder gegen den Euro sind.

Die **Schotten** wiederum, die ja das Bestreben haben, sich von England als eigenständige Nation abzugrenzen, sind ausgesprochen europafreundlich. Sie fühlen sich Ländern wie Frankreich, Irland, den Niederlanden und den skandinavischen Nationen sehr verbunden. Immerhin hatten die schottischen Könige französiche Verwandtschaft und überhaupt eine enge Verbindung zu dem kontinentaleuropäischen Land. Unterschätzen darf man dabei nicht, dass Schottland erhebliche Zuwendungen von der Europäischen Union erhält, da dort viele Regionen wirtschaftlich unterentwickelt sind. Dies fördert sicherlich die positive Einstellung der Schotten gegenüber der EU.

Freunde, Feinde, Nachbarn

Es ist sicherlich kein Vorurteil zu behaupten, dass Briten relativ wenig darüber wissen, was bei ihren europäischen Nachbarn passiert. In den Nachrichten und der Berichterstattung aus dem Ausland wird man öfter Berichte aus den USA oder Australien hören, als aus den Ländern des europäischen Kontinents. So kommt es, dass leider das Bild von den Nachbarn oft schwammig oder von Vorurteilen geprägt ist.

Gegenüber den **Franzosen** pflegen die Briten (ausgenommen die Schotten) ein grundlegendes **Misstrauen,** ein Vorurteil, das noch aus der Vergangenheit (spätestens aus den Zeiten der normannischen Eroberung) herrührt und tief im Nationalbewusstsein verwurzelt ist. So erlitt *Napoleon* in der Schlacht bei Waterloo seine größte Niederlage durch die Briten! Außerdem hält man die Nachbarn auf der anderen Seite des Ärmelkanals für kapriziös, arrogant und von sich selbst eingenommen. Man belächelt, dass für die Franzosen ihre Sprache ein wichtiges identitätsstiftendes Symbol ist, wo doch – „wie jeder weiß" – Englisch die eigentliche Weltsprache ist. Gleichzeitig bewundert man die Leichtigkeit des „Savoir-vivre", der feinen Lebensart. Nicht umsonst gibt es in Frankreich ganze Kolonien von **englischen Auswanderern,** die dort ein stressfreieres Leben führen wollen.

Eine ähnliche Abwanderung gibt es auch nach **Spanien,** Zypern und Australien, woraus man schließen könnte, dass das Wetter und der Wein vielleicht die entscheidenden Attraktionen darstellen und weniger die Kultur. Das Auswandern wird in sämtlichen Medien stark romantisiert, was selten etwas mit der Realität zu tun hat. Tatsächlich bleiben Briten im Ausland sehr unter sich, ja, bilden „Gettos", in denen es englische Pubs und englische Supermärkte gibt. Manche Emigranten lernen nicht einmal die einheimische Sprache. Verständlicherweise wird dies von den Nachbarn mit Argwohn beobachtet, Freunde macht man sich damit nicht.

Das Verhältnis zu den Deutschen

Über die **Deutschen** gibt es auf der einen Seite das Vorurteil, sie verstünden keinen Humor, auf der anderen Seite hegt man eine heimliche Bewunderung für ihre positiven Eigenschaften, mit denen man sich identifizieren kann: Die Deutschen sind anständig, tapfer, stehen mit beiden Beinen auf der Erde, sind praktisch und haben eine starke protestantische Arbeitsethik. Deutsche produzieren Qualität, sie haben Topingenieure, bauen super Autos etc. Auch die Briten brachten in den Glanzzeiten des Empires hervorragende Technologien hervor, britische Produkte waren damals in der Welt so angesehen, wie es heutzutage viele deutsche Produkte sind. Diese Errungenschaften machen jedoch nicht ganz wett, dass man Deutsche selten über sich selbst lachen hört.

Negative Erinnerungen an Deutschland sind die Auseinandersetzungen im Ersten und Zweiten Weltkrieg, besonders die Luftschlacht um England 1940/41 *(Battle of Britain)* und die Blitzkriege *(Blitz)*. Hier kristallisierte sich ein für alle Mal heraus, dass jemand wie *Hitler* keine Chance gehabt hätte, in England Fuß zu fassen – und darauf ist man stolz. Während der Luftangriffe warfen deutsche Flieger Flugblätter mit dem Text einer Rede *Hitlers* ab, Titel: „Ein letzter Appell an die Vernunft". Hierüber machte man sich bestenfalls lustig. Wie *Jeremy Paxman* in seinem Buch „The English" schreibt, berichtete die *Times,* dass eine englische Bürgerin die Flugblätter als Souvenirs verkaufte, um damit Geld für das Rote Kreuz zu sammeln. Der Druck und die Aggressionen, die die Deutschen in diesen Angriffen anwendeten, führte nicht dazu, dass man sich ergab, sondern verstärkte den Kampfgeist und den Willen zum Widerstand.

Dennoch fühlt man sich **den Deutschen näher** als beispielsweise den mediterranen Europäern, z. B. von der Mentalität, der Kultur und dem Essen her. In einem Audi-Werbespot wird z. B. der Slogan „Vorsprung durch Technik" nicht ins Englische übersetzt, sondern Deutsch mit englischem Akzent ausgesprochen, weil sich das irgendwie „cool" anhört. Auch ansonsten haben sich in der Sprache einige deutsche Ausdrücke eingenistet, wie Schadenfreude, Realpolitik, Wunderkind, Angst, Wanderlust etc. Seit der **Fußballweltmeisterschaft 2006** hat sich vor allem bei der jüngeren Generation einiges getan in puncto Völkerverständigung, da viele von der freundlichen Partyatmosphäre in den deutschen Großstädten beeindruckt waren. Während die meisten Briten wohl nicht auf die Idee kämen, in Deutschland ihren Sommerurlaub zu verbringen, bieten viele Billigfluglinien inzwischen Flüge in deutsche Großstädte wie Berlin, Hamburg, Leipzig oder Frankfurt an, da **Kurztrips nach Deutschland** attraktiv geworden sind. Besonderer Beliebtheit erfreuen sich auch Busreisen zu den einschlägigen Weihnachtsmärkten. In den meisten britischen Großstädten werden seit einigen Jahren Weihnachtsmärkte nach deutschem Muster aufgebaut, hier findet sich dann ein Gemisch aus englischen und deutschen Buden.

Es gibt immmer wieder **Deutsche, die nach Britannien auswandern,** sei es als Student oder um als Au-Pair Sprachkenntnisse zu verbessern, um einen akademischen Posten anzunehmen oder einfach, um für das Arbeitsleben Auslandserfahrung zu sammeln. Deutsche leben zwar in vielen verschiedenen Teilen Großbritanniens, aber der Großteil konzentriert sich im Süden Englands bzw. im Großraum London. Dort findet man auch einige deutsche Bäckereien, denn das, was Deutsche hier am meisten vermissen, ist das gute Brot von zu Hause. Im Vergleich zu anderen Einwanderernationen ist der Anteil an deutschen Zuwanderern jedoch verschwindend gering und sie **integrieren sich im Allgemeinen gut** in das britische Leben. Daher findet man auch nirgendwo Kommentare über Animositäten oder Bemerkungen, dass sich Briten von Deutschen bedrängt fühlen würden. Dasselbe gilt für deutsche Touristen, die meistens Individualtouristen sind und nur in London in größerer Anzahl einfallen. Großen Erfolg haben besonders in den letzten Jahren die deutschen Discounterketten Aldi und Lidl, in denen Briten mit wachsender Vorliebe deutsche Produkte kaufen, weil Qualität und Preis stimmen.

Die Nationen in der Nation – Einwanderer aus den ehemaligen Kolonien und Osteuropa

So wie in Deutschland die Gastarbeiter aus Italien, Spanien und Griechenland in den 1950er-, 1960er- und 1970er-Jahren die Produktivität des Nachkriegsaufschwungs sicherten, blickte auch Großbritannien ins Ausland, um **fehlende Arbeitskräfte** zu rekrutieren. Zwischen 1956 und 1971 wanderten 1,2 Millionen Menschen aus den Commonwealth-Ländern nach Großbritannien ein, zunächst aus der Karibik, Indien und Pakistan und später auch aus Hongkong. Seit der Öffnung der Grenzen zum ehemaligen Ostblock Ende des 20. Jh. gibt es auch einen verstärkten Strom an Einwanderern aus Osteuropa.

Die meisten Zuwanderer siedelten sich in den Großstädten wie London oder Birmingham an und arbeiten u. a. im öffentlichen Sektor, beispielsweise im Transport- oder Gesundheitswesen. In den nördlichen Metropolen Leeds und Manchester wurden in den 1960er- und 1970er-Jahren vor allem Arbeiter für die Textil- und Stahlbetriebe rekrutiert. Noch heute ist Bradford, südwestlich von Leeds gelegen, die Stadt mit dem größten Anteil an Pakistanern in ganz England. In einigen Großstädten gab es Stadtteile, in denen hellhäutige Briten in der Minderheit waren. Dies führte u. a. auch zu negativen Reaktionen und ausländerfeindlichen Ausbrüchen. **Rassismus und Diskriminierung** gab es in der Vergangenheit auch ge-

Politisch nicht mehr korrekt ist dieses Schild,
gesehen in Cornwall: „Hippies benutzen bitte die Hintertür"

gen irische Einwanderer. Noch in den 1950er-Jahren konnte man in den Fenstern mancher Gasthäuser oder Vermieter lesen: „Keine Hunde, keine Iren, keine Schwarzen".

Heute können solche Äußerungen oder auch bereits Andeutungen von Rassismus und fehlender Toleranz dazu führen, dass jemand verklagt wird bzw. dass Karrieren enden. Selbst im Showbusiness mussten in den letzten Jahren mehrere ältere Entertainer aus dem Rampenlicht zurücktreten, da sie sich in dieser Hinsicht einen Fauxpas erlaubt hatten.

Vielfältigkeit und Chancengleichheit nach Plan

Die Wandlung in eine multikulturelle Gesellschaft war und ist mit Problemen behaftet. Insbesondere im Hinblick auf Einwanderungswellen aus dem „Neuen Europa" ist das Thema **Einwanderung und Rasse** wieder zu einem empfindlichen Thema geworden. (Der Begriff des „Neuen Europa" wurde von US-Präsident *Bush* geprägt und bezeichnet die neu in die Europäische Union aufgenommenen Länder aus dem ehemaligen Ostblock.) Die Labour-Partei ist bestrebt, eine Politik der Chancengleichheit und Eingliederung aller Kulturen zu betreiben und so werden negative oder problematische Aspekte oft heruntergespielt. Stattdessen versucht man, verstärkt auf die Vorteile und Bereicherung durch eine vielfältige Gesellschaft zu verweisen.

Die dem **Multikulturalismus** zugrunde liegende Idee ist, dass die Kultur der Immigranten genauso wertvoll und respektwürdig ist, wie die der Einheimischen. In den 1970er- und 1980er-Jahren begann diese Idee ihren Marsch durch die Institutionen und heute ist sie in den Praktiken und Gesetzen des Landes fest verankert. Man ist sehr auf **Political Correctness** bedacht. In Schulen werden alle Glaubensrichtungen unterrichtet, nicht nur die christlichen. Regionalverwaltungen sind dazu verpflichtet, Gruppen unterschiedlicher Nationalität und Religion und deren Bedürfnisse bei der Planung zu berücksichtigen. Es wäre heutzutage schwer, eine Einrichtung zu finden, die aus öffentlichen Geldern finanziert wird und über keine Richtlinien zu Meinungsvielfalt und Gleichheit in ihren Statuten verfügt, seien dies Gesundheitsbehörden, Schulen, Polizeidienststellen, Notfalldienste, Regionalverwaltungen, die Armee, der kulturelle Sektor oder große Firmen.

Seit Labour 1997 an die Macht kam, hat die Regierung beständig versucht, diese Politik bis in die kleinsten Bereiche durchzusetzen. Teilweise werden öffentliche Gelder nur dann vergeben, wenn bestimmte Vielfalts- und **Gleichberechtigungsquoten** erfüllt werden. Es muss auch in der Öffentlichkeitsarbeit des Unternehmens oder der Institution deutlich werden, dass man aktiv an der Gleichberechtigung und Eingliederung von Minderheiten arbeitet. Hier ergeben sich allerdings Schwierigkeiten, denn so kann Institutionen Geld verweigert werden, wenn nicht genug Angehörige ethnischer Minoritäten an deren Aktivitäten interessiert sind. Hiervon betroffen waren z. B. in letzter Zeit die Wandervereine und die Pfadfinder. Hier wurden Fördergelder abgelehnt, da sich nicht genug dunkelhäutige Menschen in den Vereinen bzw. Pfadfinderorganisationen fanden. Das Gegenargument war, dass in diesen Organisationen jedem die Mitgliedschaft freisteht und daher nicht bewusst diskriminiert wird, sondern lediglich von anderen kulturellen Gruppen kein Interesse geäußert wurde. Diese Organisationen müssen nun aktiver versuchen, ethnische Minderheiten z. B. fürs Bergsteigen und Wandern zu begeistern, wenn sie in Zukunft überleben möchten.

In manchen Stadtteilen der Großstädte sind hellhäutige Briten in der Minderheit

Soziale Eingliederung

In einigen Fällen hat sich Beunruhigung darüber ausgebreitet, in welchem Ausmaß Institutionen fast schon gezwungen werden, den **Bedürfnissen von ethnischen oder religiösen Minderheiten** Rechnung zu tragen. Obwohl es durchaus richtig ist, dass Unternehmen einen Gebetsraum haben, der von Muslimen benutzt werden kann, sind manche Geschäftsleitungen schlicht überfordert, wenn es darum geht, *inwieweit* Rücksicht auf die Bedürfnisse genommen werden muss. So wurde z. B. die Inhaberin eines Friseursalons verklagt, weil sie eine kopftuchtragende Muslimin nicht einstellen wollte, mit dem Argument, dass es zum Beruf gehöre, innovative Haarkreationen zu zeigen und man daher die Haare sehen müsse. Auf der anderen Seite erlaubte *British Airways* es einer Angestellten nicht, ihr christliches Kreuz an einer Halskette offen zu tragen, was zu Protesten von Christen führte. Im Sainsbury's Supermarkt sind muslimische Angestellte davon freigestellt, mit Produkten aus Schweinefleisch oder Alkohol umzugehen oder diese zu verkaufen. In einer Nachtapotheke weigerte sich ein muslimischer Angestellter die „Pille danach" an ein Ehepaar zu verkaufen, da dies gegen seine religiöse Überzeugung verstieß. Diese Entscheidung wurde im Nachhinein von seinem Arbeitgeber unterstützt und gerechtfertigt.

In Glaubensschulen haben die Eltern muslimischer, hinduistischer und christlicher Kinder für die Abschaffung der **Schuluniform** zugunsten von traditioneller Kleidung bzw. dem Tragen von religiösen Symbolen gekämpft. Dies erscheint unverständlich, schließlich sehen alle Kinder in der Uniform mehr oder weniger gleich aus – was ja ebenfalls eine gewisse Gleichberechtigung darstellt.

Es gibt Befürchtungen, dass als Schattenseite des Multikulturalismus regelrechte **Immigrantengettos** entstehen können, in denen die ethnische Bevölkerung sich nicht mit der einheimischen Bevölkerung vermischt, sondern sich bewusst ausgrenzt, um ihre eigene Kultur zu leben.

Im Jahr 2005 wurden diese Sorgen durch die **Terroranschläge auf die Londoner U-Bahn** geschürt. Vier Männer – zwar in Großbritannien gebo-

Einwanderer aus Pakistan

ren, aber von pakistanischer Abstammung – waren in Britannien zu Selbst-mordattentätern ausgebildet worden und töteten 50 Menschen durch Bomben in der Londoner U-Bahn und in Bussen. *Trevor Phillips* (selbst von afro-karibischer Abstammung und seit 2006 Kopf der *Commission for Equality and Human Rights*) sprach nach den Anschlägen seine Bedenken darüber aus, dass junge Männer, die in Britannien geboren und aufge-wachsen waren, terroristisches Gedankengut aufsaugen konnten. Er be-fürchte, dass der Multikulturalismus dazu führe, dass Britannien „sich schlafwandlerisch auf eine Spaltung der Gesellschaft" zubewege. Im Jahr 2004 hatte er bereits zu verstehen gegeben, dass alle neuen Bürger einen

Hürden der Integration: Wie britisch bist Du?

*In Britannien kann jeder, der dort geboren wird und dessen Eltern sich le-gal im Land aufhalten, ein Bürger Britanniens werden. Während in Deutschland z. B. Spätaussiedler aus Russland, die ihre deutsche Volkszu-gehörigkeit inkl. entsprechender Sprachkenntnisse nachweisen können, einen höheren Status einnehmen als Immigranten, die jahrelang im Land gelebt haben, definiert man sich in Britannien über die Kultur und das Wertesystem und nicht über die Blutsverwandtschaft. Allerdings werden der Einbürgerung gewisse Hürden in den Weg gestellt, wie z. B. die Be-herrschung der englischen Sprache und ein **Einwanderungstest,** den alle Anwärter auf die Staatsbürgerschaft ablegen müssen. (Ein ähnlicher Test muss auch in Deutschland abgelegt werden.) Vom britischen Innenminis-terium wird ein Heftchen veröffentlicht, in dem man nachlesen kann, wel-che Fragen im Test für die Staatsbürgerschaft gestellt werden („Home Of-fice booklet: Life in the United Kingdom"). Hier ein paar Beispiele: „Wann bekamen Frauen das Wahlrecht? Wie weit ist die Entfernung von der Nordküste Schottlands bis zur Südküste Englands?" und „Ab welchem Al-ter darf man Zigaretten kaufen?" Leider gibt es den Test nicht online. Doch kann man mithilfe eines Buches der populärwissenschaftlichen „Dum-my"-Reihe die richtigen Antworten einüben.*

*Kontinentaleuropäer sind oft verwundert, dass britische Zollbeamte mit einem **Personalausweis** nichts anfangen können. Einen solchen gibt es im Vereinigten Königreich bisher nicht, ebensowenig wie die in Deutschland bekannte Meldepflicht. Das Konzept, dass ein Personalausweis angibt, wo man gemeldet ist und daher zur zweifelsfreien Identifikation dient, ist den*

Kern britischer Werte annehmen müssten, hierzu gehöre der Glaube an die **Demokratie** und den Rechtsstaat.

Inzwischen versucht man, umzudenken und vertritt die Ansicht, dass Einwanderer nicht nur ihre eigene Kultur leben, sondern sich auch „britisch" fühlen sollen. Das **Konzept der Integration** wird eifrig beworben. So will man einen gewissen Prozentsatz weißer Kinder in ethnischen Schulen unterbringen und umgekehrt. Die Idee von Glaubensschulen, wo der Zugang nur Anhängern einer bestimmten Religion gestattet ist, wird mehr und mehr in Frage gestellt. Zu den höchsten Pflichten für Lehrer gehört es nun, auf eine vereinigte und integrierte Gesellschaft *(inclusive society)* hinzuarbeiten.

Briten nicht verständlich. Der Zwang zu einer Meldepflicht wird außerdem als Beschneidung der persönlichen Freiheit angesehen.

In Großbritannien werden Pässe nicht vom regionalen oder örtlichen Einwohnermeldeamt ausgestellt, sondern von einer zentralen nationalen Meldestelle. Das Fehlen der Meldepflicht führt dazu, dass Menschen besser untertauchen können, wenn sie es denn möchten.

*Wer allerdings als „ordentlicher Bürger" hier leben will, d. h. arbeiten, Steuern zahlen, wählen und in die Kranken- und Rentenkasse einzahlen bzw. Sozialhilfe beziehen, der muss eine **National Insurance Number (NI)** („Nationale Versicherungsnummer") beantragen, ähnlich der „Green Card" in den USA. Briten erhalten diese Nummer automatisch an ihrem 16. Geburtstag.*

*Hierzu muss man als Ausländer seine „Identität" nachweisen. Paradoxerweise wird dafür weder der Personalausweis noch der Pass als schlüssiger Beweis akzeptiert, man muss zusätzlich eine Geburts- bzw. Heiratsurkunde vorlegen und einen **Beleg, dass man in Großbritannien wohnt.** Als ein solcher Beleg dient zum Beispiel eine Stromrechnung oder ein Kontoauszug, auf dem der Name der Person zusammen mit der Adresse angegeben ist. Wer z. B. ein Bankkonto eröffnen möchte, muss daher verschiedene Rechnungen oder Schreiben präsentieren, die seine englische Adresse nachweisen, zum Beispiel ein Schreiben des Arbeitgebers, eine Rechnung oder etwas Ähnliches.*

Wer wählen möchte, muss sich bei der Stadtverwaltung in das „Electoral Register" („Wahlregister") eintragen lassen. Als Ausländer kann man jedoch nur an Regionalwahlen bzw. als Europäer auch an Europawahlen teilnehmen.

„Rule, Britannia!" – Patriotismus

Die Briten sind stolz Briten zu sein. Auch wenn man über viele Dinge murrt und mault, halten doch die meisten Bürger Britannien für die beste Nation der Welt. Zwar belächelt man Amerikaner, die ihrer Flagge salutieren und den Treueid schwören, doch ist man für sich im Stillen durchaus patriotisch. Allerdings gehen Engländer weniger freimütig mit diesen Gefühlen um als z. B. Schotten und Waliser, die eine klarere Vorstellung von ihrer nationalen Identität haben. Als die Regierung kürzlich eine Diskussion darüber anregen wollte, was denn nun **Englishness** sei und nach einem englischen nationalen Motto suchte, erntete sie nur Spott und Hohn. Ironische Vorschläge, die in den Medien auftauchten, waren z. B. „Amerikaner, die das Boot verpasst haben" oder „Wenigstens sind wir nicht französisch".

Bei entsprechender Gelegenheit geht man jedoch auch schon einmal aus sich heraus und lässt seinen Gefühlen freien Lauf. Hier fallen einem die **Fußball-Hooligans** ein, die England beim Besuch von Fußballspielen im Ausland mit ihrer aggressiven Verhaltensweise keine Ehre machen. Wie man weiß, erlebten die Hooligans in den späten 1970er- und frühen 1980er-Jahren eine Blütezeit, als auch die Skinheads und Neonazis auf den Plan traten. Diese Fußballfans fanden in ihrer lokalen Mannschaft so etwas wie eine Stammesidentität. Zu dieser Zeit gab es in England noch keine Saisonkarten, sondern man kaufte Tickets jeweils am selben Tag, wodurch man mobiler war als heute. Die Fans der gegnerischen und der Heimmannschaft gruppierten sich in den gegenüberliegenden Fanblocks, von wo aus man sich gegenseitig hochstachelte. Es wurden Treffpunkte vereinbart, wo man nach dem Spiel randalierte und sich Schlägereien lieferte. Nach dem Unglück von Hillsborough 1989, bei dem 70 Menschen aufgrund einer Massenpanik im Fußballstadium ums Leben kamen, gab es eine Untersuchung der Ursachen, die im *Taylor Report* festgehalten wurden. Dies führte dazu, dass man Stehplätze in Stadien abschaffte, da sie schwerer zu kontrollieren waren als Sitzreihen. Tickets waren von nun an nur noch über die Klubs zu erhalten, sodass gegnerische Fans schwieriger Zugriff hatten bzw. nur Karten für einen abgetrennten Bereich bekamen. Einige der berüchtigsten Hooligans wurden lebenslang aus den Stadien verbannt. In den 1990er-Jahren ebbte das

---

Äußerungen von Patriotismus gehören beispielseise zu Fußballspielen dazu

Phänomen langsam ab. **Nationalistische Gesänge** und **Schlachtrufe** hört man heute nur noch bei internationalen Spielen und dabei schwenkt man nicht den *Union Jack*. Schotten, Waliser und Iren haben ihr eigenes Nationalteam und nutzen daher ihre eigenen Flaggen. Auch Engländer sieht man dann mit dem **Georgskreuz.** Der *Union Jack* tritt immer dann in Erscheinung, wenn ein nationales Ereignis gefeiert wird, wie z. B. das Jubiläum der Königin.

Gesitteter als beim Fußball geht es bei der **„Last Night of the Proms"** zu, die jedes Jahr in den Sommermonaten stattfindet. Die *Proms (Promenade Concerts,* Sommerkonzerte in London) wurden zu Zeiten Königin *Viktorias* von *Henry Wood* ins Leben gerufen, um der armen Bevölkerung klassische Musik nahezubringen. Die letzte Nacht der *Proms* gerät traditionell zu einer Feier der *Britishness,* es wird ein mehr oder weniger festgelegtes Repertoire patriotischer Lieder gespielt. Mitsingen ist ausdrücklich erlaubt und man wird zum Fähnchenschwingen ermutigt. Die Veran-

129

staltung ist ein **unbefangenes Bekenntnis zur Nation.** Im Zuge der Multikulturalisierung hat man allerdings im Jahr 2008 das Programm drastisch geändert, nun war verstärkt ethnische Musik vertreten, nicht mehr nur die traditionellen Klassiker.

Zu den patriotischen Stücken, die hier gespielt werden, gehört z. B. **Land of Hope and Glory.** Dieses Lied wird jeweils als letztes aufgeführt, es hat die **offizielle britische Nationalhymne** „God Save the Queen" verdrängt. Das Stück wurde neben der schottischen Hymne „Scotland the Brave" und der walisischen Hymne „Land of my Fathers" als alternative Nationalhymne für England vorgeschlagen, das bisher keine eigene Hymne hat. Für Engländer gibt es lediglich die bekannte gesamtbritische Hymne „God Save the Queen". Ein weiterer nationaler Klassiker ist **Rule, Britannia!,** das vor 200 Jahren verfasst wurde, um den Sieg der britischen Marine gegen die Franzosen zu zelebrieren.

Eine ganz besondere Stellung nimmt das Lied **„Jerusalem"** ein. *William Blake* schrieb das Gedicht, das 1916 von dem Komponisten *Hubert H. Parry* vertont wurde. Der Text ist von einer Legende inspiriert, nach der der junge *Jesus* angeblich nach England reiste und Glastonbury besuchte. Hierdurch brachte er ein Stück des Himmels nach England. *Blake* beschwor zu Zeiten der Industrialisierung und der *dark satanic mills* (satanischen Textilmühlen) in seinem Gedicht eine Idealvorstellung von diesem paradiesischen England herauf:

„I will not cease from Mental Fight,
Nor shall my sword sleep in my hand,
Till we have built Jerusalem,
In England's green and pleasant Land."

„Ich werde vom geistigen Kampf nicht lassen
Und auch das Schwert in meiner Hand soll nicht ruhen,
Bis wir Jerusalem in Englands
lieblichem grünem Land errichtet haben."

Wenn in der voll besetzten Royal Albert Hall bei der *Last Night of the Proms* dieser Text geschmettert wird, bleibt kein Auge trocken. Auch für Nichtbriten ist das ein beeindruckendes Erlebnis. Angehörige unterschiedlichster Nationalitäten aus der ganzen Welt stimmen in den Chorus mit ein, obwohl sie keine britische, sondern ihre eigene Flagge schwenken. Vielleicht spielt hier ein bisschen Neid mit, dass die Briten so unbekümmert mit einem ernsten Thema umgehen, das an einem anderen Ort vielleicht bedenkliche Ausmaße annehmen würde.

Neue und alte Religionen

Für Briten ist der **Glaube eine persönliche Angelegenheit** und es verstößt gegen den guten Geschmack, Freunde und Kollegen direkt darüber zu befragen. Humorvoll sagt man, Religion sei etwas, dass im „Privaten, mit zustimmenden Erwachsenen besprochen werden sollte". Es gibt ein gewisses Misstrauen gegenüber Menschen, die allzu religiös sind und es verursacht unangenehme Gefühle, wenn jemand im öffentlichen Leben seinen Glauben thematisiert. Es ist unüblich, dass Politiker wie z. B. in Amerika ihre religiöse Überzeugung und ihren Glauben als Basis für ihre Politik anführen. Für Nordiren und Schotten ist die Religion stark mit ihrer Geschichte verbunden und man bezieht durch seinen Glauben auch politisch Stellung. Daher macht man Religion eher nicht zum Thema, um nicht sofort eine Kontroverse zu erzeugen.

Als *Tony Blair* sich 2003 daran machte, Truppen in den Irak zu senden, wollte er als gläubiger Christ die Rede mit den Worten *„God bless"* („Gott segne Euch") beenden. Sein Ghostwriter *Alistair Campbell* sprach sich jedoch mit dem Argument dagegen aus, dass die Briten nicht mit Gott hausieren gehen: **„We don't do god."** Dies entspricht den Gefühlen der Mehrheit der Briten. Der jetzige Premier *Gordon Brown,* Sohn eines presbyterianischen Pfarrers, verbirgt seine Überzeugung hinter Umschreibungen wie „moralischer Kompass" und „Kernwerte". Anders als Schotten oder Iren, die sich zu ihrer Religion offen bekennen, wird ein höflicher Engländer in einer Unterhaltung das Thema Religion nicht erwähnen und er wird schon gar nicht missionieren.

Staat und Kirche – oder gar nicht gläubig?

Immer weniger Briten gehören heute einer **Konfession** an, etwa 20 % der Bevölkerung sind sogar Atheisten. Während die meisten angeben, gläubig zu sein, besuchen nur 5 % regelmäßig die Kirche. Obwohl Britannien aufgrund der anglikanischen Staatsreligion ein überwiegend protestantisches Land ist, gab und gibt es hier durch Einwanderer aus Irland und heute aus Osteuropa stets auch einen großen Anteil an Katholiken. Die muslimischen Glaubensgemeinschaften übertreffen beide in ihren Mitgliederzahlen.

Für ein Land, das mit Gott nicht hausieren geht, ist es dann wiederum untypisch, dass im politischen System **Staat und Kirche nicht getrennt** sind. Dies hat mit dem besonderen Status der anglikanischen Kirche zu tun, die ihr Oberhaupt im englischen Monarchen hat, der ja gleichzeitig auch das Staatsoberhaupt ist.

Als *Tony Blair* Premierminister war, hielt er seinen katholischen Glauben weitgehend im Hintergrund, erst nach seinem Rücktritt wurde dieser in der Presse öffentlich diskutiert. Obwohl es nirgendwo in der Verfassung festgelegt ist, dass ein Premierminister nicht katholisch sein darf (dies trifft lediglich auf den Monarchen zu), wird es dennoch nicht gern gesehen und ist ein ungeschriebenes Tabu.

Hin und wieder tritt die Religion in den Vordergrund, insbesondere, wenn kontroverse Themen wie Embryonenforschung oder Schwangerschaftsabbruch diskutiert werden. Die fundamentalistisch-religiöse Debatte, die durch die Diskussion dieser Themen entstanden war, hat eine Gegenbewegung auf den Plan gerufen. Diese **fundamentalistischen Atheisten,** zu denen u. a. auch die Wissenschaftler *Richard Dawkins* und *Christopher Hitchens* gehören, verteidigen ebenso nachdrücklich ihr Feld wie die Gottesgläubigen. *Dawkins* ist seit Jahren ein Streiter gegen die Dogmen der Religion und hat viele Bücher veröffentlicht, wie z. B. „The God Delusion", 2006, auf deutsch „Der Gotteswahn". *Hitchens* schrieb u. a. *„God is not Great"* („Der Herr ist kein Hirte"), 2007. Sie arbeiten mit Organisationen wie der *British Humanist Association* und der *NSS – National Secular Society* zusammen gegen das Wiederaufleben einer aus ihrer Sicht irrationalen Weltanschauung. Die *British Humanist Association* wendet sich **gegen Glaubensschulen** (*„Faith Schools",* siehe auch das Kap. „Elite oder Volksbildung?") und organisiert u. a. jedes Jahr im Februar Darwin-Vorlesungen. *Richard Dawkins* initiierte im Jahr 2008 eine Werbeaktion auf Bussen, die inzwischen durch ganz England fahren. Es wurden Banner angebracht, die besagten: *„There is probably no god, now stop worrying and enjoy your life"* („Es gibt wahrscheinlich keinen Gott, also hört auf, Euch Sorgen zu machen und genießt Euer Leben").

Außer in wenigen Gemeinden der Freien Kirchen und in den muslimischen Gemeinden, gehen sowohl die **Kirchenzugehörigkeit** als auch die Gottesdienstbesuche bei den übrigen Konfessionen in Britannien stetig zurück, sodass man davon ausgeht, dass die Zahl der Angehörigen des anglikanischen Glaubens im Jahr 2050 auf etwa eine Million geschrumpft sein wird. Angesichts der 3 Millionen Muslime, die es in England gibt, stellt sich die Frage, ob die anglikanische Kirche, vertreten durch 26 Bischöfe im *House of Lords* und der Queen als höchstem Oberhaupt, dann noch einen Anspruch darauf erheben kann, die etablierte Staatsreligion zu sein.

Ein alter Kirchenfriedhof

Church of England – die anglikanische Kirche

Die gängige Einstellung ist, dass man der *Church of England,* abgekürzt „C of E", angehören kann, ohne ein praktizierender Gläubiger zu sein. Man witzelt darüber, dass die *Church of England* eine Kirche ist, die für fast alle Menschen etwas bietet: für die, die glauben, für die, die an irgendetwas anderes glauben und für die, die an überhaupt nichts glauben.

039gb Foto: nh

Da die anglikanische Kirche durch eine Abspaltung von der römisch-katholischen Kirche entstanden war, ist sie **dem katholischen Glauben sehr nah** geblieben. Der frühere Bischof von Durham, *David Jenkins,* gab jedoch z. B. in den 1980er-Jahren öffentlich zu verstehen, dass er nicht an die jungfräuliche Geburt *Jesu* glaube. Die Reaktion hierauf war gedämpft. Es gab zwar Kritik von einigen konservativeren Anhängern, aber die meisten fanden, dass er lediglich eine Meinung formulierte, der die britische Mehrheit ohnehin zustimmen würde. (*Jenkins* ist ein Freidenker, er hat im Jahr 2005 als einer der ersten eine Heirat zwischen zwei Gleichgeschlechtlichen gesegnet.) Heute ist die anglikanische Kirche eine Zuflucht für diejenigen, die zwar in gewissem Sinne spirituell sind, also an die Existenz eines höheren Wesens glauben, aber weder das eine noch das andere Extrem verfechten. Dies steht durchaus im Einklang mit dem herrschenden Nationalgefühl, man kann daher die anglikanische Kirche als **urbritisch in ihrer Konzeption** bezeichnen.

Heutzutage ist die anglikanische Kirche aufgespalten in verschiedene Gemeinschaften, deren Glaubenspraktiken sich teilweise stark voneinander unterscheiden. Der traditionellen *High Church,* deren komplizierte Rituale „katholischer sind als bei den Katholiken", steht die sogenannte *Low Church* entgegen mit eher nüchternen Gottesdiensten, die sich stärker an protestantischen Traditionen ausrichtet.

Um den Rückgang der Kirchenzugehörigkeit und der Kirchenbesuche sowie die Schließung von Gotteshäusern zu stoppen, hat man versucht, Gottesdienste zu modernisieren, die Jugendarbeit zu verstärken und 1994 zum ersten Mal Frauen für das Priesteramt zuzulassen. Vor Kurzem hat der

Die Reformation und ihre Nachwirkungen

*Im Mittelalter galten die britischen Inseln als eine der ergebensten Gegenden des katholischen Europas. Als auf dem Kontinent die Reformation ausbrach, schrieb der Berater Heinrichs VIII., Sir Thomas Moore, ein **Pamphlet zur Verteidigung der katholischen Kirche**. Dies kam in Rom so gut an, dass Heinrich VIII. den Titel „Fide Defensor" erhielt, „Verteidiger des Glaubens". Noch heute wird die Abkürzung dieses Titels, „FD", auf den britischen Münzen abgedruckt. Als Heinrich VIII. sich einige Jahre später vom Papst lossagte und sich selbst zum britischen Kirchenoberhaupt ernannte, stahl er die Besitztümer der Kirche, löste die Abteien auf und eignete sich deren Ländereien an (etwa ein Drittel des gesamten Landbesitzes in England) - dennoch bezeichnete er sich weiterhin als überzeugter Katholik. Heinrich VIII. hinterließ seinem Sohn und seinen Töchtern das schwierige Erbe, die Konsequenzen aus seinen Handlungen auszubaden. Erst **Elizabeth I.** fand während ihrer langen Regierungszeit eine dauerhafte Lösung für das Problem. Wie so oft in der englischen Geschichte bildete ein kompliziert ausgearbeiteter Kompromiss die tolerante Basis. Elizabeth I. hatte kein Interesse daran, sich in die Glaubensbelange der Menschen einzumischen. Es genügte ihr, dass jeder sich an dieselbe Kirchenliturgie hielt, die eine Mischung aus katholischen und protestantischen Ritualen darstellte. Trotz einigenWiderstandes aus extremistischen Lagern beider Seiten funktionierte das System und so entwickelte sich hieraus die anglikanische Kirche von heute.*

*Ein Grundpfeiler des elisabethanischen Kompromisses war, dass sie als **Königin selbst das Kirchenoberhaupt** verkörperte und es somit eine Bindung des Staates an die Kirche gab. Als Oberhaupt der anglikanischen Kirche ist es keinem britischen Monarchen erlaubt, dem katholischen Glauben anzugehören oder einen Katholiken/eine Katholikin zu heiraten. Würde der Thronerbe/die Thronerbin einen Katholiken heiraten, würde dadurch der Anspruch auf den Thron automatisch erlöschen.*

*Von 1562 bis 1829 wurden Katholiken, die ihrem Glauben nicht abschwören wollten, mit Gefängnis oder Geldbußen bestraft - oder sie wurden gleich hingerichtet. Im Jahr 1829 wurde dann der **Emancipation Act** erlassen, ein Gesetz, dass den Katholiken in Großbritannien und Irland wieder alle Bürgerrechte einräumte. Ab 1840 sorgten die Masseneinwanderungen von katholischen Iren, die aufgrund der Hungersnot ihr Land verließen, für eine Erneuerung und Aufstockung der katholischen Glaubensgemeinde.*

Erzbischof von Canterbury (das offizielle Oberhaupt der anglikanischen Bischöfe) kontroverse Diskussionen mit dem Vorschlag ausgelöst, man solle auch Homosexuelle für das Priesteramt zulassen. Dies hat zu einem ideologischen Riss in der anglikanischen Kirche geführt, der so weit geht, dass die konservativere Fraktion vorschlug, man solle sich abspalten und wieder mehr zur katholischen Kirche hin orientieren. So wird nun ernsthaft eine **Spaltung der Lager** in zwei verschiedene Kirchenverbände diskutiert, d. h. einen konservativen und einen eher liberalen Sektor. Bisher ist man noch zu keiner zufriedenstellenden Lösung

gelangt. Falls es nicht zu einer Aufspaltung kommt, muss wohl wieder einmal ein Glaubenskompromiss gefunden werden.

Auch in den **USA und Afrika** gibt es Gemeinden der anglikanischen Kirche. Der amerikanische Zweig der Kirche ist wesentlich radikaler und moderner als der britische, während die afrikanische Kirche sehr viel konservativer ist und sich beispielsweise offen gegen Homosexualität ausspricht.

Die freien Kirchen und andere Glaubensrichtungen

Während den etablierten Kirchen die Mitglieder weglaufen, erfreuen sich die unabhängigen protestantischen Kirchen immer größerer Beliebtheit. Dies umfasst **die puritanischen Glaubensverbände,** die sich im 17. und 18. Jh. von der anglikanischen Mutterkirche lossagten, da ihnen die Reformation nicht weit genug ging. Dazu gehören z. B. die Methodisten, Unitaristen, Baptisten und die Pfingstgemeinden *(Pentecostalists)*. Die zweithöchste Mitgliedszahl haben die Methodisten mit etwa 350.000 Gläubi-

Kreuzgänge in der Kathedrale von Salisbury

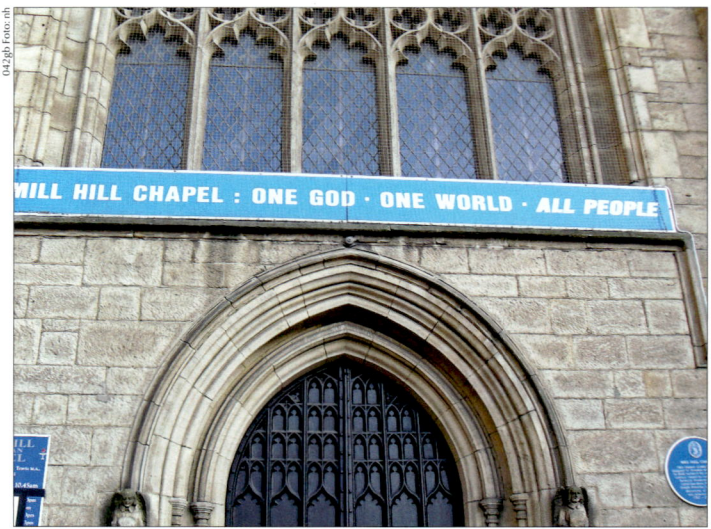

gen. Den stärksten Zuwachs unter diesen Glaubensgemeinschaften verzeichnet heute die **Pfingstgemeinde,** vor allem unter der farbigen Bevölkerung karibischer Abstammung in London und anderen britischen Großstädten. Die Gottesdienste basieren auf dem Evangelium, sind lebhaft, farbenfroh, evangelistisch (d. h., der Schwerpunkt liegt auf der persönlichen Glaubenserfahrung der Bekehrung) und stellen für viele eine erfrischende Alternative zu den förmlichen Zusammenkünften der traditionellen Kirchen dar.

Außerdem gibt es in Großbritannien etwa 559.000 Hindus. Eine Form des **Hinduismus** ist der Sikhismus, auf den Inseln finden sich etwa 336.000 Anhänger dieser Glaubensrichtung. Hindus und Sikhs zelebrieren gemeinsam Ende Oktober/Anfang November zu Neumond das Diwali-Fest. Beim Fest des Lichtes, wie *Diwali* auch genannt wird, feiert man den Sieg des Guten über das Böse. Es bietet ein farbenfrohes Spektakel mit Musik, Paraden und anderen Aktivitäten.

Gotteshaus einer unitaristischen Gemeinde

Quäker und Shaker

Die Freien Gemeinden wurden bereits seit ihrer Gründung als freidenke-risch angesehen und waren in den frühen Jahren aus religiöser und po-litischer Sicht sehr **non-konformistisch.** *Die ältesten dieser Freien Kir-chen entstanden während oder kurz nach der Reformation. Sie bauten ihre Ideologie auf den zentralen Ideen Martin Luthers auf, nämlich dass jeder die Bibel selbst lesen können sollte. Einige dieser Sekten waren aus religiöser und politischer Sicht allzu radikal und konnten sich daher nicht bewähren, wie z. B. die „Grindeltonians", „Familists", „Seekers", „Millerites" und „Rappites".*

Unter denen, die überlebten, waren die **Quäker,** *die heute noch relativ stark im Norden und Westen Britanniens vertreten sind (etwa 25.000 Mitglieder) und sich durch Emigration auch in den USA etablierten.*

Die radikalen Ideologien der Dissidenten hatten durchaus einen Ein-fluss auf die Politik der damaligen Zeit, vor allem auf die der linksge-richteten Parteien im England und Wales des 19. Jh. Harold Wilson (Pre-mierminister von 1964-1970 und 1970-1976) sagte, „dass die Labour-Partei dem Methodismus mehr verdankt als dem Marxismus". Die Quä-ker waren z. B. auch stark in die Bewegung gegen die Abschaffung des Sklavenhandels im Jahr 1807 involviert.

Die **Shaker,** *die im Jahre 1747 aus einer Abspaltung von den Quäkern entstanden, sind heute vor allem wegen ihrer Zimmermannskunst be-kannt bzw. wegen des Designs ihrer Möbel und Inneneinrichtungen. Die Shaker befürworteten das Gemeineigentum und ein Leben in der Kom-mune. Familien teilten sich ein Haus, in dem die Geschlechter getrennt voneinander in Zölibat und Askese lebten. Kinder wurden nicht gezeugt, sondern adoptiert. Objekten im Haus kam vor allem eine Funktion zu und Dekoration war zweitrangig. Bereits im Jahre 1774 emigrierten die Gründer der Sekte in die USA, dort florierte die Gemeinschaft. Bei der Herstellung der Gebrauchs- und Haushaltsgegenstände nahm man hier die Besonderheiten der Volkskunst in der jeweiligen Region in das Design mit auf. Der nüchterne saubere Stil der Gegenstände wird daher entwe-der als Shaker-Stil oder auch als Neuengland-Stil bezeichnet.*

Church of Scotland – die schottische Kirche

Die schottische Kirche wurde im Tumult der Reformation in Schottland im Jahr 1560 von *John Knox* (1510–1572) gegründet, der behauptete, Gott habe direkt mit ihm gesprochen. Daraus leitete er ab, dass die angebliche Stellvertreterin Gottes auf Erden, die schottische Königin *Maria* (*Mary of Guise,* die Frau von *Jakob V.* und Mutter von *Mary Stuart*), kein Monopol auf die Kommunikation mit Gott hatte. *Knox* folgte den Lehren *Calvins* und förderte damit den schottischen, am Calvinismus orientierten **Presbyterianismus,** der noch heute die vorherrschende Konfession in Schottland ist. Die Presbyterianer hatten ihre Blütezeit im 16. und 17. Jh., sie propagierten demokratische Ideen. Die Kirche sollte durch eine gewählte Versammlung der örtlichen Kirchengemeinden verwaltet werden, anstatt von Pfarrern, die von der Kirche eingesetzt wurden. Bereits wesentlich früher als in den anglikanischen Kirchen von England (1992) und Wales (1973) durften hier seit 1968 auch Frauen gewählt werden. Es gibt heute ungefähr 500.000 Mitglieder in der *Church of Scotland* in Großbritannien, wobei die Anzahl der Pfarrer wächst.

Katholizismus

Neben der anglikanischen Kirche ist die katholische Religion die zweitgrößte in Britannien, mit etwa einer Million aktiven Gläubigen und 2 bis 3 Millionen sogenannten „erloschenen Mitgliedern", die nicht regelmäßig einen Gottesdienst besuchen. Seit Beginn des 21. Jh. ist wieder ein Zuwachs an Katholiken festzustellen. Dies hat z. T. damit zu tun, dass viele Zuwanderer aus dem „Neuen Europa", wie z. B. Polen, Katholiken sind.

Traditionell waren die meisten britischen Katholiken **Abkommen irischer Einwanderer** und gehörten zur Arbeiterklasse. Die irischen Immigranten siedelten vor allem im Norden und Westen der Insel, z. B. in Glasgow und Liverpool. In diesen beiden Städten gibt es die stärkste Trennung zwischen Protestanten und Katholiken, vergleichbar mit der in nordirischen Städten wie Belfast. In Glasgow bestimmt die Religionszugehörigkeit, welches Fußballteam man unterstützt, die *Rangers* oder *Celtic.* Die *Rangers* sind aufs Schärfste protestantisch, wogegen *Celtic* seine Anhänger unter den schottischen und irischen Katholiken rekrutiert.

Der Kirche mangelt es an Anwärtern für das Priesteramt. Das **Problem des Nachwuchses** ist in Nordirland ebenso wie in der Irischen Republik besonders groß, wo für zehn austretende Priester nur jeweils ein neuer rekrutiert wird. Hierfür werden verschiedene Gründe angeführt, z. B. die Notwendigkeit des Zölibats, dem sich heute noch kaum jemand unterwerfen will, und die Skandale der 1990er-Jahre über Kindesmissbrauch in der Kirche.

Anders als in Deutschland, wo religiöse Politiker eher den Christdemokraten angehören würden, gibt es in Britannien viele katholische Politiker, die **Mitglieder der Labour-Partei** sind. Die Kirchenzugehörigkeit führt hin und wieder zu moralischen Konflikten und Befangenheit. Die Labour-Politik ist gegenüber dem Schwangerschaftsabbruch liberal eingestellt, während gläubige Katholiken dem nicht zustimmen können. Sozialistische Ideale lassen sich ebenfalls nicht immer mit den konservativen moralischen Werten der katholischen Kirche in Einklang bringen. Bei Befangenheit können sich die Politiker einer Abstimmung enthalten.

Jüdischer Glaube

Auch in Britannien war die Geschichte der Juden im Wesentlichen eine Leidensgeschichte, so wie in vielen anderen Teilen Europas. Die ersten Juden ließen sich im Mittelalter auf den Inseln nieder, sie übernahmen die Funktion von Bankiers und versorgten den König sowie die Geschäftsleute mit Geld.

Auch in Britannien gab es **Judenpogrome** (da man die Juden als Mörder *Christi* ansah), z.B. als Akt der Absolution für die Kreuzritter vor dem Beginn eines Kreuzzuges. Die Juden von York erlitten im Jahr 1190 ein schreckliches Schicksal: Sie wurden in einen Turm der Stadtmauer gedrängt und bei lebendigem Leib vom Pöbel verbrannt. 1290 ließ *Edward I.* 280 Juden in London hängen, da sie angeblich Geld gefälscht hatten. Noch im selben Jahr verwies er alle Juden des Landes. Wer zurückblieb, wurde mit dem Tode bestraft.

Im Jahr 1655 reichte ein Rabbi aus einer Amsterdamer Gemeinde bei *Oliver Cromwell* eine Petition ein, um zu erreichen, dass wieder Juden nach England einreisen dürfen. 1656 erlaubte *Cromwell* einer kleinen Gemeinde von spanischen und portugiesischen Juden, sich in London niederzulassen. Sie gewannen in der City of London großen Einfluss.

Im 19. Jh. flohen viele Juden vor der Verfolgung in Russland nach England und ließen sich im Londoner Ostend und den Städten im Norden nieder, wo sich die stoffverarbeitenden Manufakturen befanden. So hatte z.B. Leeds eine große jüdische Gemeinde.

Oft lebten Juden am Rande der Gesellschaft und mussten als **Sündenbock** für alle möglichen sozialen Probleme herhalten. Zu viktorianischen Zeiten entwickelte sich daher eine entstellte Karikatur des Juden, am besten verdeutlicht in der Gestalt des *Fagin* in *Dickens'* „Oliver Twist": ein habgieriger Halbkrimineller, der in einer Unterwelt des Schmutzes und der Armut lebt. Britannien muss sich daher eingestehen, an der Entwicklung von Vorurteilen gegenüber Juden auch einen gewissen Anteil gehabt zu haben. Doch im Dritten Reich waren es jedoch vor allem die angelsächsischen Kulturen, die den Juden Schutz vor der nationalsozialistischen Verfolgung boten.

Heutzutage gibt es etwa 280.000 Juden in Britannien, d. h. **eine der größten Gemeinden in Europa.** Die meisten leben in London oder im englischen Süden. Die britischen Juden werden durch das *Board of Deputies of British Jews* repräsentiert, das 1760 als ein Diskussionsforum gegründet wurde. Der *Chief Rabbi,* derzeit ist das *Jonathon Sachs,* wurde erst kürzlich zu einer der einflussreichsten Persönlichkeiten in Britannien gewählt. Das Ausmaß jüdischer Integration kann man am besten daran messen, dass jüdische Herkunft nicht zum Thema gemacht wird. Die Vorurteile von einst finden heute nur noch im extrem rechtsgerichteten politischen Spektrum Resonanz – und dies ist quasi unbedeutend.

Antisemitische Angriffe auf jüdische Friedhöfe und Synagogen kommen heute aus einem ganz anderen Lager, nämlich dem der islamistischen Fundamentalisten. Der Auslöser hierfür ist der Konflikt Israels mit Palästina. Öffentliche Stimmen halten sich bei diesem Thema in sehr diplomatischer Weise zurück, da man nicht in ein Minenfeld treten will. Auf einer islamistischen Internetseite wurde jedoch nach dem Ausbruch der gewalttätigen Auseinandersetzungen zwischen Israel und der Hamas im Gazastreifen im Winter 2008 eine „Abschussliste" für prominente englische Juden veröffentlicht.

Diskussionsthema Islam

Ungefähr 3 % der Bevölkerung in Britannien gehört dem muslimischen Glauben an. Dies ist eine Mischung von Einwanderern der ersten, zweiten und dritten Generation. Ein Teil davon ist vollständig in der britischen Bevölkerung aufgegangen. Die weniger strenggläubigen Muslime unterscheiden sich durch Kleidung und Sprache kaum vom Rest der Bürger. Vertreter des orthodoxen Glaubens und Muslime, die gerade erst eingewandert sind, halten normalerweise an ihrer traditionellen Kultur und Kleidung fest. In den verschiedenen Generationen gibt es durchaus Immigranten, die kein Englisch sprechen. Leider sind das oft die Frauen, die am öffentlichen Leben nicht teilnehmen.

Die **erste muslimische Einwanderungswelle** nach Britannien gab es aus Pakistan, Bangladesh und Indien in den 1960er- und 1970er-Jahren. Andere zogen aus Südwestasien, Malaysia und Indonesien zu. Einwande-

rer aus afrikanischen Ländern, wie z. B. Nigeria, leben vor allem in London und anderen Großstädten. In neuerer Zeit sind auch Muslime aus Bosnien und dem Kosovo hinzugekommen. Seit dem Irakkrieg und dem somalischen Bürgerkrieg gibt es auch eine verstärkte Immigration aus Kurdistan, Somalia und Afghanistan.

Die vielen verschiedenen ethnischen Gruppen üben eine Reihe von unterschiedlichen Glaubenspraktiken aus. Frauen tragen unterschiedliche Grade von Kopf- und Körperbedeckung. Die **volle Glaubensfreiheit** hat auch einige radikale Muslime ins Land gebracht.

Das Verhältnis zwischen Briten und der muslimischen Gemeinde ist seit dem Irakkrieg und den Auseinandersetzungen in Afghanistan angespannt. Hier spielt sicher auch eine Rolle, dass sich die britische Regierung im Krieg auf die Seite der Amerikaner stellte, was man ihr bis heute nicht verziehen hat. **Terroranschläge** seit dem 7. Juli 2005 in London haben dazu geführt, dass die Briten Muslime mit Argwohn betrachten – es stellt sich keine rechte Annäherung ein. Muslime erhalten aufgrund der konfliktge-

Eine muslimische Frau in Britannien

ladenen Situation sehr viel mehr Aufmerksamkeit in den Medien, als andere religiöse und ethnische Bevölkerungsgruppen. Im Grunde besteht sehr viel Unwissenheit über den Islam seine Glaubensrichtungen und Praktiken. Daher wird oft verallgemeinert, wodurch sich viele Muslime angegriffen fühlen. Politiker versuchen, zwischen den verschiedenen Gruppen zu differenzieren und nicht alle über einen Kamm zu scheren. Man ist sich bewusst, dass diejenigen, die Terrorismus schüren, in der Minderheit sind, und erwartet, dass die muslimischen Gemeinden hierzu untereinander Stellung beziehen – leider findet dies oft nicht statt.

Mit der Kritik über die **Rolle der Frau in muslimischen Gemeinden** ist man sehr zurückhaltend. Im Jahr 2001 machte *Anne Cryer, MP (Member of Parliament)* für Keighley in West Yorkshire darauf aufmerksam, dass jedes Jahr etwa 300 junge Mädchen, einige sogar erst 12 Jahre alt, nach Pakistan verkauft und verschleppt würden. Dort werden sie zwangsverheiratet und dann nach Britannien zurückgeschickt, um als britische Staatsbürgerinnen Pässe für ihre Männer zu beantragen. Zur Erschwerung und möglichst Verhinderung dieser Praktiken hat man nun eine neue Regelung eingeführt: In Zukunft muss für jedes Mädchen, das zur Heirat außer Landes reist, ein Visum beantragt werden, auf dem angegeben wird, dass bei der Rückkehr ein Ehepartner mit einreist. Der Name des zukünftigen Gatten muss auf dem Visum angegeben werden. Außerdem ist das Alter für einreisende Ehepartner auf 21 Jahre hochgesetzt worden. Die Partner müssen außerdem Englisch sprechen oder spätestens nach sechs Monaten im Land einen Englischkurs belegen.

Eliteförderung oder Volksbildung?

Im Bereich Bildungspolitik gibt es einen **ideologischen Kampf auf parteipolitischer Ebene,** den jeweils die Regierung und die Opposition bestreiten. Als *Tony Blair* mit *New Labour* 1997 an die Macht kam, propagierte er den Slogan „Ausbildung, Ausbildung, Ausbildung" *(Education, Education, Education)* – in Anlehnung an das Motto *Lenins* „Lernen, lernen und nochmals lernen". Bei *Blairs* Ansatz wurde der Reformierung des Bildungssystems und dem Konzept des Lebenslangen Lernens besondere Bedeutung beigemessen. Letzlich hat jede Regierung in den letzten 40 Jahren versprochen, die Ausbildungssituation zu verbessern. Es vergeht kaum ein Tag, an dem nicht in den Nachrichten irgendetwas am Bildungssystem bemängelt wird oder Verbesserungsvorschläge gemacht werden. Wie ihre Vorgänger hat *New Labour* bis heute jedoch keine durchschlagenden Erfolge im Bildungssektor zu verzeichnen.

Ausbildungsmodelle

Das Bildungssystem in England ist organisch gewachsen und wurde nie logisch strukturiert, daher erscheint es Außenstehenden und leider auch vielen Einheimischen relativ konfus. Die Vielfalt der Institutionen macht das System komplizierter und es ist schwierig, einen einheitlichen Ausbildungsstandard festzulegen.

Ein grundsätzlicher Unterschied zum deutschen System ist, dass man in England auf mehreren unterschiedlichen Wegen zum selben Ziel kommen kann. Es gibt für alle Klassenstufen staatliche und vom Staat unabhängig geführte Schulen.

Die **Public Schools,** „Privatschulen", gehören zu den ältesten Einrichtungen des Landes und haben Wohltätigkeitsstatus. (Siehe auch das Kap. „Privatschulen und Eliteuniversitäten".) Auch die **Independent Schools,** die unabhängigen privaten Schulen, sind nicht vom Staat kontrolliert. In diese Sparte gehören ebenfalls die **Faith Schools** (meist private „Glaubensschulen", die von bestimmten Religionsgruppen geführt und gefördert werden), die sich selbst verwalten und komplett selbst finanzieren. Alle diese Schulen bieten verschiedene Bildungsstufen an.

Während man in Deutschland z. B. zuerst die Grundschule und dann entweder die Haupt-, die Realschule, das Gymnasium oder die Gesamtschule besucht und normalerweise dort von der 5. bis zur 10. bzw. 13. Klasse bleibt, gibt es in England mehr Mobilität zwischen den verschiedenen Schulformen. So könnte man beispielsweise die staatliche **Vorschule** besuchen und dann die staatliche **Grundschule** oder eine private **Prep-School** (*Preparatory Schools,* d. h. Vorbereitungsschule für die *Public Schools*). Danach kann man beliebig auf eine private oder staatliche Schule, entweder **Grammar Schools** (staatliches oder privates Gymnasium) oder **Comprehensive Schools** (staatliche Gesamtschule) wechseln und dort bis zum Abschluss bleiben oder wahlweise die Oberstufe auf einem **Sixth Form College** (private Sekundarstufenschule) absolvieren. Weiterhin gibt es die **City Academies,** die aus ehemaligen Gesamtschulen entstanden sind. Diese werden vom Staat geführt, aber teils staatlich und teils privat finanziert und haben sich auf Wissenschaften, Technologie oder Mathematik spezialisiert.

Public Schools und *Grammar Schools* (staatlich und nicht-staatlich) fordern Einstellungstests – sind also **selektiv** – während andere Schulen wie *Comprehensive Schools* oder *Sixth Forms* **nicht-selektiv** sind oder andere Aufnahmekriterien haben.

Auch bei den **Universitäten** wird in selektive und nicht-selektive unterschieden. Zudem gibt es berufsbezogene Fachhochschulen und polytechnische Schulen. (Siehe auch das Kap. „Privatschulen und Eliteuniversitäten".) In vielen *Public Schools* (das sind übrigens oft Internate) und *Grammar Schools* wird **nach Geschlechtern getrennt** unterrichtet, bei manchen bereits in der Unterstufe, bei den meisten jedoch erst ab der Oberstufe.

Bildungsstandard auf dem Prüfstand

Der Standard in den öffentlichen Lehranstalten fällt beständig, obwohl die Prüfungsergebnisse paradoxerweise immer besser werden. Laut Kritikern seien die Ergebnisse nur deshalb so gut, weil die Prüfungsanforderungen von Jahr zu Jahr heruntergeschraubt werden, d. h. an den niedrigen Wissensstand der Schüler angepasst werden.

Im internationalen Vergleich schneidet Großbritannien nicht besonders gut ab. Das **Allgemeinwissen** der 13- bis 14-Jährigen liegt weit hinter dem Standard in anderen europäischen Ländern. Laut *Ofsted (Office for Standards in Education)* verließen im Jahr 2005 angeblich fast 50 % aller Kinder die Grundschule, ohne richtig Lesen, Schreiben und Rechnen zu können. Diese Kinder werden jedoch trotzdem in die staatlichen, nicht-selektiven Sekundarstufen (*Comprehensive Schools* oder *Sixth Form Colleges*) übernommen. Insbesondere in den Fächern Englisch und Mathematik ist ein deutliches **Absinken der Qualifikation** in späteren Schuljahren zu bemerken.

Immer weniger junge Menschen halten den **Lehrerberuf** für attraktiv, auch da den Lehrern oft die Schuld für das Versagen der Schüler gegeben wird. Es gibt keine Verbeamtung und Junglehrer verdienen oft sehr wenig, hier findet sich ebenfalls kein Anreiz, diesen Beruf zu ergreifen. Lehrer werden vom Staat in ihrer Autorität beschnitten und es ist nicht mehr möglich, aufsässige Schüler in irgendeiner Weise effizient zu maßregeln oder zu kontrollieren oder diese gar der Schule zu verweisen.

Jedes Jahr werden in den Zeitungen sogenannte **„League Tables"** veröffentlicht, wo Schulen je nach akademischen Erfolgen aufgelistet und bewertet werden. Eltern versuchen verzweifelt, ihre Kinder in den besten Lehranstalten unterzubringen. Die für „gut" befundenen Schulen sind daher überfüllt, während in den schlechten Schulen der Standard immer weiter sinkt. Daher ist die Regierung nun dazu übergegangen, Schulplätze je nach Wohnort zuzuteilen. Jede Schule hat einen Einzugsbereich (*catchment area*) von ungefähr fünf Meilen. Wer immer es sich leisten kann, zieht in den Einzugsbereich einer guten Schule oder schickt sein Kind in eine private Lehranstalt. Letztere werben damit, dass in den privaten Schulen Tradition und Disziplin durchgesetzt werden und man gute Prüfungsergebnisse schon aufgrund der kleineren Klassengröße erzielt. Viele Eltern nehmen daher ihre Sprösslinge gänzlich aus dem öffentlichen Schulsystem heraus: Diese Kinder beginnen ihre Ausbilung nicht in einer staatlichen Vor- oder Grundschule, sondern besuchen die *Prep-Schools* oder werden sogar zu Hause unterrichtet.

Independent Schools halten jedoch nicht immer, was sie versprechen, und schneiden im Vergleich mit staatlichen *Grammar Schools* oft schlechter ab. Eine unabhängige Schule ist von den Schulgeldern und Spenden der Eltern abhängig und nimmt unter Umständen auch Schüler auf, die den Anforderungen an den Bildungsstandard nicht ganz genügen.

Die Labour-Regierung hat Mittelschichtseltern kritisiert und angeklagt, ihr Geld dazu zu benutzen **Klassenunterschiede** zu fördern, was „sozial auseinandertreibend" wirke. Ärgerlicherweise schicken viele dieser Kritiker ihre Kinder ebenfalls auf Privatschulen. Das Ideal wäre, dass wo immer man wohnt, man sein Kind in eine der vielen benachbarten Schulen schicken kann und überall denselben Standard erhält. Leider ist es nach wie vor unerreicht.

Schulalltag

Britische Kinder verbringen im Schnitt wesentlich mehr Zeit in der Schule als deutsche Kinder, da die **Nachmittagsschule** üblich ist. Der Unterricht dauert von 9 Uhr bis 16 Uhr. Auch das Mittagessen wird in der Schule bzw. in der **Schulkantine** eingenommen. Schüler tragen in den meisten Schulen **Schuluniformen,** die je nach Schule verschieden sind. In den *Public Schools,* die sehr viel Wert auf Tradition legen, beginnt und endet der Schulalltag mit einem **Gebet** in der Kapelle und teilweise mit Gesang. Auch in anderen Schulen findet oft noch eine **Morgenversammlung** vor Beginn des Unterrichts statt, die jedoch nicht unbedingt religiöser Natur sein muss.

Die Kinder werden wesentlich früher zum Lernen angehalten als in anderen europäischen Ländern: Im Alter von drei Jahren kommt man in die Vorschule (wo bereits die Grundlagen des Alphabets und einfaches Rechnen vermittelt werden), mit fünf Jahren geht es in die Grundschule und dann mit elf in die Sekundarstufe. In den *Preparatory Schools* beginnt man mit vier Jahren und macht die Aufnahmeprüfung für das College mit 13 Jahren. Das *GCSE (General Certificate of Secondary Education),* das mit 16 Jahren abgelegt wird, ist vergleichbar mit dem **Realschulabschluss** in Deutschland. Das College bzw. die Oberstufe wird im Alter von ca. 18 Jahren mit den sogenannten *A-Levels (General Certificate of Education at Advanced Level)* abgeschlossen.

Britische Kinder werden in der Schule mehr und öfter getestet als andere junge Europäer, damit bestimmte Quoten erfüllt werden können (dies ist natürlich unabhängig von den Hausaufgaben, die nach der Schule noch erledigt werden müssen). Anhand dieser **Tests** stellt man den Bildungsstandard fest und die Schulen werden in die oben erwähnten *League Tables* eingestuft. Dies führt zu einer Überlastung nicht nur der Kinder, sondern auch der Lehrkräfte.

... und bei den britischen Nachbarn?

Das Schulsystem in **Wales** entspricht dem in England. **Schottland,** das von der Kontrolle Londons unabhängig ist, beruft sich seit Jahren auf die Überlegenheit seines Erziehungssystems. Auch hier gibt es einige alteingesessene Lehranstalten, die zu den ältesten in ganz Europa gehören. Da England und Schottland lange Zeit politisch nicht zusammengehörten, haben sich hier die Schulsysteme unterschiedlich entwickelt. Als es in England und Wales schon längst Privatschulen gab, gingen die schottischen Mittelschichtskinder noch mit den Arbeiterkindern zusammen in dieselbe Schule. Heute basiert daher das staatliche Schulsystem Schottlands auf dem Konzept von **Gesamtschulen** und ist nicht-selektiv. Die wenigen *Public Schools,* die es hier gibt, sind zwar staatlich organisiert, haben aber trotzdem Wohltätigkeitsstatus, sodass sie steuerlich entlastet werden.

In **Nordirland** sind Schulen auch heute noch fast ausschließlich nach Konfession und oft auch nach Geschlechtern getrennt. Die meisten Schulen sind nicht-selektiv.

Privatschulen – das britische Modell

Einige der ältesten **Eliteschulen** des Landes wurden von Monarchen oder reichen Bürgern gegründet, um den Söhnen adliger und einflussreicher Familien eine gute Ausbildung zu garantieren. Das College in Winchester gründete *William Wykeham* (1320–1404) bereits im Jahr 1382, es diente als Modell für nachfolgende Schulen. Das *Eton College* bei Windsor wurde im Jahr 1440 von *Heinrich VI.* ins Leben gerufen, der später auch das *King's College* in Cambridge gründete.

In späteren Jahren wurden durch Wohltätigkeitsstiftungen privat finanzierte **Internate** (*Boarding Schools*) gegründet, die Mittelschichtskindern

Winchester College

oder Kindern aus gutem Hause, die finanziell nicht besonders gut gestellt waren, gegen eine festgelegte Gebühr eine Grundausbildung vermitteln sollten. Dies waren die ersten sogenannten *Public Schools,* da sie der zahlenden Öffentlichkeit zugänglich waren und nicht wie die kirchlichen Schulen eine bestimmte Glaubenszugehörigkeit voraussetzten. Der Begriff diente auch zur Unterscheidung von der privaten Erziehung, die Kinder reicher Eltern normalerweise im eigenen Heim erhielten. Paradoxerweise haben die *Public Schools,* die fast nur von Kindern gut betuchter Eltern besucht werden, aus diesem Grunde noch heute einen **Wohltätigkeitsstatus,** d.h., ihnen werden erhebliche steuerliche Vorteile gegenüber anderen unabhängigen Schulen eingeräumt. Es darf jedoch kein Profit gemacht werden.

Erst im 18. Jh. wurden unter Queen *Anne* Wohltätigkeitsschulen gegründet, die ausschließlich für arme Kinder und Waisen gedacht waren. Hier wurden Grundkenntnisse wie Lesen und Schreiben vermittelt.

In der viktorianischen Ära wurde mit dem *Forster Education Act* von 1870 erstmalig eine **Schulpflicht** für Kinder von fünf bis zehn Jahren festgelegt. 70 Jahre später traten immer noch weniger als 9% aller Kinder in eine Sekundarstufe ein. Universitäten waren Angehörigen der Oberklasse und Mittelschicht vorbehalten, die zuvor private Schulen besucht hatten. Die besten Lehranstalten blieben für Arbeiterkinder lange Zeit unerreich-

Ausbildung und Unterkommen für die Armen

*Die Verhältnisse in den **Wohltätigkeitsschulen für die Armen** waren oft katastrophal, da die Verwalter sich das gestiftete Geld selbst in die Tasche steckten, während sie die Kinder praktisch verhungern ließen. Die Leiter der Schulen hatten freie Hand, da die noblen Spender sich selten dafür interessierten, was tatsächlich hinter den verschlossenen Türen vor sich ging.*

*Ausdrucksvolle Beschreibungen der **Lebensbedingungen** in solchen Institutionen finden sich z. B. in Charlotte Brontës „Jane Eyre", die in einer Schule für Waisenkinder ihre Ausbildung erhält. Hier starb man entweder früh an Krankheiten durch Unterernährung oder arbeitete sich zur Lehrkraft hoch. Dann konnte man sein weiteres Auskommen in der Schule finden. Wer besonderes Glück hatte, ergatterte durch Empfehlung die Stellung einer Gouvernante in einer reichen Familie. Dies war oft der einzige Weg, der Institution zu entkommen.*

__Oliver Twist__ aus Dickens' Roman wird in einem „Workhouse" (Arbeitshaus) geboren und seine Mutter stirbt bei der Entbindung. Als Kleinkind wird er von einer Amme versorgt, aber mit neun Jahren muss er wieder ins Arbeitshaus zurück, um dort eine „Erziehung" zu erhalten und für seinen Lebensunterhalt zu arbeiten. Im Wesentlichen arbeiteten die Kinder hier den ganzen Tag und Erziehung wurde kaum geboten. Auch hier musste man hungern. Oft zitiert wird in Britannien das Szenario, in dem Oliver Twist, der von dem dünnen Haferflockenbrei („gruel"), der in der Anstalt serviert wurde, nicht satt geworden ist und um mehr bittet - stattdessen aber Schläge erhält.

bar. Erst im Jahr 1944 wurde im *Butler Education Act* bestimmt, dass alle Kinder bis zum Alter von mindestens 15 Jahren eine Schule besuchen müssen. Ab dem 11. Lebensjahr wurde dann ausgesondert, wer auf die *Grammar School* (das Gymnasium) gehen durfte, die anderen sollten die sogenannte *Secondary Modern* (moderne Sekundarstufe) besuchen.

Die Labour-Regierung war gegenüber Privatschulen und *Grammar Schools* skeptisch eingestellt, da sie Schüler nach Eignung aufnehmen und

Schüler einer Public School

nicht automatisch jeden Bewerber, und setzte sich in den 1960er-Jahren für **Gesamtschulen** ein *(Comprehensive Schools)*. Heute gibt es daher nur noch etwa 160 *Grammar Schools* in ganz England. Da diese Schulen nach Eignung aussortieren, standen die Pforten auch begabten Kindern aus den ärmsten Familien offen. Heute bleibt diesen Kindern nur der Gang in die nahe gelegenen Gesamtschulen, die oft zum Auffanglager für schlechte Schüler werden und daher einen niedrigen Ausbildungsstandard haben. Oft haben daher gerade die Kinder aus armen Familien keine Chance, ihre Lebenssituation zu verbessern.

Anstatt die **Privatschulen** komplett abzuschaffen, versuchte man, sie mehr und mehr für Schüler aller Schichten zu öffnen. Die tief verwurzelte Überzeugung, dass Privatschulen einen besseren sozialen Hintergrund bieten, hat weniger mit dem Lehrplan zu tun als mit der Herkunft der Schüler.

Mit dem Besuch der „richtigen" Schule konnte man wichtige Verbindungen knüpfen. Das sogenannte **Old Boy Network** aus ehemaligen Schulkameraden der Eltern ebnete vielen Kindern reicher und angesehener Familien den Weg in den gewünschten Berufszweig und die Karriere. In Lehranstalten wie Eton, Winchester und Harrow wurde eine Elite herangezogen, die später wichtige Positionen im öffentlichen Leben einnahm. Trotz der Anstrengungen, gleiche Chancen für alle einzuführen, besteht dieses System z. T. auch heute noch. Fast alle Inhaber wichtiger Positionen in der *BBC,* viele Künstler, Politiker oder andere Personen des öffentlichen Lebens haben Eliteschulen und Eliteuniversitäten absolviert. Etwa 6 % der

britischen Kinder bis zu 18 Jahren besuchen eine private Lehranstalt –, das sind ungefähr eine halbe Million Schüler verteilt auf 2400 unabhängige Einrichtungen. Etwa die Hälfte der Studenten an den Topuniversitäten rekrutiert sich aus diesen Privatschulen.

Während die Schüler auf diesen Schulen inzwischen vorwiegend aus der oberen Mittelschicht stammen, haben **Arbeiterkinder** aufgrund der Schulgebühren oft nur als Stipendiaten eine Chance. Da die Privatschulen unabhängige Organisationen sind, bleibt es ihnen selbst überlassen, wen sie aufnehmen – nur bei den Stipendiaten müssen bestimmte Quoten erfüllt werden. Natürlich erhöhen sich die Chancen, auf einer der angesehenen Schulen angenommen zu werden, wenn bereits die Eltern dort waren oder wenn sie die Einrichtung mit großzügigen Spenden unterstützen.

Universitäten und Studenten

In Britannien gibt es pro Jahr relativ viele Studienabschlüsse. Dieser Aussage liegen jedoch recht ungenaue Statistiken zugrunde, da hier viele Qualifikationen mitzählen, die berufsfördernd sind. Wer auch immer eine Fortbildung gleich welcher Art unternimmt, ist ein „Student" und erhält einen „Studienabschluss" *(Degree)*. Diese Abschlüsse sind jedoch von höchst unterschiedlichem Schwierigkeitsgrad und können oft gar nicht miteinander verglichen werden. Besonders gering geachtet sind Abschlüsse für Medienwissenschaften, Tourismus, Tanz und Sport. Der niedrigste Universitätsgrad, der *BA (Bachelor of Arts),* kann innerhalb von drei Jahren erworben werden. Andere polytechnische Abschlüsse sind mit praktischer Arbeitserfahrung gekoppelt.

Die beiden **Eliteuniversitäten Oxford und Cambridge** existieren bereits seit dem Mittelalter. Bis ins 19. Jh. hinein waren sie die beiden einzigen Universitäten Britanniens. Oxford gilt als das frühe intellektuelle Zentrum des Landes, während Cambridge erst im 15./16. Jh. zu voller Blüte

Anfänge der Universität Oxford

Die Universität von Oxford besteht aus 36 Colleges und sechs privaten Hallen. Die Anfänge der Universität gehen auf das Jahr 1167 zurück, als König Heinrich II. die englischen Studenten aus Paris zurück nach Hause beorderte. Die Lehrtätigkeit oblag hier zunächst hauptsächlich Dominikaner- und Franiskanermönchen, die die Häuser führten, in denen die Studenten lernten. Die meisten Studenten wohnten in sehr ärmlichen Mietunterkünften in der Stadt, meistens mehrere in einem Zimmer. Auch die Lehrinstitute waren eher ärmlich, es gab wenig Lehrmaterial und viele verließen die Institution ohne Abschluss. Die Regeln, die von der Universitätsleitung für die Studenten aufgestellt wurden, machten teilweise keinen Sinn: So wurde z. B. sportliche Betätigung verboten, doch durfte man abends durch die Kneipen ziehen, wovon man gern und oft Gebrauch machte und was oft in Randale endete. Dies wiederum zog den Unmut der Stadtbewohner auf sich. Während einer dieser Auseinandersetzungen am „St. Scholastica Day" im Jahr 1355 wurden 63 Studenten von einem wütenden Mob erschlagen, wofür der Oxforder Bürgermeister noch bis ins Jahr 1817 jährlich eine symbolische Strafabgabe an die Universität zahlen musste.

Nach und nach entstanden durch Stiftungen verschiedene Colleges, in denen Akademiker unterrichteten. Diese Colleges wurden wie Internate geführt, wodurch man eine größere Kontrolle über die Studenten ausüben konnte.

Vom heutigen Luxus in den Colleges konnten die Studenten von damals jedoch nur träumen. Heutzutage muss in den Speisesälen der Universitäten keiner mehr hungern. Hier wird entweder am „high table" oder an den „lower tables" gespeist. Die Oxford-Dons (Lehrkräfte) sitzen am „high table" und erhalten ein Menü von Restaurantqualität und Qualitätsweine. Die Studenten essen an den „lower tables" und bekommen etwas einfachere Speisen. Vor der Mahlzeit wird ein Gebet gesprochen. Alle Tische sind traditionell gedeckt und die Atmosphäre erinnert an ein teures Restaurant.

In einem englischen College

kam. Insgesamt gibt es heute 89 Universitäten in Britannien, die meisten davon waren nach dem Zweiten Weltkrieg entstanden. Die britischen Universitäten genießen hohes Ansehen in der Welt, Oxford und Cambridge gehören zur Weltspitze. Sie werden erst seit einigen Jahren von den amerikanischen Universitäten Harvard und Yale übertroffen, da die USA wesentlich mehr Geld in ihre Prestigeinstitutionen stecken, die dadurch zunehmend Studenten aus dem internationalen Ausland anziehen.

Mehr und mehr Studenten schreiben sich für „Modefächer" wie „Neue Medien" ein (die Universität Plymouth hat sogar einen Studiengang für „Surfwissenschaft" eingeführt), während die wissenschaftlichen Fakultäten einen Rückgang verzeichnen. An einigen Universitäten mussten die Fachbereiche Chemie und Physik komplett geschlossen werden, da es kein ausreichendes Interesse für diese Fächer gab. So fehlt auch in Wirtschaft und Industrie der qualifizierte Nachwuchs. Diese Lücke sollen die **City Academies** füllen, die von Wirtschaftsunternehmen gesponsert werden. Insbesondere in den gerade boomenden Hightech- und Pharmabereichen braucht man den Nachwuchs, da sonst die Gefahr besteht, von aufstrebenden Industrienationen wie Indien und China übertroffen zu werden.

Auch bei der universitären Ausbildung will die Labour-Regierung Quoten festlegen, damit mehr Jugendliche eine weiterführende Ausbildung antreten. Das Ziel der Regierung ist es, die Hälfte aller Schulabsolventen für ein Studium zu gewinnen, momentan sind es etwa 44 %. Heutzutage sind (außer in Schottland) alle Universitäten gebührenpflichtig. Für diese Gebühren (bis zu 3000 £ jährlich) gibt es für Studenten aus weniger guten Verhältnissen einen Rabatt von bis zu 50 %, dazu müssen allerdings auch noch die Lebenshaltungskosten aufgebracht werden. Leider müssen auch hier, wie in Deutschland das BAföG, Zuschüsse zum Studium *(Student Grant)* zurückgezahlt werden. Das schreckt natürlich einige vom Studieren ab, vor allem in Zeiten, in denen ein Job am Ende des Studiums nicht mehr garantiert ist.

Der reiche Mann im Schloss, der Arme vor dem Tor – moderne Klassenunterschiede

„Wir sind heute alle Mittelklasse." Dieser Satz wurde von britischen Marketinggurus geprägt. *John Major* (Premierminister von 1990–1997) gab im November 1990 in einer Rede zu verstehen, dass die konservative Partei solch durchgreifende Änderungen plane, dass die ganze Nation schließlich zu einer „klassenlosen Gesellschaft" würde. Im Jahr 1999 konstatierte *Tony Blair* auf einer Konferenz der Labour-Partei, dass „der Klassenkampf vorbei sei". Dies stimmt so jedoch nicht.

In Großbritannien sind Klassenunterschiede heute immer noch deutlicher zu erkennen als in anderen Ländern Europas. Die meisten Menschen lassen sich zwar der Mittelschicht zuordnen und im 20. und 21. Jh. haben sich sicher erhebliche Änderungen in den Klassenmerkmalen ergeben. Dennoch zeichnet viele Briten auch heute noch ein ausgeprägterer Standesdünkel aus als andere Europäer.

Nach wie vor spielt die **Oberschicht** *(Upper Class)*, d. h. der Adel, eine größere Rolle im öffentlichen Leben und genießt beachtlichen Respekt. Die **Mittelschicht** *(Middle Class)* unterteilt sich in obere, mittlere und untere *(upper, middle, lower)* Mittelschicht, je nach Lebensstandard und Beruf – jede mit ihren eigenen Statussymbolen und aufstrebender Mentalität. Die **Arbeiterschicht** *(Working Class)* wiederum spaltet sich in Menschen mit Qualifikationen und Ausbildung und solche ohne Qualifikationen *(skilled* und *non-skilled)*. Die **Unterschicht** *(Lower Class)*, wie die Soziologen sie nennen, besteht aus Menschen, die durch das Netz der Wohlstandsgesellschaft gefallen sind wie Arbeitslose oder jugendliche Straftäter.

Eine Bewegung findet hauptsächlich innerhalb der Mittelschicht statt, also von unterer in obere Mittelschicht, jedoch fast nie zwischen den anderen Schichten.

Während – wie generell in der westlichen Welt – der krasse Unterschied zwischen beißender Armut und ungeheurem Reichtum abgeschwächt oder ganz verschwunden ist, bestimmt die Herkunft oft immer noch, was man tut und wo man lebt. Häufig ist es möglich (zumindest auf den zweiten Blick), die **Klassenzugehörigkeit** des Gegenübers zu bestimmen, auch wenn Sprache, Erscheinungsbild und Statussymbole heute keine zuverlässigen Erkennungsmerkmale mehr sind.

Premierminister *Gordon Brown* äußerte noch im Juni 2008, dass die Labour-Partei ihr Ziel, die soziale Mobilität zu verbessern, nicht erreicht habe und dass man in dieser Sache einen „nationalen Kreuzzug" antreten werde.

Die Klassengesellschaft im Alltag

Das Bild, das man als Ausländer von der britischen Klassengesellschaft hat, wurde (und wird) von den britischen Kulturexporten meist bestätigt und verfestigt. Auch in Film und Fernsehen gibt es eine deutlich erkennbare Einteilung und Zugehörigkeit zu den verschiedenen Gesellschaftsschichten. Viele beliebte Kulturexporte spielen um die Jahrhundertwende oder in der Zeit zwischen den zwei Weltkriegen, als die Klassengesellschaft „noch in Ordnung war". Während z. B. in deutschen Seifenopern und Fernsehverfilmungen viele Protagonisten aus der oberen Mittelschicht stammen (Ärzte, Professoren, Juristen etc.) fällt es auf, dass in den erfolgreichsten englischen Vorabendserien die meisten dargestellten Figuren zur Arbeiterschicht oder bestenfalls der unteren Mittelschicht gehören. Dazu zählen auch die sogenannten *Trading Classes* oder auch *Shopkeeper* (Ladenbesitzer), die ein kleines Geschäft führen. Dieses **Kleinbürgertum,** das in Deutschland ein relativ hohes Ansehen genießt, wurde in England traditionell der Klasse der Arbeiterschaft zugerechnet (heute vielleicht der unteren Mittelschicht).

Noch bis ins 19. Jh. hinein gab es in England rigide Abgrenzungen zwischen den gesellschaftlichen Schichten, die kaum jemals durchbrochen wurden.

Die Klassenzugehörigkeit definierte sich nicht nur aufgrund von Hab und Gut. Hierbei wurden natürlich auch Bildung, Familiengeschichte, Umgangsformen und Verhalten ebenso wie Stil und Geschmack berücksichtigt. Seit den beiden Weltkriegen haben sich die ursprünglichen **Gegensätze stark verwaschen,** insbesondere da die Mittelschicht stark angewachsen ist und sowohl Oberschicht als auch Arbeiterschicht heute die Minderheiten darstellen. Allerdings trägt das System der kostenpflichtigen Privatschulen dazu bei, das Klassensystem und eine soziale Spaltung zu fördern, die es so in anderen europäischen Ländern nicht gibt. Fast alle wichtigen Positionen des öffentlichen Lebens werden von Absolventen der Eliteschulen und Eliteuniversitäten besetzt.

Ein Phänomen dieser elitären Gruppen waren (und sind) die exklusiven **Gentleman's Clubs,** die allen außer den Reichsten oder Mächtigsten verschlossen bleiben. Hier knüpft man beim Genuss der Nachmittagszigarre wichtige Verbindungen, auf die man später bei Gelegenheit zurückgreifen kann. Während wohlhabende Geschäftsleute aus der oberen Mittelschicht Einlass in die Klubs erhalten können, gilt dies nicht für Mitglieder der Arbeiterschicht.

Arbeiter gründeten daher ihre eigenen exklusiven **Working Men's Clubs.** Diese hatten ihren Ursprung in den *Social Clubs,* den Vorläufern der Gewerkschaften, die ihren Mitgliedern Absicherung gegen Krankheit und Arbeitslosigkeit boten. Diese *Social Clubs* und die *Working Men's Clubs* befanden und befinden sich noch heute in Vereinshäusern, die meist auch einen Pub und eine Bühne für Varieté, Musik und Comedy aufweisen. Zu diesen Klubs wird nur zugelassen, wer Mitglied der Gewerkschaft oder einer Partei ist oder man muss von jemandem empfohlen werden.

Die **Unanfechtbarkeit der Sozialordnung** und Aufteilung der Gesellschaft in Oberschicht, Mittelschicht und Arbeiterschicht wurde den Schul-
kindern noch bis Mitte des 20. Jh. anhand der morgendlichen Schulhym-
ne eingebläut. Das Lied „All things bright and beautiful" aus der Feder von
Mrs. *Cecil Frances Alexander* (1818–1895), der Frau des Erzbischofs von
Armagh und protestantischen Primas von Irland, wurde 1915 von *Martin
Shaw* vertont. In diesem Lied wird Gott für die Schöpfung der Lebewesen
gepriesen. Darin gibt es den Vers: *„... the rich man in his castle, the poor
man at his gate, god made them, high or lowly, and ordered their estate ..."*
(„... der reiche Mann im Schloss, der Arme vor dem Tor, Gott schuf die
Oberen und Unteren, und bestimmte ihren Stand ...") Diese Textstelle
wurde erst 1982 von der Londoner Erziehungsbehörde offiziell aus der
Hymne genommen.

„Old Money" – „New Money": Adel und Oberschicht

Der Hochadel, obwohl stark im Schrumpfen begriffen, hat noch immer
den Ehrenstatus des **Old Money** (Jahrhunderte lang vererbte Titel). Wes-
sen Stammbaum sich nicht sich mindestens 800 Jahre oder sogar bis zu
den Normannen zurückverfolgen lässt, gehört nicht in diese elitäre Klasse.
Davon gibt es jedoch nur noch einige wenige Familien, sie dürfen ihren
Sitz im *House of Lords* bis heute per Geburt vererben. Inzwischen werden
Peerages („Adelstitel") für das *House of Lords* allerdings auch von der
Queen bzw. von den regierenden Parteien für besondere Verdienste ver-
liehen.

Seit der industriellen Revolution gibt es das sogenannte **New Money,** Industrielle und Geschäftsleute, die zu den Reichsten des Landes gehören
und in deren Familien der Reichtum ebenfalls vererbt wird. Viele Vertreter
des *New Money* haben einen Stammbaum der z. T. ebenfalls 200 bis 300
Jahre zurückreicht. Sie haben im Laufe der Jahrhunderte niedere Adelstitel entweder käuflich erworben oder sie wurden ihnen verliehen.

Als **Landed Gentry** („Landadel") wurden diejenigen bezeichnet, die
durch Landbesitz zu Reichtum und Einfluss gekommen waren. Diese
Gentlemen waren nicht unbedingt adlig, konnten aber bisweilen Titel erwerben.

Zu den vielen verschiedenen **Stufen zwischen Hochadel und niede-
rem Adel** kam es dadurch, dass Adelstitel immer nur an die älteren Söhne
vererbt wurden. Für die anderen Söhne strebte man üblicherweise eine
Anstellung beim Militär oder im Rechtswesen an. Ihnen konnte wiederum
ein Ehrentitel des niederen Adels verliehen werden (*Knight* oder *Baron,*
d. h. Ritter oder Baron) oder sie konnten ihn käuflich oder durch Heirat er-

werben. So entstand eine Geldaristokratie, die später als *The Middle Classes* bezeichnet wurde, um sie von der Oberschicht abzugrenzen.

Während des **Empire** besuchten die Abkömmlinge von Oberschicht und *Gentry* die elitären Privatschulen, wie z. B. das *Eton College,* und einige auch die besten Universitäten des Landes. Dort wurden sie auf Füh-

Betrachtungen über das Internatsleben

aus: „Reise durch England und Schottland" (1818) von Johanna Schopenhauer (1766-1838)

„... Dörfer und Flecken ringsumher wimmeln von solchen Erziehungsanstalten, die alle gedeihen, da fast niemand seine Kinder zu Hause erzieht, wo sie zu viel Unordnung und Unruhe machen würden. Sowie Knaben und Mädchen aus der Kinderstube kommen, werden sie in jene Erziehungsanstalten gegeben und kehren erst nach ganz vollendeter Erziehung, beinahe erwachsen, in das väterliche Haus zurück.

Die Mädchen lernen in diesen Anstalten von allem etwas, aber wenig Gründliches. Man lehrt sie Geschichte und Geographie; dennoch weiß eine Engländerin selten, wie es außer ihrem Vaterlande aussieht und was dort in früheren Zeiten sich begeben hat. Auch in der französischen und italienischen Sprache erhalten sie Unterricht, aber dem Fremden, der nicht Englisch kann, ist damit nichts gebessert; schwerlich wird er in der Gesellschaft eine Dame finden, die ihm in einer fremden Sprache Rede stünde. Musik und Zeichnen wird sehr oberflächlich und gewöhnlich nur betrieben, um beides späterhin so bald als möglich wieder zu vergessen. Die Mädchen lernen sticken, Papierblumen machen, sie fabrizieren artige Papparbeiten, Kästchen von vergoldetem Papier, Vasen von Eierschalen, tausend zierliche Dinge; aber was man eigentlich für's Haus braucht, bleibt ihnen gewöhnlich unbekannt. Der Hauptzweck des größten Teils der Vorsteherinnen solcher Anstalten ist vor allen Dingen, einmal im Jahre mit ihren Zöglingen recht zu glänzen, wenn sich die Eltern und Verwandten derselben bei dem großen Prüfungsfeste versammeln. Mehrere Monate vor diesem Feste hört schon aller ernstliche Unterricht auf, alles wird angewendet, um die Kinder für den wichtigen Tag zu dressieren. Musikstücke werden ihnen eingelernt, die sie vor der entzückten Versammlung mechanisch ableiern sollen, Zeichnungen werden mit Hilfe des Lehrmeisters verfertigt und dergleichen mehr. Die Hauptsache aber bleibt, sie für den Ball, der abends gegeben wird, abzurichten, und der Tanzmeister kommt mehrere Wochen lang kaum aus dem Hause. "

rungspositionen entweder innerhalb des Landes oder auf Gouverneursposten in einem der Kolonialstaaten vorbereitet. Die *stiff upper lip* (steife Oberlippe) war ein Markenzeichen dieser sogenannten *Breed* („Zucht") des Empires: Männer, die hart im Nehmen waren, und nie ihr Gesicht verloren, die bei alledem auch noch stets penibel gekleidet waren und gut zu

„… *Die Knaben erhalten Unterricht in den alten Sprache, in Geographie, Geschichte, Schreiben, Rechnen und der französischen Sprache. Wer Fechten, Musik, Tanzen und Zeichnen lernen will, muss es besonders bezahlen; die Lehrer dazu kommen wöchentlich einige Male von London herüber; an alles übrige Wissenswerte, was unsere Kinder in Deutschland lernen, wird nicht gedacht.*

Die Zöglinge essen zusammen, ziemlich schlecht, unter Aufsicht des die Wache habenden Lehrers, werden zu bestimmten Zeiten von ihm auf der Gemeinhut des Dorfes spazieren getrieben, spielen unter seiner Aufsicht auf dem großen Hofe und werden täglich in einem großen Bassin gebadet, auch im Winter, wo dann erst das Eis aufgehauen werden muss.

Alles, Lehre, Strafe, die ganze Behandlung der Kinder, wird nach angenommenen Gesetzen mechanisch betrieben, ohne Rücksicht auf Alter, Charakter und Fähigkeit. Wie könnte es anders sein, ihrer sind sechzig, zwischen sechs und sechzehn Jahren; alle Wochen wechselt der die Aufsicht habende Lehrer und dankt Gott, daß er auf drei Wochen die Last los ist und sich bei der sehr reichlich besetzten Tafel des sehr ehrwürdigen Herrn mit den Kostgängern und der übrigen Gesellschaft, von der in der Woche ausgestandenen Not und Mangel erholen kann. Kein Lehrer lernt die Kinder genauer kennen, da jeder sie nur ungefähr zwölf Wochen im Jahre in so verschiedenen Zeiträumen unter seiner Aufsicht hat.

Die Kostgänger haben dagegen ein herrliches Leben, denn sie bringen dem ehrwürdigen Herrn dreimal so viel Guineen als die Schüler. Nur einige Schüler, deren Eltern es zu bezahlen vermögen, gehören auch dazu. Diese nehmen zwar an den Schulstunden teil, essen aber an dem gut besetzten Tische, können nach Herzenswunsch im Lustgarten und im Obstgarten ihr Wesen treiben, während ihre Kameraden auf dem öden Hofe bleiben müssen und entsetzlich geprügelt werden, wenn sie sich einmal in jene verbotenen Reviere eingeschlichen haben. So müssen die Kinder schon in der Jugend lernen, daß dem Reichen alles erlaubt und Geld daher das höchste Ziel ist, wonach man zu trachten hat …"

Pferde. Innerhalb der adligen Klassen hatte vor allem die **militärische Ausbildung** der männlichen Nachkommen Tradition. Das ist auch in der königlichen Familie so. Obwohl Prinz *William* die Universität besuchte, wechselten er und sein Bruder *Harry* beide auf die Militärakademie von Sandhurst und leisten heute aktiv Militärdienst. Für **adlige Frauen,** wie z. B. *Diana Spencer,* die Kindergärtnerin war, wird auch in moderner Zeit nur wenig Wert auf eine höhere Ausbildung gelegt.

Mit dem Entstehen der modernen Demokratien wurden die Eigentums- und **Erbschaftssteuer** eingeführt, sodass viele Angehörige der *Landed Gentry* Land veräußern mussten, um diese Steuern bezahlen zu können. Überdies hat unbebautes Land in moderner Zeit weniger Wert als früher, da landwirtschaftliche Pacht kein Vermögen mehr einbrachte. So schrumpfte der vererbte Reichtum der alteingesessenen Adelsfamilien zusammen und die meisten Eigentümer sind heute nicht mehr in der Lage, ihre großen Häuser zu erhalten und zu finanzieren.

In den 1950er-Jahren begannen *English Heritage* und der *National Trust,* **Herrenhäuser** entweder vollständig oder teilweise aufzukaufen, damit diese in Museen umgewandelt und somit als Gebäude gerettet werden konnten. (Siehe auch das Kap. „Natur- und Umweltschutz".) Zum Teil sind diese Anwesen noch von dem alten Erbadel bewohnt, der Miete zahlt oder einen Bereich des Hauses für die eigene Nutzung behalten hat.

Man muss Geschäftssinn haben, um die **Country Piles** („Landhäuser") behalten zu können und sie nicht an *English Heritage* oder ausländische Millionäre veräußern zu müssen. Einige wenige Aristokraten entwickelten eben diesen und spekulieren heute mit Immobilien in London, wie z. B. *Gerald Grosvenor,* der *Duke of Westminster.* Hin und wieder kommen Kunstgegenstände auf den Markt, die verkauft werden, um Erbschaftssteuern abzutragen. Diverse Besitzer wandelten ihre Häuser ebenfalls in **Museen** um und machten sie damit für die Öffentlichkeit nutzbar. Manche fügten noch weitere Attraktionen hinzu, sodass regelrechte **Erlebnisparks** entstanden.

Hier kann man für horrende Eintrittspreise einen ganzen Tag verbringen und wie in *Harewood House,* Yorkshire, beispielsweise einen Vogelgarten und ein Planetarium besuchen. In *Longleat* in Wiltshire hat der etwas schrullige Lord, der *Marquess of Bath,* auf dem riesigen Landbesitz einen Safaripark mit Kinderspielplatz errichtet, der auch die Erhaltung des Schlosses finanziell mitträgt. Es ist eine der britischen Lieblingsbeschäftigungen, das Leben „der anderen Hälfte der Gesellschaft" zu beobachten. Mit Vorliebe unternimmt man daher Ausflüge zu diesen Herrenhäusern und gibt dann hinterher damit an, man habe den Lord oder die Lady irgendwo im Garten erspäht.

Wer reich ist und irgendwie nach Geld aussieht, den bezeichnet man im allgemeinen Sprachgebrauch als **posh.** Eine abfällige Bezeichnung für Kinder wohlhabender Eltern, die eine Privatschule besucht haben, ist **Toff.** Allerdings liegt man hier nicht immer richtig, denn optisch sind Angehörige der Oberschicht unter Umständen wesentlich schwieriger auszumachen als Neureiche. Im Allgemeinen gilt: Weniger ist mehr – und hier geht es vor allem um Qualität. Auch als verarmter Adeliger fühlt man sich auf der sozialen Leiter sicher, daher muss die **Standeszugehörigkeit** nicht durch Statussymbole demonstriert werden. Die **Landhauskleidung** der Oberschicht entwickelte sich aus den Traditionen der *Country Pursuits* (Freizeitbeschäftigungen auf dem Lande) wie Tontaubenschießen, Jagen, Reiten und Angeln (die Fuchsjagd wurde unter der Labour-Regierung abgeschafft, was zu starken Protesten führte). In Londons Savile Row gab es ganze Reihen von Schneidern, die sich auf diese Art der Freizeitkleidung spezialisiert hatten, wie z. B. den *Huntsman* (dieses Geschäft existiert auch heute noch). Der „Landhausschick" wird heute jedoch auch von Popstars kopiert, die sich ein gewisses Flair geben möchten. So tauchten die *Arctic Monkeys* z. B. zur Verleihung des Musikpreises *Brit Awards* in Jagdtweed

Avebury Manor, Wiltshire

auf, den man traditionell mit der Oberschicht in Verbindung bringt. *Johnny Rotten,* der Sänger der *Sex Pistols,* macht heute Butterwerbung im Tweedanzug.

Neureiche und „WAGs"

Das Phänomen der Neureichen ist nicht gleichzusetzen mit dem obenerwähnten *New Money.* Neureiche des 20. und 21. Jh. sind vor allem Menschen, die durch ihren Beruf oder Status im öffentlichen Leben oder sogar durch einen Lottogewinn zu Reichtum gekommen sind. Meist ist hiermit ein sogenannter „Celebrity-Status" („Prominentenstatus") verbunden, wie bei Popmusikern, Fußballern oder Models. Das Neue an dieser Gesellschaftsschicht ist insbesondere die Tatsache, dass ihre Vertreter meist aufgrund von **Medienpräsenz** Geld verdienen und weniger aufgrund eines Talentes oder gar harter Arbeit. Solcherart wohlhabend gewordene Frauen und Männer machen keinen Hehl aus ihrer Herkunft (ob Mittel-, Arbeiter- oder Unterschicht). Statussymbole kaufen sie oft nach dem Motto: Größer, teurer, besser! Das frühere *Glamour Model* („Oben-ohne-Model") *Jordan,* alias *Katie Price,* hatte beispielsweise ihr Leben mit dem Popsänger *Peter Andre* komplett in die Medien verlegt. Jede Woche wurde es als Dokusoap im Fernsehen ausgestrahlt. Solcherart erworbener Reichtum macht die Besitzer jedoch nicht zu Angehörigen der Oberschicht. *Price* wurde z. B. nicht zum Cartier Polo Match 2008, einer elitären Oberschichtsveranstaltung zugelassen.

Ein besonderes Phänomen ist das der **WAGs,** ein Begriff der in den allgemeinen Sprachgebrauch übergegangen ist. *WAGs* steht für *Wife And Girlfriend* und meint die hübschen jungen Frauen, die dadurch Medienaufmerksamkeit erreichen, dass sie die Ehefrau oder Freundin beispielsweise eines Sportlers oder Popmusikers sind. Innerhalb dieser Gruppe gibt es ebenfalls Statusabstufungen, so haben Frauen oder Freundinnen von Fußballern einen niedrigeren Rang als solche von Golfspielern *(GWAGs)* oder Cricketspielern *(CWAGs).* Das Erscheinungsbild der *WAGs* ist auffällig und mit reichlich Gold gespickt. Es wird geklotzt, nicht geklekkert. Das Auto hat ein personifiziertes Nummernschild (was in England den Möchtegern signalisiert), Haustiere erhalten ein mit Gold oder Diamanten besetztes Halsband etc.

Posh Spice, alias **Victoria Beckham,** war eine der ersten *WAGs.* Sie erhielt ihren Spitznamen, weil sie von allen *Spice Girls* am Edelsten aussah, er deutet keinesfalls auf ihre Herkunft hin. Obwohl sie selbst eine kurze Popkarriere mit der Girlgroup *Spice Girls* hatte, wäre ihr heutiger Status nicht denkbar ohne ihre Ehe mit dem Fußballstar *David Beckham.* Sie war eine der ersten, die sich selbst in ein modisches Accessoire verwandelte, das kaum nennenswertes eigenes Talent besaß. Heute entwirft sie ihre eigene Kleiderkollektion, kreiert Parfums etc. Zum WAGs-Nachwuchs gehören zum Beispiel *Cheryl Cole,* Ehefrau des Fußballers *Ashely Cole,* die ebenfalls eine Popkarriere mit der Girlgroup *Girls Aloud* vorweisen kann, und *Colleen Rooney,* verheiratet mit dem Fußballer *Wayne Rooney,* die inzwischen ihre eigene Fernsehsendung hat. Geld wird auch akkumuliert, indem man ständig in den Klatschblättchen auftaucht und irgendwann im reifen Alter von 28 Jahren seine Memoiren herausbringt.

Mittelstand – „Bohos"

Die Mittelschicht, von den Medien auch gern als **Middle England** bezeichnet, umfasst heute den größten Teil der Bevölkerung. Zwischen der unteren Mittelschicht und der Arbeiterklasse gibt es kaum Unterschiede. Die Unterteilung der Mittelschicht in verschiedene Gruppen entstand allerdings erst im 19. und 20. Jh. Man sollte sich nicht wundern, wenn die Bezeichnung *Middle Classes* daher auch heute noch für Bevölkerungsschichten verwendet wird, die man in Deutschland zur Oberschicht rechnen würde, da in Britannien die Oberklasse ja den Adligen vorbehalten ist. Seit *Margaret Thatcher* den Erwerb von Immobilien erschwinglicher machte, besitzen die meisten Briten ein eigenes Haus bzw. eine Eigentumswohnung und selbst in den am meisten unterentwickelten und schlimmsten Gegenden Englands hat wohl jedes Schulkind ein Mobiltelefon und einen I-Pod. Trotzdem sind **Arbeiter** im Gegensatz zu den Millionären der Neuzeit vergleichsweise arm.

Unter den verschiedenen Gruppen der Mittelschicht sind besonders die **Bohos** (abgekürzt für *bohemians*) erwähnenswert. Diese intellektuelle Schicht der Wohlhabenderen verfügt über ein ökologisches Bewusstsein, legt Wert auf eine gute Ernährung und einen europäischen Lebensstil sowie darauf, dass Kleidung nicht mittels Kinderarbeit hergestellt wurde. *Bohos* frequentieren *Gastro-Pubs* mit mediterraner oder exotischer Küche (Japanisch, Thai, Italienisch) und Kaffeebars wie Starbucks, Nero oder Costa Coffee. Kindernamen sind weitgehend traditionell englisch oder europäisch, teilweise auch erfunden. Wer einmal in den einschlägigen Kreisen ein- und ausgegangen ist, kann nicht umhin, diese Namen und Statussymbole zu bemerken. Berühmte *Bohos,* zu denen auch die Rockaristokratie wie *Bob Geldof* oder *Chris Martin* von *Coldplay* gehören, nennen ihre Kinder zum Beispiel gern nach Blumen und Früchten, wie beispielsweise *Apple, Rose* oder *Peaches* – oder *Daisy Boo, Poppy Honey* und *Petal Blossom* wie die Töchter des Starkochs *Jamie Oliver.*

Arbeiterklasse – „Chavs"

Ähnlich wie in Deutschland der Begriff „Prolo" wird im Englischen der Begriff **Chav** benutzt. Chavs sind Angehörige der Arbeiterklassen, die sich äußerlich durch das Tragen von Jogginganzügen und billigem Goldschmuck (sogenanntem *Bling*) auszeichnen. Im Sommer laufen männliche *chavs* ohne Hemd herum und präsentieren ihren nackten Oberkörper mit tiefrotem Sonnenbrand, auf dem reichlich Tätowierungen zu sehen sind. Die in einem der oberen Kapitel erwähnte *Vicky Pollard* wäre z. B. eine typische *Chavette*. Aus keinem verständlichen Grund integrierten die *Chavs* verschiedene Designs der Kleidermarke *Burberry,* die traditionell den englischen Schick der aufstrebenden Mittelklasse symbolisierte, in ihre Kleidung. *Burberry* sah dies gar nicht gern, da ihr sorgfältig gepflegtes Image hierdurch empfindlich geschädigt wurde und der Verkauf zunächst zurückging. Burberry-Filzhüte im Trilby-Stil wurden so allerdings zu einem beliebten modischen Accessoire.

Ein *Chav* ernährt sich ungesund. Die Regierung hat sozial schwache Wohngegenden identifiziert, wo sich eine regelrechte Gesundheitskrise zusammenbraut. Zwei der Hauptursachen für Herzkrankheiten (Rauchen und Übergewicht) finden sich hier in konzentrierter Form.

Moderne Armut in der Unterschicht

Die **Unterschicht,** wie die Soziologen sie nennen, besteht aus den Menschen, die durch das Netz der Wohlstandsgesellschaft gefallen sind: Arbeitslosengeld- oder Sozialhilfebezieher, jugendliche Straftäter oder Personen, die am Rande einer kriminellen Existenz leben, und Jugendliche, denen keine Ausbildung vermittelt werden kann, da sie die Standards nicht erfüllen. Eine gewaltige Menge an öffentlichen Geldern wird investiert, um diesen Menschen aus ihrer Misere zu helfen, aus der sogenannten „Armutsfalle", allerdings bisher ohne großen Erfolg.

Berichten zufolge gibt es selbst in einem Land wie England sehr viele **unterernährte** und **vernachlässigte Kinder.** Laut einer Studie der *WHO* („Weltgesundheitsorganisation") haben Kinder aus armen Familien, die in den heruntergekommenen Vororten Glasgows leben, eine geringere Lebenserwartung als in Indien geborene Kinder. Das liegt vor allem an den sozialen Lebensumständen und der schlechten Ernährung.

Das Leben in den heruntergekommenen
Gegenden des Nordens ist oft trostlos

In England gibt es unterprivilegierte Gegenden, die man durchaus als **Slums** bezeichnen kann und die an Bilder aus amerikanischen Filmen erinnern. Während in den Gettos der schwarzen und asiatischen Bevölkerung der nördlichen und südlichen Großstädte Britanniens zwar oft ärmliche Zustände herrschen, so gibt es doch auch hier ein Zusammengehörigkeitsgefühl und eine lebendige Kultur. Einen schlimmeren Eindruck erwecken die Gegenden, in denen unterprivilegierte Weiße leben (in Anlehnung an das Amerikanische als *White Trash,* „weißer Müll", bezeichnet). In **Liverpool** gibt

es trotz Millionen von Fördergeldern ganze Viertel, in denen die Fenster verbarrikadiert und nur noch einzelne Häuser bewohnbar sind und wo der Müll auf der Straße liegt. Hier herrscht eine bedrohliche Atmosphäre und die Kriminalitätsrate ist extrem hoch.

Nach der **Schließung der Kohlegruben** in den 1980er-Jahren zerfielen ganze Ortschaften im Norden, in denen es keine anderen Einkommensquellen gab. Viele gesichtslose, hässliche Ansiedlungen, die um die Kohlegruben herum entstanden waren, starben allmählich aus. Da hier keine Menschen mehr leben konnten und es auch nicht wollten, wurden keine Anstrengungen unternommen, die Niederlassungen wiederzubeleben. Noch heute gibt es Orte, die wie Geisterstädte anmuten: Berge von Müll liegen am Wegesrand, der Wind fegt leere Plastiktüten und Verpackungen die Straßen entlang, die sich in den vertrockneten Hecken der Vorgärten verfangen und dann wochenlang vor sich hin wehen. Die Hässlichkeit ist unaussprechlich und man sieht, dass niemand sich kümmert. Das Leben hier ist aussichtslos, es gibt keine Zukunftsperspektiven.

Die Labour-Regierung hatte es sich zum Ziel gesetzt, die **Kinderarmut** in Großbritannien bis zum Jahr 2010 erheblich zu vermindern und bis 2020 komplett auszurotten. Trotzdem Milliarden öffentlicher Gelder investiert wurden, blieb man hinter dem Ziel zurück, die Anzahl der Armen um eine Million zu reduzieren. Derweil werden **die Reichen immer reicher.** Angesichts der „Liste der reichsten Briten", die jedes Jahr in der *Times* veröffentlicht wird, wurde 2008 sogar behauptet, die Reichen hätten ihren Wohlstand seit Antritt der Labour-Regierung 1997 verdreifacht.

DIE GESELLSCHAFT HEUTE –
STAAT, POLITIK UND WIRTSCHAFT

Wenn man es genau nimmt, dann gibt es keine britische Verfassung, jedenfalls nicht im Sinne einer geschriebenen Verfassung wie dem deutschen Grundgesetz.

Eine der ersten Maßnahmen der jungen Republik der Vereinigten Staaten von Amerika war die Festlegung einer geschriebenen Verfassung. Ebenso geschah dies in Frankreich nach der Revolution von 1789. Die meisten Konstitutionen anderer Republiken in Europa gehen auf das 19. Jh. zurück, in Deutschland wurde 1949 eine neue Verfassung festgelegt.

Etwas Ähnliches existiert in Britannien nicht. Hier gibt es kein grundlegendes Gesetzbuch, das Briten zu Rate ziehen können, wenn schwierige Fragen gelöst werden müssen oder Krisen auftauchen.

Am Hafen von Liverpool, mit Royal Liver Building
und Cunard Building im Hintergrund

Demokratie ohne Verfassung

Die britische Verfassung ist ein **Sammelsurium von Präzedenzfällen** und Kompromissen, von Gemeinrecht und Gesetzesrecht, das auf die mittelalterliche *Magna Carta* und die *Glorious Revolution* zurückgeht. Das europäische Menschenrecht wurde in diese Ansammlung eingebettet. Über die Jahrhunderte hinweg wurden Fragmente von gesetzgebender Verfassung aneinandergereiht. Es gibt keine Auflistung von Prinzipien, an denen sich eine Definition des britischen Staates orientieren könnte. Sogar in den Wirren des Bürgerkriegs (1642–1646), als radikale Elemente das Universalwahlrecht und die Verstaatlichung von Eigentum forderten, orientierte man sich an den *ancient liberties and freedoms of this nation* wie sie in der *Magna Carta* und dem *Common Law* seit Jahrhunderten überliefert worden waren. (Siehe auch das Kap. „Eine Insel am Rande von Europa".) Es ist erstaunlich, dass dieses System bis heute funktioniert hat. Aufgrund der flexiblen Natur des Gesetzesrahmens, war es bisher relativ einfach, die Verordnungen zu ändern und sich an die veränderten Gegebenheiten der Geschichte anzupassen. Da es **keine festgeschriebene britische Verfassung** gibt, muss man nicht den Weg über das Verfassungsgericht gehen, um etwas hinzuzufügen oder fortzunehmen. Allerdings besteht auch wenig Gewissheit, was die Statuten eigentlich beinhalten, und man benötigt clevere Juristen, die sich durch diesen Wust an Verordnungen wühlen können.

Ein weiterer Nachteil ist, dass der Bürger nicht genau weiß, wo und wie die **Rechte des Individuums** gegenüber der Regierung eigentlich festgelegt sind. Jenseits der schwammigen Idee von *an Englishman's Home is his Castle* und einer Anlehnung an das Prinzip vom „Leben und Leben lassen" sind die Rechte der Bürger eher unklar. Zwar stand man bisher auf dem Standpunkt, pompöse Erklärungen von Menschenrechten seien nicht wirklich nötig (dies überlässt man lieber den Franzosen), da man davon ausgeht, dass eine Verletzung derselben in Britannien ohnehin nicht stattfindet. In einer zunehmend multikulturellen Gesellschaft wird es jedoch immer schwieriger, ohne festgelegte Regeln Grenzen zu sehen und zu setzen. Im Rahmen der europäischen Gesetzgebung wurde daher auch vom Vereinigten Königreich ein **Menschenrechtskatalog** ratifiziert, der allerdings nicht immer zum Vorteil der Bürger ausgelegt wird.

Ein weiterer bedenklicher Punkt ist, dass es **keine Kontrollinstanz für die regierende Partei** gibt. Aufgrund der wachsenden Einmischung der Labour-Partei in die persönlichen Belange der Bürger wurde daher die Forderung laut, dass hier eine größere Kontrolle ausgeübt werden müsse. Momentan legt die regierende Partei z. B. selbst fest, wann Wahlen angesetzt werden (alle vier bis fünf Jahre). Der Labour-Partei wird vorgeworfen, dass sie den Termin für Neuwahlen seit zwei Jahren absichtlich verzögert, da die Stimmung im Volk für sie gerade nicht besonders gut ist. Man will abwarten, bis das Stimmungsbarometer wieder steigt. Ebenso gibt es keine Begrenzung für die Wiederwahl einer Partei, was oft zu langen einseitigen Regierungsperioden führt und einer einzelnen Partei sehr lange sehr viel Macht in die Hand gibt.

Die konstitutionelle Monarchie

Während der **Glorious Revolution** (1688) wurde die Macht offiziell vom britischen Parlament an *Wilhelm III. von Oranien* übergeben. Als Teil der Vereinbarung, musste *Wilhelm III.* die *Bill of Rights* unterzeichnen, die die Macht des Monarchen beschnitt.

Als das Parlament im darauffolgenden Jahrhundert mehr Macht gewann, begannen sich langsam politische Parteien herauszubilden: die **Whigs** (für begrenzte Rechte der Monarchie) und die **Tories** (für eine starke Monarchie). Der deutsche Prinz *Georg I.,* der 1714 Thronerbe in Britannien wurde, sprach kein Englisch. Dies kam dem Parlament gerade recht, da es ohne Einmischung des Königs regieren konnte. Der König ernannte daraufhin einen seiner Minister als Repräsentanten im Parlament, daraus wurde später der Posten des **Prime Ministers,** des Premierministers. Der *PM* (wie man abgekürzt sagt) war das Sprachrohr des Königs und konnte in dessen Namen Minister ernennen. Der König hatte kein uneingeschränktes Recht in der Außenpolitik und musste sich an ein mehr und mehr unabhängiges *House of Commons* gewöhnen, dessen politische Organisation effizient und stark war. Bereits damals hielt sich der Premierminister an die in der *Bill of Rights* gemachten Vorgaben und Konflikte wurden innerhalb dieser Regelungen ausgefochten.

Die **Macht des Premierministers** wuchs in den Kriegen gegen Frankreich von 1756 bis 1815 und er wurde zum Anführer der Nation. Premierminister mussten eine starke Persönlichkeit haben und sehr gut organisiert sein, wenn sie das gesamte *House of Commons* führen wollten. *William Pitt* (Premierminister 1783–1801 und 1804–1806) sprach sich dafür aus, dass der *PM* das Recht haben sollte, einen Kreis von Ministern zwecks engerer Zusammenarbeit zu ernennen.

Nach und nach kristallisierte sich heraus, dass die Regierung am stabilsten war, wenn der Premierminister die Unterstützung der meisten *MPs (Members of Parliament)* hatte. Aus diesem Grund bürgerte es sich ein, dass der König den Premierminister immer aus der zahlenmäßig stärksten

Partei der *Commons* heraus ernannte, wodurch schließlich ein Mehrheits-wahlsystem entstand. Da es damals noch keine wirklich ausgeprägten po-litischen Parteien außer den *Whigs* und den *Tories* gab, begründete dies das bis heute bestehende **Zweiparteiensystem** in England. Kleinere Par-teien haben auch heute noch kaum eine Chance. Ein System der Koalitio-nen wie in Deutschland gibt es nicht.

Der **Reformakt von 1832** war der nächste große Schritt auf dem Weg zur Demokratie. Hierdurch wurde das Land von sogenannten *rotten bo-roughs* („verrottete Bezirke") gereinigt, die als Wahlbezirk gerechnet wur-den, aber tatsächlich so gut wie keine Wählerschaft hatten. Von hier aus konnten bis zu diesem Zeitpunkt *MPs* entsandt werden, die nur von einer Handvoll Einwohnern rechtmäßig gewählt worden waren.

Während der Regentschaft von *Georg V.* kam es im Jahr 1911 zu einer Konstitutionskrise durch die **Parliament Bill.** Die liberale Regierung wollte Gesetze für soziale Reformen durchbringen, die jedoch vom *House of Lords* gestoppt wurden. Dies führte zu einer Reformierung des *House of Lords* und der Abschaffung seines absoluten Vetorechts. Heute können die Lords Gesetze lediglich verzögern.

Das **House of Commons** erhielt dadurch eine Vorrangstellung. Der Monarch wurde seiner Macht enthoben und hatte fortan nur noch reprä-sentative Funktion. (Siehe auch das Kap. „Demokratische Bestrebungen".)

Im 21. Jh. werden die Grundpfeiler königlicher Macht wie die Erklärung von Kriegen, die Auflösung des Parlaments, die Ernennung von Ministern und Steuererhebungen „im Namen der Königin" vom Premierminister ausgeführt. Ein Gesetzesentwurf ist zwar erst gültig, nachdem die Queen ihn unterzeichnet hat, aber sie hat letztendlich keine Wahl.

Gewaltenteilung

Die Institutionen, obwohl voll funktionsfähig in einer modernen liberalen Demokratie, tragen immer noch Zeichen ihrer mittelalterlichen Vorläufer. Auch in Britannien sind die **Legislative, Exekutive** und **Judikative** theore-tisch unabhängig voneinander, sodass es eine demokratische Gewalten-teilung gibt. Formell gesehen steht die Judikative jedoch immer noch un-ter der Kontrolle des Monarchen, obwohl das Justizwesen im Jahr 1701 durch den *Act of Settlement* offiziell unabhängig wurde. Heute verkörpert der örtliche Magistrat die erste Instanz des staatlichen Gerichtswesens. Die nächsthöhere Instanz sind die **Crown Courts,** deren Namen man die Verbindung zum König noch anhört. Hier sitzen die Richter auf der *Queen's Bench,* Gerichtsverfahren finden im Namen der Queen statt. Beim einem Verfahren durch den **Crown Prosecution Service** (die

„Staatsanwaltschaft") heißt es daher auch nicht „der Staat gegen den Angeklagten", sondern *The Queen versus the Defendant*. Vor dem *Act of Settlement* war das Rechtssystem völlig vom König abhängig. Als *Karl I.* im Jahr 1649 von den Revolutionären zum Tode verurteilt wurde, weigerte er sich, die Rechtmäßigkeit des Gerichtshofes anzuerkennen. Als König stand er über der Gerichtsbarkeit und konnte seiner Ansicht nach nicht verurteilt werden. Die Parlamentarier, die die Jury in seiner Verhandlung stellten, kümmerte dies jedoch wenig.

Auch das **Parlament** war ursprünglich ein Regierungsinstrument des Königs. Der Vorläufer hieß bei den Angelsachsen der *Witan,* später wurde daraus das **Great Council,** dass sich aus den wichtigsten Persönlichkeiten des Staates wie Bischöfen und Lords zusammensetzte. Der König war allerdings nicht daran gebunden, den Rat seiner Ältesten oder Vasallen anzunehmen. Diese Zusammenkünfte hatten keine institutionelle Basis. Der König nutzte das *Council* lediglich als Instrument, z. B. vor einem Krieg, um die Abwicklung von Regierungsangelegenheiten zu klären oder Steuereintreibungen zu organisieren und festzulegen.

Über die nächsten 900 Jahre hinweg bildete sich aus diesem *Council* schließlich die **Legislative** heraus. In dem ersten nicht vom König einberufenen Parlament im Jahre 1258 forderten rebellische Lords unter *Simon de Montfort* ein Mitspracherecht bei der Besteuerung. Von nun an musste der König die Zustimmung des Parlamentes einholen, bevor Steuern erlassen wurden. Dieses Recht wurde später ausgebaut. Zu Zeiten von Königin *Elizabeth I.* wurden Parlamente regelmäßig einberufen, ohne diese Sitzungen konnte die Königin keine Mittel flüssig machen. Das Parlament nutzte die Zusammenkünfte auch, um seine eigenen Belange zur Sprache zu bringen. Zur Zeit des Bürgerkrieges griffen sich König und Abgeordnete offen an. Das Parlament blieb der Sieger in der Einigung von 1688 und setzte die *Bill of Rights* durch. Somit wurde die gesetzgebende Macht in die Hände einer gewählten Versammlung gelegt.

Die **Symbole der Monarchie** sind auch heute noch in der Kammer des **House of Commons** präsent. Der Amtsstab *(Mace),* das Symbol der königlichen Macht, steht wie immer vor dem Sprecher des Parlamentes *(Speaker),* wenn das Haus versammelt ist. Der Stab ist nach wie vor ein wichtiges Symbol für die Autorität des Parlamentes. Als 1976 in einer erhitzten Debatte die Abgeordneten der Labour-Partei spontan in Gesang ausgebrochen waren, nahm der Tory-Minister *Michael Heseltine* den Stab auf und schwang ihn herum und nahm damit das Wort an sich.

Die Abgeordneten des **House of Lords** waren früher alle erbliche *Peers,* sind heute aber vorwiegend Politiker oder normale Bürger, denen eine *Peerage* aufgrund ihrer Verdienste um das Land verliehen wurde. Das

House of Lords besteht auf keinen Fall nur aus konservativen Mitgliedern, hier finden sich Vertreter jeder politischen Coleur. In der letzten Zeit ist das Haus sogar positiv in die Schlagzeilen geraten, da es eine der wenigen Instanzen ist, die der überbordenden Gesetzgebung durch die Labour-Partei Einhalt gebieten kann. Im Rahmen der Terrorbekämpfung wollte der Premier *Gordon Brown* ein Gesetz durchbringen, nach dem auch völlig unbescholtene Bürger bis zu 42 Tagen in Untersuchungshaft festgehalten werden können, während ihre Schuld bzw. Unschuld bewiesen wird. Dies wurde zur Vertrauenkrise für den Premierminister, da selbst viele Labour-Mitglieder dieses Gesetz nicht befürworteten. Doch wurde es zunächst verabschiedet, um anschließend von den Lords gestoppt zu werden, die hierin eine unbegründete und sinnlose Beschneidung persönlicher Freiheiten sahen. Die Lords stimmten mit 309 zu 118 Stimmen gegen den Gesetzesentwurf. Obwohl sie kein absolutes Veto aussprechen konnten, akzeptierte der Premierminister aufgrund des Widerstandes sowohl seiner Partei als auch des *House of Lords* seine Niederlage. Die Lords beziehen keine Diäten, sondern können Spesen in Höhe von 300 £ pro Tag geltend machen. Sie können Geld hinzuverdienen, indem sie als Berater für Wirtschaft und Industrie fungieren. Dies hat in der Vergangenheit hin und wieder dazu geführt, dass die Lords der Bestechlichkeit angeklagt wurden.

Die **Queen** löst am Ende jeder Regierungsperiode das Parlament auf und ernennt den jeweiligen Premierminister. Die Parlamentsauflösung selbst muss jedoch mit Zustimmung des amtierenden Premierministers erfolgen. Die Monarchin kann offiziell einen politischen Vertreter bitten, ein Kabinett zu bilden, aber dieser ist immer der Vorsitzende der Mehrheitspartei im *House of Commons.* Die Queen und ihr *Privy Council,* d. h. die Minister, die als Berater der Königin fungieren, sind die entscheidende Instanz der Legislative. Es kann in Britannien kein Gesetz verabschiedet werden, wenn es nicht offiziell von der Queen genehmigt wurde. Natürlich ist dies heutzutage nurmehr eine symbolische Handlung, denn die Queen hat letztlich noch nie die Zustimmung verweigert. Würde sie dies tun, käme es wahrscheinlich zu einer Verfassungskrise, die ihren Rücktritt zur Folge hätte und sehr wahrscheinlich auch das Ende der Monarchie in Britannien bedeuten würde.

Die Queen ist ebenfalls **Oberbefehlshaberin über das Militär.** Letztlich aber entscheiden der Premierminister und die Generäle, ob Truppen in einen Krieg entsandt werden oder nicht.

Struktur des Parlaments

Nach einem Brand im 19. Jh. wurde das neue *House of Commons* nach demselben Plan wieder aufgebaut: Mehrere Sitzreihen von Holzbänken, die sich gegenüber stehen. Diese Anordnung unterscheidet sich wesentlich von europäischen Parlamenten, die meist in einem Halbrund, ähnlich einem römischen Amphitheater, angelegt sind.

Manche sagen, die Struktur des Raumes habe sich auf die politische Entwicklung des Staates ausgewirkt, da sie das in Britannien vorherrschende Zweiparteiensystem begünstige. Da man relativ dicht beieinander sitzt, ist diese Sitzanordnung auch dazu geeignet, **Auseinandersetzung und Debatten** zu fördern. Zustimmung oder Ablehnung wird von den Politikern lautstark geäußert, oft im Chor der gesamten Parteifraktion auf den Bänken. Man raunt und ruft (z. B. *Hear, hear!*) über den engen Platz, der nicht viel größer ist, als ein Tennisplatz. Früher, als die Abgeordneten noch mit Degen und Schwertern bewaffnet in die Kammer kamen, bestand eine reelle Gefahr, während erhitzter Debatten verletzt zu werden. Die jeweilige Seite darf deshalb zwar aufstehen und sprechen, jedoch darf eine auf den Boden gezeichnete Linie, die vor der untersten Bank verläuft, nicht überschritten werden. Die Abmessung zwischen den beiden Linien beträgt genau zwei Schwertlängen.

Die rechte Seite der Kammer, wird von den *MPs* der regierenden Partei bevölkert. Auf der anderen Seite sitzt, was man als *„Her Majesty's Loyal Opposition"* bezeichnet. Wie die meisten traditionellen Elemente des Parlamentes, wurde auch diese altertümliche Bezeichnung beibehalten.

Das **Festhalten an Traditionen,** die Kompromisse, die über die Jahre geschlossen wurden und die das ganze Gefüge zusammenhalten, sind ein Ausdruck der britischen Weltanschauung und Gesellschaft. Altes und Modernes baut aufeinander auf und es wird nicht einfach etwas verworfen und durch Neues ersetzt.

Irgendwie ist diese über die Jahre mehr oder weniger organisch zusammengewachsene Maschinerie arbeitsfähig. Im Grunde ihres Herzens sind die Briten **stolz auf das chaotische Gebilde ihrer Konstitution** und Regierung. Dies findet man so nirgendwo anders in der Welt, es zeigt den Sieg des Kompromisses über die Radikalität und demonstriert das gute ehrliche Misstrauen der Briten gegenüber Veränderungen.

Wahlsystem

Ein anderer Aspekt des britischen politischen Systems den Deutsche unter Umständen als seltsam empfinden mögen, ist das Wahlsystem. Die meisten europäischen Nationen arbeiten mit der einen oder anderen Form einer proportionalen Repräsentation, d. h., jede Stimme wird gezählt und der Prozentsatz der Unterstützung einer Partei im Volk drückt sich in der Anzahl ihrer Sitze im Parlament aus. In Großbritannien gibt es ein **Mehrheitswahlsystem.** Die 646 Wahlkreise der Nation bestehen aus je etwa 100.000 Einwohnern, aus denen die dort wahlberechtigten Bürger ihren bevorzugten Kandidaten wählen. Der Kandidat mit den meisten Stimmen wird als Abgeordneter ins Parlament entsandt. Dies begünstigt eine starke Verbindung zwischen dem *MP* und seinem regionalen Wahlkreis. Die Partei, die in der Region die Mehrheit hat, kann durch ihren Abgeordneten direkten Einfluss auf die Regierung ausüben. Die Stimmen für die anderen Kandidaten eines Wahlkreises werden ignoriert und zählen nur im Regionalparlament. Die Minderheiten und ihre Wähler haben zumindest in Westminster so gut wie gar nichts zu sagen. Ursprünglich waren die Mitglieder des Parlamentes von den reichsten Edelmännern der Region erwählt worden, und zwar nach einem simplen Mehrheitswahlprinzip: Wer die meisten Stimmen hatte, gewann den Posten.

Proportionale Repräsentation wie beispielsweise in Deutschland üblich machte keinen Sinn, da es keine ausgereiften politischen Parteien gab. Stimmen, die nicht für einen der Hauptkandidaten abgegeben wurden, gingen automatisch verloren. Obwohl sich im 18. Jh. ein **Zweiparteien-**

system entwickelte, befand es niemand für nötig, das Wahlrecht aus diesem Grunde zu ändern. Man modifizierte lediglich die Formalitäten für die Durchführung der Wahl. Das alte System war für jeden verständlich. Parteiunabhängige Kandidaten können sich in einer Region ebenfalls zur Wahl aufstellen lassen. Praktisch kann jeder kandidieren, der eine Geldeinlage von 500 £ für das britische Parlament (oder 5000 £ für das Europaparlament) entrichtet. Wer sich allerdings als Bürgermeister von London aufstellen lassen will, muss 10.000 £ auf den Tisch legen.

Von Westminster zum Dorfbrunnen – Parteilinie versus Basispolitik

Wenn ein Politiker einmal in Westminster, dem politischen Zentrum angelangt ist, muss er **der Parteilinie folgen.** Abgesehen von den Versammlungen in Wales, Schottland und Nordirland, die eine begrenzte Autonomie haben, werden die Länder von London aus verwaltet. Allerdings gibt es auf regionaler Ebene eine starke Verbindung zwischen dem regionalen Wahlbezirk und seinem *MP*.

Im Parlament sitzen die Minister der Regierung in den vorderen Reihen der Bänke. Abgeordnete, die keinen Ministerposten haben, werden **Backbencher** („Hinterbänkler") genannt, da sie im Parlament, das hierarchisch aufgeteilt ist, auf den hinteren Bänken sitzen müssen. Ein *Backbencher*, der in seinem Wahlkreis populär ist, kann auch schon mal gegen die Parteilinie schwimmen, wenn er bzw. die Wählerschaft in seinem Wahlkreis, mit Gesetzesvorlagen nicht einverstanden ist. Wenn mehrere dieser Abgeordneten solch eine *Grass-Roots-Politic* (Basispolitik) verfolgen und sich zusammentun, können sie eine unliebsame Gesetzesvorlage sogar zu Fall bringen. Die Regierung kann es sich letztlich nicht leisten, *ihre Backbencher* zu ignorieren, da sie eine direkte Rückmeldung zur Stimmung in der Wählerschaft liefern können.

Jeder *MP* hält wöchentlich eine **Sprechstunde** *(surgery)* in seinem Wahlkreis ab. Die Bewohner des Wahlkreises können dann ihrem Abgeordneten ihre Bedenken oder Wünsche direkt vortragen. Auf diese Weise werden *MPs* in die unmöglichsten Angelegenheiten hineingezogen, da der kleine Mann von der Straße das „Empfehlungsschreiben" eines *MPs* sogar in Rechtsstreitigkeiten als Druckmittel benutzt. Natürlich lehnen sich *Backbencher* nicht immer gegen die *MPs* in den vorderen Reihen auf. Doch wenn es dazu kommt, können sogar **Rebellionen gegen die Regierung** in Gang gesetzt werden, wie z. B. im Fall des Untersuchungshaftgesetzes (siehe oben). Hier lehnten sich zunächst über 30 Labour-Minister gegen die Regierung auf.

Politischer Personenkult – exzentrische Politiker

Zu Beginn des 20. Jh. war Politik noch kein Vollzeitjob, die meisten Politiker waren finanziell unabhängig und pflegten nebenbei andere Interessen. Diese unabhängigen, starken Politikerpersönlichkeiten nennt man auch „Mavericks" (ungestüme junge Rinder), da sie manchmal ein zügelloses Privatleben führen und sich durch unabhängige Gedanken und Aktionen auszeichnen. In der Geschichte der britischen Politik gibt es viele Exzentriker, die Bücher schrieben, mit Affären Schlagzeilen machten, die skurril aussahen und/oder den seltsamsten Beschäftigungen nachgingen.

Sir Winston Churchill (1874–1965) stammte vom Hochadel ab und wurde in Blenheim Palace in Oxfordshire geboren. Dies war der frühere Sitz seines Onkels, des Duke of Marlborough. Churchill durchlief die Musterkarriere der „Breed", besuchte die Schule von Harrow und beendete die königliche Militärakademie Sandhurst als Offizier der Kavallerie. Danach war er eine Zeit lang Kriegskorrespondent in Kuba und später in Südafrika. Ab 1900 hatte er einen Parlamentssitz als der konservative Abgeordnete für den Wahlbezirk Oldham. Churchill trat jedoch 1904 zur Liberalen Partei über und arbeitete im Jahr 1908 in der liberalen Regierung von Herbert Asquith mit. Auch während des Ersten Weltkrieges blieb Churchill Mitglied der liberalen Regierung, obwohl er kurzzeitig Militärdienst an der Front leistete. 1925 trat er jedoch wieder in die Konservative Partei ein und wurde im Jahr 1927 „Chancellor of the Exchequer" („Schatzkanzler"). Dann widmete er sich zehn Jahre lang der Schriftstellerei. 1939 wurde er „First Lord of the Admiralty" („Erster Lord der Admiralität", Marineminister). Als Neville Chamberlain infolge der fehlgeschlagenen Appeasement-Politik gegenüber Hitler als Premierminister zurücktrat, wurde Churchill 1940 sein Nachfolger. Seine Reden gegenüber dem Volk während des Zweiten Weltkrieges und seine Weigerung, eine Niederlage über sich und das britische Volk ergehen zu lassen, erhoben ihn in den Status eines Nationalhelden. Aus Britanniens „schwärzester Stunde" machte er die „finest hour". Nach dem Krieg musste er 1945 das Amt zunächst an den ersten Labour-Premierminister Clement Attlee abgeben. Von 1951 bis 1955 nahm er es jedoch für die konservative Regierung wieder ein. Für sein literarisches Werk „Der Zweite Weltkrieg" erhielt Churchill den Nobelpreis für Literatur. Von den Briten selbst wurde er in einer Umfrage zum größten Briten aller Zeiten gewählt.

John Profumo (1915–2006) löste 1963 die Profumo-Affäre aus, da er mitten im Kalten Krieg mit dem Showgirl Christine Keeler intim war, die auch mit dem russischen Marineattache der russischen Botschaft verkehrte. Profumo war Kriegsminister im konservativen Kabinett des Premierministers Harold Macmillan. Aufgrund des Skandals musste er wenige Monate später zurücktreten, auch das Ansehen der Partei wurde geschädigt.

Der sozialistische Aktivist und Autor **George Galloway** (geb. 1954 und einst Mitglied der Labour-Partei) war im Jahr 2004 Mitbegründer der politischen Oppositionsgruppe „Respect", die als Protest gegen den Irakkrieg entstand. Für diese Gruppe kandidierte er als Abgeordneter im Wahlkreis Bethnal

Green and Bow in London. Im Jahr 2006 nahm er an der Sendung „Celebrity Big Brother" teil. Auch hier fiel er als kontroverse Figur auf und machte Schlagzeilen. Im Jahr 2007 wurde er wegen „Respektlosigkeit" kurzzeitig aus dem „House of Commons" verbannt. Man hatte Untersuchungen gegen ihn eingeleitet, da er sich angeblich an dem Hilfsprogramm „Oil for food" selbst bereichert habe, was allerdings nie bewiesen wurde.

Den konservativen Bürgermeister von London, **Boris Johnson** (geb. 1964), könnte man seinem Auftreten nach durchaus in die linke politische Ecke stecken. Der immer etwas zerknittert aussehende Mann Anfang 40 wurde als Journalist des „Spectator" und durch einige Affären berühmtberüchtigt. Er hat z. B. auch Kulturserien im Fernsehen präsentiert und an der Show „Have I Got News For You?" mitgewirkt.

Boris Johnson

Der einzige Grund, warum *Backbencher* so agieren können, ist das Mehrheitswahlrecht. Die Abgeordneten können sicher sein, dass sie von der Mehrheit ihres Wahlkreises direkt gewählt wurden und sie stehen loyal zu ihren Wählern. Ein rebellischer *Backbencher* kann also **nicht vom Parteivorsitzenden abgesetzt werden,** sondern nur bei den nächsten Wahlen von seinen Anhängern nicht wiedergewählt werden.

Public Relations – „Spin"

Tony Blair war einer der ersten Premierminister, der die Medien dazu nutzte, seine Wählerschaft anzusprechen. *Blair* machte im Fernsehen immer eine gute Figur und achtete auf gute Kontakte zu den Medien, damit man bei Gelegenheit darauf zurückgreifen konnte. Man versuchte, nur solche Nachrichten an die Presse gelangen zu lassen, die man auch tatsächlich abgedruckt sehen wollte.

Diese **kontrollierte Medienpräsenz,** genannt *Spin* (von erspinnen bzw. erfinden), ist nichts anderes als hervorragende *Public Relations*. In den USA nennt man Medienmanipulatoren **Spin Doctors:** Sie doktorn so lange an einer Geschichte herum, bis nur noch das Positive zu sehen ist. Unter *Blair* wurde die *Spin Machine* in Downing Street No. 10 heftig kritisiert. Er versuche nur mehr das Image der Party aufzublähen, damit man die nächste Wahl gewinnen könne.

Unliebsames, was man lieber verstecken wollte, wurden an Tagen veröffentlicht, an denen es andere wichtige Nachrichten gab. Nach dem Terroranschlag am 11. September 2001 in der Wall Street in New York versandte eine Staatsbeamtin aus der Presseabteilung im Transportministerium eine E-Mail an ihre Kollegen, die darauf hinwies, dass „dies ein guter Tag sei, schlechte Nachrichten zu beerdigen". Man ging davon aus, dass die Medien voll sein würden mit der Berichterstattung über das Unglück, sodass niemand den Artikel über die neuesten Fehlschläge in der Labour-Politik lesen würde. Die E-Mail geriet jedoch an die Presse und es kam zu einem Skandal, aufgrund dessen zwei Beamte entlassen wurden.

Als *Gordon Brown* 2007 Premierminister wurde, versprach er, diese Art von Manipulation der Medien zu ändern. Leider hat sich das für ihn ins Negative verkehrt und *Brown* wird von der Presse nicht gerade mit Samthandschuhen angefasst. Seit seinem Amtsantritt hat er mit vielen negativen Kampagnen zu kämpfen gehabt. Dabei hilft es ihm nicht, dass die Labour-Partei in den letzten Jahren **zahlreiche Skandale** erlitten hat. Der Abgeordnete *David Blunkett* hat z. B. die Immigrationsbehörde bedrängt, damit sein Hausmädchen eine Aufenthaltsgenehmigung bekam, andere Politiker ließen sich auf Kosten des Steuerzahlers ihren Rasen mähen und

Verleihung von Ehrentiteln („Honours")

*Zweimal jährlich verleiht die Queen **Ehrentitel** („Honours"). Nominierungen für einen solchen Titel können von einzelnen Personen oder Organsationen erfolgen. Man kann zum Beispiel Personen vorschlagen, die sich in der Wohltätigkeitsarbeit oder im öffentlichen Leben ausgezeichnet haben, Menschen, die viele Jahre in einem bestimmten Bereich oder einer Firma gearbeitet haben oder die lange im Militär- oder Polizeidienst waren. Nominierungen werden an den Buckingham Palast bzw. Downing Street No. 10 geschickt und von dort werden dann weitere Informationen über die vorgeschlagenen Personen eingeholt. Anschließend durchlaufen die Vorschläge mehrere Komitees, bevor eine definitive Auswahl getroffen wird. Der Premierminister übergibt der Queen dann die endgültige Liste zur Genehmigung. Wenn die Ausgewählten ihre Auszeichnung angenommen haben (nur selten verweigert jemand aus Protestgründen eine solche Nominierung), werden sie zur offiziellen Verleihungszeremonie in den Buckingham Palast eingeladen.*

*Die solcherart vergebenen Verdienstorden sind z. B.: **OBE** („Order of the British Empire"), **MBE** („Member of the British Empire"), **CBE** („Commander of the Order of the British Empire"), **Knight** („Ritter", mit der Anrede „Sir") oder **Dame** (Anrede „Dame"). Außerdem gibt es **Orden für Tapferkeit** („Bravery") und **Dienst am Empire** („Imperial Service").*

*__Peerages__ sind Adelstitel, die die ernannte Person in den Stand eines **Lords** oder einer **Lady** erheben und die damit lebenslang einen Platz im „House of Lords" innehalten dürfen. „Peerages" können entweder vererbt oder verliehen werden. Die meisten „Peers" sind verdiente Politiker, die von den jeweiligen Parteien vorgeschlagen werden. Es können allerdings auch Personen ernannt werden, die keine Politiker sind.*

In den vergangenen Jahren kam es zum „Cash for Honours"-Skandal (Geld-für-Ehrentitel-Skandal), bei dem der Labour-Partei vorgeworfen wurde, sie habe Parteispendern zum Dank unverdiente Titel zugeschustert. Zu diesem Thema wurden der damalige Premierminister Blair und sein Kabinett von der Polizei befragt.

ihre Fenster putzen. Der Mann der Innenministerin *Jacqui Smith* setzte sogar die Kosten für Pornofilme mit auf seine Spesenrechnung, u. a. ein Grund dafür, dass die Ministerin im Juni 2009 zurücktrat. Zahlreiche Akten mit persönlichen Daten und Versicherungsnummern von Sozialversicherten „gingen verloren", ein *MP* ließ geheime Akten in der Bahn liegen.

Illegale Spenden für Wahlkampagnen wurden akzeptiert, die Spender dann mit Ehrentiteln belohnt. Hierfür mussten sich *Blair* und seine nahesten Ratgeber vor Gericht verantworten. Es bleibt ein bitterer Nachgeschmack, den die Bevölkerung nicht so schnell vergisst. Laut Umfragen standen Politiker noch nie so schlecht da wie zur Zeit. Weiter unten auf der Beliebtheitsskala befinden sich nur noch Immobilienmakler und Anwälte.

Ein gutes Beispiel für das **Misstrauen,** dass man Politikern gegenüber empfindet, war der Kollaps der Bank Northern Rock. Sie war das erste Opfer der Wirtschaftskrise 2008, da sie auf dem amerikanischen Immobilienmarkt spekuliert hatte und ihre Schulden nicht mehr decken konnte. *Brown* beschwichtigte die Bürger und gab zu verstehen, dass die Bank nicht untergehen würde und in guter Verfassung sei. Das Resultat war, dass Tausende von Menschen fast sofort danach ihr Geld bei der Bank abhoben und ihre Konten auflösten, was dann tatsächlich zum Bankrott von Northern Rock führte. Die Bank wurde verstaatlicht, da es keinen Käufer gab und dies der einzige Weg zu ihrer Rettung war.

Das Phänomen der „Lobbyisten"

Während die Wahlbeteiligung immer niedriger wird, engagieren sich immer mehr Menschen in Interessengruppen oder Parteien wie *UKIP (United Kingdom Independence Party),* die nur ein einziges Ziel verfolgen (in diesem Fall der Austritt aus der EU). Diese Organisationen füllen eine Lücke, die durch das mangelnde Vertrauen in die Politik entstanden ist. **Wohltätigkeitsorganisationen** *(charities)* wie die *NSPCC, RSPCA* und der *Rowntree Trust* werden immer aggressiver in ihren politischen Aktivitäten und der Art, wie man zu Spenden „ermutigt" wird. Der *NSPCC* kümmert sich zunehmend um die Belange von Kindern, die *BMA (British Medical Association)* versucht, mit ihrem Kampf gegen Verfettung und übermäßigen Alkoholkonsum die Volksgesundheit zu verbessern. *Amnesty International,* ursprünglich für politische Gefangene aktiv, beschäftigt sich nun auch mit Themen wie Gewalt in Familien und dem internationalen Waffenhandel. Der *Rowntree Trust* hat die Regierung angeklagt, nicht genug für die Bekämpfung der Kinderarmut zu tun.

Große und auch kleinere Interessengemeinschaften sind ständig in den Medien vertreten, man könnte fast sagen, sie sind überrepräsentiert. Hier wird unterschwellig Politik gemacht und die Wohltätigkeitsorganisationen kommen in den Genuss einer gewissen Unantastbarkeit. Inwischen kümmern sich Topmanager um die Spendensammlungen und die Struktur der Gemeinschaften. Der Posten an der Spitze einer humanitären Gesellschaft ist gut bezahlt und angesehen.

In den Fußgängerzonen werden Passanten teilweise regelrecht von Spendensammlern bedrängt, den sogenannten *Charity Muggers*. Man wird nicht nur um eine milde Gabe gebeten, sondern muss sich gleich in eine Mitgliederliste eintragen und seine Bankverbindung angeben. Manche Wohltätigkeitsorganisationen haben einen großen **Einfluss auf die öffentliche Diskussion.** Die Kampagne *Make Poverty History,* ins Leben gerufen von *Bob Geldof,* der auch in den 1980er-Jahren *Live Aid* gründete, wird von vielen prominenten Persönlichkeiten unterstützt. Anstatt jedoch lediglich Spenden zu sammeln, wurde ein radikales politisches Programm ausgearbeitet und den Staats- und Regierungschefs beim G-8-Gipfel (Internationaler Finanzmarktgipfel in Gleneagles, Schottland) unterbreitet. Dies war eine hochpolitische Aktion und ging damit weit über Wohltätigkeitsarbeit hinaus.

Monarchie und Alltag: Was darf die Queen?

Jedes Jahr nach der Sommerpause eröffnet die Queen mit einer Ansprache das Parlament **(State Opening of Parliament)** und berichtet darin über die geplanten Maßnahmen der Regierung für das folgende Jahr. Dieser Vortrag

„Charity Muggers" – man wird regelrecht zur Spende gedrängt

wird vom Premierminister für die Queen verfasst. Die Formulierungen orientieren sich immer noch an der Zeit, als der Monarch noch wirkliche Macht hatte. Die Verlesung der Rede wird mit großem Pomp nach alter Tradition vollzogen, was heute manchmal ein wenig lächerlich anmutet.

Die Queen begibt sich direkt in das *House of Lords* und setzt sich auf den dortigen Thron. Ihr Diener, genannt *Black Rod,* geht dann zum *House of Commons* um die *MPs* einzuladen, an der Ansprache teilzunehmen. Die Königin selbst **darf das House of Commons nicht betreten.** Dies ist ein Überbleibsel aus dem Jahr 1642, als *Karl I.* sich gewaltsam Eintritt verschafft hatte, um fünf Parlamentsmitglieder festzunehmen. (Soldaten des Königs hatten die verbarrikadierte Tür eingeschlagen und *Karl I.* setzte sich dann auf den Stuhl des Vorsitzenden.) Die Lords mit ihren weißhaarigen Perücken, gekleidet in Samt- und Hermelinroben, gruppieren sich um die Queen. Diese sitzt in voller Staatsgarderobe, angetan mit ihrer Krone, auf dem Thron, neben sich ihre Hofdamen und verliest ihre Rede. Die Mitglieder des *House of Commons* müssen sich an der Wand entlang aufstellen. Es wird ziemlich eng, da der enge altertümliche Raum mit den Sitzbänken nicht groß genug ist, um alle 646 *MPs* und die Lords zusammen zu beherbergen.

Jeden Dienstag informiert der Premierminister die Queen nach alter Tradition über anstehende politische Themen und Verordnungen. Diese Treffen haben den Charakter einer höflichen Unterhaltung, bei der die Königin freundlichen Rat aus ihrer eigenen Erfahrung gibt. Sie kann jedoch keine geplante politische Maßnahme verhindern. Die **freundlichen Teegespräche** zwischen Queen und Premierminister passen vorzüglich in die englische Kultur der Höflichkeit. Man bringt sich gegenseitig Respekt entgegen, unbenommen der eigenen politischen Überzeugung, plaudert miteinander, ohne dass umstoßende Veränderungen angezettelt werden und ohne dass einer dem anderen auf den Schlips tritt.

Der **letzte Rest königlicher Macht** kommt in der Übergangsphase zwischen der offiziellen Auflösung des Parlaments und seiner offiziellen Neubildung bei Neuwahlen zum Tragen. Während dieser Zeit muss die Queen der Tradition folgend den Vorsitzenden der größten Partei dazu auffordern, das Amt des Premierministers anzunehmen. Im Falle des unentschiedenen Ausgangs einer Wahl *(hung parliament),* muss sie entscheiden, welcher der beiden Parteivorsitzenden die besten Chancen hat, eine zukünftige Regierung zu bilden. Im Jahr 1974 trat genau solch eine Situation ein. Der konservative *Edward Heath* scheiterte mit dem Versuch, eine Koalitionsregierung auf die Beine zu stellen. Daraufhin bat die Königin auf Anraten des *Privy Council, Harold Wilson* von der Labour-Partei eine Minderheitsregierung zu bilden.

Die „neuen Elizabethaner"

Elizabeths II. Krönung 1952 traf auf ein gutes Jahr. Nach der Kriegszeit ging es endlich wieder bergauf und man blickte hoffnungsfroh in die Zukunft. In Anlehnung an das *Goldene Zeitalter* unter *Elizabeth I.* bezeichneten sich die Briten als *New Elizabethans*. Bereits unter ihrem Vater war **der Begriff der „populären Monarchie"** geprägt worden.

Die Queen ist **Staatsoberhaupt, Touristenattraktion** und **Statussymbol.** Sie ist ein Aushängeschild für das Vereinigte Königreich im Ausland, eine Botschafterin für ihre Nation und nimmt eine Schlüsselrolle in der Verfassung ein. (Siehe auch das Kap. „Demokratie ohne Verfassung".) Sie vereint die britischen Nationen und das Commonwealth. Die Queen hat in ihrer langen Regierungszeit elf Premierminister unterschiedlicher Parteien kommen und gehen sehen, der erste war übrigens *Winston Churchill*. Jedes Jahr stellt sie sich über 500 gesellschaftlichen Verpflichtungen. Sie ist die Schutzpatronin zahlloser Wohltätigkeitsorganisationen und muss eine ungeheure Anzahl an diplomatischen Essen über sich ergehen lassen. (Übrigens, wer im Vereinigten Königreich das 100. Lebensjahr erreicht, erhält eine von der Queen persönlich unterzeichnete Grußkarte.)

Die Königin gehört zu den reichsten Frauen des Großbritanniens und ist eine **weltweit angesehene Persönlichkeit.** Während viele Mitglieder der königlichen Familie in den einen oder anderen Skandal verwickelt waren oder sind bzw. in den Medien in negativer Weise von sich reden machten, hat *Elizabeth II.* sich selbst in ihrer 50-jährigen Regentschaft nie in die Nesseln gesetzt. Dafür wird ihr von der britischen Bevölkerung großer Respekt gezollt.

Öfter als jeder andere Monarch hat sie die gesamte Welt bereist. Im Alter von über 80 Jahren beginnt sie nun jedoch zögerlich, einige Verpflichtungen an ihren Sohn *Prince Charles* abzugeben. Ihre Freizeit verbringt die Queen in ihren Schlössern in Sandringham (Norfolk), Windsor (Buckinghamshire) und Balmoral (Schottland), wo sie auch schon mal mit Gummistiefeln und Kopftuch durch Matsch watet und an der Hirschjagd oder anderen traditionellen Freizeitaktivitäten teilnimmt. Wenn man den Medien glauben kann, besteht ihr Frühstück zu Hause aus Cornflakes, die sie aus einem Tupperware-Behälter zu sich nimmt.

Zu den wenigen Kritikpunkten an ihrer Person gehört, dass sie meist ein ernstes, gewichtiges Gesicht aufsetzt und nur selten lächelt.

Die Queen hat einen persönlichen Poeten, den **Poet Laureate,** der damit betraut ist, Verse für offizielle Anlässe zu verfassen. Der Dichter wird von der Queen aus einer Liste von Poeten ausgewählt, die von der Regierung zusammengestellt und mit Empfehlungen versehen wurde (das heißt,

die Queen hat eigentlich keine freie Wahl). Zu den bekannten Literaten, die den Posten in der Vergangenheit innehatten, gehörte zum Beispiel *Ted Hughes. Sir Walter Scott* lehnte den Posten ab. Die Bezahlung beträgt ca. 5000 £ pro Jahr (das liegt an der Armutsgrenze) – früher erhielt man außerdem 650 Flaschen Sherry. Nun wird im Jahr 2009 mit *Carol Anne Duffy* zum ersten Mal eine Frau *Poet Laureate.*

Die Zukunft der Monarchie

Zwei wichtige Ereignisse in den 1930er- und 1940er-Jahren übten einen nachhaltigen Effekt auf die königliche Familie aus. Das erste war die **Abdankungskrise** *Eduards VIII.,* der den Thron an seinen jüngeren Bruder *Georg VI.* abtrat. *Eduard VIII.* war ein Dandy, er hatte eine Vorliebe für schnelle Autos und Mode – er war kein Mann, der Zeremonien liebte. Zum Verhängnis wurde ihm jedoch seine antidemokratische Gesinnung. Er pflegte enge Beziehungen zu *Hitler* und man befürchtete, dass er einer Vereinnahmung durch die deutschen Faschisten wenig entgegenzusetzen haben könnte. *Eduard VIII.* entschloss sich unter dem Druck von königlicher Familie und Öffentlichkeit zur Abdankung und heiratete die bürgerliche Amerikanerin und Dame der Gesellschaft *Wallis Simpson*, mit der er bereits seit Jahren ein Verhältnis hatte. Dies wurde als Grund für die Abdankung vorgeschoben, obwohl der Hintergrund seine peinlichen Verbindungen zu den Nazis waren.

Im Gegensatz dazu war *Georg VI.* ein Familienmann mit Ehefrau und Kindern, was Stabilität vermittelte und dem politischen Klima der Zeit eher angemessen war. Als England in den Zweiten Weltkrieg eintrat, nahm er den Militärdienst auf, ebenso wie seine beiden Töchter. Im Jahr 1940, als England die Invasion drohte, wurde die königliche Familie dazu gedrängt, nach Kanada zu fliehen, aber sie weigerte sich, das Land zu verlassen und blieb den gesamten Krieg hindurch in Britannien. Während des Blitzkrieges besuchten die Mitglieder der königlichen Familie viele der am schlimmsten bombardierten Gegenden. Dies hob *Georgs VI.* Ansehen in der Öffentlichkeit. Die Queen zehrt noch heute von dem guten Willen und dem Respekt der Öffentlichkeit, den die Haltung *Georgs VI.* damals erwirkte. Bereits während des Ersten Weltkrieges hatte *Georg V.* den Familiennamen von *Sachsen-Coburg-Gotha* in **Windsor** geändert. Hiermit sollte die deutsche Herkunft versteckt und die Verbindung des Monarchen mit der englischen Nation betont werden. Man erkannte, dass in einer Zeit, in der die Monarchie als Institution vom Aussterben bedroht war, ihre Zukunft nur mit Unterstützung der Bevölkerung gesichert werden konnte.

Hin und wieder kommt es zu Diskussionen, ob die Monarchie noch zeitgemäß sei und ob ein gewählter Volksvertreter nicht ein besserer Repräsentant Großbritanniens wäre. Im Jahr 1997, kurz nach Prinzessin *Dianas* Tod, schien für viele Schwarzseher das Ende der königlichen Familie nahe. Die Queen wurde als gefühlskalte Tyrannin dargestellt, die den Tod ihrer Schwiegertochter zu verantworten hatte. Aufgrund der **Massenreaktion auf den Tod von Diana,** sahen verschiedene Zeitungen die Bürger bereits den Buckingham Palast erstürmen. Tatsächlich gab es jedoch keine Krise. Als Prinz *Charles* Jahre später seine Geliebte *Camilla* heiratete, gab es zwar eine Hetzkampagne gegen die sogenannte „Ehebrecherin", allerdings fand man sich dann recht schnell mit der neuen Situation ab.

Der **Thronfolger Prinz Charles** ist weniger zurückhaltend als seine Mutter und macht öfter von sich reden, indem er seine Meinung öffentlich äußert. Er engagiert sich für Themen wie organischer Landbau (den er selbst auch betreibt), das Bildungswesen, Religion und sogar Architektur. *Charles* repräsentiert mehrere ambitionierte Projekte und hat z. B. die Wohltätigkeitsorganisation *Prince's Trust* gegründet. Auf der einen Seite macht ihn dies populär. Auf der anderen Seite erweckt er dadurch den Eindruck, er

Parade der Guardsmen vor dem Buckingham Palast

mische sich ein und nutze seine Position zur Verbreitung seiner eigenen Ideen. Man befürchtet, dass dies zu einem Problem werden könnte, wenn er die Thronfolge antritt.

Sein jüngerer Sohn **Prinz Harry** ist einige Male durch politisch unkorrektes Verhalten negativ aufgefallen. So ging er zum Beispiel in einer SS-Uniform mit einem Hakenkreuz auf dem Ärmel zu einer Verkleidungsparty. Erst vor Kurzem geriet ein privates Video an die Öffentlichkeit, in dem *Harry* einen seiner pakistanischen Armeekameraden als „Paki" bezeichnete, was als rassistisch gilt.

Charles hat nun länger als jeder andere *Prince of Wales* darauf gewartet, König zu werden. Seine Söhne besitzen als Kinder *Dianas* eine größere Popularität als er selbst. Insbesondere der ältere Sohn **Prinz William gilt als Favorit für den Thron.**

Würde man die Monarchie abschaffen, müsste man etwas anderes und besseres an ihre Stelle setzen. Da die Öffentlichkeit im Allgemeinen keine besonders gute Meinung von Politikern hat, sieht man bisher keinen Vorteil in einem gewählten Staatsoberhaupt. Daher spricht sich die überwiegende Mehrheit der Bevölkerung nach wie vor für die Erhaltung der Monarchie aus.

Vom Minenarbeiter der 1970er-Jahre zum City Banker des 21. Jahrhunderts – Wirtschaftslage und Konjunktur

Obwohl der Zweite Weltkrieg – wie *Churchill* sagte – Britanniens *finest hour* war, erwuchsen der Nation hieraus wirtschaftlich keine Vorteile. Den traditionellen Industrien, die während der viktorianischen Ära den britischen Reichtum begründet hatten (Kohle, Schiffsbau, Stahl und Textilien), wurde mehr oder weniger die Basis entzogen. Die Konkurrenz kam hier ausgerechnet von den ehemaligen Kriegsfeinden Deutschland und Japan.

Die Ressourcen des Landes waren durch die zwei aufeinanderfolgenden Weltkriege in nur 30 Jahren erheblich erschöpft worden.

Der Niedergang der traditionellen Industrien

Im Jahr 1945 wurde die Labour-Regierung aufgrund ihres Parteiprogramms mit überragender Mehrheit gewählt. Dieses Programm richtete sich vor allem an die britischen Arbeiter, die sich im Krieg aufgeopfert hatten. Man verschrieb sich der Verstaatlichung gewisser Industriezweige und der **Schaffung eines Sozialstaates.** Im Rahmen dieser neuen Politik entstanden erhebliche soziale Ausgaben, z. B. durch die Einführung der staatlichen Gesundheitsversorgung und der Sozialfürsorge. Gleichzeitig musste man Kriegsschulden an die USA zurückzahlen.

Das Ergebnis war, dass nur wenig Geldmittel für technische Erneuerung, Forschung oder Entwicklung übrig blieben. Die veralteten Industrien stammten teilweise noch aus der Zeit Königin *Viktorias.* **Britanniens Wirtschaft befand sich auf dem Abstieg:** die Produktionsmethoden überaltert, die Technologie nicht mehr zeitgemäß, die Arbeitskraft teuer und die Preise zu hoch.

Die alte Schwerindustrie war im Norden Englands angesiedelt gewesen, hier traf die Krise die Menschen am härtesten. Ein Unternehmen nach dem anderen schloss in den drei Jahrzehnten nach 1945 seine Pforten. Viele Menschen wurden arbeitslos. Dies führte zum Aussterben ganzer Landstriche. Traditionelle Wirtschaftszweige wie die Textilindustrie oder der Schiffsbau verschwanden. Obwohl die Kreuzfahrttouristik heute, selbst in Zeiten der Wirtschaftskrise, einer der wenigen boomenden Sektoren in Britannien ist, gibt es hier keine Werft, die die Nachfrage nach modernen Kreuzfahrtschiffen erfüllen kann, sodass Aufträge nach Italien und Frankreich vergeben werden müssen. In den 1970er-Jahren verlor auch die britische Autoindustrie an Reputation. Man konnte sich nicht mit den Deutschen oder den Japanern messen, deren Autos entweder billiger oder von wesentlich besserer Qualität waren.

Die Regierung unternahm viele verzweifelte Versuche, die Bevölkerung dazu zu bewegen „britisch" einzukaufen. Doch fand man bessere und preiswertere Artikel unter den Importwaren. So verringerte sich Britanniens Anteil am Welthandel von 1950 bis 1970 von 25 % auf 10 %. Der Anteil an der weltweiten Schiffsbauindustrie fiel in der gleichen Zeit sogar von 47 % auf ganze 4 %. Das Wirtschaftswachstum des Vereinigten Königreiches lag in den Jahren von 1951 bis 1973 nur bei 3 %, während Deutschland 5,9 % und Japan 9,4 % aufweisen konnten.

Kein Wirtschaftswunder

Grundsätzlich teilten während der Nachkriegszeit alle britischen Parteien ein gemeinsames Verständnis darüber, was die **Kernelemente nationaler Politik** darstellten. Die Pflicht der Regierung war es, die Vollbeschäftigung anzustreben, die Inflation durch Tarifverträge niedrig zu halten, Zinssätze anzupassen und die Konjunktur anzukurbeln. Es gab ein Einverständnis darüber, dass Schlüsselindustrien in staatlicher Hand verbleiben sollten und dass die Regierung zur finanziellen Unterstützung dieser Industrien verpflichtet war. Dies war der sogenannte **politische Konsens** (siehe unten). Der Staat intervenierte daher oft, um bedrohte Industriezweige zu unterstützen, die ohne **Subventionen** untergegangen wären. Diese sogenannten *lame duck industries* (Lahme-Ente-Industrien) wurden durch staatliche Zuschüsse gerade so über Wasser gehalten. Die Konservativen beklagten, dass hierdurch schlechtes Management und fehlende Innovation begünstigt würden und dass Gelder von gesunden Wirtschaftsbereichen abgezweigt würden.

Es ist daher verwunderlich, dass der Premierminister *Harold Macmillan* (1957–1963) im britischen Parlament 1957 behauptete, die Briten „hätten es niemals so gut gehabt". Wenn man die Nachkriegszeit mit den vorangegangenen Jahrzehnten verglich, ging es der Bevölkerung natürlich besser: 1957 gab es eine kostenfreie Gesundheitsversorgung, annähernd Vollbeschäftigung, mehr und mehr Konsumgüter auf dem Markt und die Löhne waren so hoch wie nie. Durch die Subventionen hielt man die Arbeitslosenzahlen bis 1973 künstlich auf einem niedrigen Stand (2 % verglichen mit 13 % in den 1930er-Jahren). So waren die 1950er-Jahre für die arbeitende Bevölkerung eine Zeit des relativen Luxus. Mit dem Wirtschaftswunder in Deutschland kann man das jedoch nicht vergleichen, da es in England keine Zuwendungen für den **Wiederaufbau** gab. In vielen Bereichen erfolgte die Modernisierung daher extrem langsam. Viele Betriebe und auch Immobilien blieben teilweise noch bis Ende der 1980er-Jahre auf einem maroden Vorkriegsstandard.

Thatcher und der politische Konsens (1979–1990)

Die gesamten 1970er-Jahre waren von **Streikwellen** gekennzeichnet. Mit den mächtigen Gewerkschaften wurden Verträge über Lohn- und Preisbeschränkungen ausgehandelt, während es mit der Wirtschaft weiter bergab ging. Die Labour-Regierung weigerte sich, hieran etwas grundsätzlich zu ändern. Als **Margaret Thatcher** auf den Plan trat, erhob sie eine Umwälzung der Verhältnisse zum Programm und schlug den sprichwörtlich letzten Nagel in den Sarg der britischen Manufakturwirtschaft. Unter der konservativen Regierung vollzog man die **Wandlung hin zu einer Serviceindustrie** und von den alten Lowtech-Industrien hin zu den modernen Hightech- oder Zukunftsbranchen *(Sunrise industries)*.

Thatcher setzte konsequent eine **neue Politik** durch, die den politischen Konsens durchbrach, obwohl sie sich damit in der Bevölkerung, bei den Kollegen und natürlich bei der Opposition unbeliebt machte. Sie griff die Ideale der Nachkriegsperiode wie die Vollbeschäftigung an, indem sie den Standpunkt vertrat, die Regierung sei nicht verpflichtet, Arbeit für alle um jeden Preis zu beschaffen. *Thatcher* wollte nur noch in Industrien investieren, die eine Zukunftsperspektive boten, anstatt in solche, die nicht länger konkurrenzfähig waren.

Angesichts dieser Politik stiegen die Arbeitslosenzahlen schnell auf über zwei Millionen, was eine Verdoppelung der Zahlen unter der Labour-Regierung darstellte. In den frühen 1980er-Jahren stieg die offizielle Zahl auf 3,6 Millionen. 1983

war der Warenausstoß verglichen mit 1978 um 30 % gefallen. Ein weiteres Überbleibsel aus der Nachkriegsperiode war die Verstaatlichung von Industrieunternehmen und Unternehmen des öffentlichen Dienstes. Nach der Wahl 1983 verkaufte die konservative Regierung die meisten großen Unternehmen an private Betreiber, wie z. B. *British Telecom,* die seit den späten 1940er-Jahren vom Staat geführt worden war. Viele Menschen machten Gebrauch von dem Angebot, Aktien der Gesellschaft zu kaufen – und verkauften sie gleich wieder gewinnbringend. (Wie man weiß, geschah dies mit der Deutschen Telekom erst im Jahr 1996. Hierbei fielen allerdings die Aktien, sodass „Otto Normalverbraucher" kaum oder gar keinen Gewinn machte und sich übervorteilt fühlte.)

Diese **Politik der Privatisierung** wurde zusammen mit der monetaristischen Politik und der Befreiung der Märkte zum Markenzeichen der Thatcher-Ära und wurde später auch von der Labour-Regierung weitergeführt. Die Probleme, die die Privatisierungen im Dienstleistungssektor mit sich gebracht haben, dauern heute noch an.

Kohleindustrie und Gewerkschaftsbewegung

1984 richtete *Margaret Thatcher* ihr Augenmerk auf die Gewerkschaften, die ihrer Ansicht nach die Weiterentwicklung der Wirtschaft hemmten. Die Konfrontation wurde letztlich zwischen Minenarbeitern und der Polizei in den Kohlengruben in Mittel- und Nordengland ausgetragen.

Die Kohleindustrie hatte bereits lange vor den 1980er-Jahren gravierende Probleme, aber die Drohung von Grubenschließungen im Jahr 1983 verursachte einen Streik, der ein Jahr andauerte. Dieser führte zum **Un-**

Privatisierung der Bahn

*1993 wurden die Bahn und die Schienenbetreiber durch den „Railway Act"
der konservativen Regierung John Majors (1990-1997) privatisiert. **British Rail** wurde in mehrere Einheiten unterteilt (Infrastruktur, die Betreibung der Züge, Wartung etc.) und dann einzeln verkauft. Die Mitglieder
der Labour-Partei kritisierten, die Unterhaltung der obigen Bereiche sei
nun zwar in privater Hand, doch flössen weiterhin öffentliche Gelder in
die Bahnkasse, sodass die Regierung de facto der Geldgeber blieb - gleichzeitig aber ihren Einfluss auf die Unternehmen verloren hatte.*

*Jahrelang wurde versäumt, in die Schienenwartung und in die Wagen-
und Schienenerneuerung zu investieren. Im Jahr 2000 gab es ein **Eisenbahnunglück in Hatfield** („Hatfield Crash"), wobei man die Schuldigen
unter den privaten Eigentümern suchte, da sie aus Kostengründen wichtige
Wartungen nicht regelmäßig durchgeführt hatten. Materialermüdung der
Schienennetzwerke war für den Unfall verantwortlich. Die zuständige Betreiberfirma „Railtrack" musste eingestehen, dass unklar war, wie viele
Strecken von diesem Problem betroffen waren. „Railtrack" geriet durch den
Unfall in finanzielle Bedrängnis und wurde im Jahr 2002 von „Network
Rail" übernommen. Labour holte somit einige Kontrolle über den Bahnbetrieb wieder zurück in die öffentliche Hand, obwohl die Wartung der Schie-*

tergang einer der größten und militantesten Gewerkschaften Britanniens, der *National Union of Mineworkers* oder *NUM*.

Es gab Streikpostenketten entlang der Zechen im ganzen Norden Englands und die Bergarbeiter spalteten sich in solche, die den Streik unterstützten, und solche, die aus finanziellen Gründen weiterarbeiteten. Als
Streikbrecher hatte man kein einfaches Leben, denn die Übergriffe der
Streikenden waren extrem gewalttätig. Vielfach mussten Arbeiter mit Bussen, die von der Polizei eskortiert wurden, auf das Gelände gefahren werden. *Arthur Scargill* war von 1981 bis 2000 Präsident des Yorkshire Zweiges der *NUM*. Er war sehr umstritten und die Medien warfen ihm vor, den
Streik böswillig angezettelt zu haben. Nach einem Jahr gab die *NUM* ihre
Niederlage zu. Die Regierung zog die **Schließung der Gruben** durch und
schloss alle 170 englischen Zechen, bis auf 15, die privatisiert wurden. Genau diese systematische Schließung der Zechen hatte *Arthur Scargill* befürchtet und vorausgesagt.

Abgesehen von der aussichtslosen Position der Minenarbeiter und dem
Abstieg in die Arbeitslosigkeit ohne die Aussicht auf Neuanstellung, führte

*nen weiterhin in privater Hand liegt. Die Sicherheit wird nun von der staatlichen Organisation **Office of Rail Regulation** gewährt.*

Selbst die Konservative Partei gab zu, dass die komplette Trennung von Zug- und Schienenbetrieb keine gute Idee war und mehr Geld kostete als sie einbrachte. Dies hat letztlich auch zur Erhöhung der Fahrpreise für die Bahn geführt, die in England höher sind als irgendwo sonst in Europa. So ist es heute günstiger mit dem „Eurostar" von London nach Belgien oder Frankreich zu fahren, als z. B. von London nach Manchester, Glasgow oder Birmingham (eine Fahrt von London nach Glasgow kostet momentan 250£, während das Eurostar-Ticket nach Paris bereits ab 59£ zu haben ist). Die Qualität der Züge und der Einrichtungen an den Stationen sowie die Pünktlichkeit variieren extrem von Region zu Region, d. h. von privatem Anbieter zu privatem Anbieter (z. B. „South West Trains" im Süden und „Arriva" im Norden).

*Da öffentliche Gelder weiterhin benötigt werden, um „unprofitable", aber sozial wichtige Streckennetze weiter betreiben zu können, haben sich die Zuwendungen des Staates erhöht - nicht verringert. Obwohl die Sicherheitsbedingungen sich im Allgemeinen verbessert haben, gab es nach Hatfield einen weiteren schlimmen Unfall durch eine **Entgleisung bei Potters Bar** (2002), der das Vertrauen in die Bahn weiter erschütterte. Seit der Privatisierung wurden bei Unfällen 48 Menschen getötet und 820 verletzt.*

die Schließung eines ganzen Industriezweiges zur **Demoralisierung der Gewerkschaftsbewegung.** Seit den 1980er-Jahren haben daher die britischen Gewerkschaften erheblich an Bedeutung verloren.

Thatcher führte auch eine neue Politik zur Regulierung der Gewerkschaften ein, die deren Aktivitäten erheblich einschränkt. Von den 243 Gewerkschaften und beruflichen Verbänden, die es heute gibt, tritt daher kaum eine öffentlich in Erscheinung. Sie haben insgesamt einen wesentlich geringeren Status und Einfluss als z. B. in Deutschland oder Frankreich. In den meisten größeren Unternehmen gibt es nicht einmal einen Betriebsrat.

Arbeiter und Handwerk

Zu den angesehensten Produktionsbereichen in England gehören sicherlich das **Schneiderhandwerk** und die **Textilverarbeitung.** Die Savile Row, Londons exklusive Schneidermeile, ist für die Qualität ihrer Anzüge und Kostüme in der ganzen Welt bekannt. Der Respekt für die hier hergestell-

ten Kleidungsstücke resultiert zum einen aus der langen Tradition des Schneiderhandwerks, zum anderen gewann man Ansehen, da sich jahrhundertelang die großen und einflussreichen Persönlichkeiten Britanniens hier einkleiden ließen: Große Staatsmänner, Adlige, aber auch Entdecker und Forscher wie *David Livingstone* waren hier Kunden. In der Savile Row findet man Spezialisten sowohl für militärische Uniformen als auch für Jagdkleidung. Heute können die Kosten für einen maßgeschneiderten Anzug bis auf 20.000 £ ansteigen.

Um andere handwerkliche Berufe ist es leider nicht so gut bestellt. Es gibt viele Handwerker, die selbstständig sind und einen mehr oder weniger guten Ruf haben. Die Ausbildung variiert jedoch so stark, dass man sich bei einer Berufsbezeichnung nicht unbedingt auf ein entsprechendes Können verlassen kann. Das **Konzept der betrieblichen Lehre** ist weitgehend unbekannt. Die meisten Schulabgänger nehmen daher entweder einen Bürojob an und arbeiten sich innerhalb einer Firma nach oben oder sie absolvieren Kurse auf einem College. Verlässliches, bodenständiges Handwerk wie in Deutschland gibt es in England kaum.

Wenn man einen **Handwerker** braucht, sei dies ein Klempner, Dachdecker oder Schreiner, sieht man nicht im Telefonbuch nach, sondern man ruft Freunde und Bekannte an und lässt sich jemanden empfehlen. Bei solch einer Empfehlung aus dem Bekanntenkreis, sind die Chancen gut, dass man selbst auch gut mit diesem Fachmann fährt. Auch die Handwerker verlassen sich umgekehrt darauf, dass sich ihr guter Ruf auf diese Weise weiterträgt und sie ohne größere Werbung neue Aufträge erhalten. Der Nachteil ist, dass gute Handwerker immer ausgebucht sind und man manchmal Monate warten muss, bis sie einen Termin frei haben.

Die City und die Banken

Britannien ist heute die **fünftgrößte Wirtschaftsmacht in der Welt.** Die Nation ist konkurrenzfähig, hat einen flexiblen Arbeitsmarkt und zieht Investitionen ausländischer Unternehmen, sowie Arbeiter aus ganz Europa an. Von der traumatischen Umstellung auf eine Dienstleistungsgesellschaft hat man sich erholt. 71,8 % des Bruttosozialproduktes wird in den Serviceindustrien erwirtschaftet und nur 27,3 % in herkömmlichen Wirtschaftszweigen. Der Landwirtschaft kommt sogar nur ein Anteil von 1 % zu. Die meisten Waren werden in die europäischen Nationen exportiert (58,7 %). Import und Export aus und in die USA halten sich etwa die Waage mit 15,2 und 13,7 %.

Die **City of London** beherbergt einen der führenden Geldmärkte und den größten Devisenhandelsmarkt der Welt. Hier konzentrieren sich Bankhäuser, Anwaltsfirmen und Versicherungen. Viele der ansässigen Institutionen wurden bereits im 17. und 18. Jh. gegründet, wie z. B. die Versicherung *Lloyds* (1680), die Börse (1773) und die Bank of England (1694). Die Investmenfond-Manager mit ihren Millionenbonussen auch in Zeiten der Finanzkrise, sitzen hier in den Sushi-Bars Nase an Nase mit russischen Ölmilliardären. Die enormen Mengen an Geld, die hier hin- und herbewegt werden, lassen die Preise für die Lebenshaltungskosten in die Höhe steigen. Da es so viele überdurchschnittlich gut Verdienende gibt, steigen die Preise für Mieten und Nahrungsmittel unaufhaltsam in die Höhe. London ist daher zwar ein Paradies für Playboys und Großverdiener, aber nicht für Lehrer, Krankenschwestern, Busfahrer und die anderen Dienstleister, die die Stadt am Leben erhalten.

In der Savile Row in London

Von 1994 bis 2007 gab es eine Periode des soliden Wirtschaftswachstums von 3 % pro Jahr, die erst im Jahr 2008 von der global spürbaren Wirtschaftskrise, dem sogenannten **Credit Crunch,** etwas gebremst wurde. Momentan verlieren hier sehr viele gut Verdienende ihre Jobs, insbesondere ging es einigen alteingesessenen Banken, die schlecht spekuliert hatten, an den Kragen. Es wird geunkt, dass die *City Banker* zurzeit alles einsparen, was nicht unbedingt notwendig ist: Hierzu gehört z. B., mit der teuren Geliebten Schluss zu machen, deren Luxusappartment man bisher bezahlt hat. Außerdem geht man weniger oft zum Essen aus. Ganze Bistroketten in der Londoner Innenstadt sind aufgrund dieser Sparmaßnahmen bankrott gegangen.

Dennoch, es ist offensichtlich, dass das Geld die Stadt in den letzten zwei Jahrzehnten grundlegend verändert hat. Zu Anschauung fahre man mit einem der Ausflugsboote die Themse hinab vom Riesenrad „London Eye" nach Greenwich, an den glitzernden Türmen von Canary Wharf vorbei: Noch Ende der 1980er-Jahre war dies ein heruntergekommenes Dockgelände, jetzt steht hier ein Glas- und Stahlwunderland, das sich mit New York oder Singapur messen kann. Viele Menschen würden sagen, dass London *Margaret Thatcher* für seinen Status als **Powerhouse – Kraftwerk der Wirtschaft** zu danken habe, denn 1986 führte sie Reformen des Bankensystems ein, die den Geldverkehr vereinfachten. Auf diese Weise sollte erreicht werden, dass man mit New York und Hongkong konkurrie-

ren konnte. Auch das Börsengeschäft wurde modernisiert. Durch diese als **Big Bang** bezeichneten Maßnahmen gewann London die Vormachtstellung, die es bis heute als Finanzzentrum hat.

Eine Nation von Krämern

Napoleon bezeichnete England als eine Nation von Krämern: *„L'Angleterre est une nation de boutiquiers."* Dies war die Wiedergabe eines missverstandenen Zitates des schottischen Ökonomen *Adam Smith.* Dieser hatte geschrieben, dass eine Nation, die ein Imperium aufbauen wollte, sich durchaus von Geschäftsleuten beraten lassen sollte.

Tatsächlich gibt es heute in England **viel mehr Selbstständige und Kleinunternehmer** als z. B. in Deutschland, Italien oder Japan. Sie haben hier einen guten Stand, denn man ist nicht verpflichtet, für eine Geschäftsgründung zunächst eine Kapitaleinlage zu leisten, wie z. B. bei einer GmbH. So werden erheblich mehr Unternehmen gegründet, aber es schließen auch relativ viele schnell wieder, wenn sie nicht erfolgreich genug sind. Die kleinen und mittelständischen Firmen stellen etwa 50 % aller neuen Arbeitsplätze pro Jahr. Ein Selfmadeunternehmer der jungen Generation ist beispielsweise *Richard Branson,* dem die Virgin-Gruppe gehört. *Branson* investiert immer in das, was gerade gefragt ist. Unternehmenszweige, die keinen Gewinn mehr bringen, stößt er ab. Zur Virgin-Gruppe gehören Virgin-Mobiltelefone, Virgin-Airlines und Virgin-Züge. Zurzeit interessiert sich *Branson* für die Übernahme des Flughafens Gatwick.

Etwa 10 % der Wirtschaft werden durch internationale Firmen kontrolliert. In England gibt es keine Bestrebungen, Industrien oder Servicebetriebe unbedingt in britischer Hand zu belassen. Britanniens Industrie ist ein **internationales Gemeingut** geworden. So gehören Bereiche des Bahnfrachtverkehrs den Kanadiern und den Deutschen. Die französische Firma EDF kaufte einen Anteil von 12 Milliarden £ an der britischen Atomenergie. Wenn die Labour-Regierung ihr Einverständnis gibt, will EDF hier neue Atomkraftwerke bauen. Viele Frachthäfen befinden sich in der Hand von Dubai Ports und die Londoner Flughäfen Gatwick, Luton, Stanstead und Heathrow gehören bisher alle dem spanischen Unternehmen BAA.

Hightechindustrien

Einer der wichtigsten Grundpfeiler der Wirtschaft sind die sogenannten Sunrise-Industrien, die Zukunftsbranchen. Dazu gehört der **IT-Sektor,** der im Thames Valley (Themsetal) angesiedelt ist. (Der Vergleich zu Silicon Valley in Kalifornien ist erwünscht. Nicht umsonst hat ein Brite das *World Wide Web* erfunden ...) Hier werden zukunftsweisende Hightechprodukte entwickelt und bestehende Technologien weiter ausgearbeitet, z. B. die Erweiterung der Speicherkapazität von Mikrochips. Ein sehr erfolgreicher Zweig der digitalen Branche ist die Erfindung und Entwicklung von **Computerspielen.** Hier liegt Britannien auf dem Weltmarkt an vierter Stelle in Entwicklung und Verkauf. Der Verband verschiedener Hersteller, genannt *Games Up?,* veröffentlichte Statistiken, nach denen heute der weltweite Spielemarkt 18 Milliarden £ pro Jahr nach Britannien bringt und etwa um 9 % jährlich wächst. Einige der weltweit am besten verkauften Spiele, wie z. B. „Tom Raider" und „Grand Theft Auto", wurden in Britannien entwickelt. In britischen Universitäten werden heute etwa 81 verschiedene Kurse angeboten, die sich mit der Entwicklung, Programmierung und dem Design von Videospielen befassen. Allerdings werden viele Studios von ausländischen Unternehmen aufgekauft, da dieser einträgliche Industriezweig von der britischen Regierung zu wenig unterstützt wird. Beträchtliche Einnahmen erzielt die Unterhaltungsindustrie auch mit dem Verkauf von Unterhaltungsformaten und Musik ins Ausland.

Im Bereich der **Pharmaindustrie** kann Britannien zwei der weltweit führenden Unternehmen aufweisen: *GlaxoSmithKline* und *Astrazeneca.* Ebenso gibt es viele kleinere Firmen und Labors, die mithilfe modernster Techniken futuristische Bauelemente z. B. für die Nanotechnologie herstellen. Hier findet durchaus eine Kooperation zwischen Wirtschaftsbetrieben und Universitäten statt. Bestimmte wissenschaftliche Forschungsbereiche hat man dazu ermutigt beispielsweise der Pharmaindustrie direkt zuzuarbeiten. So werden universitäre Fachbereiche für **Gentechnologie, Nanotechnologie** oder synthetische Polymere direkt von der Industrie gesponsert.

Obwohl Britannien Nordseeöl und -gas besitzt, hat man in neuerer Zeit eher Geld in die Entwicklung von **Wind- und Wasserkraftwerksanlagen** investiert, die sich im Ausland gut verkaufen. Man hofft daher, dass man auch auf dem Sektor der „grünen Energien" einiges erreichen kann.

Britannien kann zwar nicht mit billigeren Arbeitskräften in Indien und China konkurrieren, aber die traditionelle Manufaktur macht ohnehin nur noch einen sehr kleinen Prozentsatz der Wirtschaft aus. Der Blick in die Zukunft muss sich daher auf die modernen Industriezweige richten. Hier

Newton und Darwin

Es ist vielleicht nicht verwunderlich, dass die Briten in der Forschung weit vorne liegen. Zwei der größten Wissenschaftler der Neuzeit kamen aus Britannien: Newton und Darwin. Beide definierten die Bereiche ihrer Forschung, die Physik und die Biologie, neu.

Isaac Newton (1643-1727) wurde während des Bürgerkrieges auf einer Farm in Lincolnshire geboren. Die finanzielle Unterstützung durch einen Freund ermöglichte ihm den Besuch der Universität von Cambridge, wo er 1669 Mathematikprofessor wurde. Seine „Principia Mathematica" von 1687, in der er die Gravitationsgesetze definierte, wird als das einflussreichste Buch in der Geschichte der Wissenschaft betrachtet. Die nächsten 300 Jahre der Forschung in der Physik, bis hin zu Albert Einstein, wurden hierdurch geprägt. Newton erfand auch das erste Spiegelteleskop und experimentierte mit weißem Licht und Prismen, wodurch er das Farbenspektrum entdeckte. In typisch britischer Manier war Newton ein exzentrischer Einzelgänger, der sehr zurückgezogen lebte. Er schrieb seine Entdeckungen nicht gern nieder und hielt sie manchmal für Jahre zurück. Isaac Newton wurde mit einem Staatsbegräbnis in Westminster Abbey beigesetzt - eine außergewöhnliche Ehre für einen Wissenschaftler.

Charles Darwin (1809-1882) entwickelte nach seiner Forschungsreise an die Küste Südamerikas 1831 die Theorie, dass Lebewesen sich durch Evolution verändern und dass sie durch natürliche Selektion überleben oder aussterben. Wie Newton studierte auch Darwin an der Universität von Cambridge und wie Newton ließ er sich Zeit mit der Niederschrift seiner Erkenntnisse. Er entwickelte seine Theorie bereits im Jahr 1838, veröffentliche sein Werk „On the Origin of Species" aber erst im Jahr 1859. Darwins Erkenntnisse bilden den Grundstein der modernen Biologie - und auch er erhielt ein Staatsbegräbnis in der Westminster Abbey. Im Jahr 2009 feiert die Nation den 200. Geburtstag Darwins. Weltweit finden Jubiläumsausstellungen und Festveranstaltungen statt.

spielt dann wiederum der Nachwuchs in der Ausbildung eine große Rolle, von dem allerdings nicht unbedingt genug vorhanden ist.

Problematisch ist, dass die modernen Industrieunternehmen alle **im Süden Englands** angesiedelt sind. Diese Region trägt zum Bruttosozialprodukt pro Kopf wesentlich mehr bei als jede andere Region im Vereinigten Königreich.

Im **Norden und Westen** gibt es wesentlich weniger Berufschancen, hier ist der öffentliche Sektor oft der größte Arbeitgeber (Verwaltung, Krankenversorgung und Bildung). In einigen nördlichen Gebieten gibt es ganze Straßenzüge, wo kein Anwohner mehr in einem Beschäftigungsverhältnis steht und die meisten Einwohner von der Sozialhilfe leben. Aus diesem Grund wandern immer noch sehr viele Menschen vom Norden in den Süden ab. In den nächsten zehn Jahren werden dies etwa zwei Millionen Menschen sein. Der Süden platzt derweil aus den Nähten.

Ein **weiteres Problemfeld** liegt darin, dass der mächtige Finanzsektor dem wirtschaftlichen globalen Klima unterliegt und daher, wie man im Jahr 2008 gesehen hat, keine sicheren Arbeitsplätze bietet.

Die Rolle der Medien

Britanniens Presse gehört zu einem der ältesten freien Zeitungswesen und ist bis heute noch sehr lebendig. Man hat gelernt, sich regelmäßig zu modernisieren und erst vor wenigen Jahren wurde das Format der seriösen Zeitungen an das handlichere der Boulevardpresse angeglichen und auch das Design wurde aufgepeppt. Alle Zeitungen sind **im Internet** vertreten und bieten viele zusätzliche Informationen online an.

Tageszeitungen und Boulevardpresse

Die Presse ist trotz der Konkurrenz durch die neuen Medien sehr robust geblieben. Heute lesen etwa 50 % der britischen Bevölkerung eine Tageszeitung (es werden etwa 13 Millionen Exemplare pro Tag verkauft) und 70 % eine Sonntagszeitung. Die elf Tageszeitungen des Landes kann man in drei Gruppen unterteilen.

Zur **Quality Press** (seriöse Presse) gehören *The Times, The Daily Telegraph, The Guardian* und *The Independent*. Diese Zeitungen lassen sich am ehesten mit der *FAZ* und der *Süddeutschen Zeitung* vergleichen. *The Times* und *Daily Telegraph* sind eher konservativ ausgerichtet, während *The Guardian* und *The Independent* eher linksgerichtete Blätter sind.

Dann gibt es die **Mid Market Dailies,** die Tageszeitungen, die die Mitte des Marktes abdecken, wie *Daily Mail* und *Daily Express.* Diese Zeitungen richten sich an Leser der Mittelschicht.

Die populäre oder **Tabloid-Presse** (Regenbogenpresse) richtet sich an den Massenmarkt mit *The Sun* als Marktführer mit etwa drei Millionen Exemplaren pro Tag (vergleichbar mit der Bildzeitung), an der sich *Daily Star* und *Daily Mirror* orientieren. Die Gestaltung ist vornehmlich in

Schwarz und Rot gehalten, daher sind diese Zeitungen auch als *Red Tops* bekannt. Während *The Sun* und der *Daily Star* eher rechtsgerichtet sind, ist der *Daily Mirror* mehr zur Mitte hin orientiert und bringt auch schon mal eine etwas ernsthaftere Story auf der Titelseite.

Nachdem die Zensur für Veröffentlichungen im Jahr 1669 aufgehoben worden war, konnte jeder Engländer drucken und veröffentlichen, was immer er wollte, ohne vorher eine Erlaubnis bei Staat oder Kirche einholen zu müssen. Mitte des 18. Jh. konnte man bereits von einem nationalen Zeitungswesen sprechen. Ebenso gut entwickelte sich die Lokalpresse. Die *Times* wurde im Jahr 1785 gegründet und ist damit die älteste noch existierende Tageszeitung Britanniens. Im Jahr 1805 verbreitete sie z. B. die Neuigkeiten über den Sieg in der Schlacht bei Trafalgar. *The Observer* ist die älteste **Sonntagszeitung,** etabliert im Jahre 1791, gefolgt von *The Sunday Times* im Jahr 1822. Die Zeitungsindustrie war anfangs in der Londoner Fleet Street angesiedelt, zwischen Whitehall und St. Paul's Cathedral. Später zog man nach Wapping um.

Im 19. und 20. Jh. gab es **zwei Pressebarone,** die miteinander konkurrierten: *Alfred Harmsworth (Daily Mail, Daily Mirror)* und *Arthur Pearson (Daily Express,* vormals *Morning Herald* und *Daily Herald,* später *The Sun).*

50 % aller Briten lesen eine Tageszeitung

197

In der ersten Hälfte des 20. Jh. blieb der *Daily Mirror* das meistgekaufte überregionale Blatt. Im Wesentlichen gehört das Zeitungswesen, ähnlich wie in Deutschland, heute immer noch einzelnen Unternehmern. Zur *News Corporation* des Medienmoguls **Rupert Murdoch** zählen beispielsweise *The Times, The Sunday Times, The Sun* und *News of the World*. Ihm gehört auch der Satellitensender *Sky* und die Fox-Movie-Gruppe. Die Trinity-Mirror-Gruppe hingegen verlegt den *Daily Mirror, The People* und *The Sunday Mirror*. Die Firma *Independent News & Media,* die den *Independent* herausgibt, gehört dem Iren **Tony O'Reilly.** *The Guardian* ist unabhängig und wird von einem Konzern verwaltet.

Die **Regionalpresse** ist ähnlich angelegt wie in Deutschland. Die Umsatzzahlen der *Yorkshire Post* oder des *London Evening Standards* machen den nationalen Blättern sogar manchmal Konkurrenz.

Die **wichtigsten schottischen Zeitungen** sind *The Herald* (Glasgow) und *The Scotsman,* die jeweils in Glasgow bzw. Edinburgh produziert werden, während die walisische **Western Mail** in Cardiff aufgelegt wird.

Satirische Magazine

Neben den Zeitungen gibt es mannigfache Magazine für die unterschiedlichsten Interessenbereiche, von Angeln bis Stricken. Hierzu gehören unter anderem **die satirischen Magazine.** Das älteste dieser Art war der *Punch,* der während der viktorianischen Ära gegründet wurde und mit Unterbrechungen bis ins Jahr 2002 bestand. In den 1960er-Jahren bekam der *Punch* Konkurrenz durch das Blatt **Private Eye.** Es gehörte zum Teil dem Comedystar *Peter Cook. Private Eye* erscheint noch heute alle zwei Wochen und hat seine Umlage von Jahr zu Jahr gesteigert. Hier wird gut recherchierter Journalismus mit beißender Satire gemischt. Es werden auch aktuelle, kontroverse Belange behandelt, aus denen sich die seriöse Presse heraushält. Immer wieder wird der *Private Eye* von Persönlichkeiten verklagt, die sich durch den investigativen Journalismus des Magazins angegriffen fühlen. So gab es zum Beispiel einen lang andauernden Konflikt mit dem Verleger *Robert Maxwell. Private Eye* hatte es aufgedeckt, dass er seine Angestellten ihrer Rentenzahlungen beraubt hatte. Trotz oder vielleicht gerade wegen seiner aufrechten Haltung genießen das Magazin und seine Redakteure in der britischen Öffentlichkeit großen Respekt. Der Chefredakteur, *Ian Hislop,* nimmt z. B. seit Jahren an der Comedyshow „Have I Got News For You?" teil, in der die politischen Ereignisse der Woche auf die Schippe genommen werden.

Ein weiteres satirisches Magazin ist **VIZ,** das in der Form eines Comics gestaltet ist und an das amerikanische MAD erinnert.

Fernsehen

Die *BBC (British Broadcasting Corporation)* wurde durch einen königlichen Erlass gegründet und begann ab 1936, die ersten Programme auszustrahlen. Sie finanziert sich hauptsächlich durch öffentliche Gebühren, wie auch die deutschen Fernsehanstalten. Die Gebühren machen ungefähr 1,6 Milliarden £ an Einnahmen aus, was im Vergleich zu anderen Sendern, die sich lediglich aus Werbeeinahmen finanzieren, enorm viel ist. Inzwischen häufen sich kritische Aussagen, die BBC stelle eine unfaire Konkurrenz dar und die Gebühren müssten entweder eingestellt oder zwischen verschiedenen Sendern aufgeteilt werden. Das Nichtbezahlen der Fernsehgebühren ist wie in Deutschland strafbar.

Zusätzlich erhält die *BBC* noch Einnahmen aus der Vermarktung von beispielsweise DVD-Produktionen von Comedyshows oder Fernsehserien und es werden auch Programme ins Ausland verkauft. Ähnlich wie die *ARD* nutzt auch die *BBC* verschiedene Kanäle, die Hauptsender sind *BBC1* und *BBC2*. Auf den Kanälen *BBC3* und *BBC4* werden Filme gezeigt, Dokumentationen zu speziellen Themen und Comedysendungen.

Die **Qualität der Programme** ist beachtlich und die *BBC* ist für den hohen Standard ihrer Nachrichtenprogramme bekannt, die mit als die objektivsten in Britannien und der Welt gelten. Dieser Anspruch von Objektivität bringt es mit sich, dass allen Minderheiten gleiche Rechte eingeräumt werden, weshalb oft auch die kleinsten Interessengruppen eine Chance zur Meinungsäußerung bekommen. Bei den Moderatoren gibt es sowohl eine Quote für Frauen als auch für ethnische Vielfalt.

In den 1930er-Jahren war die *BBC* auf den sogenannten **„Reithian principles"** gegründet worden. Der erste Direktor der *BBC,* Lord *Reith* (1889– 1971), erteilte dem neuen Medium die Mission, die Bevölkerung „zu informieren, zu bilden und zu unterhalten". Der Lehrauftrag wurde sehr ernst genommen. Die Verfolgung dieser Prinzipien ging so lange gut, wie sich nur eine kleine begüterte Oberschicht Fernsehapparate leisten konnte. Als jedoch der wachsende Wohlstand in den 1950er- und 1960er-Jahren in fast jedes Wohnzimmer einen Fernseher brachte, machte sich das Gefühl breit, die *BBC* sei elitär. Sie schreibe den Menschen vor, was sie sehen sollten, anstatt das zu zeigen, was man wirklich sehen wollte. Um Zuschauer zu gewinnen und zu halten, beugte sich die *BBC* schließlich mehr und mehr dem populären Geschmack.

Dies rief Sittenwächter wie *Mary Whitehouse* (1910–2001) auf den Plan. Sie gründete in den 1950er-Jahren die *National Viewers and Listeners Association,* um gegen den von ihr so betitelten „Schmutz" auf den Fernsehkanälen zu kämpfen. Obwohl man sich heute über *Whitehouse* lustig

Fernsehunterhaltung für jedermann

Viele in Deutschland bekannte (und beliebte) serielle Formate wie „Big Brother", „Deutschland sucht den Superstar" („X-Factor" und „Pop-Idol"), „Wer wird Millionär?" („Who wants to be a millionaire?"), „Super Nanny" und „Das Supertalent" („Britain's Got Talent") wurden in England entwickelt und von hier aus erfolgreich verkauft. 52 % aller Unterhaltungsprogramme weltweit basieren auf britischen Vorlagen. Großbritannien führt damit den Weltmarkt an, vor den USA und den Niederlanden.

*Wachsender Beliebtheit erfreuen sich außerdem **Kochshows**. Jamie Oliver, Gordon Ramsey, James Martin und Nigella Lawson wollen vor allem der jüngeren Generation beibringen, wie man (schnell) etwas leckeres Kochen kann. Bemerkenswerterweise sind allerdings in letzter Zeit auch die Verkaufszahlen für Fertiggerichte gestiegen. Ob das wohl bedeutet, dass man sich die Programme zwar ansieht, aber dann doch nicht selbst zum Kochlöffel greift?*

*Bis vor Kurzem gab es außerdem eine Flut von Sendungen, die sich um den Umbau und **das Design von Häusern** und Eigentumswohnungen bzw. von den dazugehörigen Gärten drehten. Viele Engländer spekulieren mit Immobilien, d. h., sie kaufen diese billig auf, richten sie neu her und verkaufen sie mit Gewinn. In den letzten zehn Jahren gab es einen Boom auf dem Immobilienmarkt, daher konnten sich viele ein Zweithaus leisten, das sie entweder vermieteten oder gewinnbringend verkauften. Seit es mit der Konjunktur bergab geht, haben diese Fernsehprogramme allerdings stark nachgelassen. Ebenfalls in diese Sparte*

macht, gibt es immer noch **Einschränkungen für den Gebrauch von** Fluchwörtern. Zur Hauptsendezeit (vor 21 Uhr) werden bestimmte Wörter (z. B. *fuck*) durch einen Piepton ausgeblendet. Einen Skandal verursachte ein Fernsehinterview mit den *Sex Pistols* in der beliebten Show „Today" im Jahr 1976. Während des Interviews benutzten die Sänger in einem Wortgefecht mit dem Moderator mehrere Schimpfwörter. Dies führte zu einem Aufschrei in der Presse – und beendete die Karriere des Moderators. Im Jahr 2008 wurden der Radiomoderator *Jonathan Ross* und der Komiker *Russel Brand* gemaßregelt, da sie sich über eine Entscheidung des Produzenten, Inhalte zu zensieren, hinweggesetzt hatten. Während einer Radiosendung hatten *Ross* und *Brand* obszöne Anrufe auf dem Anrufbeantworter eines Schauspielers hinterlassen. Dies führte dazu, dass *Jona-*

fallen Sendungen über Menschen, die sich ihren „britischen Traum" erfüllen und von der Stadt aufs Land ziehen, um mehr Lebensqualität zu erreichen.

*Die **Soap-Opera** (Seifenoper) hat im britischen Fernsehen und Radio einen großen Stellenwert. Die erste erfolgreiche „Soap", „Coronation Street", spielte in einem alten Arbeiterviertel in Nordengland. Es folgten „Emmerdale", in einem bäuerlichen Dorf in Yorkshire angesiedelt, oder die erfolgreichste Serie „EastEnders", die in einem leicht heruntergekommenen Vorort des Londoner Ostends spielt. Hier wird das nostalgische Bild eines Englands gezeichnet, das es so schon lange nicht mehr gibt. Die „Soaps" sind fast das einzig „Bierernste" im britischen Fernsehen und Radio. Hier werden Themen wie Vergewaltigung, Homosexualität, Inzest, Teenagerschwangerschaft, Kriminalität etc. auf unrealistische, aber umso ernstere Weise abgehandelt.*

*Was die Briten jedoch am besten können, ist **Comedy**. Hier wird immer ein bestimmter Standard gewahrt. (Siehe auch Kap. „Comedy".) Für einen Nichtbriten, der nur sein Schulenglisch beherrscht, wird es einige Zeit dauern, bis er den Slang und die vielen kulturellen Hinweise und Andeutungen versteht, mit denen hier um sich geworfen wird. Leider gibt es einen Trend weg von der visuellen Comedy vom Typ Slapstick hin zu mehr Wortwitz bzw. Anspielungen auf Besonderheiten des britischen Lebens und der Medien, was es für Außenstehende natürlich schwieriger macht, die Komik auf Anhieb zu verstehen.*

than Ross, einer der bekanntesten Radio- und Fernsehmoderatoren in Britannien für mehrere Monate suspendiert wurde.

In den 1970er-Jahren hatte sich die *BBC* vornehmlich auf aktuelle politische Themen konzentriert, d. h., die **Regierungspolitik wurde analysiert** und in ganzen Programmreihen versuchte man, dies den Zuschauern zugänglich zu machen. Heutzutage hätten es solche Programme sehr schwer, überhaupt eine angemessene Zahl von Zuschauern zu erreichen.

Die größte Änderung im Medium Fernsehen in den letzten Jahren ist sicherlich der enorme Zuwachs neuer Privatsender auf Kabel und Satellit, was zu einem verstärkten **Kampf um Einschaltquoten** geführt hat. Momentan liegt die Zuschauerquote der *BBC* bei 28 %. Ihr größter Konkurrent ist der Sender *ITV (Independent Television),* gegründet 1955, der un-

gefähr 22 % der Zuschauer erreicht. Dieser Sender finanziert sich ausschließlich durch Werbung und ist in 14 Regionalsender unterteilt. 1984 wurde *Channel 4* gegründet, dessen Quote bei 11 % liegt. Im Jahr 1997 kam dann auch noch *Channel 5* hinzu, der etwas moderner sein will und seine Programme recht kommerziell aufmacht.

Während sich in den letzten Jahren die Zusammensetzung der Programme zwar nicht grundsätzlich geändert hat (Nachrichten, Dokumentationen, Serien, Filme, Quizshows, Reality TV), so hat sich doch die Kultur des Fernsehens deutlich gewandelt.

Radio

Der Rundfunk ist wahrscheinlich das in Bezug auf Stil und Inhalt am breitesten gefächerte Medium in Britannien. Der Grund hierfür ist, dass die Produktion von Radiosendungen im Vergleich zum Fernsehen immer noch relativ preiswert ist. Dies bedeutet auch, dass Stationen, die sich nur an kleine Interessengruppen wenden, trotzdem relativ erfolgreich überleben können.

Auch bei den nationalen Radiosendern gibt es eine Unterteilung in *BBC Radio 1, 2, 3* und *4*. Außerdem gibt es noch den Sender *Radio 5 Live,* der auschließlich Sportnachrichten ausstrahlt. Abgesehen von den BBC-Sendern gibt es drei weitere nationale Sender: *Classic FM* (ein Klassiksender), *Absolute Radio* (Mittelwellesender mit Musik und verschiedenen Programmen) und *talkSPORT* (Sportsender).

BBC Radio 1 ist der junge „Popsender", der kommerzielle Musik aus den Charts und angesagte Bands spielt. Er erreicht ungefähr 11 Millionen Zuhörer pro Woche. Als der Sender in den späten 1990er-Jahren eine experimentelle Phase durchlief und Gangsta Rap und R'n'B spielte, strömten viele über 30-jährige Hörer zu den anderen BBC-Stationen. Hiervon profitierte besonders **Radio 2,** der lange Jahre als altmodisch verschrien war. Das Programm ist heute auf eine Hörerschaft ab 30 Jahren ausgerichtet, hier laufen auch Stücke, die für Radio 1 nicht angesagt genug sind. Man koppelt Musik mit Informationen und es gibt Dokumentationen z.B. über die Geschichte des Rock'n'Roll oder Features zu bestimmten Bands. Radio 2 hat sich inzwischen zu einem wahren Konkurrenten zu Radio 1 entwickelt.

Auf **Radio 3** laufen Klassik, Moderner Jazz und andere ausgefallene Musikrichtungen. Hier werden kulturelle Veranstaltungen ausgestrahlt, wie z.B. die *BBC Proms,* Opernpremieren etc.

Einige der Fans von **Radio 4** würden argumentieren, dass allein dieser Sender die Gebühren rechtfertige. Das Programm ist recht anspruchsvoll und bietet eine sorgfältig zusammengestellte Mischung verschiedener

Das BBC-Gebäude in London

Der „Shipping Forecast"

Ein einzigartig skurriles britisches Programm, dass man sich auf jeden Fall anhören muss, ist der „Shipping Forecast" (Wetterbericht für die Schifffahrt). Viermal täglich wird dieser Bericht vom Wetteramt auf BBC Radio 4 ausgestrahlt, und zwar um 0.48 Uhr, 5.20 Uhr, 12.01 Uhr und 17.54 Uhr. Als man versuchte, die Sendungen auf andere Tageszeiten zu verlegen, gab es Proteste. Hier wird die jeweilige Wetterlage für die 30 Seeregionen um Britannien angegeben - wichtige Informationen für Inselbewohner! Die Details umfassen Sichtverhältnisse, Windgeschwindigkeit und -richtung, Niederschlag etc. Dies verschafft dem Zuhörer einen 360-Grad-Blick rund um die Insel, sodass man immer genau weiß, welches Wetter wo herrscht und welches von woher kommt. Allein die Bezeichnung der Seeregionen ist abenteuerlich: Viking, North Utsire, South Utsire, Cromarty, German Bight, Rockall, Fitzroy, Trafalgar. Eine Ansage kann sich etwa so anhören: „Faroes, north-west backing south-east three, increasing five or six. Thames, Dover, Wight, southwesterly veering north-westerly five or six, decreasing four, moderate, becoming good." („Faroer Inseln, nordwestlich, rückdrehend südöstlich drei, ansteigend fünf oder sechs. Themse, Dover, Wight südwestlich abdrehend nordwestlich fünf oder sechs, abnehmend vier, gemäßigt, später gut.")

Für alle, die zur See fahren, ist diese Vorhersage oft lebenswichtig. Laien lauschen der monotonen und beruhigenden Stimme der Sprecherin Jane Watson vor allem wegen der poetischen Qualität der Ansage. Dies macht den „Shipping Forecast" zu einer der beliebtesten Radiosendungen und er wird als eine britische Institution angesehen.

Sendungen, die oft gar keinen Zusammenhang haben. Der Sender ist eine der letzten Bastionen in der *BBC,* der die *Reithian Principles* verfolgt. Kritische Stimmen plädieren dafür, dass er ein breiteres Publikum erreichen sollte. Wann immer jedoch eine Änderung des Sendeformats vorgeschlagen oder angedacht wird, erhebt sich ein lautstarker Widerstand in der Hörerschaft: Als ein Produzent von Radio 4 im Jahr 2006 vorschlug, die Melodie zu ändern, die den Sendeauftakt um 6 Uhr morgens einleitet, gab es massiven Protest. Dieses Musikstück wurde in den 1960er-Jahren komponiert und seitdem jeden Tag gespielt.

Radio 4 sendet aber nicht nur intellektuelle Programme, es produziert auch **einige der besten Comedyshows,** die zuerst hier ausgestrahlt werden und dann auf andere Kanäle wandern oder im Fernsehen gezeigt werden. Auch beliebte Sendungen wie „Little Britain" und „The Mitchell and Webb Sound" begannen hier. Das Comedyquiz „I'm Sorry I Haven't a Clue", „Just a Minute" oder die politische „Now Show" laufen bereits seit mehreren Jahrzehnten. Beide Sendungen gehören zu dem Komischsten was Britannien überhaupt zu bieten hat. Trotz der langen Laufzeit wurde hier durch das Festhalten am alten Format die Qualität gewahrt.

Diese Sendungen sind nicht die einzigen, deren Formate bereits seit Jahrzehnten existieren und den dort Mitwirkenden ein Auskommen auf Lebenszeit bieten. Weshalb man auch sagt, wer für die *BBC* arbeitet, hat seine Rente gesichert. Dass sich die Programme so lange halten können, liegt letztlich auch an der großen Loyalität der Hörerschaft. Der Rekord für **die älteste Serie der Welt** wird ebenfalls von Radio 4 gehalten: Die „Archers", ein Drama über die Bewohner eines kleinen Dorfes irgendwo in England, läuft bereits seit 60 Jahren – jeden Tag eine Viertelstunde lang.

Auf einer Reise von London nach Glasgow fährt man durch die Einzugsgebiete Hunderter verschiedener Radiostationen, von denen jede ihren eigenen Stil hat. Wenn man hier zuhört gewinnt man durchaus einen Einblick in die kulturellen Unterschiede und besonderen Belange der jeweiligen Region.

Natürlich hat auch die *BBC* **Regionalprogramme,** die je nach Region sehr verschiedene Inhalte bieten. Einige der BBC-Regionalsender sind scheinbar in einer Zeitschleife hängengeblieben: Man fühlt sich in die 1950er-Jahre zurückversetzt, mit altmodischen Sprechern und Programmen, in denen Anrufer stundenlang darüber reden, was es abends zu Essen gab etc. Oft sind diese Anrufer in ihrer Region und dem Radiosender bekannt (sogenannte *Cranks,* Sonderlinge oder Spinner, die aus Gewohnheit anrufen) und so finden Gespräche unter „alten Freunden" statt. Man kann hier gut 30 Minuten lang zuhören, ohne dass irgendetwas von Bedeutung gesagt wird. Diese Art von Radiounterhaltung ist oft das Thema von Comedysketchen.

KULTURERBE UND POPKULTUR

Kunst und Kultur ist Teil des täglichen Lebens und abgesehen von den großen Bühnen gibt es viele Amateurklubs für Theater, Musik und Literatur, die sich z. T. selbst finanzieren oder gefördert werden. Fördergelder gibt es von den **Arts Councils** für England, Schottland, Wales und Nordirland. Sie unterstehen dem Kultusministerium und haben die Aufgabe, öffentliche Gelder unter den Institutionen zu verteilen. Diese Beiträge sind allerdings wesentlich geringer, als Kulturstätten z. B. in Deutschland erhalten. Als Alternative zur staatlichen Förderung können kulturelle Organisationen beträchtliche **Zuschüsse aus Lotteriegeldern** *(National Lottery)* erhalten. Hierfür kann man sich bewerben und es werden unterschiedliche Geldmengen für verschiedene Projekte zugestanden.

Vivienne-Westwood-Shop in Leeds

Das britische Kulturerbe aus Mittelalter und Klassik kann sich mit herausragenden Werken der Malerei oder der klassischen Komposition aus dem kontinentaleuropäischen Raum kaum messen. Erst das Zeitalter der Industrialisierung führte im 19. und 20. Jh. zu einer regelrechten kulturellen Explosion. In moderner Kunst, Architektur und Design ebenso wie in der populären Musik ist Britannien **heute eines der führenden Länder der Welt.** Es finden jährlich etwa 500 Festivals für klassische Musik, Literatur und Dichtung, Pop- und Rockmusik statt, die zu einem festen Bestandteil des kulturellen Lebens geworden sind. Veranstaltungen wie die *BBC Proms* werden in die ganze Welt ausgestrahlt und sind damit auch ein wichtiger Wirtschaftsfaktor, ebenso wie die zahlreichen Popfestivals, z. B. das Glastonbury Festival, die jedes Jahr Hunderttausende von Besuchern anziehen. Der Übergang von der klassischen zur populären Kunst ist flie-

Lesen oder lesen lassen?

*27 % aller Briten geben laut einer Meinungsumfrage des Forschungsinstitutes „YouGov" an, noch nie einen Klassiker gelesen zu haben. Doch sind auch sie oft aus populären Adaptionen mit den Inhalten vertraut. In der BBC gibt es eine **lange Tradition der Klassikerverfilmungen,** darunter sind Werke von Dickens, Jane Austen, den Brontë-Schwestern, Thomas Hardy und Elizabeth Gaskell. Die hohe Qualität der Verfilmungen ist unstreitbar und es wird sehr werknah gearbeitet. Der Text wird oft Wort für Wort der klassischen Vorlage entnommen und es gibt eine große Liebe zur originalgetreuen Darstellung von Kostüm- und Ausstattungsdetails. Abgesehen von den Inhalten der literarischen Vorlagen, findet sich hierbei ausreichend Gelegenheit, ein verklärtes Idealbild von der britischen Vergangenheit zu zelebrieren. Das sogenannte „Period Drama" (historisches Drama) zeigt oft eine pastorale Idylle einer besseren Welt, in der Moral und Etikette noch stimmten.*

*Statt die Bücher zu lesen, die auf dem Lehrplan stehen, schauen sich viele Jugendliche lieber die modernen Adaptionen an und behaupten dann, die Klassiker zu kennen. Einer von zehn Briten gibt zu, auf diese Weise geschummelt und sein Examen mit Literaturkenntnissen aus zweiter Hand bestanden zu haben. Man schaut sich nicht nur die Verfilmungen der BBC an, sondern greift auch auf **amerikanische Kassenschlager** zurück, die klassische Vorlagen in einen modernen Kontext bringen. „Ten Things I Hate*

ßend und man geht auch mit der „erhabenen" Kunst unbekümmert um. Für einen Theaterbesuch zieht man an, was man will, denn der Kunstgenuss hat nichts mit dem Aussehen zu tun.

Shakespeare, Dickens, Austen & Co.

Auch die Briten sind ein Volk von Dichtern und Denkern. Vielleicht gibt es daher auch so viele Anknüpfungspunkte zwischen der deutschen und der britischen Kultur. Engländer sind für ihre Wortgewandtheit bekannt, hier hat das Land seit *Chaucers* Zeiten („The Canterbury Tales", 1387) viele herausragende Talente hervorgebracht, deren Werke weltweit gelesen werden.

About You" („Zehn Dinge, die ich an Dir hasse", 1999) basiert auf Shakespeares „Der Widerspenstigen Zähmung" und „Clueless" („Clueless, was sonst?", 1995) auf dem Roman „Emma" von Jane Austen. Einige Klassiker sind Teil der Allgemeinbildung geworden, wie Dickens' „Oliver Twist", der immer wieder neu verfilmt wird und seit Jahren auch als Musical läuft.

Viele Briten glauben, dass sich Inhalte der Klassiker in verschiedenen **Aspekten des modernen Lebens** *widerspiegeln. 16 % der befragten Frauen gaben 2008 in einer Umfrage von „YouGov" an, ihr Lieblingsroman sei „Pride And Prejudice" von Jane Austen. Deren Charaktere beschäftigen sich beispielsweise hauptsächlich damit, wie man sich gut und wohlhabend verheiratet. Hier zogen 30 % der Befragten eine Parallele zu den modernen WAGs. (Siehe das Kap. „Der reiche Mann im Schloss, der Arme vor dem Tor - moderne Klassenunterschiede".)*

54 % aller Befragten standen auf dem Standpunkt, das Britannien von Dickens sei in der modernen exzessiven Trinkkultur des „Binge Drinking" wiederauferstanden. 47 % glaubten, dass viele junge Menschen an einem „Peter-Pan-Syndrom" leiden, da sie nicht erwachsen werden möchten, so wie der Held in J. M. Barries Roman „Peter Pan, or The Boy Who Wouldn't Grow Up". 61 % aller Befragten stimmen damit überein, dass zu viele Menschen heute mit ihrem Äußeren und ihren Besitztümern beschäftigt seien, wie die Titelfigur „Dorian Gray" in Oscar Wildes Roman.

Klassiker und Nobelpreisträger

Zu den wichtigsten literarischen Bewegungen gehören z. B. die der Romantik zugerechneten und miteinander befreundeten **Lake Poets** (so genannt, weil sie alle im Lake District lebten): *William Wordsworth* (1770–1850), sein bekanntestes Gedicht ist wohl „I wandered lonely as a cloud", *Samuel Taylor Coleridge,* bekannt für die Gedichte „Khubla Khan" und „Rhime of the Ancient Mariner" und *Lord Byron* (1788–1824), zu dessen Werken gehört z. B. *Don Juan. Coleridge* und *Wordsworth* beschäftigten sich intensiv mit deutscher Literatur und Philosophie wie beispielsweise den Werken von *Schlegel* und *Kant. Coleridge* übersetzte einen Teil der Wallenstein-Trilogie von *Friedrich Schiller* ins Englische.

Virginia Woolf (1882–1941, z. B. „Orlando", 1928, verfilmt 1993 und „Mrs. Dalloway", 1929, verfilmt 1997) war Mitbegründerin der **Bloomsbury-Gruppe** (bezogen auf den Londoner Stadtteil Bloomsbury). Diese war ein loser Zusammenschluss befreundeter Autoren wie *Woolf, Edward Morgan Forster* (1879–1970, z. B. „Howard's End", 1910, als „Wiedersehen in Howard's End" 1999 verfilmt und „A Passage to India", 1924, als „Reise nach Indien" 1985 verfilmt), Künstler und Intellektueller wie dem Ökonom *John Maynard Keynes* (Begründer des „Keynesianismus" und einer der Mitbegründer des „Arts Council of Britain"), der Malerin *Vanessa Bell* (1879–1961, Schwester von *Virginia Woolf*) und anderen.

Nobelpreise für Literatur erhielten u. a.: *Rudyard Kipling* (1865–1936) im Jahre 1907 für sein Gesamtwerk, das zum Beispiel „The Jungle Book" („Das Dschungelbuch") und Prosawerke umfasst. Sir *Winston Churchill* bekam den Preis im Jahr 1953 für „The Second World War" („Der Zweite Weltkrieg"). *William Golding* (1911–1993) wurde 1983 für das Buch „Lord of the Flies" („Herr der Fliegen") mit dem Nobelpreis ausgezeichnet. *Harold Pinter* (1930–2008) wurde im Jahr 2005 als einflussreichster Theaterdramatiker seiner Zeit geehrt. Zu seinen Werken gehören „The Lover" („Der Liebhaber"), „Moonlight" („Mondlicht") und Prosawerke. *Doris Lessing* (geb. 1919) wurde der Preis 2007 für die kritische Beobachtung der Gesellschaft unter besonderer Berücksichtigung der Rolle der Frau überreicht. Zu ihren Werken gehört „The Grass is Singing" („Afrikanische Tragödie"), „The Golden Notebook" („Das goldene Notizbuch") und „The Good Terrorist" („Die Terroristin").

Von den 41 Autoren weltweit, die am meisten in andere Sprachen übersetzt werden, stammt ein Drittel von den britischen Inseln. Hierzu gehören natürlich Klassiker wie *William Shakespeare* (1564–1616) und *Charles Dickens* (1812–1870), deren Bedeutung als **Kulturexport,** aber auch als Stützpfeiler der literarischen Tradition nicht zu unterschätzen ist. **William**

Shakespeare ist in der ganzen Welt aufgrund seiner einzigartigen Sprachvirtuosität bekannt und seine Verse werden in Hunderten von Sprichwörtern verwendet. Er ist gleichzeitig auch der weltweit am häufigsten gespielte Bühnenautor.

Charles Dickens begründete mit bekannten und ebenfalls auf der Bühne bzw. im Fernsehen aufgeführten Werken wie „Hard Times", „David Copperfield", „Oliver Twist" den sozialkritischen Roman. *Dickens'* Werke sind oft sehr sentimental, vielleicht ist es gerade dieser Aspekt, der sie auch heute noch für so große Bevölkerungsschichten attraktiv macht.

Populäre literarische Figuren und Werke

Die Liste von britischen Literaten, die die meisten Deutschen kennen und deren Protagonisten ins allgemeine Wissensgut übergegangen sind, ist schier endlos. Diese literarischen Figuren haben die Jahrhunderte überdauert und sind als **Archetypen** in vielen Genres verarbeitet worden.

Daniel Defoes (1661–1731) **Robinson Crusoe** war eines der ersten literarischen Werke, das man dem Romangenre zurechnen kann. Unter den schottischen Autoren finden sich z. B. *Robert Louis Stevenson* (1850–1894), der für „Die Schatzinsel" und **Dr. Jekyl und Mr. Hyde** verantwortlich zeichnet. *Walter Scott* ist vor allem für **Ivanhoe** berühmt und seine Werke, wie „Rob Roy" (über den schottischen Nationalhelden), prägten lange Zeit das stereotype Bild der Schotten in England.

Die britische Kriminalliteratur gab der Welt einige ihrer bekanntesten Detektive wie *Arthur Conan Doyles* (1859–1930) **Sherlock Holmes** und *Agatha Christies* (1890–1976) **Miss Marple** und **Hercule Poirot** sowie

Rabbie Burns

*Robert („Rabbie") Burns (1759-1796) ist noch heute als Nationaldichter der Schotten bekannt und wird jedes Jahr am 25. Januar (dem angenommenen Geburtstag des Dichters) in der **Burns Night** gefeiert. Schotten zelebrieren ihren Nationalhelden in dieser Nacht mit Lesungen, „dinner parties" und viel Alkohol. Diese Tradition wurde 1796 von Freunden Burns' nach dessen Tod ins Leben gerufen und hat sich im Laufe der Jahre zu einer Veranstaltung gewandelt, in der „echtes Schottentum" gefeiert wird. Zu den berühmtesten Werken des Dichters gehört sicher der Liedertext „Auld Lang Syne" („Längst vergangene Zeiten"), der traditionellerweise zum Neujahrsbeginn gesungen wird.*

den bekanntesten Spion der Welt: **James Bond** aus den Romanen von *Ian Fleming* (1908–1964).

Es gibt auch eine lange Tradition der fantastischen Literatur, beginnend mit der sogenannten *gothic literature* (den Schauerromanen), wozu auch *Mary Shelleys* (1797–1851) **Frankenstein** gehört. Jedem bekannt ist auch der **Dracula** des Iren *Bram Stoker* (1847–1912). Literarischen „Nonsens" verzapfte *Lewis Carroll* (1832–1898) mit seinem Werk **Alice im Wunderland,** das sicher ebenso viele Kinder kennen wie den oben erwähnten **Peter Pan.** Science-Fiction-Autoren wie *H. G. Wells* (1866–1946): „Die Zeitmaschine", „Die Insel des Doctor Moreau" und „Krieg der Welten"; *Aldous Huxley* (1894–1963): „Schöne neue Welt"; und *George Orwell* (1903–1950): „Animal Farm" und „1984"; sind nicht nur Klassiker des Genres, sondern lieferten mit ihren Werken die Vorlage für viele Science-Fiction-Filme. *J. R. R. Tolkiens* (1892–1973) **Herr der Ringe** ist die Mutter aller Fantasy-Romane und *J. K. Rowlings* (geb. 1965) trat mit ihren „Harry Potter"-Geschichten in seine Fußstapfen.

Theater, Oper, Musical, Tanz

Das Theater gehört zu den bevorzugten Kunstformen der Briten. Die Verehrung des Nationalhelden *Shakespeare* bewirkte in der Bevölkerung Respekt für das Theater und für die Schauspielkunst im Allgemeinen. *Shakespeare*s Erbe wird von der **Royal Shakespeare Company** in Stratford-upon-Avon, im Londoner **Globe Theatre** und mittels aktueller Produktionen in vielen Theaterhäusern im ganzen Land aufrecht gehalten. Stücke von Autoren wie *Oscar Wilde, Noel Coward* und *Tom Stoppard* werden ebenfalls auf den etwa 300 Bühnen des Landes gespielt. Daneben gibt es zahlreiche kleinere Spielflächen in Pubs und anderen Organisationen sowie viele Amateurtheaterbühnen.

Klassische Musik wird z. B. beim **Glyndebourne Festival** zelebriert oder auch bei den **BBC Proms.** Ebenso gibt es eine lebhafte **Szene für modernen Tanz** mit zahlreichen Ensembles in verschiedenen Landesteilen und Theaterhäusern, die sich hierauf spezialisiert haben, wie z. B. das Saddler's Wells Theater in London.

Britische Schauspieler genießen in der Welt großes Ansehen. Sie gelten als die am besten ausgebildeten Darsteller der Welt und die *RADA (Royal Academy for Drama and Arts)* ist international anerkannt. Angesehene Akteure werden von der Queen für ihre Verdienste um die Nation geadelt. Die klassisch ausgebildeten Schauspieler sind auch in Hollywood gefragt und haben Oscars gewonnen (wie z. B. *Helen Mirren* 2007 und

Kate Winslet 2009 jeweils für die beste weibliche Hauptrolle), manche drehen einen Großteil ihrer Filme dort bzw. sind ganz dorthin gezogen (z. B. *Rachel Weisz, Emma Thompson, Gary Oldman* oder *Alan Rickman*). Umgekehrt gastieren viele amerikanische Darsteller auf den Londoner Bühnen in besonders angesagten Produktionen und bescheren ausverkaufte Säle.

Das Theater der Royal Shakespeare Company in London

Im Londoner West End gibt es seit etwa zwanzig Jahren einen Überschuss an kommerziellen Musical-Theatern. Über die Qualität der hier fast schon wie am Fließband produzierten Shows kann man sich streiten. Viele der Produktionen stammen aus der Feder von **Andrew Lloyd Webber** (geb. 1948): „Cats", „Les Misérables" und „Miss Saigon". Auch ältere amerikanische Musicals werden neu produziert und namhafte Rockmusiker versuchen, hier Fuß zu fassen. Gute Beispiele dafür sind *ABBAs* „Mamma Mia" und von der Gruppe *Queen* die Rockoper „We Will Rock You". Letztere erhielt zwar furchtbare Kritiken, war aber auch nach vier Jahren Laufzeit noch jede Nacht ausverkauft.

Im Jahr 2007 wurden die staatlichen **Subventionen** für Kunst und Kultur erheblich vermindert. Für viele kleinere Theater und Schauspielgruppen bedeutete dies das Aus. Renommierte Spielstätten wie das *National Theatre* und die *Royal Shakespeare Company* erhalten natürlich auch weiterhin Zuschüsse. Es gibt die Überlegung, dass Theaterbühnen, die das Publikum durch attraktive Produktionen anziehen, sich mithilfe von Sponsoren etc. teilweise oder auch ganz selbst finanzieren müssen. Kommerzielle Theater, wie z. B. die Musical-Häuser, haben damit kein Problem, Theater mit speziellem Programm dagegen schon. Letztendlich hat avantgardistisches und experimentelles Theater immer das Problem, die Säle zu füllen. Deutschen Besuchern wird auffallen, dass die **Eintrittspreise** für die Aufführungen im Schnitt wesentlich höher sind als zu Hause. Teilweise haben sich Lobbygruppen und Initiativen gebildet, die versuchen, einige Theater vor dem Untergang zu retten. Der Schauspieler *Kevin Spacey* beispielsweise hat das angesehene **Old Vic** in London wiederbelebt, das nicht zuletzt aufgrund seines eigenen Ansehens als Charakterdarsteller einige Erfolge verzeichnen kann. Obwohl amerikanischer Immigrant, ist *Spacey* zu einem Sprachrohr für die Schauspieltradition in England geworden und gehört zu den schärfsten Kritikern der Verwässerung von Theaterkultur durch kommerzielle Produktionen wie Musicals. Er kritisierte auch als einer der Wenigen die quasi **kostenfreie Werbung,** die diese Shows durch eigens produzierte Programme im Fernsehen erhalten. So wurden die Sänger für Neuproduktionen der Musicals „Sound of Music", „Joseph and the Technicolor Dreamcoat" und „Oliver" in einer Sendung, die „Deutschland sucht den Superstar" ähnelte, von den Zuschauern selbst ausgewählt. Die auf diese Weise gewonnene Publizität führte zu einem enormen Besucheransturm auf diese Stücke. Eine ähnliche Vorgehensweise gibt es für das traditionelle Theater nicht.

Auf den Spielplänen stehen relativ **viele moderne Klassiker** aus den 1950er- und 1960er-Jahren und relativ wenig Werke neuer Autoren. Man fürchtet, dass dem Theater der Nachwuchs fehlt. Zu den meist gespielten

Autoren gehören der kürzlich verstorbene *Harold Pinter, Tom Stoppard* und *Michael Frayn*. **Große Autoren des politischen Theaters** sind z. B. *David Hare* und *Howard Brenton*. *David Hares* Werke werden auch von der *BBC* verfilmt. *Brenton* ist das *bête noir* (das schwarze Schaf) des britischen Theaters. Er schrieb in den 1970er-Jahren über Fabrikstreiks, die Nachkriegsdesillusionierung und Freiheitsbeschneidung durch den Staat. Sein großer Durchbruch kam mit dem Werk „Romans in Britain" in den 1980er-Jahren, der von der britischen Präsenz in Nordirland handelt. *Stephen Poliakov* ist ein Talent des sozialkritischen Theaters, der seine Arbeit in den 1970er-Jahren begann und auch für die *BBC* schreibt. Der wohl erfolgreichste Theaterautor der Nachkriegszeit ist *Alan Ayckbourn*. Er hat seit den 1950er-Jahren über 70 Stücke produziert, meist Sozialsatiren über die Mittelschicht. „The Norman Conquests" ist eines seiner bekanntesten Stücke. *Stephen Berkoff* ist ein Unikum, das in keine Sparte so richtig passt. Er ist jedoch sicher einer der vielseitigsten und spannendsten Schauspieler und Theaterautoren des heutigen Britanniens. *Berkoff* leitet seit vielen Jahren sein eigenes experimentelles Theaterensemble und produziert „totales Theater". Hin und wieder verdingt er sich als Schauspieler in großen Hollywood-Filmproduktionen, wo er mit Vorliebe den „bösen Briten" spielt, um damit für seine eigenen Projekte Mittel flüssig zu machen. Zu den interessantesten kommerziellen Schreibern gehört momentan *Alan Bennett*. Er hat u. a. einige Monologe verfasst, die von der *BBC* verfilmt wurden, und schrieb die Drehbücher zu den Filmen „The Madness of King George" („King George, ein Königreich für mehr Verstand", 1997) und „History Boys" („The History Boys – Fürs Leben lernen", 2006).

Comedy

Für einen Briten ist klar: Nirgendwo sonst verlässt man sich so sehr auf seinen Humor, um durch den Tag zu kommen, und nirgends ist man so sehr bereit, über sich selbst zu lachen. Daher ist es nicht verwunderlich, dass es in Britannien eine Flut von Ausdrucksformen gibt, in denen Humor geäußert wird. **Comedy-Texte schreiben ist eine Kunst,** man muss vor allem auch im Verfassen von Wortspielen *(Punning)* gewandt sein. Satire und Humor ziehen sich wie ein roter Faden durch die britische Literatur, das wird schon bei *Chaucer* und *Shakespeare, Jonathan Swift* („Gulliver's Travels") oder *Thackeray* („Vanity Fair") deutlich.

Wenn man sich z. B. das Fernsehprogramm einer beliebigen Woche anschaut, findet man eine sehr hohe Zahl von Comedy-Sendungen. Die Sparte „Comedy" reicht vom subtileren Comedy-Drama (eine Soap mit ernsterem Inhalt, über die man auch mal schmunzeln kann, oder eine satirische Komödie) über Sitcoms, *Panel Shows* (eine Mischung aus Talkshow und Quizrunde, siehe unten) bis hin zu Stand-up-Auftritten.

Aber Humor ist auch in vielen anderen Lebensbereichen zu finden. Auf eine geistreiche Weise witzig zu sein, hat bei den Briten einen hohen Stellenwert und hebt das allgemeine Ansehen. Sogar im Parlament ist daher bei Redegefechten Wortgewandtheit mit Witz gefragt und wer die Parteikollegen zum Lachen bringt, hat bereits einen guten Vorsprung erzielt – dies gilt übrigens parteiunabhängig. Es heißt, **wer Witz hat, ist auch intelligent** – und so genießen Komiker unter den Künstlern ein ebenso hohes Ansehen wie gestandene Schauspieler. Der Nachteil für Comedians ist, dass der Standard in Großbritannien so hoch angesetzt wird, dass ihr Job ungleich schwerer ist als in anderen Ländern.

Das beliebteste Comedyformat im Fernsehen ist die **Sitcom.** Hier gibt es normalerweise den Antihelden, der mehr oder weniger erfolglos gegen die Unbilden des Alltags kämpft (einschließlich den Schwierigkeiten mit seiner Familie) und dabei immer den Kürzeren zieht. Viele Serien der letzten Jahrzehnte basieren auf diesem Konzept. Dabei gibt es keinen Lebensbereich der ausgelassen wird: Die Spanne reicht von Geschichte, Kirche, dem Zweiten Weltkrieg, dem Hotelwesen, Pensionären, Gefängnis, Aussteigern bis zu Science Fiction etc. Dem schwarzen Humor ist nichts heilig. So wie in dem bekannten Monty-Python-Lied „Always Look on the

Bright Side of Life" wird man nicht zu permanentem Optimusmus aufge-
fordert, sondern dazu, alles mit einem zwinkernden Auge zu sehen. Die
britischen Sitcoms stammen traditionellerweise aus der Feder eines einzelnen Autors, bzw. eines Autorenpaares.

Gleich nach der Sitcom folgt die **Sketch Show,** die ja auch in Deutschland eine Tradition hat. Hier stellt eine Gruppe von Komikern verschiedene Charaktere dar, wie in dem bereits früher erwähnten „Little Britain". Oft werden die Sketche von einem Autorenpaar geschrieben und
auch gespielt. Die Shows bauen auf die Kraft der Wiederholung – die
Charaktere ändern sich selten und man wird mit ihren Eigenarten und
Aussprüchen, den sogenannten *Catch Phrases,* vertraut. Diese gehen
dann häufig recht schnell in den allgemeinen Sprachgebrauch über. Für
einen Zugereisten ist es oft schwierig, die kulturellen Hintergründe und
Anspielungen im täglichen Sprachgebrauch zu verstehen. Ohne dass
man sich wenigstens einige „Grundkenntnisse" aneignet, kann man hier
schnell den Mut verlieren.

Bei **Stand-up-Auftritten** sammeln die meisten Komiker sehr viel Erfahrung. Hier gibt es nur den Comedian und das Mikrofon, manchmal noch
ein Instrument. Stand-up-Comedy hat ihren Ursprung in der vikoriani-
schen Music Hall und den End-of-Pier-Shows in den Ferienorten an der
britischen Küste oder auch in den *Working Men's Clubs.* Fast jede Stadt
verfügt heute über einen oder mehrere Comedyklubs, wo Stand-ups stattfinden. Anfänger und Profis touren im ganzen Land durch diese Klubs und
erhalten so die Gelegenheit, ihren Stoff zu testen. Hier zeigt sich sehr
schnell, wer wirklich Talent hat. Wer auf der Stand-up-Bühne erfolgreich
ist, findet oft auch relativ schnell seinen Weg in die Medien. Das wichtigste Datum für alle aufstrebenden Komiker ist das „Fringe-Festival" in Edinburgh, das jedes Jahr im August stattfindet. Hierher kommen Talentsucher
aus Film und Fernsehen, außerdem wird der „Perrier Comedy Award" an
das herausragendste Talent vergeben. Im Jahr 2008 gab es zum ersten
Mal so viele Comedy-Events, dass die vier größten Bühnen ihr eigenes
Festival im Festival gründeten: das „Edinburgh Comedy Festival".

In den 1980er-Jahren entwickelte sich eine **Form der alternativen Comedy.** Diese Autoren wehrten sich dagegen, die üblichen Stereotypen zu
verarbeiten. Eine Zeit lang war Comedy sehr politisch und in den Zeiten
von *Margaret Thatcher* als Protest oft auch deutlich linksgerichtet. Viele
der älteren, traditionellen Komiker gerieten damals aufgrund ihrer rassisti-

schen und sexistischen Inhalte unter Beschuss und wurden nicht mehr im Fernsehen gezeigt, wie z. B. der inzwischen verstorbene *Bernard Manning* (1930–2007). Manchmal testen Komiker jedoch heute noch ihr Publikum mit einigen Äußerungen und je nach Reaktion weiß man, ob man Dinge sagen kann – oder besser nicht.

Monty Python

Die Gründer der Monty-Python-Truppe waren Studenten aus Oxford und Cambridge, allerdings kam kaum einer aus wirklich wohlhabenden Verhältnissen. Der Vater von John Cleese (geb. 1939) war Vertreter und John kam nach Cambridge, um Rechtswissenschaften zu studieren. Eric Idles (geb. 1943) Vater war Pilot in der Armee, er selbst wurde daher in einem Internat der RAF (Royal Air Force) erzogen. Graham Chapman (1941–1989) studierte Medizin. Michael Palin (geb. 1943) war der einzige, der eine „Public School" besucht hatte, er traf in Oxford mit Terry Jones (geb. 1942) zusammen.

Während die drei aus Cambrigde dem dortigen Theaterklub „Footlights" beitraten, wurden Jones und Palin in den Shows der Oxforder Theatergruppe bekannt. Der Amerikaner Terry Gilliam (geb. 1940) trat der Gruppe als Illustrator bei. Die Pythons sind ein typisches Beispiel dafür, dass Oxford und Cambridge Türen bei der BBC öffnen, denn alle fünf arbeiteten dort nach dem Universitätsabschluss.

Ihre erste gemeinsame Show wurde 1969 von der BBC ausgestrahlt. Bis 1974 produzierten sie mehrere Serien, dann folgten Filme wie „Monty Python and the Holy Grail" (dt. „Die Ritter der Kokosnuss", 1974) und „The Life of Brian" (dt. „Das Leben des Brian", 1979). Bekanntermaßen hatte Monty Python auch internationalen Erfolg, da es neben dem Sprachwitz auch eine visuelle Komponente des absurden Nonsens in ihren Shows gab, die nicht übersetzt werden muss und kulturübergreifend wirkt.

Ihre Sketche folgten nicht der üblichen Routine von drei Minuten mit einem Anfang, einer Mitte und einer Pointe. Sie beendeten ihre Gags in der Mitte oder ließen sie ohne Pointe auslaufen. Dies wird als „stream of consciousness comedy" bezeichnet, in dem Monty Python altbekannte Charaktere aus dem britischen Leben (wie z. B. den Armeeoffizier) in komplett neue Richtungen führte. Sicherlich gaben die Pythons den Anstoß für die zukünftigen Jahrgänge von Komikern. Jedoch war ihr Stil so einzigartig, dass es schwierig war, ihn zu kopieren, ohne des Plagiats angeklagt zu werden.

Ein weiteres Comedy-Format, dass es auch in Deutschland gibt, ist die **Panel Show** (eine Mischung aus Talk- und Quiz-Show). Die Großmutter aller *Panel Shows* ist die Sendung „Have I Got News For You", die bereits seit 1990 läuft. Hier werden die politischen Ereignisse der Woche auf die Schippe genommen. Eine ähnliche Show ist „Mock the Week". Bei diesen Sendungen kommt es weniger auf richtige Antworten an (niemand ist wirklich daran interessiert, wer am Ende wie viele Punkte bekommt). Vielmehr geht es darum, so viele witzige Beiträge wie möglich zu liefern. Nach demselben Muster sind auch Comedy-Quizsendungen gestrickt, in denen es entweder um Musik oder Allgemeinwissen geht. Für die eher mittelmäßigen Comedians werden diese Shows zu Auffangbecken und man sieht sie dann kaum noch irgendwo anders.

Heute ist Comedy in Britannien selten politisch und nicht mit der deutschen Form des politischen Kabaretts zu vergleichen. Die Inhalte haben sich eher der Beobachtung und Kommentierung von Belangen des täglichen Lebens zugewandt. Zu denen, die sehr **intelligente Satire** bieten, gehören das Duo *Punt and Dennis,* die u. a. eine Radioshow gestalten, *Rory Bremner,* der vor allem Politiker nachahmt und *Armando Ianucci,* der ein Comedy-Drama über Downing Street No. 10 zu *Blairs* Zeiten schrieb und darüber den Film „In the Loop" (2009) veröffentlicht hat.

Film

Für hausgemachtes Kino im großen Hollywood-Stil fehlt im Vereinigten Königreich leider der finanzielle Hintergrund, doch haben Briten in Hollywood ihren festen Platz, und zwar als Regisseure, Drehbuchautoren und Schauspieler. Auch wenn die amerikanische Filmindustrie mehr Ressourcen zur Verfügung hat, so stammen doch viele **Drehbücher aus britischer Feder.** Viele international erfolgreiche Filme werden von englischen und US-Filmkonzernen koproduziert bzw. auch von englischen Regisseuren verfilmt und von englischen Schauspielern gespielt. Laut einer im Jahr 2008 von der *Times* veranstalteten Umfrage, gehören Briten in Amerika zu den ganz großen Stars und einflussreichsten Größen in der US-Filmmaschinerie. Dies fing bereits mit *Alfred Hitchcock* an und hört noch lange nicht auf.

Nachdem es in den 1980er-Jahren fast zu einem völligen Stillstand in der Produktion einheimischer Filme gekommen war, so füllten in den 1990er-Jahren und zu Beginn des 21. Jh. wieder **kommerziell erfolgreiche Werke** die Kinosäle. Dies waren meistens Komödien, wie z. B. „Four Weddings and a Funeral" („Vier Hochzeiten und ein Todesfall", 1994),

„Notting Hill" (1999) oder die Verfilmung der „Bridget Jones"-Tagebücher („Bridget Jones – Schokolade zum Frühstück", 2002, und „Bridget Jones – am Rande des Wahnsinns", 2004) von Regisseur *Richard Curtis.* Eine ganze filmerische „Nostalgiewelle" handelte von dem Verlust von Kultur und Lebensformen der Arbeiterklasse im Norden: z. B. „The Full Monty" („Ganz oder gar nicht", 1997), „Brassed Off" („Mit Pauken und Trompeten", 1999) und „Billy Elliot – I will dance" (2003). Mit der nordirischen Geschichte beschäftigen sich z. B. Filme wie „In the Name of the Father" („Im Namen des Vaters", 1994), „Bloody Sunday" („Blutsonntag", 2001), „The Wind That Shakes the Barley" (2006). Großen Erfolg haben auch die Aardman-Animationsfilme der „Wallace and Gromit"-Serie. Jedes Jahr wird der Filmpreis BAFTA *(British Academy Award)* vergeben, das Gegenstück zum amerikanischen Oscar.

Wer sich für **Filmgeschichte** interessiert, findet Sehenswertes vor allem aus den 1930er- und 1940er-Jahren. Aus dieser Zeit stammen einige Meisterwerke, die Einblicke in die **englische Sozialgeschichte** liefern, wie „This Happy Breed" (1944) nach einer Vorlage von *Noel Coward,* und „Brighton Rock" (1947), basierend auf einer Erzählung von *Graham Greene.*

Eine Untergruppe des englischen Films sind die *Ealing Comedies* (aus den Ealing Studios in London). Diese Filme, obwohl konservativ in ihrer Einstellung zu Klasse, Rasse, Geschlecht und sozialem Status, zelebrieren gleichzeitig den Kampf des kleinen Mannes gegen einen sich einmischenden Staat. In Filmen wie „Passport to Pimlico" (1949) und „Titfield Thunderbolt" (1952) zeigen die Ealing Studios eine Welt, in der eine Gemeinschaft zusammenkommt, um sich gegen die Autoritäten zur Wehr zu setzen.

In den 1960er- und 1970er-Jahren erblühte das **Horrorgenre.** Was in Deutschland als Edgar-Wallace-Grusel verkauft und verfilmt wurde (basierend natürlich auf englischer Vorlage), zeigte sich im englischen Kino in Form von Dracula- und Frankenstein-Filmen und verschiedenen anderen Horrorschinken (im Englischen *Schlock-Horror)* u. a. mit *Vincent Price* (1911–1993) und *Christopher Lee* (geb. 1922). Diese wurden in den „Hammer"-Filmstudios in London produziert. Die Eigentumsrechte an den Hammer-Filmen wurden erst kürzlich verkauft und es soll geplant sein, die alten Filme für den modernen Markt neu aufzulegen. Doch ob das eine gute Idee ist, halten viele für fraglich, da diese Filme nicht deshalb Kultstatus haben, weil sie gruselig sind, sondern weil sie heute komisch wirken und ein Zeitdokument ihrer Epoche darstellen.

Die leicht schlüpfrigen Filme der **„Carry On"-Reihe** ähneln von ihrer Ästhetik vielleicht am ehesten den deutschen Paukerfilmen aus den 1970er-Jahren wie „Immer Ärger mit den Paukern". Die Reihe wurde mit unzähligen Titeln und immer denselben Schauspielern endlos weitergesponnen:

„Carry on Camping", „Carry on Caligula", „Carry on Screaming", „Carry on Doctor" etc. Einige der Schauspieler sind, was man in England *household* names (d. h. einen „Begriff") nennt, wie z. B. *Barbara („Babs") Windsor* (geb. 1937), die in den Filmen mit Vorliebe dünn bekleidet auftritt und als platinblondes Sexsymbol der Arbeiterklasse galt. Heute spielt sie in der Soap „East Enders" eine Hauptrolle. In den 1970er-Jahren starb „Carry On" einen sicheren Tod, nachdem als letztes Werk der Softporno „Emmanuelle" in „Carry On Emmanuel" (1978) verbraten wurde.

Neben den Multiplex-Kinos halten heute vereinzelt **Programmkinos** stand, die auch ausländische Filme zeigen. Deutsche Werke wie „Goodbye Lenin" oder „Lola rennt" haben hier ein Publikum gefunden, wie dies sicher vor zehn Jahren noch nicht der Fall gewesen wäre. Zu den ernsthafteren Filmemachern gehörte z. B. **Derek Jarman** (1942–1994), der in „The last of England" (1987) eine apokalyptische Vision Londons in der Zeit nach der Punkphase aufzeichnet. Er filmte mit mehreren Musikern der „New Wave"-Bewegung. Seine Werke umfassen zum Beispiel „Jubilee" (1977), u. a. mit der Band *Adam and the Ants* und „The Tempest" (1979, eine Verfilmung von *Shakespeares* „Der Sturm") mit *Toya Wilcox*. „Carravaggio" (1986, eine Biografie des italienischen Malers) ist einer seiner bekanntesten Filme. Ebenso bemerkenswert ist der Dokumentarfilmemacher **Julian Temple** (geb. 1953), der viele authentische Werke über die Musikszene fabriziert hat, wie z. B. „The Great Rock'n'Roll Swindle" (1980) und „The Filth and the Fury" (2000, beides Dokumentarfilme über die *Sex Pistols*) und „Joe Strummer, the Future is Unwritten" (2007) über den Sänger der Band *The Clash*. Im Jahr 2009 erhielt der britische Filmemacher **Danny Boyle** („Trainspotting" und „28 Days Later") den Oscar für den besten ausländischen Film für **„Slumdog Millionär",** in dem es um einen indischen Slumjungen geht, der in der dortigen Version der Sendung „Wer wird Millionär?" die Million gewinnt.

Bildende Kunst

Britannien selbst hat im Vergleich zu anderen europäischen Nationen **wenige klassische Künstler** vorzuweisen. Relativ bekannt sind wahrscheinlich die Landschaftsmaler *William Turner* (1775–1851) und *John Constable* (1776–1837). Kaum ein britischer klassischer Komponist erlangte Weltruhm und Anerkennung wie *Beethoven, Bach* oder *Mozart. Georg Friedrich Händel,* der von den Engländern sozusagen „adoptiert" worden war und als Hofkomponist König *Georgs II.* Ruhm erwarb, war ja nun mal Deutscher.

Henry Purcell (1659–1695) war zu Zeiten der Restauration im späten 17. Jh. unter *Charles II.* Hofkomponist und ist einer der wichtigsten Künstler dieser Zeit. Er ist der einzige englische Komponist, der je eine Oper komponiert hat. Allerdings wird er in den Anthologien großer Komponisten selten erwähnt. Im 20. Jh. hielten *Edward William Elgar* (1857–1934) und *Ralph Vaughan Williams* (1872–1958) die britische Tradition aufrecht,

063.jgb Foto: nh

allerdings sind auch sie im internationalen Rahmen eher unbedeutend. *Elgar* ist der britische Volkskomponist, verantwortlich für die Hymne „Land of Hope and Glory", die praktisch zu jedem festlichen Anlass erklingt (wie übrigens auch *Händels* Feuerwerksmusik, die „Music for the Royal Fireworks", 1748).

In der Hauptstadt London gibt es einige international anerkannte **Museen** wie die *National Gallery* und das *British Museum*. **London ist heute ein Zentrum moderner Kunst** mit der *Tate Gallery* und dem *Tate Modern,* das jedes Jahr den Turner-Kunstpreis verleiht. Auf dem britischen Kunstmarkt zeichnet sich in den letzten Jahren ein absurdes Phänomen ab: Moderne Kunst wird teilweise zu höheren Preisen gehandelt als Altmeister. Der Kunstmarkt hat sich fast zu einer Börse entwickelt, auf der gefeierte Konzeptkünstler hoch gehandelt werden und mit dem Verkauf ihrer Werke Millionengewinne erzielen. Der Kunstsammler **Charles Saatchi,** der die *Saatchi Gallery* leitet, hat vielen modernen Künstlern zum Durchbruch verholfen. Er sucht die Kunstakademien nach neuen Talenten ab und kauft die gesammelten Werke des entsprechenden Künstlers auf. Wer auf diese Weise „entdeckt" wird, hat ausgesorgt, denn der Wert seiner Werke wird mit großer Wahrscheinlichkeit in die Höhe steigen. In seiner „Sensation"-Ausstellung im Jahr 1999 stellte *Saatchi* viele **junge britische Künstler** vor, u. a. auch **Damien Hirst** (geb. 1965) und *Tracey Emin* (geb. 1963). *Hirst* hat sich auf die Mumifizierung von Tierkadavern in Formaldehyd spezialisiert und hat u. a. einen menschlichen Schädel mit Diamanten verkleidet. Er ließ seine Werke im Jahr 2008 auf einer Auktion versteigern und erzielte für seine eingelegten Kühe Höchstpreise. In nur drei Tagen nahm er 111 Millionen £ ein.

Auf der „Sensation"-Ausstellung machte **Tracey Emin** mit ihrer autobiografischen Installation *Everyone I Have Ever Slept With 1963–1995* (einem Zelt mit Bildern ihrer Bettgenossen, allerdings nicht nur sexueller Natur) von sich reden. Ihre Installation *My bed* (ein ungemachtes Bett mit beschmutzten Laken, Kondomen und benutzter Unterwäsche) war 1997 für den Turner-Kunstpreis nominiert. Das Werk wurde von *Charles Saatchi* für 150.000 £ erworben. *Emin* und *Hirst* waren wichtige Künstler der *YBA (Young British Artists),* die wie auch der *Britpop* das *Cool Britannia* der 1990er-Jahre verkörperten.

Der **Graffitikünstler Banksy** (geb. 1974) hat sich durch aussagekräftige Graffitis Ansehen erworben. Seine Werke haben oft sozialkritische oder

Antony Gormley, Angel of the North

politische Inhalte wie Krieg, Armut, Konsumwahn etc. Er entwarf zum Beispiel auch das Cover der Blur-CD „Think Tank" (2003). Verschiedene seiner Werke, die bereits Berühmtheit erlangt hatten, sind von der Londoner Stadtverwaltung einfach übermalt worden.

Der bekannteste britische **Bildhauer** des 20. Jh. war sicher **Henry Moore** (1898–1986). Seine abstrakten Bronzeskulpturen von menschlichen Körpern finden sich an verschiedenen Orten auf der ganzen Welt. Er nahm viermal an der *documenta* in Kassel teil (1955, 1959, 1964 und 1977). In Deutschland kann man verschiedene seiner Skulpturen bewundern: *„Die Liegende"* (1957/58) befindet sich in Stuttgart, *„Die große Sitzende"* (1959) in Wuppertal und *„Die große Liegende"* (1957) ist vor der Pinakothek in München zu sehen. Weitere seiner Werke sind u. a. in Bonn, Düsseldorf, Berlin und Hamburg ausgestellt.

Einer der wichtigsten Bildhauer des 21. Jh. ist **Antony Gormley** (geb. 1950). Er arbeitet mit Abdrücken seines eigenen Körpers. Seine wohl bekannteste Skulptur ist der „Angel of the North", der seit 1998 die Autobahnauffahrt in Gateshead (Newcastle-upon-Tyne) überragt. Ein anderes spektakuläres Werk ist „Another Place" an der Crosby Beach bei Liverpool, wo verschiedene lebensgroße Modelle seines Körpers in den Dünen bzw. am Strand platziert sind.

Architektur

Britische Architektur findet überall in der Welt großes Ansehen, allerdings weniger im eigenen Land. Bei der Stadtgestaltung und Stadtplanung hat sich gezeigt, dass Briten nur wenig mit den modernen Konzepten einer städtischen Architektur anfangen können. Im Wesentlichen ist man bestrebt, das Alte beizubehalten. Wo immer etwas Altes abgerissen oder etwas Neues gebaut werden soll, finden sich Protestgruppen und Initiativen, die Projekte verhindern, bzw. alte Gebäude schützen. Der Journalist und Autor *Jeremy Paxman* führt dies darauf zurück, dass die meisten Engländer eigentlich nicht in einer Großstadt leben wollen, daher entwickeln sie auch keine Visionen für ihre Gestaltung. Bereits *Christopher Wren* (1632–1723) musste dies erleben, als sein Vorschlag für die Neugestaltung Londons nach dem großen Brand abgelehnt wurde. Britannien hat über die Jahrhunderte hinweg wenig eigene Baustile entwickelt, im Wesentlichen wurden die auf dem europäischen Kontinent vorhandenen adaptiert. Die Viktorianer gingen sogar in der Geschichte zurück und belebten den mittelalterlichen **Tudor-Stil** als „Mock Tudor" neu. *Isambard Kingdom Brunel* (1806–1859), der als Ingenieur für das Design von Eisenbahnstrecken,

Tunnel, Brücken und Schiffen verantwortlich war, wurde von den Viktorianern gefeiert, da es hier um pragmatische Aufgabenstellungen und technische Lösungen ging – weniger um Ästhetik. Im 21. Jh. empfindet man allerdings selbst **Industriearchitektur,** wie z.B. alte aus Granit gebaute Eisenbahnviadukte, als schön. Zu den sehenswertesten Bauwerken des englischen Nordens gehören z.B. die Industrie- und Wohnanlagen in **Saltaire,** die von dem Industriellen Sir *Titus Salt* entworfen und in Auftrag gegeben worden waren.

Da man sich mit Visionen zurückhält und im Wesentlichen die Stadtverwaltungen das Sagen bezüglich der Bebauung haben, schießen aufgrund der Wohnungsnot überall **Trabantenstädte** wie Pilze aus dem Boden. Deren Planung wird ausschließlich den Baufirmen überlassen, es ist bereits jetzt abzusehen, dass diese Bauten zu den Betonwüsten von Morgen zählen.

Namhafte Architekten des 20. und 21. Jh. sind u.a. *Norman Foster* (geb. 1935) und *Richard Rogers* (geb. 1933). Beide haben zunächst im Ausland mit Prestigeprojekten Ruhm erlangt, bevor man auch in ihrer Heimat auf sie aufmerksam wurde. *Richard Rogers* begann seine Karriere mit

Industriedenkmal Saltaire

225

Terraced Houses – Reihenhäuser

*Sehr britisch im Stil sind die soge-
nannten „Terraced Houses" (Reihenhäuser). In Bath oder in Londons
Mayfair sind sie klassizistisch-
elegant aus Sand- oder Kalkstein
gebaut und begeistern aufgrund ihrer architektonischen Homogenität
noch heute den Betrachter. In den
ehemaligen Industriestädten, wo sie
für die Unterbringung der Arbeiter
gebaut wurden, sind sie klein und
platzsparend aus preiswertem roten
Backstein angelegt.*

*Die Grundidee für „Terraced Hou-
ses" brachten britische Architekten
aus Italien mit. Das Konzept lässt
sich beliebig erweitern und eine solche Anlage kann einen ganzen Stra-
ßenzug füllen. Jedes der kleinen Häuschen hat einen langen, schmalen
Garten, der normalerweise an den Garten des gegenüberliegenden „Terraced House" angrenzt. So ergibt sich eine große zusammenhängende Grünfläche zwischen zwei Straßen, die nur durch die Häuser zugänglich ist.*

*In den Arbeiterstädten des Nordens waren diese Häuser wesentlich ein-
facher angelegt. Sie hatten keinen Garten, sondern grenzten direkt an
das dahinter stehende Haus an, man bezeichnete sie daher als „Back-to-
Back-Houses". Diese Häuser hatten keine Bäder und man teilte sich die
Toilette am Ende der Straße. Das Leben spielte sich hier hauptsächlich
vor der Eingangstür und auf der Straße ab, denn alle kannten sich in
dieser engen Wohngemeinschaft. In den 1960er-Jahren wurden viele dieser Häuser abgerissen und durch hässliche Wohnblöcke ersetzt. Heute
sind „Back-to-Back-Houses" nur noch selten in ihrer alten Form zu sehen, wie z. B. in wenigen Stadtteilen von Leeds, Liverpool, Manchester
und Birmingham.*

dem Bau des Centre Pompidou in Paris. Ähnlich konstruiert ist das Lloyds
Building in London. Er zeichnet auch verantwortlich für das umstrittene
Millionenprojekt des Millenium Dome, das in eine Konzerthalle (O_2 Are-
na) umgewandelt wurde.

Zu den renommiertesten Projekten von *Norman Foster* gehört der Reichstag in Berlin, ebenso wie die Commerzbank in Frankfurt und seit Neuestem auch die sogenannte „Gurke" *(The Gherkin)* in London, die die schweizerische Versicherung Swiss Re beheimatet.

Musik als Ausdruck der Identität

Die Amerikaner haben den Rock'n'Roll erfunden und die Briten den Pop – das behaupten sie jedenfalls von sich selbst. Die Briten haben ein besonderes Händchen dafür, ihre eigenen Versionen amerikanischer Rhythmen wieder an den US-Markt zurückzuverkaufen. Die Welle britischer Rock- und Popbands wie die *Beatles* und die *Rolling Stones,* die in den 1960er-Jahren die Welt überschwemmte, führte zur Entwicklung eines vielfältigen Marktes für populäre Musik, der sich in zahlreiche Genres und die sogenannten *Tribes* (siehe unten) aufspaltet. Die Großstädte Englands haben eine weitreichende Klubszene und Livemusik nimmt einen großen Raum ein.

(A-)Live and Kicking

England hat eine sehr **lebendige Livemusikszene** und Musikmachen, Singen ebenso wie Tanzen gehören zum Ausdruck der Volksseele. Dies findet nicht nur in großen Konzertsälen statt, sondern an unzähligen Veranstaltungsorten im ganzen Land. Selbst in Kleinstädten finden sich mindestens zwei bis drei Locations, in denen lokale Bands schrammeln oder wo **Karaoke** angeboten wird – meistens ist hier der Eintritt frei. Sobald ein Hit erklingt, wird lauthals mitgesungen, und wenn ein einigermaßen annehmbarer Rhythmus dazu gespielt wird, schwingt man das Tanzbein. Viele Pubs, Hotels oder kombinierte Veranstaltungsorte nutzen Livemusik, um Kundschaft anzuziehen. Es wird zwar kein Eintritt genommen, aber man hofft, durch den erhöhten Getränkeverkauf auf seine Kosten zu kommen.

Die Qualität der Darbietungen kann stark variieren. Die Bandbreite reicht von **„Tribute-Bands",** die ein Repertoire beliebter Pop- und Rocksongs spielen, bis zu Neulingen, die ihre eigenen Lieder zu Gehör bringen. So können **junge Bands** die Reaktion des Publikums auf ihre Musik testen und Erfahrung sammeln. Normalerweise bildet sich schnell eine

Terraced Houses – Reihenhäuser in York

Fangemeinde und die Mundpropaganda sorgt dafür, dass immer mehr Zuschauer zu den Auftritten kommen. Dann veröffentlicht man Clips auf *YouTube* oder produziert seine eigene CD, die man im Internet vertreibt. Zu diesem Zeitpunkt werden dann meist die Plattenfirmen aufmerksam, die Geld wittern und die Gruppen unter Vertrag nehmen. Große Labels wie EMI kamen durch **Musik-Downloads** im Internet in Bedrängnis. In den Jahren 2006 und 2007 erlitt EMI Verluste in Höhe von 260 Millionen Pfund und der Marktanteil fiel von 16 % auf 10 %. Die gute Nachricht ist allerdings, dass britische Käufer überwiegend tatsächlich auch britische Musik kaufen, und zwar zu etwa 60 %. Livemusik wird auch von den großen Bands und Labels als die **Rettung der Musikindustrie** angesehen, da die Preise für Konzerttickets in den letzten Jahren beharrlich in die Höhe gestiegen sind. Dass dies lukrativ ist, sieht man daran, dass besonders im neuen Jahrtausend viele bereits totgeglaubte Altrocker, wie *Queen, Cream, Led Zeppelin* und *Police* plötzlich wieder aus der Versenkung auftauchen und auf Tournee gehen (leider sind viele Bandmitglieder inzwischen schon verstorben). Die *Rolling Stones* sind hiervon ausgenommen, denn die sind schon solange auf Dauertournee, dass die meisten ihrer Zuhörer die Anfangszeiten der Band noch gar nicht miterlebt haben. Hier einige **Eintrittspreise für Livekonzerte** in den Jahren 2007 und 2008: *Police,* Madison Square Garden, 500 US-Dollar; *Led Zeppelin,* O2 Arena, 125 £; *Coldplay,* Birmingham NEC, 175 £; *Madonna,* Wembley Stadion, von 156 bis 278 £ pro Ticket. Für die Tour der Band *U2* im Jahr 2009 verkauften sich allein in Dublin 160.000 Tickets in nur einer halben Stunde. Da die Band nur große Stadien bespielt, kann man sich ausrechnen, wie viele Millionen Pfund hier binnen kürzester Zeit eingenommen werden. Eine gut verdienende Band wie *Coldplay* gibt an, dass heute die Einnahmen durch Konzerttickets die Einnahmen durch verkaufte Alben übersteigen.

Ein wichtiger Faktor, der die **britische Musikszene** so lebendig erhält, ist die Tatsache, dass der Musikgeschmack nicht so stark auf die verschiedenen Altersgruppen aufgeteilt ist wie z. B. in Deutschland. Natürlich gibt es Musik, die nur von Teenagern gekauft und von älteren Menschen als zu extrem empfunden wird. Eine Aufspaltung von Schlager und Volksmusik für die Älteren und Pop und Rock für die Jungen gibt es jedoch nicht. Es ist ganz normal, dass auch Menschen über 50 oder 60 Jahren über gängige Musiktrends informiert sind, dass z. B. der Hitsong der *Kaiser Chiefs* „Ruby" von allen im Pub mitgesungen wird oder dass sich die Oma eine Lily-Allen-CD kauft. Auch in den Livemusik-Locations findet zum großen Teil eine **Vermischung verschiedener Altersgruppen** statt: Zuerst tanzen alle Generationen nebeneinander zu den *Beatles* und dann zu *Razorlight.* Man kennt sein Kulturgut und ist extrem stolz, dass britische Musik so er-

folgreich und beliebt ist. Musik ist ein Teil der Selbstdarstellung und auch der Identifikation für Briten. Die unzähligen Fernsehsendungen, in denen junge musikalische Nachwuchstalente gesucht werden, sind ein Beleg dafür, wie breit gestreut die **Liebe zur Musik** und zum Gesang ist. Den kommerziellen Erfolg im In- und Ausland sieht man als Beleg dafür, dass Briten sich in dieser Kunstform besser auskennen als die meisten anderen Nationen und dass man mit den USA mithalten kann.

Die neuen Talente der Szene, d. h. die Bands, die gerade als besonders „in" gelten, erhalten jedes Jahr eine Anerkennung durch die Preisverleihungen **Brit Awards** (der Britischen Musikindustrie) und **NME Awards** (Auszeichnung des Musikmagazins *New Musical Express*). Der *New Musical Express* trägt durch Berichte selbst dazu bei, dass unbekannte Indie-Bands eine Plattform bekommen.

Gegenüber dem Rest Europas ist man recht arrogant, was musikalische Traditionen angeht. Der jährliche **Eurovision Song Contest** ist eher eine Gelegenheit zur Volksbelustigung, als dass man die Beiträge tatsächlich ernst nähme. Daher schickt man dort auch immer nur Interpreten hin, die in Großbritannien niemand kennt und die hier bislang keine einzige Platte

Straßenmusiker

verkauft haben (und dies auch danach meist nicht tun). Im Gegenzug hat auf dem britischen Musikmarkt kaum eine andere Nation (ausgenommen die USA) eine Chance, da man die Einstellung vertritt, dass sich niemand anderes mit der Qualität der eigenen Kreativität messen kann. Von der Musikszene in Deutschland z. B. weiß der britische Otto Normalverbraucher so gut wie gar nichts, noch heute reichen die Kenntnisse nur bis *Nena* oder *Kraftwerk*.

Independent Music – „Indie"

Bereits in den frühen Tagen des Rock und Pop gab es in der britischen Musik eine Sparte, die sich als **alternative** oder **independent** (alternativ, unabhängig) bezeichnete. Über die Jahre hinweg hat sich dafür der Begriff **Indie** durchgesetzt. *Indie* ist nicht so sehr eine bestimmte Musikrichtung, als vielmehr ein Konzept. *Indie* rebelliert gegen kommerzielle Massenware, künstliche Bands (wie Girl Groups und Boy Groups, die durch Shows wie „Pop Idol" entstehen) und die großen Plattenlabels. Indie-Musiker machen oft alles selbst, d. h., sie schreiben nicht nur ihre Songs, sondern stellen auch ihre CDs selbst her und kümmern sich um die Vermarktung. Wahlweise arbeiten sie auch mit Independent Labels, die nicht unbedingt kommerziell ausgerichtet sind und den Bands größere Freiheit lassen. Manche Gruppen gründen auch ihr eigenes Label. Britische Indie-Musik gibt die tagtäglichen Erfahrungen des britischen Lebens wieder, daher haben es die wenigsten Bands geschafft, über den britischen oder näheren europäischen Kulturkreis hinaus erfolgreich zu sein. Die Fans der Indie-Musik lieben aber gerade diese **unkorrupte Originalität.**

Hin und wieder gelingt es der einen oder anderen Band in den **Mainstream** herüber zu wechseln. Dies bringt auch kommerziellen Erfolg mit sich und oft lässt man sich dann doch mit einem der großen Labels ein, um bessere Verkaufskanäle und groß angelegte Marketingaktionen nutzen zu können. Andererseits hatten aber beispielsweise die *Arctic Monkeys* praktisch schon Hundertausende CDs über das **Internet** verkauft, bevor Plattenproduzenten sie überhaupt bemerkten. Zum Teil trägt auch gerade die Tatsache, dass die CDs nicht in jedem großen Laden verfügbar sind, zu dem „coolen" Image einer Band bei.

In den 1980er-Jahren gab es eine wahre Flut von **Indie-Bands verschiedener Stilrichtungen** von *Ian Dury* über *Police* zu *The Cure* und den *Smiths*. Dies hatte zum Teil auch damit zu tun, dass sich bis dahin viele kleinere unabhängige Labels entwickelt hatten, wie z. B. *Rough Trade,* das den *Smiths* zum Durchbruch verhalf. Seither hat diese Musikrichtung auch ihre eigenen **Indie Charts** (Hitparade).

Immer wieder entstanden aus der alternativen Musikbewegung heraus neue Trends und Stile, die dann auch zum internationalen Erfolg der entsprechenden Bands führten, wie z. B. die **Mods** (abgeleitet von „modernistisch") und die daraus erwachsenen Gruppen wie *The Small Faces, The Kinks* oder *The Who.* Eine Untergruppe der Mod-Bewegung war außerdem der britische **Ska,** der sich an den Reggae-Rhythmen der Einwanderer aus der Karibik orientierte. Die **Punkbewegung** der 1970er-Jahre (*Sex Pistols, Sham 69* und *The Clash)* war zunächst auch eine Reaktion auf kommerzielle Musik und die Supergruppen der Ära.

In den 1990er-Jahren traten neben Gruppen der „Madchester"-Bewegung wie *Stone Roses, Joy Division, New Order* und den *Happy Mondays* **Britpop-Bands** wie *Oasis* und *Blur* auf den Plan, deren Musik sich an Bands der 1960er-Jahre wie den *Beatles* und den *Small Faces* orientierte. Daher sprach man auch vom Wiedererwachen der Mod-Bewegung.

Seit dem Jahr 2000 gibt es Genres wie **Post Punk** (z. B. *Kaiser Chiefs, Arctic Monkeys*), **Garage Rock** (z. B. *Libertines, Kings of Leon, The Horrors*), **Dance Punk** (z. B. *Klaxons, Foals*) und **Indie Folk,** z. B. vertreten durch *Damien Rice.*

Andere Musikstile

R'n'B und Hip Hop haben auch in Britannien Erfolg. Ein Genre, das beide Richtungen vermischte, war **UK Garage,** das in London geboren wurde, vertreten durch Bands wie *So Solid Crew* oder *Ms. Dynamite.* Kommerziellere R'n'B-Musiker sind z. B. *Joss Stone* (die fast schon eher in die Sparte Soul fällt) und *Leona Lewis.*

Musik im Stil des Soul der 1960er-Jahre wird heute als **Northern Soul** neu aufgelegt. Sängerinnen wie *Amy Winehouse* oder *Duffy* haben diese Musikrichtung bekannt gemacht.

Bhangra ist ursprünglich ein traditioneller Tanz aus den ländlichen Gegenden des Punjab in Indien. Diese Rhythmen wurden dann von britisch-indischen Bands wie *Punjabi MC* und *Bombay Talkie* mit modernen Musikstilen kombiniert, was zu ganz außergewöhnlichen neuen Klangformen führte.

Der traditionelle englische oder keltische **Folk** hat mit dem, was man in Deutschland unter Volksmusik versteht, rein gar nichts zu tun. Folk gehört nicht zum Mainstream, obwohl es auch hier kommerziellere Abspaltungen gibt wie **Folkrock** und **Folkpop.** Irischer, schottischer und englischer Folk sind im Wesentlichen bestrebt, altes Liedgut zu erhalten. Folkmusiker nehmen ihre Sache oft sehr ernst, und dies ziehen die Briten – wie alles, was zu ernst genommen wird – gern mal durch den Kakao. Ein Beispiel:

„Was ist Folk? – Wenn der Sänger sich seinen Finger ins Ohr steckt und die Zuhörer ihre Finger in beide Ohren stecken." Dies bezieht sich auf die Angewohnheit, beim Vortragen akustischer Musik den Finger in die Ohren zu stecken, damit man die richtige Note trifft. Die alten Liedertexte, oft in Gälisch, sind teilweise sehr langatmig und die altertümlichen Instrumente wie das Dulcimer und die Bohdran-Trommel haben die wenigsten schon einmal gesehen. Die Bandbreite reicht hier von Liebesliedern über Shanties bin hin zu politischen Songs. Bekanntere Namen sind vielleicht die englische Gruppe *Steeleye Span* und die Sängerin *June Tabor*.

Natürlich gibt es auch eine **Tanzszene,** nicht zuletzt, da die Klubs in Ibiza auch bei Briten extrem beliebt sind. Wenn man zum Tanzen in einen Nachtclub geht, nennt man das **clubbing.** Meist findet eine Aussortierung nach Alter statt, denn hier fällt man bereits unangenehm auf, wenn man über 25 Jahre zählt. Auch muss man erst einmal am Türsteher vorbeikommen. Die hier gespielten Dancetracks, obwohl kommerziell, gehören nicht im eigentlichen Sinn zum Mainstream und sind höchstens vereinzelt auf Radio 1 oder nachts in eigens dafür ausgerichteten Sendungen zu hören. Britische DJs wie **Fatboy Slim** oder *Judge Jules* sind international bekannt. Viele dieser Dancetracks werden von dem Label *Ministry of Sound* produziert, das auch jedes Jahr einen Sampler herausgibt. Gruppen wie die deutsche Band *Kraftwerk* haben die elektronische Musik auch in Großbritannien beeinflusst. In Deutschland produzierte elektronische Musik wie Techno, House, Trance etc. wird natürlich auch in Großbritannien gehört.

Design, Mode und Lifestyle

In Großbritannen sind etwa 186.000 Menschen in verschiedenen Designbranchen beschäftigt. Das *Design Council* („Kulturamt für Design", nicht gleichzusetzen mit dem *Arts Council*) kümmert sich um die Belange der Branche und ihrer Angestellten. Etwa ein Drittel aller Designer arbeitet selbstständig. Zusammen erwirtschafteten die verschiedenen Fachbereiche in den Jahren 2004/2005 einen Umsatz von 11,6 Milliarden Pfund.

Die Designbranche umfasst alles von Kommunikationsdesign, Produkt- und Industriedesign, Innenarchitektur, Mode und Textilien, Multimedia, über Landschaftsarchitektur bis hin zum Ingenieur- und Bauwesen. Britisches Design ist oft frech und rebellisch, das reicht von witzigen Werbespots bis zu den Modedesignern. Die **Londoner Modewoche** ist zwar im Vergleich zu denen in Paris, Mailand und New York nicht so bedeutend, aber britische Mode ist der Populärkultur sehr nahe und hat sich daher oft als richtungweisend erwiesen.

Jugendkultur, Mode und Musik

Modedesign und Musikindustrie arbeiten in England eng zusammen und viele der bahnbrechenden Designer haben Bands und Künstler ausgestattet und an der Kreation ihres Image mitgewirkt. Umgekehrt wurden und werden Trends aufgegriffen und von Designern weiterentwickelt, die man sich bei der Jugendkultur abgeguckt hat. Die Jugendlichen hören nicht nur eine bestimmte Musik, sondern entwickeln meist auch einen typischen dazugehörigen Kleidungsstil.

Einer der ersten Trends, die so entstanden, war der der **Teddy Boys** (oder „Rocker") Mitte der 1950er-Jahre. Arbeiterkinder steckten ihr ganzes Geld in die Outfits, die sie sich oft extra schneidern ließen. Hierzu gehörten zum Beispiel Jacketts, die sich an langen Gehröcken der Jahrhundertwende orientierten und Schuhe mit dicken Kreppsohlen.

Die Gegenspieler der „Rocker" waren die oben bereits erwähnten **Mods** („Modernisten"), die zwar oft ebenfalls der Arbeiterklasse entstammten, sich aber über ihren Stand erheben wollten. Modische Accessoires waren z. B. kürzere Jacketts (sogenannte *bum-freezer,* in denen man sich „den Hintern abfror"), sehr eng geschnittene Hosen (*drainpipes,* also

067 gb Foto: nh

233

Abflussrohre) und Fred-Perry-Hemden. Auch die Mods sparten Geld, um sich dann bei Schneidern Anzüge nach ihrem Geschmack anfertigen oder abändern zu lassen. *Teddy Boys* und *Mods* konnten sich gegenseitig nicht ausstehen und lieferten sich aggressive Kämpfe wie in dem Film *Quadrophenia* (1979), mit Musik von *The Who,* dargestellt.

Der entsprechende Look für Frauen der 1960er-Jahre wurde mit dem **Minirock** gefunden, den *Mary Quant* (geb. 1934) im Jahr 1966 entwarf. Die Grundidee für den Minirock stammte ursprünglich nicht von ihr, sondern beruhte auf Kreationen des französischen Modehauses *Courrèges,* die allerdings keinen Anklang fanden. Für ihre Boutique *Bazaar* kürzte *Quant* die Röcke einfach noch mehr und in dieser neuen Version wurde der sogenannte *Chelsea Look* zum Hit. Der Namensgeber für den Rock war übrigens der Kleinwagen „Mini" der *British Motor Corporation.* Die Miniröcke waren oft aus ungewöhnlichen Materialien gefertigt, wie z. B. aus PVC wie für Regenmäntel. Zum perfekten Look gehörte auch der richtige Haarschnitt, der kurz war und geometrisch. Der sogenannte „5-Punkte-Schnitt" von *Vidal Sassoon* (geb. 1928) war besonders gefragt und wurde von vielen Friseuren variiert. Das Modell *Twiggy* wurde zum „Gesicht" dieser Mode und der Bewegung der **Swinging Sixties,** die damit einherging. (Siehe auch das Kap. „,Fifties' und,Swinging sixties'".)

In den 1970er-Jahren gehörten der Modedesigner *Ossie Clark* (1942– 1996) und die Stoffdesignerin *Celia Birtwell* (geb. 1941) zu den innovativsten Trendsettern. *Clark* verarbeitete *Birtwells* Stoffe zu **fließenden Hippiekleidern,** aber später auch zu Glamrock-Jacketts. Die beiden Designer waren mit den namhaften Rockstars der Ära befreundet. Einige seiner Kreationen benannte *Clark* nach deren Werken, wie z. B. „Ziggy" in Anlehung an *David Bowies* „Ziggy Stardust". Außerdem entwarf er die Hochzeitsgarderobe von *Mick* und *Bianca Jagger.*

Eine Gegenbewegung zu den eher intellektuellen Hippies in den späten 1960er- und frühen 1970er-Jahren waren die **Skinheads.** Die Skinheads waren modisch von den *Mods* und der Ska-Bewegung der jamaikanischen Einwanderer, den **Jamaican Rude Boys,** beeinflusst. Von den *Mods* übernahmen sie zum Beispiel das Fred-Perry-Hemd und trugen ihre Jeans mit Hosenträgern und weißen Socken. Die Haare waren kurz geschoren. Sehr schnell assoziierte man die *Skinheads* mit der neonazistischen Bewegung der *British National Front,* auch weil es zu aggressiven Übergriffen gegen asiatische und schwarze Einwanderer kam.

Punk wurde zwar ebenso wie der Minirock nicht in Britannien erfunden, wäre aber ohne den Einfluss britischer Musiker und Designer nicht zu Bedeutung gelangt. Die Designerin *Vivienne Westwood* (geb. 1941) und ihr Partner *Malcolm McLaren* (geb. 1946) gründeten verschiedene Designer-Outlets, wo sie gewagte und extreme Mode verkauften. *McLaren* rief die Band *Sex Pistols* ins Leben, die mit Kleidung aus dem eigenen Laden „Sex" in der Kings Road ausgestattet waren.

Das Gegenstück der Punks waren die **Popper.** Der Stil der *Popper* orientierte sich am Landhausstil der Königsfamilie und der Adeligen und war sehr proper. Man trug Wollwesten, lange Röcke und flache Schuhe.

Nach dem kurzen Aufflackern der Punkbewegung wandte sich *Vivienne Westwood* dem Look der **New Romantics** zu: Piratenhemden und bunte Kleider. Obwohl ihre Kreationen oft als untragbar, weil zu extrem galten (teilweise auch weil ihre asymmetrischen Schnitttechniken die Kleider unbequem machten), griffen viele andere die Ideen auf und verwandelten sie in tragbare Kleidung. *Vivienne Westwood* ist noch heute eine der bedeutendsten englischen Designerinnen mit verschiedenen Läden in ganz England. Sie wird als eine der einflussreichsten Modedesigner des 20. Jh. angesehen.

In den 1990er-Jahren machten Designer wie *John Galliano, Alexander McQueen* und *Julian Macdonald* von sich reden. Zu den ganz neuen Talenten gehört *Gareth Pugh,* der die Shows von *Kylie Minogue* und *Marilyn Manson* ausstattete.

In Liverpool entstand in den 1990er-Jahren die sogenannte **Sports Wear Mode.** Turnschuhe in allen Formen und Farben ebenso wie Sportkleidung aus den verschiedensten Bereichen wurden zum Straßenstil. Dies ist vielfach auch der Stil, der von Fans der Hip-Hop-Musik getragen wird.

Trends des 21. Jahrhunderts

Heute gibt es nur noch wenige Stilrichtungen und Trends, die so bestimmend sind, wie dies bis in die 1980er-Jahre der Fall war. **Die Szene spaltet sich in unzählige Tribes** („Stämme") auf, die teilweise nur die Musik von sehr wenigen Bands repräsentieren und auch nicht unbedingt nur akribisch einem Kleidungsstil folgen. Die Einordnung in einen *Tribe* erfolgt hauptsächlich aufgrund von Lebensstil oder Lebenseinstellung. Marketingfirmen haben es sich zur Aufgabe gemacht, die Trends zu verstehen und zu katalogisieren, um mit diesem Wissen die Vermarktung des richtigen Image praktisch sofort in bare Münze umsetzen zu können.

Modische Kleiderläden wie „Top Shop" und „New Look" lassen Kollektionen von dem Model *Kate Moss* und der Sängerin *Lilly Allen* entwerfen. Man folgt dem Konzept der **Fast Fashion,** d. h., es werden immer nur wenige Kleidungsstücke gefertigt, die alle zwei bis drei Wochen ausgetauscht werden. Auf diese Weise kann man sich immer am neuesten Trend orientieren.

Zu den verschiedenen Jugendkultursparten, die es heute gibt, gehören z. B. **Trendies** (kleiden sich nach dem neusten Trend), **Hipsters** (abgeleitet von der Jazzszene der 1940er- und 1950er-Jahre), **Clubbers** (gehen zum *clubbing*), **Sport Junkies** (Skateboarder etc.), **Blingers** (Hip-Hop-Freaks), **Metalheads** (Heavy-Metal-Fans) und **Gamers** (besessen von Videospielen).

Im Straßenbild tritt der **Emo** am häufigsten in Erscheinung. *Emos* haben sich aus den **Goths** der 1980er-Jahre entwickelt, deren Musikgeschmack durch Indie-Bands wie *The Cure* und *Siouxie and the Banshees* geprägt worden war (in Deutschland wohl heute am ehesten vertreten durch die Band *Tokio Hotel*). Sie färben sich die Haare schwarz, tragen *Skinny Jeans* (enge Jeans) und meistens ausgefallene T-Shirts. Der *Emo* ist für seinen labilen emotionalen Zustand berüchtigt und Eltern brachen bereits in Panik aus, da man annahm, *Emos* seien per se suizidgefährdet. Dem ist allerdings nicht so. In Großbritannien treffen sich *Emos* am Samstagmorgen in großen Gruppen in der Innenstadt ganz entspannt zum Schwätzchen. Auf Webseiten erhalten *Emos* Kleidungs- und Frisurtipps bzw. verabreden den nächsten Treffpunkt.

Total vernetzt – digitale Kommunikation

Die größte Änderung, die sich in den letzten zehn Jahren weltweit ergeben hat, ist die Verfügbarkeit von Hightech-Kommunikationsmedien. Briten sind zwar traditionsbewusst, aber grundsätzlich auch **technologiefreundlich.** Englische Kinder und Jugendliche sind mit den neuesten *gadgets* (technisches Spielzeug) bestens vertraut und besitzen im Allgemeinen alles von Mobiltelefon (das übrigens in Großbritannien nicht „Handy" heißt, sondern *mobile*), XBox Game Station, über I-Pod bis hin zur Wii-Videospielkonsole.

In Großbritannien verfügen viele Haushalte über einen Computer, haben Breitband- oder WLAN-Anschluss. Menschen bis ins hohe Alter benutzen PC und Internet, bzw. sind vernetzt. Große Bedeutung haben hier die sogenannten **Sozialen Netzwerke** im Internet gewonnen, wie *Facebook* (für alle Altersgruppen), *MySpace* (eher für Teenager), *Bebo* (für Teenager) und *YouTube,* wo private Videoclips verbreitet werden. **YouTube** hat für Bands den Vorteil, dass selbst relativ schlecht, bzw. günstig produzierte Videos eine Zuschauerschaft finden und für Publizität sorgen, indem sie den traditionellen Weg über die PR-Maschinerie der Plattenfirmen und die Fernsehwerbung umgehen können. Viele Bands existieren heute komplett online: Sie verkaufen ihre Musik per Internet, kommunizieren mit den Fans über Facebook, bewerben ihre Gigs und verkaufen Tickets dafür online. Allerdings ist das Internet nicht unbedingt eine Gewähr für Qualität. Diese neuen Kommunikationsformen werden bereitwillig von allen Bevölkerungsschichten Britanniens aufgenommen, viele Familien kreieren ihre eigene Homepage oder einen eigenen **Blog.** Auch die Herstellung selbst gestalteter Videos ist heute kein Problem mehr, da Camcorder *(Handycams)* so preiswert geworden sind.

Blogging wird nun weitgehend von **Twittering** (Mikroblogging) abgelöst. Dies führt das *Blogging* noch einen Schritt weiter, sodass man über jedes Medienereignis, über jeden Prominenten *(Celebrity)* ständig minutiöse Kommentare abgibt. Angeblich nehmen auch Prominente selbst am *Twitter* teil und kommentieren die unmöglichsten Ereignisse. Hieraus wird dann am nächsten Tag in den Zeitungen wiederum eine Story gemacht.

DER ALLTAG VON A BIS Z

Ausgehen

Der **Pub** ist seit 700 Jahren eine wichtige britische Institution für die Zusammenkunft der verschiedensten Menschen und ist Teil der kulturellen Identität. Vor allem außerhalb der Großstädte treffen sich Jung und Alt in ihrem *Local* (Stammkneipe), um hier zu klönen und ihr Bier zu trinken, zu spielen, sich Livebands anzuhören und zu tanzen. Zu besonderen Festen wie Silvester wird oft auch ein DJ engagiert. Die meisten Pubs haben über die Woche hinweg ein festes Programm, vom Pub Quiz, über den indischen Curryabend bis zum Karaoke. Besonders sehenswert sind die historischen Kneipen, die teilweise noch ein Interieur aus dem 18. Jh. haben. Es

Der Lollipop-Man leitet Kinder sicher über die Straße

gibt allerdings auch zahlreiche Ketten und sogenannte Themen- und Gas-tro-Pubs, wie *Yates* oder *Weatherspoons,* deren Einrichtung in irgendeiner Fabrik auf viktorianisch getrimmt wurde. Der Kneipier nennt sich in England **Pub Landlord.**

Leider stehen momentan viele Wirte vor finanziellen Schwierigkeiten, da Pubbesuche in den letzten Jahren abgenommen haben. Die *British Beer and Pub Association* ist besorgt, da momentan fünf bis sechs der angestammten Institutionen pro Tag ihre Pforten schließen. Gründe hierfür sind z. B. steigende Preise in Zeiten der Wirtschaftskrise und die Tatsache, dass man **Bier wesentlich billiger im Supermarkt** erstehen kann. (Britische Supermärkte haben nicht immer alle Alkohol verkauft, da auch hierfür eine besondere Lizens nötig war, so war der Weg zum Pub vor 1980 oft der einfachste Weg, an ein entsprechendes Getränk zu kommen.) Der *Prince of Wales* ist Schirmherr der Kampagne „Pub is the Hub" (Im Pub ist was los). Diese Initiative bietet Zuschüsse und Fachberatung für Marketingkonzepte, die vom Untergang bedrohten Etablissements wieder auf die Beine helfen soll. Insbesondere in kleineren Gemeinden ist der Pub nach wie vor **eine wichtige soziale Institution.**

Pubs müssen heute mehr bieten als nur alkoholische Getränke

Pub Quiz

Das „Pub Quiz" ist eine angestammte britische Tradition, die in den letzten 20 Jahren an Beliebtheit gewonnen hat. Briten schätzen die unverfängliche Art, wie man z. B. während einer Quizveranstaltung mit anderen Gästen in Kontakt kommen kann. Fast jeder Pub bietet an einem oder mehreren Wochentagen ein solches Quiz an. Ursprünglich führte man diese Veranstaltungen ein, um die Kneipe an den ruhigeren Tagen von montags bis mittwochs zu füllen. Es gibt **verschiedene Quizvarianten** vom Allgemeinwissen bis zum Musikquiz.

Für die Quizrunde bildet man auch schon mal eine Gruppe zusammen mit anderen Stammgästen, sodass Tische mit vier bis acht Spielern entstehen. Diese Teams geben sich dann meist einen witzigen Namen. Manchmal bleiben die so formierten Gruppen bestehen und treten dann jede Woche wieder an. Stammgästen ebenso wie dem „Landlord" sind in der Regel alle Quizgäste bekannt und auch zwischen den Gruppen gibt es eine zwanglose **Konversation im lockeren britischen Stil:** Man gibt lautstark seine Zustimmung oder Ablehnung zu erkennen, wenn die Antworten verlesen und ausgewertet werden. Bei alldem ist man jedoch darauf bedacht, die Sache nicht zu ernst zu nehmen - obwohl es einen Preis zu gewinnen gibt. Jeder Teilnehmer zahlt eine Gebühr von einem englischen Pfund, was dann in den Topf für den Gewinner einfließt. Manchmal stiftet der Wirt noch zweite und dritte Preise in Form einer Flasche Wein.

Das Quiz wird entweder vom „Landlord" selbst oder von einem **professionellen Quizmaster** zusammengestellt und durchgeführt. Im Internet und als Buch gibt es inzwischen zahlreiche Beispiele, auf die man zurückgreifen kann. Die Quizmaster finanzieren sich meist dadurch, dass sie täglich in einem anderen Pub das Spiel leiten. Bei einem professionell organisierten Quiz erhalten die Teilnehmer vorgedruckte Unterlagen, ansonsten schreibt man auf ein weißes Blatt Papier. Die Fragen sind meist in Themenbereiche aufgeteilt und mit einem oder mehreren Punkten bewertet. In typisch britischer Manier muss auch ein solcher Spielspaß wie ein Sport organisiert werden, damit man ihn genießen kann. Anfänglich ein Zeitvertreib für Amateure, gibt es inzwischen ein ganzes Netzwerk von Pubs, die gegeneinander in der Disziplin Pub Quiz antreten. Es gibt sogar **regionale Wettkämpfe** und ein bundesweites Finale.

Aus dieser Tradition ging die Show „Who wants to be a millionaire?" („Wer wird Millionär?") hervor, die der Nation die Gelegenheit gibt, ihrer Quizleidenschaft auch zu Hause vor dem Fernseher nachzugehen.

Nur wenige Pubs haben ihre **Öffnungszeiten** ausgeweitet oder bieten ihre Getränke gar rund um die Uhr an. Die meisten öffnen um 11 Uhr morgens (am Sonntag bereits ab 10.30 Uhr) und schließen wie gehabt um 23 Uhr oder 24 Uhr. Junge Leute, die eine lange Nacht geplant haben, trinken daher hier ein, zwei Biere zum Einstieg und ziehen dann weiter, weshalb sich samstags bereits gegen 22 Uhr plötzlich der Laden leert.

Es ist wichtig zu beachten, dass es in einem Pub **keine Tischbedienung** gibt. Das Barpersonal verlässt die Theke nur, um Gläser einzusammeln. Für jede Bestellung muss man sich ordentlich anstellen. Trinkgelder für das Personal in der Bar sind selten, eher gibt man aus Höflichkeit einen Drink aus.

Binge drinking – Trinken bis zum Abwinken

*Erst vor wenigen Jahren wurde der „Licensing Act" geändert, der bis dato untersagte, alkolische Getränke nach 23 Uhr öffentlich zu verkaufen oder zu trinken. Während das Gesetz in Kraft war, hatte man sein Sozial- und Trinkverhalten darauf eingestellt, denn die Kneipen, Restaurants und Pubs schlossen um 23 Uhr. Es war üblich, relativ früh auszugehen - meist gleich nach der Arbeit, damit man ein paar gemütliche Stunden bei Wein oder Bier zusammensitzen konnte. Oft wurde dann kurz vor 23 Uhr, wenn die Glocke zur letzten Runde („last orders") klingelte, noch einmal richtig aufgestockt und drei bis vier Bier auf ex getrunken. Dies führte dann dazu, dass genau um 23.30 Uhr alle Menschen gleichzeitig oft sehr betrunken den Pub verließen, der ganze Spuk dann aber auch um Mitternacht beendet war. Puritanische Briten wandten sich gegen die Änderung des Gesetzes, da sie unkten, das zügellose Trinken würde dann noch weiter ausarten. Dies scheint allerdings eine unvermeidbare Reaktion auf die Änderung angestammter Ausgeh- und Trinkgewohnheiten zu sein. Auch heute hat man sich noch nicht völlig darauf eingestellt, dass nicht plötzlich um 23 Uhr die Klappe fällt. Das beinah **verzweifelte Schnelltrinken** setzt sich daher bei einigen fort, ja man geht davon aus, dass es noch zugenommen hat. Dieses sogenannte „binge drinking" („Trinken bis zum Abwinken") wird vor allem von jüngeren Menschen praktiziert, die bewusst literweise Alkohol („booze") konsumieren, bis sie einen komatösen Zustand erreicht haben. Einige Großstadtviertel sind besonders berüchtigt, hier ist die Polizei am Wochenende im Großeinsatz: mit dem Verhindern von Raufereien, we-*

Alkohol – britische Trinkgewohnheiten

Alkohol gibt es in Britannien in den dafür zugelassenen Geschäften und Örtlichkeiten zu kaufen, die als **„Off Licence"** bezeichnet werden. Nicht jeder Kiosk führt automatisch Alkohol und es gibt einige wenige „unlizenzierte" Restaurants, wo man entweder gar keinen Alkohol trinken darf oder aber seinen eigenen Vorrat mitbringen muss. Hierfür wird dann eine Gebühr verlangt.

Die größte Auswahl an Biersorten gibt es in einem **„Free House"** (Pub), alle anderen Kneipen sind meist an eine bestimmte Brauerei gebunden.

*gen tätlichen Angriffen oder dem Aufsammeln von Akoholvergifteten, die nicht mehr wissen, wo sie hingehören. Seit Abschaffung der Sperrstunde sind die **Einsätze der Notruf-Ambulanzen** allein in London um 20 % gestiegen. Zwischen April 2007 und April 2008 wurden hier die Notärzte zu 61.624 Einsätzen aufgrund von Alkohlmissbrauch gerufen. Wenn im Dezember die traditionellen Weihnachtspartys in den Büros stattfinden, herrscht in den Notrufzentralen Großalarm. Vor der Liverpool Station in der City of London bleiben daher den ganzen Monat lang Notzelte des Londoner „Ambulance Service" aufgebaut, wo **Alkoholleichen oder Menschen mit Verletzungen** behandelt werden können. Die meisten Betrunkenen werden nach einer Stunde Ausnüchterung wieder entlassen, wenn Freunde oder Verwandte die Person abholen können. Wer sich bis dahin nicht erholt hat, kommt ins Krankenhaus (etwa bis zu 25 % der Patienten aus den Notzelten). Der „Ambulance Service" ist besonders besorgt darüber, dass durch die Behandlung von Betrunkenen Ressourcen von „richtigen" Notfällen abgezogen werden und beispielsweise ein Herzinfarktpatient in einem entfernteren Stadtteil unter Umständen nicht rechtzeitig Hilfe bekommt.*

Der „Licensing Act" wurde während des Ersten Weltkriegs erlassen, damit stark trinkende Arbeiter am nächsten Morgen trotzdem pünktlich zur Arbeit erscheinen konnten. Übrigens finden auch Wahlen aus diesem Grund immer an einem Donnerstagabend statt und nicht wie in Deutschland sonntags, da nach einem exzessiven Samstagabendgelage der Großteil der Wähler den sonntäglichen Wahlurnen fernbleiben würde.

Von jeher sind die Briten (Engländer, Schotten und Waliser in gleichem Maße) dafür bekannt, dass sie sich gern mal einen zu Gemüte führen. Dies wird auch in historischen Dokumenten und der Literatur dokumentiert. **Trinken hat in England Tradition,** unabhängig von der Klassenzugehörigkeit und der Bevölkerungsschicht. Die Feierlust ist ein fester Bestandteil des britischen Charakters, hierzu gehört außer Singen und Tanzen auch der Genuss von Alkohol. (Siehe auch das Kap. „Wer ist ein typischer Brite?".)

Bier ist wie in Deutschland das alkoholische Nationalgetränk. Als **Beer** oder **Ale** werden in England die dunklen Biersorten bezeichnet (untergärig gebraut). Dem Fassbier wird im Allgemeinen beim Zapfen weniger Kohlensäure zugesetzt als in Deutschland, daher erscheint es als „flach". *Ales* sind im Allgemeinen etwas wärmer temperiert. Die in Deutschland üblichen hellen Biere bezeichnet man als **Lager** (obergärig gebraut). Fast in allen Kneipen (Pubs) bekommt man auch das ein oder andere deutsche Flaschenbier. Ebenfalls sehr beliebt ist *Cider,* der aus Äpfeln hergestellt wird, aber meist wesentlich süßer als Apfelwein schmeckt.

Der **übermäßige Alkoholkonsum,** speziell das *binge drinking,* soll nun als nächstes Übel von der Labour-Regierung bekämpft werden. In den Medien hört und liest man öfter Berichte darüber, wie viel Alkohol Mann und Frau wöchentlich konsumieren dürfen, um gesund zu bleiben, damit sie dem Staat später nicht auf der Tasche liegen.

Peinlich kann es werden, wenn man an der Supermarktkasse vor allen anderen Kunden bloßgestellt wird, wenn man eine Flasche Wein kauft. Die Kassierer rufen ihrem Oberkassierer deutlich „Alkohol" zu, damit dieser bezeugen kann, dass ein Erwachsener eingekauft hat. Eltern, die minderjährige Kinder dabei haben, wird unter Umständen der Kauf von Alko-

---

Die Happy Hour und preiswerte alkoholische Getränke sollen abgeschafft werden

hol verweigert. Desweiteren gibt es Bestrebungen, in Supermärkten Billigangebote für alkoholische Getränke zu verbieten und Pubs wurde empfohlen, keine **Happy-Hour-Preise** mehr zu offerieren.

Durch höhere Besteuerung sind alkoholische Getränke in den letzten Jahren erheblich kostspieliger geworden. Im Schnitt ist Alkohol wesentlich teurer als in Deutschland, eine durchschnittliche Flasche Wein kostet in Britannien bis zu doppelt so viel. Als Gastgeschenk ist eine Flasche Wein daher durchaus ein sehr annehmbares Mitbringsel und wird im Allgemeinen gut aufgenommen (es sei denn, man ist bei ausgesprochenen Nichttrinkern zu Gast).

Drogen

Drogenmissbrauch gibt es in Britannien genauso wie in allen anderen westlichen Ländern, er konzentriert sich vor allem in den Großstädten. Es gibt eine **Fülle an chemischen Drogen** wie beispielsweise E (Ecstasy) und K (Ketamine). Sie gehören unter Jugendlichen und Studenten zu den ganz normalen Rauschmitteln, die man beim Ausgehen in die Nachtklubs (beim *clubbing*) konsumiert, oft in Kombination mit Alkohol.

Die Regierung ist relativ unentschlossen, wie man sich in dieser Sache verhalten soll. Vor einigen Jahren wurde z. B. Cannabis auf eine sogenannte Class-C-Droge heruntergestuft, d. h., es wurde nicht als besonders schädlich angesehen und der Besitz wurde nicht so streng bestraft. Im Jahr 2008 revidierte man das und Cannabis wurde wieder in die *Class B* aufgenommen.

Entdeckerlust? – Briten im Urlaub

Aufgrund der Tatsache, dass Britannien eine Insel ist und alle Reisen in südliche Gefilde mit dem Auto mindestens zwei Tage dauern, bevorzugen Briten Billigflüge zu den gängigen touristischen Destinationen im Mittelmeer. Weitere beliebte Reiseziele sind die Kanarischen Inseln, die Karibik, Thailand und Indien. Der durchschnittliche britische Urlauber hat **im Ausland keinen guten Ruf.** Die Billigurlauber sind auf der Suche nach Sonne, ein Interesse für die örtliche Kultur bringen nur wenige auf. In den Touristenhochburgen ist das Hotel- und Gastronomiegewerbe natürlich auf englischsprachige Besucher eingestellt und man bleibt hier gern unter sich. Mit anderen Urlaubern, wie z. B. Deutschen, streitet man sich lediglich um die Liegestühle am Pool etc.

Dennoch gibt es in Britannien durchaus eine **Tradition zum Welten-bummeln** und zum Entdecken fremder Kulturen, und zwar schon seit die ersten Seefahrer wie *Francis Drake* zur Entdeckung neuer Seewege und unbekannter Kontinente aufbrachen. Mit einer solchen Reise war dann allerdings meist auch eine bestimmte sportliche Herausforderung oder ein Auftrag verbunden. Der typische britische Entdecker aus dem 18., 19. oder 20. Jh., wie z.B. *David Livingstone,* hatte immer eine Mission: die Quelle des Nils finden oder die Anden mit einem Packesel überqueren oder so wie der tragische *Robert Falcon Scott* den Südpol entdecken oder wie *Ernest Henry Shackleton* die Antarktis von Küste zu Küste bereisen. Unter denen, die die höchsten Berge erklimmen, befinden sich immer auch Briten. Von englischen Häfen starten zudem jedes Jahr mehrere Jachtregatten, die auf verschiedenen Routen monatelang die Welt umsegeln. Dame *Ellen McArthur* (geb. 1976) brach z.B. 2005 den Weltrekord für die schnellste Solo-Weltumsegelung.

Wer ärmer war, machte Urlaub im eigenen Land und für die Viktorianer waren **die englischen Seebäder** oder die Berglandschaften im Norden beliebte Ausflugsorte und Ferienziele. Allerdings ging es hier mehr um den „Kureffekt", weshalb z.B. die Nordseestrände mit ihrer rauen See als besonders attraktiv galten. Für die Arbeiterklasse wurden Ferien erschwinglich, als man mit der Eisenbahn aus den Großstädten direkt in die Berge oder an die Küsten reisen konnte. So entstanden die großen Seebäder wie Blackpool, Skegness und Southend. Sie sind noch heute auf **Massenunterhaltung** angelegt: Hier findet man viele laute Fahrgeschäfte, Spielhöllen, Diskotheken und eine Imbissbude nach der anderen. Einige viktorianische Attraktionen haben in den meisten Seebädern überlebt, wie z.B. der *Pier* (ein in das Meer hineinragender langer Steg, an dem teilweise auch Boote anlegen können) mit seinen kuriosen Buden, dem Pier-Theater und den sogenannten *donkey rides,* wo Kinder für ein Pfund einmal auf einem Esel reiten können.

In den heutigen Zeiten der Wirtschaftskrise besinnt man sich wieder darauf, dass auch Britannien ein Land mit vielen touristischen Destinationen ist. Im ganzen Land gibt es Campingplätze, die bei allen Altersgruppen beliebt sind.

Wo immer die Touristen hinströmten, gab es bald eine große Anzahl von **B&Bs** (**Bed and Breakfast,** „Zimmer mit Frühstück"). Die Grimmigkeit der B&B-Gastgeberinnen, der sogenannten *landladies,* ist heute legendär. In den Pensionen herrschten ein striktes Regime und strenge Verhaltensregeln. Besonders humorvoll wurde dies von *Bill Bryson* in seinem Buch „Reif für die Insel" dargestellt. In der von ihm besuchten Pension in Dover, wurde das heiße Wasser nur zu bestimmten Uhrzeiten angestellt,

die Eingangstür wurde nach Einbruch der Dunkelheit abgeschlossen und die *landlady* kontrollierte sogar seinen Gang zu Toilette.

Eine weitere Erscheinung des frühen 20. Jh. waren die **Butlin's Holiday Camps,** die 1936 von *Billy Butlin* gegründet wurden, um Briten einen preiswerten Urlaub zu ermöglichen. Dort gab es einen strengen Drill. Man wurde früh zur Morgengymnastik geweckt und dann blieben einem die Animateure, die sogenannten *Redcoats,* den Rest des Tages nicht mehr vom Leib. Es gibt nur noch drei dieser Camps: in Bognor Regis, Minehead und Skegness. Das Camp in Bognor Regis wurde im Jahr 2005 renoviert, da es angeblich tatsächlich Menschen gibt, die heute noch dort Ferien machen wollen. Briten scheinen im Urlaub eine gewisse Bevormundung zu genießen.

Momentan gibt es in Britannien einen **Boom in der Kreuzfahrtbranche.** Hier wird, ähnlich wie bei Pauschalreisen, eine komplette Reiseorganisation mit Vollpension geboten, einschließlich Kleiderordnung und festgelegten Essenszeiten. Dies ist auch für ältere Menschen ein bequemer Weg, sich weit entfernte Ziele auf der ganzen Welt anzuschauen und trotzdem immer versorgt zu sein.

Urlaub an Strand und Pier in Bournemouth

Familie und Jugend

Die Briten sind durchaus **familienfreundlich,** wobei es hier hauptsächlich um den harten Kern der Familie geht, das heißt Mann, Frau und zwei Kinder. Noch vor zwei Jahrzehnten war es üblich, so lange bei den Eltern zu bleiben, bis man relativ früh heiratete und dann sein eigenes Haus kaufte. Heute leben 29 % der erwachsenen Bevölkerung in Singlehaushalten und nur 28 % in einer typischen Familienkonstellation (Eltern und ein oder zwei Kinder). 29 % der zusammenlebenden Paare haben keine Kinder, 10 % sind allein erziehend. Die restlichen 4 % leben in größeren Verbänden wie Wohngemeinschaften oder im Internat etc. Die Anzahl der **Scheidungen** ist in den letzten Jahren rapide gestiegen und es werden auch weniger Ehen geschlossen. Etwa 49 % aller verheirateten Frauen sind berufstätig. Nur wenige Paare können es sich (trotz zwei Verdiensten) leisten, ihre Kinder in privaten Tagesstätten betreuen zu lassen und behelfen sich innerhalb von Familie und Freundeskreis. Staatliche Einrichtungen für Kinderbetreuung sind dünn gesät.

Kinder haben in Britannien eine gewisse Narrenfreiheit. Auch wenn sie laut herumtoben, wird kaum jemand etwas dagegen einwenden. Der Nachwuchs wird von vorne bis hinten verwöhnt, mit Spielsachen, Kleidern und Süßigkeiten. Viele öffentliche Einrichtungen, selbst Banken, haben eine Spielecke für Kinder. Das unbeschwerte Kinderleben hört hier jedoch sehr viel früher auf als in Deutschland. Bereits im Alter von drei bis vier Jahren werden den Kleinen in der Vorschule die Grundkenntnisse im Schreiben und Rechnen eingebläut.

Da fast immer beide Elternteile berufstätig sind und die Kinder bis nachmittags in die Schule gehen, findet so etwas wie ein gemeinsames Mittagessen selten statt. In den wenigsten Familien wird aufwendig gekocht und **selten wird gemeinsam gegessen.** Am Tisch lange bei einer Mahlzeit zusammenzusitzen, ist nicht Teil der britischen Esskultur.

Besonders viele Ängste gibt es wegen der zunehmenden Zahl von Fällen sexuellen Missbrauchs an Kindern und der **Gefährdung durch Gewalt** von anderen oder über das Internet. Sensationsberichte über entführte Kinder nehmen in den Medien überhand und fast täglich ist irgendwo ein Bericht über ein misshandeltes oder vermisstes Kind zu hören oder zu lesen. Um Kinder aus der Gefahrenzone zu nehmen, möchte man sie am

Old Age Pensioners (OAPs) – Rentner

liebsten die ganze Zeit im Blick haben, am besten sollen sie zu Hause bleiben. In den Medien gibt es extrem viele Warnungen von Polizei oder Kinderschutzorganisationen über Gefahren für Kinder im Internet. Auch Schulen müssen nun zum verantwortlichen Gebrauch dieses Mediums anleiten.

Die meisten Kinder werden von ihren Eltern überall hingefahren. Die Zahl der Kinder, die zur Schule gebracht werden, hat sich in den letzten 20 Jahren von 16 % auf 32 % erhöht.

Rentner bezeichnet man in Britannien als *OAPs (Old Age Pensioners)*. Die **Großeltern** leben meist in ihrem eigenen Haus bzw. einer Eigentumswohnung, bis sie sich aus gesundheitlichen Gründen nicht mehr selbst versorgen können. Dann ziehen die meisten in ein Altenheim, die leider von stark unterschiedlicher Qualität sind. Wie in anderen westlichen Ländern auch, gibt es in Britannien das Problem der „Überalterung" der Bevölkerung. Irgendwann kommt der Zeitpunkt, an dem nicht mehr genug Geld für die Renten da sein wird. Die Bürger werden schon lange ermutigt, **private Rentenversicherungen** abzuschließen, ähnlich der Riester-Rente in Deutschland. Allerdings gab es hier in den vergangenen Jahren einige Skandale, da die Versicherungen windige Spekulationen mit dem Geld getätigt hatten und viele Menschen ihre jahrelang eingezahlten Beträge verloren bzw. die Dividende geschmälert sahen. Die Regierung hat nun vorgeschlagen, das Rentenalter auf 70 Jahre anzuheben, was man ironisch als „arbeite, bis du umfällst" bezeichnet. Pensionäre können ihre

Rente übrigens auch im Ausland beziehen – was zu einem Problem geworden ist: Ein großer Prozentsatz der britischen Rentner setzt sich im Süden Frankreichs, Spaniens und Portugals zur Ruhe. Sie bekommen ihre Rente dort ausgezahlt, obwohl sie zur britischen Wirtschaft nichts mehr beitragen.

Gefahren für die Jugend

Computerspiele, Internet und das Handy haben die Art verändert, wie Kinder und Jugendliche (aber auch Erwachsene) miteinander kommunizieren, wie sie sich sozialisieren und an welchen kulturellen Ereignissen sie teilnehmen. Sie haben mehr Auswahl, sind aber auch weniger kontrolliert

und es stellen sich ganz konkrete Ängste ein: dass besonders jüngere Kinder über das Internet von Päderasten belästigt werden können, dass Kinder von Gleichaltrigen über Textnachrichten (SMS) auf ihrem Mobiltelefon gemobbt werden oder dass sie von Gleichaltrigen zur Gewalttätigkeit angeleitet werden.

Das Phänomen des **Happy Slapping** (fröhliches Schlagen) hat in jüngster Zeit die britische Öffentlichkeit schockiert und die Medien beschäftigt. Dies sind willkürliche Angriffe auf Personen durch Jugendbanden, die jemanden zusammenschlagen, dies auf ihrem Handy filmen und dann ihren Freunden schicken oder gar im Internet publik machen. Einige Teenager, auch Gruppen von Mädchen von zehn bis zwölf Jahren, haben hierbei unbescholtene Bürger krankenhausreif geschlagen.

Cyber Bullying (elektronisches Schikanieren) besteht darin, dass Kinder und Jugendliche Hetzkampagnen gegen unbeliebte Individuen anzetteln. Persönliche Informationen, Gerüchte und Geschwätz über diese Personen werden per SMS auf dem Handy oder im Internet verbreitet. Oder die Opfer erhalten beleidigende oder einschüchternde Mitteilungen auf ihrem Mobiltelefon.

Britische Teenager

Jugendkriminalität

Viele Kinder und Jugendliche aus sozial benachteiligten Gegenden und Gesellschaftsgruppen, denen Beaufsichtigung und Beschäftigung fehlt, rotten sich in Gruppen zusammen. Mehr und mehr dieser Jugendlichen tragen auch **Waffen.** Niemand weiß genau, wie viele Messer derzeit bei Teenagern im Umlauf sind. Verbrechen Unmündiger (d. h. Personen unter 16 Jahren) werden nicht aufgenommen, da dies unter das Jugendstrafrecht fällt. In Umfragen wurde festgestellt, dass etwa einer von vier Teenagern schon mindestens einmal ein Messer mit sich herumgetragen hat. Hierbei handelt es sich übrigens meist nicht um harmlose Taschenmesser, sondern um solche, die auch als Waffen benutzt werden können. Besonders in London gibt es einen deutlichen Anstieg an **Überfällen mit Messern.** Im Jahr 2007 kamen zwölf Teenager bei solchen Angriffen um. In diese Verbrechen sind oft die oben erwähnten Gangs verwickelt, häufig bestehend aus Angehörigen ethnischer Minderheiten. Auch Unschuldige werden mit hineingezogen, so wurde im Jahr 2000 der zehnjährige *Damilola Taylor* erstochen. Im Sommer 2006 wurde eine sogenannte *Knife Amnesty* erlassen, d. h., Messer konnten anonym bei der Polizei abgegeben werden. Die frühere Innenministerin *(Home Secretary) Jaqui Smith* schlug vor, den generellen Besitz eines Messers strafbar zu machen (bisher ist nur der Besitz eines Messers verboten, dessen Klinge über sechs *Inches* lang ist), dies würde aber auch jedes harmlose Taschenmesser einschließen.

Feste und Feiertage

In Britannien gibt es weniger öffentliche Feiertage als in Deutschland: der 1. Januar, Karfreitag und Ostermontag sowie der 25. und 26. Dezember. Außerdem gibt es drei **„Bank Holidays",** einen Anfang Mai, einen Ende Mai und einen Ende August. *Bank Holidays* zeigen einen allgemeinen Feiertag an, an dem die Banken geschlossen haben, sie liegen immer auf einem Montag. Daher können die Daten leicht variieren. **Schottland** feiert seinen Nationalheiligen *St. Andrews* am 30. November mit einem *Bank Holiday* und **Nordirland** zelebriert den *St. Patrick's Day* am 17. März.

Beim Goldenen Jubiläum der Queen im Jahr 2002 wurde ein Extrafeiertag im Juni eingelegt und in der Regierung wird diskutiert, ob man grundsätzlich einen zusätzlichen permanenten Nationalfeiertag einrichten soll.

Die Tatsache, dass die Wirtschaft hauptsächlich von der **Dienstleistungsindustrie** lebt, führt dazu, dass die Geschäfte auch an den Weihnachtsfeiertagen und den *Bank Holidays* offen bleiben. Im Großen und

Kartenmanie

Zu jedem Feiertag werden Grußkarten verschickt. Großbritannienbesuchern wird auffallen, dass es ausnehmend viele Läden gibt, die eine riesige Auswahl von Karten anbieten. Zu den wichtigsten Festen, an denen Karten verschickt werden, gehören der Valentinstag im Februar, der Muttertag, der bei den Briten am 22. März gefeiert wird, und natürlich Weihnachten. Die Grußkarten werden wie Trophäen gesammelt und oft an einer extra gespannten Leine über dem Kamin aufgehängt.

Ganzen herrscht daher an **Weihnachten** eine grundsätzlich andere Atmosphäre als in Deutschland und das Fest ist wesentlich kommerzieller. Am 24. Dezember geht man traditionellerweise abends in den Pub. Am 25., dem *Christmas Day,* schläft man aus, genießt das Weihnachtsessen mit der Familie und tauscht Geschenke aus. Am 26. Dezember, dem sogenannten *Boxing Day* (von Geschenkboxen) erhält man dann die Gelegenheit, ungewollte Geschenke gleich wieder umzutauschen.

Traditionell benutzt man die langen Bank-Holiday-Wochenenden zu einem Ausflug mit der Familie, daher sind dann die Autobahnen bei gutem Wetter meistens verstopft.

Weitere Ereignisse zum Feiern sind Halloween und die **Bonfire Night**

075gb Foto: nh

am 5. November. Da die beiden Daten so nah beieinander liegen, gehen die Feierlichkeiten oft ineinander über. Zur *Bonfire Night* finden Lagerfeuer statt und es werden Feuerwerkskörper gezündet, hier vermischt sich die Tradition des heidnischen Festes *Samhain,* das am 1. November gefeiert wurde und das Ende des landwirtschaftlichen Jahres und das Sterben der Sonne anzeigte, mit der Feier des missglückten Anschlags auf das Parlament durch *Guy Fawkes.* (Siehe auch das Kap. „Demokratische Bestrebungen".)

Halloween, gefeiert am 31. Oktober, ist von den USA nach England herübergeschwappt und hat sich erst in den letzten Jahren zu einem weitverbreiteten Brauch entwickelt. Halloween ist wohl das, was dem deutschen Fasching am Ähnlichsten ist, denn es finden viele Verkleidungspartys statt. Man kleidet sich in gruselige Kostüme, mit denen man die Geister vertreiben will, die an diesem Tag angeblich ihr Unwesen treiben. Normalerweise fertigt man auch Laternen aus Kürbissen mit schaurigen Fratzen, die von innen durch eine Kerze beleuchtet werden.

Frauen

Das Idealbild von der englischen Frau war einst die **English Rose** von blassem, zartem Teint mit feinen Gesichtszügen. Diese „Rose" war eine Lady, also das Gegenbild zum Gentleman: elegant, leicht unterkühlt und von einer natürlich unangestrengten Schönheit mit gleichmäßiger Alabasterhaut. Dieses Ideal konnte nur von Frauen erreicht werden, die sehr viel Muße hatten. In den oberen Gesellschaftsschichten hatten die Damen tatsächlich kaum Verantwortlichkeiten, weder wurde auf eine akademische Ausbildung noch auf hauswirtschaftliche Fähigkeiten besonders großer Wert gelegt. Nicht einmal die Kindererziehung lag in der Hand der Frau, denn der Nachwuchs befand sich im Internat. (Siehe auch den Exkurs „Betrachtungen über das Internatsleben".) Die **englische Frau der Oberschicht** repräsentierte für ihren Mann, unterhielt Gäste durch Klavier spielen, singen oder vorlesen und spielte Bridge. Heute wird der Begriff der „englischen Rose" nur noch selten für junge hübsche Mädchen verwendet oder für Schauspielerinnen, die gerade ihre Karriere damit begonnen haben, dass sie in einer der Klassiker-Verfilmungen genau diesen Frauentyp darstellten. Der Alltag für **Frauen der Arbeiterschicht** stellte sich natürlich anders dar, denn diese mussten hart arbeiten und starben früh an Krankheiten oder im Kindbett. Ein weiterer Frauentyp, der von Reisenden des 18. und 19. Jh. beschrieben wurde, waren die freizügigen Prostituierten, die man besonders in Großstädten wie London an vielen öffentlichen Plätzen antraf, was teilweise als schockierend empfunden wurde.

Moderne junge britische Frauen haben andere **Rollenvorbilder,** meist Pop- und Filmstars, die weit davon entfernt sind, die Werte der englischen Rose zu verkörpern. Schlagzeilen machen heute vor allem die sogenannten **ladettes** (abgeleitet von *lad* = Kerl). Dies bezeichnet junge Frauen mit ungehobelten Manieren, die dem *binge drinking* frönen. (Siehe auch das Kap. „Trinkgewohnheiten, Rauchen, Drogen".) Den Theorien der Soziologen zufolge, versuchen junge Frauen ihre Unabhängigkeit zu beweisen, indem sie dem Verhalten junger Männer nacheifern. Hand in Hand mit dem erhöhten Alkoholkonsum geht ein Ansteigen der Frauenkriminalität. Diese ist in den letzten Jahren um etwa 25 % gestiegen, hier handelt es sich um Vergehen wie Beschädigung von Eigentum, Erregung öffentlichen Ärgernisses und tätliche Angriffe. Die Frage, wie emanzipiert die englische Frau tatsächlich ist, ist schwer zu beantworten. (Eine der wenigen Vorzeigefeministinnen in Britannien ist die hier ansässige Australierin *Germaine Greer*, die im Jahr 1970 das Buch „The Female Eunoch" veröffentlichte. Sie hat einen ähnlichen Status wie *Alice Schwarzer* in Deutschland).

1975 stellten Frauen **nur ein Drittel aller Studenten an den Universitäten,** heute sind es 56 %. Dennoch sieht man wenige dieser Frauen im Berufsleben in höheren Positionen. Es stimmt zwar, dass *Margaret Thatcher* als Frau das höchste Amt im Land erreichte (d. h. neben der Queen natürlich), allerdings hat dies nach ihr keine mehr geschafft. Heute gibt es kaum eine Frau in der britischen Politik, die das entsprechende Profil hätte (nur 20 % aller *MPs* sind Frauen). In den Regionalverwaltungen sind nur 16 % der Führungspositionen von Frauen besetzt, im Polizeidienst nur 10 %, von den Chefredakteuren bei großen nationalen Zeitungen und Zeitschriften sind etwa 13 % Frauen – diese Zahlen sind rückläufig. Die Gleichbezahlung beider Geschlechter ist noch nicht ganz erreicht, obwohl heute wesentlich mehr Frauen allein erziehend sind und eine Familie ernähren müssen.

Auf der anderen Seite gründeten z. B. im Jahr 2007 177.000 Frauen ihre eigene Firma, machten sich entweder selbstständig oder bauten eine Firma auf. Eine dieser erfolgreichen **Unternehmerinnen** ist *Tamara Mellon*. Sie kaufte die Schuhmarke *Jimmy Choo* und schaffte es, die Marke durch geschicktes Marketing weltweit zu etablieren. Andere Frauen, die heute als Vorbilder dienen sind **WAGs,** auch *Trophy Wive* („Trophäenfrau") oder *Arm Candy* (schönes Anhängsel), die sich ihren Status dadurch erwirtschaftet haben, dass sie mit einem wohlhabenden und/oder berühmten Mann liiert sind. Und dann gibt es noch die sogenannten **It-Girls:** junge Frauen, die gerade angesagt sind und jeden Tag in den Klatschblättchen und im Internet auftauchen und damit sehr viel Geld verdienen.

Auch für Mütter gibt es ein Rollenmodell – die **Yummy Mummy** („knackige Mutti"), die nach der Schwangerschaft schnell wieder zu ihrer Idealfigur zurückfindet und sich sexy kleidet. Mutterschaft ist generell sehr hoch angesehen. Oft wird beispielsweise in Berichten über Frauen, auch solchen mit professionellem Titel, zunächst festgestellt, dass sie „Mutter

zweier Kinder" ist. Auch Frauen in der Politik oder in öffentlichen Ämtern genießen oft besonderes Ansehen, wenn sie *Working Mums* sind, d. h. Arbeit und Mutterschaft vereinen.

Die englische Frau ist generell bedacht, sich zu schmücken und weiblich zu kleiden, auf Figurbetonung wird Wert gelegt. Es scheint fast so, als befürchte sie, ihre Weiblichkeit zu verlieren, wenn sie dies nicht tue. Dabei folgt sie meist der neuesten Mode, auch wenn diese nicht zum eigenen Typ oder zur Figur passt. Wer keine Idealfigur hat, macht eine **Diät** anstatt Sport zu betreiben. Leider sind auch Essstörungen wie Magersucht und Bulimie auf dem Vormarsch. Man schreckt auch vor Schönheitsoperationen nicht zurück und die meisten britischen Frauen unterziehen sich heutzutage regelmäßig Eingriffen der unterschiedlichsten Art. **Schönheitskliniken** und *nail bars* ("Nagelstudios") nahmen im 21. Jh. explosionsartig zu. An jeder Hauptstraße finden sich mindestens zwei bis drei dieser Etablissements.

Mädchen beenden hier sehr viel früher ihre Kindheit als z. B. in Deutschland. Sie werden oft bereits in jungen Jahren in wenig altersgerechte Klei-

---

Viele Mütter müssen Arbeit und Kindererziehung miteinander verbinden

dung und **stereotype Frauenbilder** gedrängt. So sieht man siebenjährige Mädchen in hochhackigen Stiefelchen und rosafarbenen Miniröckchen, mit geschminktem Gesicht und lackierten Fingernägeln. In den Geschäften gibt es ganze pinkfarben ausgestattete Abteilungen, die ihr Angebot an junge Mädchen richten. Hier werden Schminkutensilien und glitzernde, farblich abgestimmte Accessoires wie Handtäschchen und Schulmäppchen verkauft. Die Kette *Accessorize* bietet beispielsweise ausschließlich Modeschmuck, Handtaschen, Schals, Mützen und Hüte an. Junge Mädchen und Frauen, die sich teure Designerkleidung nicht leisten können, decken sich hier mit dem allerletzten Schrei an modischem Beiwerk ein.

Auch ältere Frauen erhalten Anleitungen, wie sie etwas für ihr Äußeres tun und sexy bleiben können. Es gibt zahlreiche **Lifestyle Magazine** und Programme in den Medien mit Titeln wie „Ten years younger" („Zehn Jahre jünger"), wo Frauen einer „Vorher-Nachher-Behandlung" unterzogen werden. Da gibt es dann alles von einer neuen Frisur und Make-up-Tipps bis zu Zahnersatz und sogar Schönheitschirurgie.

Die Fernsehmoderatorinnen *Trinny* und *Susannah* befinden sich auf einem Feldzug, Frauen und Männer modisch umzuerziehen und ihnen, auch wenn sie keine perfekte Figur haben, **Selbstbewusstsein für ihren Körper** zu vermitteln. In ihrem Programm „Undress the nation" („Zieh die Nation aus") werden Menschen in bestimmte Figurtypen unterteilt und erhalten daraufhin Tipps, wie sich dieser Typ am vorteilhaftesten einkleidet, ohne die Figur ändern zu müssen.

Sehr wichtig für britische Frauen und Männer ist die **Haarmode,** bei der man sich an den neuesten, von den Popstars vorgeführten Kreationen orientiert. Wenn ein neuer Haarschnitt in Mode kommt, weil er von einem Model oder einer Schauspielern getragen wird (wie z. B. der Bob von *Victoria Beckham,* genannt *Posh-Bob*), wird man ihn an jeder zweiten Frau sofort auf der Straße sehen. Am unmodischen Haarschnitt erkennt man meist eingewanderte Frauen und Männer oder Touristen.

Selten wird man eine britische Frau mit „vernünftigen" Schuhen oder der Temperatur angemessener Kleidung sehen, es sei denn, dies ist gerade modern. Wenn man ausgeht, lässt man den Mantel oder die Jacke daheim und zieht direkt im Abendkleid und wackeligen Stöckelschuhen los – auch im dicksten Winter oftmals ohne Nylonstrümpfe. **Auftakeln ist angesagt** und dazu gehören auch modische Schuhkreationen, die oft nach spätestens einer halben Stunde Blasen erzeugen. Deswegen wurden spezielle Einlagen erfunden, sogenannte *Party Feet,* die Blasenbildung beim Tanzen in High Heels mindern sollen. Wer schön sein will, muss eben leiden.

Freizeit

Die Briten beschweren sich, dass sie heute weniger Freizeit haben als je zuvor. Diese wenige Freizeit wird auf die verschiedensten Arten verbracht. Die Sportlichen verbringen diese Zeit mit **Wandern, Angeln oder Wassersportarten.** Es werden jedoch weniger Teamsportarten betrieben als früher. Auch wenn man keinen Sport treibt, ist ein Ausflug an den Strand bei jedem Wetter beliebt. Hierfür ist man dann auch immer gut ausgerüstet, mit Windschutz, Sonnenschirm, Picknickkorb etc. In größeren touristischen Orten gibt es Strandhütten, die jedoch meist in Privatbesitz sind. Wenn von denen einmal eine zum Verkauf steht, finden sich gleich Hunderte von Interessenten. Die Preise für eine solche Hütte können sich mit denen für ein Appartment oder kleines Einfamilienhaus messen.

Grundsätzlich werden *Bank Holidays* auch für die **Gartenarbeit** genutzt. Jeder, der einen neuen Zaun bauen oder seinen Garten mal wieder gründlich überholen will, tut dies an einem *Bank Holiday.* Die Gartenzentren machen an diesen Tagen große Geschäfte. Sofern das Wetter einigermaßen hält, finden in den Gärten Grillpartys statt.

Britannien hat viele Attraktionen und ein Ausflug zur nächstgelegenen Sehenswürdigkeit ist beliebt. In verschiedenen Schlössern finden den Sommer über Ritterturniere oder andere interessante Veranstaltungen statt.

Familien besuchen auch gern einen der großen **Vergnügungsparks,** wie z.B. Alton Towers. Eines der wunderlichsten Hobbys von Briten ist das **Trainspotting,** das Beobachten von Zügen. *Trainspotter* stehen auf Bahnsteigen und schreiben akribisch die Seriennummern durchfahrender Züge auf. Das Ziel ist es, so viele Nummern wie möglich zu sammeln. Dem Ganzen liegt zum einen die britische Liebe zur Eisenbahn zugrunde, die an eine beschaulichere Zeit des Reisens erinnert. Zum anderen äußert sich hierin die britische Sammelleidenschaft.

077gb Foto: nh

078gb Foto: nh

Die **Sammelleidenschaft** bezieht sich auf die unglaublichsten Objekte der Begierde. Nicht nur Züge, sondern auch Vögel *(Bird Watching),* Briefmarken oder Autobahnauffahrten.

Ältere Menschen fahren gern mit dem Auto an die See, um dann im geparkten Auto die Zeitung zu lesen, zu picknicken oder ein Nickerchen zu machen. Ebenfalls beliebt sind Ferien auf dem **Hausboot.** Die englischen Kanäle aus dem 18. und 19. Jh. sind recht eng und so hatte man bereits damals die schmalen *narrow boats* entwickelt, heute werden sie restauriert und als Hausboot genutzt.

Gesundheit

In Britannien steigt der Altersdurchschnitt der Bevölkerung. Zugleich leiden mehr und mehr Menschen an Übergewicht und es stellen sich Folgeerscheinungen wie Herzkrankheiten und Diabetes ein. Die Regierung ficht hier einen unermüdlichen Kampf, indem sie die Bürger dazu anhält, gesünder zu leben. Die *BMA (British Medical Association)* sieht heute vor allem **Krankheitsvorsorge** als ihre Aufgabe an. Sie gibt Empfehlungen zu vernünftiger Ernährung, wie z. B. die Fünf-Früchte-pro-Tag-Kampagne, die zu völliger Verwirrung darüber führte, was alles unter die Kategorie Frucht fällt, ob auch Gemüse und Obstsäfte oder sogar Dosenobst dazugehören etc. Gesundheit ist das Thema Nummer eins. Tagtäglich wird man mit Ratschlägen bombardiert, was man essen soll und wie man leben soll. (Siehe auch das Kap. „Wer ist ein typischer Brite?".) Man rechtfertigt diese Bevormundungen mit dem Ziel, langfristig die Kosten für die Krankenkasse zu senken. Dies führte auch dazu, dass Verpackungen ein neues Design erhielten, nicht etwa nur mit den üblichen Angaben über den Nährwert etc., sondern auch, ob das Produkt im Rahmen der Fünf-Früchte-Aktion verzehrt werden darf.

Die Gesundheitsfürsorge erfolgt in Britannien durch den *NHS,* den *National Health Service.* **Medizinische Behandlungen** sind für Ausländer kostenfrei, was leider oft auch ausgenutzt wird. Ähnlich wie bei den Krankenkassen in Deutschland wird der *NHS* aus Beiträgen der Arbeitnehmer, der Arbeitgeber und aus Steuergeldern finanziert. Die Beträge sind allerdings wesentlich niedriger als in Deutschland und das System ist den Anforderungen durch eine wachsende Bevölkerung schon lange nicht mehr gewachsen. Die Organisation hat gerade ihren 60. Geburtstag gefeiert und kämpft ums Überleben. Es wird Deutschen auffallen, dass man zwar relativ schnell einen Termin beim Hausarzt bekommt, wer jedoch zu einem Facharzt gehen will, muss manchmal wochenlang warten, denn es sind **keine Facharztpraxen** vorhanden, die von der Krankenkasse finanziert werden. Alle Untersuchungen müssen daher in einem Krankenhaus oder bei einem Privatarzt vorgenommen werden. Die Wartelisten für Operationen sind extrem lang, was inzwischen zu einer Art medizinischem Tourismus in andere Länder geführt hat. Besonders schlimm ist es bei **Zahnärzten,** denn es gibt kaum noch Kassenärzte und man muss fast immer auf die private Versorgung zurückgreifen. Selbst bei privaten Ärzten ist der Standard der Versorgung nicht so hoch wie in Deutschland.

Britische Krankenhäuser sind in letzter Zeit auch durch Superbazillen wie *MRSA* und *Clostridium difficile* in die Schlagzeilen geraten. Man hatte die Reinigung an unabhängige Firmen übertragen, um Kosten zu reduzieren. Leider ließ danach die Sauberkeit zu wünschen übrig. Auch wenn das NHS-System stark angegriffen wird, nimmt es dennoch einen Platz im Herzen der Briten ein, die es bedauern würden, wenn das Prinzip der „freien" Versorgung abgeschafft würde, das schon in der Nachkriegszeit ein Grund für großen Stolz war.

Kanalfahrten mit dem Narrow Boat

Haustiere

Briten lieben ihre Haustiere und ganz besonders ihre Hunde. Allerdings gibt es auch in Großbritannien Fälle, wo Tiere ausgesetzt werden oder wo jemand sein Tier zu sehr liebt und es z. B. mit Schokolade krank füttert. Hundebesitzer sind gesetzlich verpflichtet, beim Gassi gehen den Kot ihres Tieres zu beseitigen. Hierfür gibt es an allen öffentlichen Plätzen besondere Mülltonnen (es gibt nur noch wenige Menschen, die sich nicht an diese Verordnung halten). Die **Wohltätigkeitsorganisation RSPCA** *(Royal Society for the Prevention of Cruelty to Animals)* kümmert sich in Britannien um vernachlässigte Tiere und muss leider zur Hilfe gerufen werden. Hier kann man auch verletzte Tiere in Obhut geben, die man gefunden hat. Der *RSPCB* kümmert sich ausschließlich um Vögel.

Wer ein Haustier nach Großbritannien einführen möchte, muss strenge Vorschriften beachten. In England gibt es keine Tollwut und sie soll auch nicht eingeschleppt werden. Hunde benötigen daher einen Microchip, auf dem alle medizinischen Daten gespeichert sind. Ebenso müssen manche Impfungen bereits mehrere Monate vor der Einreise vorgenommen werden, damit der Schutz gewährleistet ist. Nähere Informationen hierüber erhält man auf der Webseite der *DEFRA (Department for Rural Affairs)* oder beim Tierarzt.

Hochzeiten und JunggesellInnenpartys

Hochzeiten werden in Britannien ganz groß gefeiert, auch Menschen mit einem niedrigeren Einkommen sparen hier nicht. Das Heiraten hat in Britannien einen sehr viel höheren Stellenwert, als man es aus Deutschland gewöhnt ist. Der Hochzeitstag ist tatsächlich in den Köpfen vieler Frauen **„der schönste Tag in ihrem Leben"**, auf den sie aktiv hinarbeiten und den sie schon Jahre vorher bis ins Kleinste planen. Das Lebensmodell vom ewigen Single hat einen eher negativen Beigeschmack und das Ansehen in der Gesellschaft steigt für Frauen und Männer, wenn sie verheiratet sind. Frauen erwarten zur **Verlobung** einen Verlobungsring, der an der rechten Hand getragen wird. Später kommt dann der Ehering hinzu, allerdings werden dann beide Ringe auf dem Ringfinger der linken Hand getragen, nicht wie in Deutschland auf dem rechten Ringfinger.

Zu einer richtigen Hochzeit gehört die richtige **Ausstattung:** Einkleidung der Braut, der Brautjungfern, des Bräutigams, der Trauzeugen und der Brauteltern. Meist werden Kleider und Fräcke bei einem Brautmodengeschäft bzw. einem Herrenausstatter ausgeliehen. Die Brautmodenindustrie umfasst die dazugehörigen Accessoires vom Blumengesteck bis zum sogenannten *Wedding Planner* („Hochzeitsplaner"). Viele mieten eine Limousine, mit der die Braut mit ihren Brautjungfern dann vor der Kirche bzw. dem Standesamt vorfährt. Wer es sich leisten kann, kauft ein Kleid von einem der angesagten Brautmodendesigner, um sich die eigene **Aschenbrödelfantasie** zu erfüllen. Den Ort für die Feierlichkeiten muss man meist bereits ein Jahr im Voraus buchen, da die beliebtesten Hotels in romantischer Lage frühzeitig ausgebucht sind (unter Umständen wird hierdurch die Verlobungszeit in die Länge gezogen). Das durchschnittliche britische Brautpaar gibt für den „schönsten Tag im Leben" heute ungefähr 16.000 bis 30.000 £ aus (das ist so viel wie die Anzahlung auf ein Eigenheim). Nicht bei jedem Paar legen die Eltern etwas dazu und der alte Brauch, dass die Brauteltern für die Feier zahlen, ist nicht mehr üblich. Die Hochzeitsindustrie setzt auf diese Weise pro Jahr 5 Milliarden Pfund um. Selbst als Hochzeitsgast gibt man im Schnitt 300 £ pro Person aus: für Kleidung (es werden manchmal zwei verschiedene Outfits verlangt, eine formelle für den Morgen und eine für die Party am Abend), Unterkunft und Geschenke.

Briten sind Hundeliebhaber

Üblicherweise wird zur Trauungszeremonie und zum anschließenden Empfang („Reception"), bei dem auch zu Mittag gegessen wird, nur ein ausgewählter Kreis von Familienmitgliedern und engsten Freunden eingeladen (auch aus finanziellen Gründen). Ab ca. 18 Uhr wird die **Hochzeitsfeier** dann auch für den erweiterten Kreis von Freunden und Bekannten geöffnet. Hier gilt meist, dass man alkoholische Getränke entweder selbst bezahlen muss oder dass nur ein oder zwei Bier- oder Weinsorten umsonst an der Bar ausgegeben werden. Zur Party gehört eine Band und jeder muss das Tanzbein schwingen. Hier geht es sehr feucht-fröhlich zu, denn einige Gäste haben ja bereits beim Mittagessen angefangen zu trinken. Am nächsten Morgen treten dann die Brautpaare, die es sich leisten können, ihre Hochzeitsreise an.

Die **Junggesellen- bzw. Junggesellinnenparty** gehört ebenfalls zu einer richtigen Hochzeit. Bei Männern heißt sie *Stag Night* („Hengstnacht") und bei Frauen *Hen Night* („Hühnernacht"). Traditionell fand der Jungesellenabschied in der Nacht vor der Hochzeit statt. Heute gibt es Eventveranstalter, die sich auf die Organisation solcher Feiern spezialisiert haben, die je nach Budget teilweise auch im Ausland gefeiert werden. Dabei werden die unterschiedlichsten Aktivitäten **von Surfen bis Wellness** betrieben.

Hochzeiten werden in ganz großem Stil gefeiert

Verkleiden – Fancy Dress

Briten haben einen Hang, sich zu verkleiden – hierfür wird oft nicht einmal ein Vorwand benötigt. Was in Deutschland im Wesentlichen nur zum Fasching stattfindet, sieht man in Britannien das ganze Jahr hindurch. So kostümiert man sich in der Regel bei Stag- und Hen-Partys, aber auch bei normalen Feierlichkeiten kann ein Thema vorgeschrieben sein, dementsprechend man sich dann kleiden muss. Selbst am Arbeitsplatz ist aus Wohltätigkeitsgründen hin und wieder Verkleidung gefragt. Hier ist dann gleichzeitig eine Geldspende erwünscht. Im Supermarkt und auf der Straße sind Kinder in Supermannuniformen oder Prinzessinnenkleidern keine Seltenheit. Zu Halloween finden viele Bälle und Veranstaltungen statt, zu denen man sich verkleidet, und es gibt fast in jeder Stadt einen Laden, der Kostüme verkauft oder ausleiht. Das Servicepersonal ist dann in vielen Lokalen auch kostümiert. Der Spaß steht an erster Stelle und es scheint erwiesen, dass es Briten anscheinend leichter fällt, mit einem Fremden zu kommunizieren, wenn der einen lächerlichen Hut trägt.

Oft wird eine Kleiderordnung vorgeschrieben, die meist ein Thema hat (T-Shirts mit anrüchigen Slogans oder z.B. auf sexy getrimmte Krankenschwesternuniformen). Die Party ist auch ein Vorwand, sich daneben zu benehmen und oft sieht man Gruppen von jungen Männern und Frauen lautstark grölend durch die Straßen ziehen oder sich sinnlos betrinken. In Britannien haben sich einige Städte zu Stag- und Hen-Night-Magneten entwickelt, wie z.B. Newcastle und Norwich. Hier fallen jedes Wochenende so viele dieser Gruppen ein, dass sich Bürger über den Aufruhr beschweren und normales Publikum den Stadtzentren am Abend fernbleibt. Einige Städte versuchen daher, die Buchung solcher Events einzudämmen.

Individualität und Exzentrik

Im täglichen Leben wird Toleranz geübt und man ist gegenüber anderen Lebensentwürfen offen eingestellt. **Individualismus wird akzeptiert** und gefördert, selten wird man eine abfällige Bemerkung hören, weil jemand z.B. ungewöhnlich aussieht. Man übt Rücksicht und hat ein gewisses Vertrauen in den anderen, dass er ebenfalls Rücksicht üben wird. Dabei ist es egal, ob jemand grüne Haare hat, Dreadlocks, einen Sikh-Turban trägt oder als Mann in Frauenkleidern auftritt, solange dieser Mensch die üblichen Höflichkeitsregeln befolgt, ordentlich in der Schlange steht und die Freiheit seines Gegenübers seinerseits nicht beeinträchtigt.

Ekzentrik, z.B. im Erscheinungsbild oder in der Lebensweise, **wird** grundsätzlich **toleriert.** Dabei können die unterschiedlichsten Persönlichkeiten exzentrisch auftreten vom „Lord of the Manor" bis zum Busfahrer. Die Freiheit des Einzelnen zum Ausdruck seines Individualismus wird großgeschrieben und das Individuum muss nicht ständig konform gehen mit der Masse. Situationen wie in Deutschland, wo die Nachbarn kontrollieren, ob man die Fenster geputzt hat, gibt es in der Form nicht. Um das soziale Gefüge zusammenzuhalten besteht unter Briten eine **freiwillige Selbstkontrolle,** anhand derer man sich selbst im Zaum hält und die Vorgaben der Toleranz und der Höflichkeit befolgt. Menschen müssen jedoch nicht identisch aussehen und sich und ihre Besitztümer nicht in ein uniformes Bild einreihen, um in der Gemeinschaft akzeptiert zu werden. Aus diesem Grund wird eine typische englische Stadt auch anders aussehen, als eine deutsche. In einer Reihenhaussiedlung sieht jeder Garten und jedes Haus anders aus. Häuser werden ständig verändert, weil man entweder auf der Seite, hinten oder auf dem Dach etwas anbaut. Ein großer Unterschied zu Deutschland ist auch bei den Gärten festzustellen. Häuser haben Vorgärten, die zwar auch mehr oder weniger gepflegt aussehen. Die Gärten hinter dem Haus gehören jedoch zur geschützten Privatsphäre und haben hohe Zäune bzw. eine Bepflanzung, die den Einblick von außen verhindern, nach dem Motto *a good fence makes good neighbours.* Kaum zwei englische Gärten sehen genau gleich aus, die Spanne reicht von minimalster Anstrengung (Rasen und eine Gartenhütte) bis zu preisgekrönten Paradiesen.

Imperiale Maße und Gewichte

Briten haben den Ruf, etwas verschroben zu sein, da sie oftmals an alten Traditionen festhalten. Einige dieser liebgewordenen Dinge wie die roten Doppeldeckerbusse in London und die roten Telefonzellen hat man nun – unter großen Protesten – aufs Abstellgleis gestellt. Die verbleibenden Telefonhäuschen dienen meist nur noch als Zierde.

Für Ausländer sind vor allem die imperialen **Maße und Gewichte** verwirrend. Wie lang ist ein *Foot, Inch* oder *Yard* und wie verhält sich ein *Pint* zum Liter? Heutzutage vermischen die Briten die Zentimeter und *Inches* nach Belieben. Sein Auto füllt man an der Zapfsäule mit Litern, aber wenn

man gefragt wird, wie viel Benzin das Auto verbraucht, misst man dies in Gallonen pro Meile. Das Gewicht einer Person wird in *Stones* berechnet und wenn man etwas abwiegt, geschieht dies in *Pounds* und *Ounces*. Wenn man einen Briten fragt, wie lang sechs *Inches* sind, kann er das mit den Fingern anzeigen, doch weiß er meist nicht, wie lang 15 Zentimeter sind.

Wenn es um internationalen Handel geht, bedient man sich natürlich der metrischen Maße. Wenn ein Brite auf den Kontinent fährt, kann er sich schnell auf Kilometer umstellen und versteht nicht, warum Ausländer es so schwierig finden, in Meilen zu rechnen, wenn sie nach Britannien kommen. Als die EU versuchte, per Verordnung das metrische System in den britischen Geschäften und Pubs einzuführen, gab es einen Aufschrei in der Bevölkerung. Britannien gewann die Auseinandersetzung und so können die Briten auch weiterhin ihr Bier aus Pint-Gläsern trinken.

Die rote Telefonzelle – vom Aussterben bedroht

Ein Überblick über die wichtigsten Maße

1 Inch (Zoll)	=	2,54 cm
1 Foot (Fuß)	=	0,3048 m
1 Yard (Yard)	=	0,9144 m
1 Mile (Meile	=	1,6093 km
1 Acre (Morgen)	=	4.046,9 m²
1 Pint (Pint)	=	0,5683 Liter
1 Gallon (Gallone)	=	4,546 Liter
1 Ounce (Unze)	=	28,35 g
1 Pound (Pfund)	=	0,4536 kg (das britische Pfund entspricht nicht 500 g)
1 Stone (Stein)	=	6,3503 kg (Maßeinheit für das Gewicht von Personen)

Achtung: Briten setzen die Kommas und Punkte bei Zahlen anders als die Deutschen! (2,500.00 £ anstatt wie in Deutschland 2.500,00 £)

Lust am Meckern

Die Briten behaupten von sich selbst, sie seien ein Volk, das sich gern und oft beklagt. Wenn einem Engländer etwas nicht passt, wird er sich allerdings **selten lautstark** darüber **beschweren.** Er murmelt lediglich etwas in seinen Bart und geht unzufrieden davon oder er verschiebt den Ärger auf später und schreibt dann einen langen Beschwerdebrief (Papier ist ja geduldig). Wenn einem das Essen in einem Restaurant nicht zusagt, wird man mit seinen Tischnachbarn darüber meckern, aber wenn der Ober fragt, ob es geschmeckt hat, wird man dies trotzdem bejahen. Hinterher kann man sich dann stundenlang über den schlechten Service auslassen – wenn es niemand hört. In einem Restaurant **eine Szene zu machen, ist peinlich** für alle Beteiligten, und das möchte man allen ersparen. Die Schattenseite hiervon ist, dass es in vielen Bereichen der britischen Wirtschaft Servicemängel gibt, insbesondere auch in der Gastronomie. Wahrscheinlich kann man es dem Personal nicht einmal verdenken – wenn sich niemand beschwert, nimmt man eben an, es war in Ordnung.

Auch im öffentlichen Leben werden unsoziale Verhaltensweisen oftmals toleriert, wie z. B. Müll auf die Straße werfen, Füße auf die Sitze in der Bahn legen – einfach, weil man keinen offenen Konflikt provozieren will.

Gemeckert wird aber auch über Dinge, an denen man nichts ändern kann, wie z. B. das Wetter.

Männer

Der englische Durchschnittsmann achtet durchaus auf seine Erscheinung und folgt ebenfalls (in Grenzen) der Mode. In einem Land, das so viele Modetrends erfunden hat, ist es ganz normal, dass auch die Männer ihren Teil dazu tun. Immerhin waren es ja ursprünglich die *Teddy Boys,* die sich zuerst modisch verkleideten. (Siehe auch das Kap. „Design, Mode, Lifestyle".)

Überall in Britannien findet man heute den Männertyp, der als **metrosexuell** bezeichnet wird: heterosexuelle Männer, die auf ihr Äußeres achten, Kosmetikprodukte benutzen und auch schon mal eine geraume Weile vor dem Spiegel verbringen. Den gesellschaftlichen Druck, Schönheitsidealen zu genügen, gibt es inzwischen auch bei Männern und laut Statistiken entwickeln diese ebenfalls verstärkt Essstörungen.

Auch bei den Männern finden sich natürlich die *Lads,* also das Gegenstück zu den *Ladettes.* Junge Männer treffen sich mittags im Pub, um Fuß-

082.gb Foto: nh

ball zu gucken und ziehen später lärmend und grölend durch die Straßen. Unter Alkoholeinfluss gehen Briten sofort aus sich heraus und rufen Frauen mutig hinterher.

Britische Männer sind allerdings meist **gute Familienväter,** die ihren Teil zur Hausarbeit beitragen und an der Kindererziehung teilnehmen. Überhaupt sind die Verantwortlichkeiten im Haushalt ziemlich gerecht verteilt. Das hat wohl auch damit zu tun, dass britische Frauen dies erwarten und Männer wohl oder übel mit anfassen müssen. Beim Ausgehen werden Frauen ebenfalls gleich behandelt, da der britische Mann nicht unbedingt für sie mit bezahlt. Er erwartet, dass sie ihren Teil beiträgt.

Natur- und Umweltschutz

Ein grünes Gewissen hat sich in Britannien erst in den letzten Jahren entwickelt. Es gibt zwar eine grüne Partei, die jedoch politisch völlig unbedeutend ist. Jahrzehntelang wurde versäumt, bei den nachwachsenden Generationen ein Natur- und Umweltbewusstsein zu entwickeln. Dies hat dazu geführt, dass die meisten jungen Menschen eine **Wegwerfeinstellung** entwickelt haben. Deutsche werden sicher oft schockiert sein, wenn sie beobachten, was Menschen einfach auf die Straße fallen lassen, was sie im Zug auf ihren Plätzen liegen lassen oder wie viel Müll im Park oder an anderen öffentlichen Plätzen herumliegt. Auch die Straßenreinigung ist nicht so gründlich wie in Deutschland. Da es keine Sperrmüllabfuhr gibt, werfen viele ihren Hausrat einfach in Straßengräben (genannt *fly tipping*).

Bill Bryson, der Autor des Buches „Notes from a Small Island" („Reif für die Insel"), hat nun in Anlehnung an den Titel eine Kampagne gestartet, die er mit „Notes from a Dirty Island" betitelt hat. Sie soll den Briten vor Augen führen, dass die Natur geschützt werden muss und dass es mit dem Umweltschutz besonders in den letzten Jahrzehnten drastisch bergab gegangen ist. Wo es um den **Schutz von Tieren oder der Ästhetik der Natur** geht, engagieren sich die Briten allerdings schon. Eine Initiative sorgt sich beispielsweise um das Verschwinden der *Hedgerows,* d. h. der Hecken, die in der Vergangenheit Felder begrenzten. Diese waren teilweise jahrhundertealt und dienten als Heimat für Vögel, Igel, Feldmäuse etc. Die moderne Landwirtschaft droht nun, die *Hedgerows* vollständig zu zerstören.

In einer anderen Bürgerbewegung engagieren sich u. a. Greenpeace-Aktivisten gegen den Bau einer dritten **Landebahn in Heathrow.** Die Protestierenden haben sich zusammengeschlossen und Land auf dem geplanten Baugelände aufgekauft, wie z. B. der Milliardenerbe *Zac Goldsmith.*

Allerdings gibt es auch **Bürgerinitiativen** gegen Windkraftwerke, da sie den Ausblick auf die Landschaft verschandeln würden. Ob man das dann einen „grünen" Protest nennen kann, ist fraglich, denn hier setzt man sich zwar für das schöne Aussehen der Landschaft ein, wehrt sich aber gegen den langfristigen Schutz derselben.

Die britische Regierung hat sich offen für den **Ausbau der Atomenergie** ausgesprochen und auch das ruft Aktivisten auf den Plan. Allerdings befinden sich die meisten Atomkraftwerke bisher im Norden Englands, weit weg von den reichen Grafschaften des Südens, wo Einwohner sich engagieren, weil die Kraftwerke das eigene pastorale Lebensumfeld verschandeln würden. Daher gibt es wenig weitreichenden Protest gegen diese Form der Energiegewinnung.

Wie auch die anderen europäischen Staaten ist Großbritannien verpflichtet, den Schadstoffausstoß in die Luft zu vermindern und hält sich an die entsprechenden Vorgaben.

Um den **Erhalt des Kulturerbes** wie historische Stätten und Gebäude kümmern sich zwei Organisationen. *English Heritage (Historic Buildings and Monuments Commission for England)* ist eine öffentliche Organisation, die vom Kultusministerium Gelder erhält und im Rahmen des **National Heritage Act** (1983) agiert. *English Heritage* unterhält und schützt z. B. kulturell wichtige Stätten wie Stonehenge. Auch der *National Trust* versucht, historisches Erbe zu erhalten, in dem er Gebäude aufkauft und renoviert und sie dann in Museen umwandelt. Er ist eine unabhängige Wohltätigkeitsorganisation. Die Eintrittsgelder in die so restaurierten Anlagen sind meist sehr hoch. Wenn man Mitglied im *National Trust* wird, erhält man jedoch verbilligte Karten für alle Sehenswürdigkeiten.

Rauchen

Seit Einführung der europaweiten Rauchverbote ist das Rauchen nur noch an wenigen öffentlichen Plätzen erlaubt. Das Verbot wird in Britannien **besonders strikt** durchgesetzt. Es gibt viele militante Antiraucher, die eifrig dabei sind, Verstöße zu melden. Wie man weiß, erhielten in Deutschland einzelne Institutionen einen Ausnahmestatus, d. h., das Verbot wurde wieder aufgehoben und einige Kneipiers oder Veranstalter handhaben die Angelegenheit hin und wieder mit dem Einverständnis der Gäste etwas freizügiger. Dies wäre in England nicht denkbar. Kurz nach Einführung des neuen Gesetzes wurde zwar diskutiert, ob Kneipen, in denen kein Essen serviert wird, einen Ausnahmestatus erhalten sollten, aber man konnte sich auf keinen vernünftigen Kompromiss einigen. Im Prinzip ist daher

Rauchen an und **in allen öffentlichen Plätzen und Räumen verboten.** Dies schließt auch Bahnhöfe und Bushaltestellen ein, sogar Warteschlangen – selbst wenn sie sich an der frischen Luft befinden. Man erntet verächtliche Blicke, wenn man auf der Straße raucht. Es gibt Überlegungen, die gesamte Zigarettenwerbung zu unterbinden und die Glimmstängel nur noch in unmarkierten Packungen zu verkaufen.

Auch Büros und andere Arbeitsplätze gelten als öffentliche Räume, selbst Rauchpausen außerhalb der Gebäude werden immer schwieriger, da die Raucherbereiche immer weiter weg verlegt und stetig verkleinert werden. Inzwischen regt sich Unmut bei den nichtrauchenden Angestellten, die nicht halb so viele Pausen bekommen wie die Raucher. Wer sich länger in Britannien niederlassen will, täte gut daran, das Rauchen ganz aufzugeben – es vereinfacht das Leben enorm.

Sexualität

„Continental people have sex-lives; the English have hot-water bottles." („Kontinentaleuropäer haben ein Sexleben; die Engländer haben Wärmflaschen".) Diese Beobachtung gab der Ungar *George Mikes* Mitte des letzten Jahrhunderts in seinem Buch „How to be an Alien", 1946 (auf deutsch „Wie wird man ein Original", leider derzeit nur in Antiquariaten erhältlich) von sich. 1971 schrieben *Alistair Foot* und *Anthony Marriott* die Komödie „No Sex Please, We're British". Beiden Zitaten lag die **Verklemmtheit** der Briten gegenüber Sexualität zugrunde. Dies bedeutet nicht, dass kein Sex stattfindet – man spricht jedoch nicht darüber. Aufklärung ist bis heute ein eher peinliches Thema, was sicher einer der Günde dafür ist, dass Britannien die höchste Anzahl an **Teenagerschwangerschaften** in ganz Europa hat.

In puncto Sex ist der Brite immer noch **reserviert** und geht mit seinen Gefühlen nicht so gern hausieren. Da dauert es unter Umständen länger, bis man aufeinander zugeht. Der britische Mann benimmt sich bei der Annäherung zum anderen Geschlecht **nicht machohaft,** sondern ist vielmehr schüchtern. Er bewundert eine Frau auch schon mal im Stillen. Im zwischenmenschlichen Geplänkel brilliert der britische Mann eher durch seinen Humor, also intellektuell, als durch galantes Verhalten. Der tragische Film „Brief Encounter", 1945 („Begegnung"), nach einem Buch von *Noel Coward,* ist nach britischer Meinung der englischste Liebesfilm aller Zeiten. Hier passiert außer bedeutungsvollen Blicken recht wenig zwischen den Protagonisten und um den Emotionen ungehemmt freien Lauf zu lassen, trinkt man vor allem gern eine Tasse Tee zusammen.

Im 21. Jh. ist Sex mehr und mehr zu einem Thema geworden, das im öffentlichen Leben und in den Medien auftaucht. Inzwischen gibt es auf jeder Hauptstraße Läden der Kette *Anne Summers*, wo frau sexy Unterwäsche und Sexspielzeug einkaufen kann. Frauen treffen sich zur **Anne Summers Party** (ähnlich wie bei einer Tupperware Party), probieren zusammen Unterwäsche an und machen sich über Vibratoren lustig. Auf großen Werbeplakaten wird ganz offen für Viagra geworben. Umfragen haben ergeben, dass Frauen und Männer sich durch die zunehmend **freizügige Darstellung von Sexualität** in der Öffentlichkeit unter Druck gesetzt fühlen, den dort vorgegebenen Idealbildern zu entsprechen.

Gegenüber **Homosexualität** ist man sehr offen eingestellt. Britannien ist eines der wenigen Länder, in denen gleichgeschlechtliche und heterosexuelle Paare ähnliche Rechte haben. Seit dem Jahr 2004 können Homosexuelle ihre Partnerschaft in einer **Civil Partnership** festlegen lassen, die den Partnern in puncto Finanzen und Erbrecht denselben Status garantiert wie heterosexuellen Eheleuten. Im öffentlichen Leben, in der Politik und den Medien gibt es zahlreiche prominente Homosexuelle und viele haben von der *Civil Partnership* Gebrauch gemacht, wie z. B. der Sänger *Elton John*. Es erstaunt, dass eine Gesellschaft, die angeblich verklemmt mit Sexualität umgeht, so frei der Homosexualität gegenüber steht. (In Deutschland, wo nach 22 Uhr die Anzeigen für Telefonsex auf allen privaten Fernsehkanälen die Werbepausen füllen, scheint die Akzeptanz für eine gleichgeschlechtliche Sexualität geringer zu sein.) Das war nicht immer so. Noch bis 1967 war Homosexualität im Vereinigten Königreich illegal, obwohl es schon immer Homosexuelle gegeben hatte, die an die Öffentlichkeit traten. Einer der bekanntesten war wohl der Literat *Oscar Wilde*. Bis 1994 waren gleichgeschlechtliche Beziehungen ab einem Alter von 21 Jahren erlaubt, das wurde dann auf 18 Jahre bzw. im Jahr 2000 auf 16 Jahre herabgesetzt. Die Party- und Klubszene in Großstädten wie London, Leeds und Manchester wäre ohne ihre schwule Gastronomen nicht dasselbe. Inzwischen gab es in Britannien bereits die erste schwule „Celebrity"-Scheidung: Der Komiker *Matt Lucas (Little Britain)* und sein Partner trennten sich und *Lucas* musste eine Abfindung von 1 Million Pfund zahlen.

Spielen und Wetten

Die Briten haben schon von jeher eine Leidenschaft fürs Wetten. Auf alles und jedes werden in Wettshops wie *Hill, Paddy Power* oder *Coral* Wetten aufgenommen. Die Kunden dieser Wettbüros sind **hauptsächlich Männer,** die die Sportseiten der Zeitungen durchkämmen, um dann hoffentlich

„auf das richtige Pferd zu setzen". Gern kombiniert man Wetten, Fußball, Pferderennen, Hunderennen etc. Im Winter werden z. B. auch Wetten darüber angenommen, ob es in London an Weihnachten schneit oder nicht.

Bingo wird traditionell von Frauen mittleren Alters in einer großen Bingohalle gespielt. Jeder Spieler erhält eine Bingokarte, auf der ganz bestimmte Zahlen abgedruckt sind. Während des Spiels zieht der Ausrufer *(Bingocaller)* Nummern aus einer Lotteriemaschine. Die Mitspieler müssen nun auf ihren Karten nachschauen, ob diese Zahl darauf verzeichnet ist. Der erste, der alle Nummern auf seiner Karte ankreuzen kann, gewinnt, sofern er laut „Bingo" ruft. Die Preise können unterschiedlich sein: von Geld über Vasen bis hin zu Autos.

Mehr und mehr verlagert sich die Wett- und Spielleidenschaft auch auf das **Internet,** auch hier werden u. a. Spiele wie Bingo oder Poker angeboten. Im Internet kann man nur mit Kreditkarte um Geld spielen, daher ist dies Jugendlichen normalerweise nicht möglich. Trotzdem hat die Verfügbarkeit von Onlinespielen zu einem Anwachsen der Spielsucht geführt.

Gegen das Wetten wird generell wenig unternommen, im Gegenteil, der Bau von großen Casinos in verschiedenen Großstädten wird von der Labour-Regierung gefördert.

Sport

Die Briten waren schon immer als Sportliebhaber bekannt, vor allem der männliche Teil der Bevölkerung. Doch auch beim Sport gab und gibt es Klassenunterschiede. Die oberen Schichten gingen den **Sportarten des Gentleman** nach, wie dem Reiten, der Jagd oder dem Golf. Seit dem 19. und 20. Jh. kamen hier noch die sogenannten „weißen Sportarten" hinzu, bei denen weiße Kleidung getragen wird: Bowling, Tennis und Cricket. Cricket konnte im Grunde nur von Reichen gespielt werden, die ansonsten keine Verpflichtungen hatten, da Cricketturniere schon mal bis zu fünf Tagen dauern können. Eine Eintrittskarte für das Tennisturnier in Wimbledon oder das Pferderennen in Ascot, das traditionell ebanfalls nur ein Sport der Reichen war, ist auch heute noch für Normalsterbliche kaum erschwinglich.

Im einfachen Volk gab es bereits sehr früh (ab dem Mittelalter) bestimmte Formen von Rugby, Fußball und Hockey und man veranstaltete oft Wettkämpfe. In den *Public Schools* hatten Leibesübungen eine wichtige Bedeutung, da Sport und Spiele als charakterbildend angesehen wurden und die Schüler lernten, sich zu disziplinieren. Noch heute stellen **Fußball, Rugby und Cricket** die drei britischen Hauptsportarten. Zu den

Zeitvertreiben der Arbeiterklasse gehörten und gehören z. B. Disziplinen wie Hunderennen, Darts oder Billard bzw. Snooker. Die Atmosphäre beim Hunderennen ist auf jeden Fall einen Besuch wert. Hier wird, wie auch beim Pferderennen, die Wettleidenschaft der Briten mit dem Sport verbunden. Am besten schaue man sich beides an, denn hier erhält man einen besonders guten Eindruck von den verschiedenen britischen Gesellschaftsschichten.

Nur etwa die Hälfte aller Engländer ist heute **sportlich aktiv,** davon sind die meisten Männer. Nur etwa jeder Fünfte erreicht das empfohlene Maß von 30 Minuten körperlicher Betätigung pro Tag. Obwohl jeder vierte Brite Mitglied in einem Fitnessstudio ist, gehen nur wenige regelmäßig dorthin. Die anderen begnügen sich damit, Sportveranstaltungen im Fernseher zu verfolgen. Gern spielt man auch Computerspiele, die sich um den Sport drehen. Fußball oder Rugby schaut man mit Vorliebe mit seinen Freunden bei viel Bier im Pub.

Wassersportarten wie Surfen oder Segeln werden überall an den britischen Küsten ausgeübt. Surfer sind das ganze Jahr über aktiv, da die Temperaturen durch das Inselklima auch im Winter relativ mild sind und es im Herbst und Winter besonders hohe Wellen gibt. Das **Angeln** erfreut sich

Wassersportarten wir Segeln sind bei den Inselbewohnern sehr beliebt

273

ebenfalls größter Beliebtheit, und zwar an Flüssen und Seen sowie an der Küste und auf dem Meer. Unter den Sportfreaks werden Extremsportarten immer beliebter: *Paragliding, Kitesurfing, Free Climbing, Potholing* (die Erkundung von Höhlen) und *Abseiling* (dies ist tatsächlich das gebräuchliche englische Wort).

Fast jede Stadt in England verfügt über ein oder mehrere Sportzentren, genannt **Leisure Centres.** Es gibt solche, die subventioniert sind und von der Stadt geführt werden, sowie eine Reihe privater Klubs. Sie umfassen meist ein Schwimmbad, eine Sauna und ein Sportstudio. In den größeren Zentren werden auch Badminton, Basketball und andere Hallensportarten angeboten, ebenso wie Kurse in Aerobic, Tanz, Gymnastik etc. Es gibt so gut wie keine Freibäder in England, die wenigen vorhandenen heißen im Sprachgebrauch *Lido.* Oft sind sind das noch Bäder, die aus dem frühen 20. Jh. stammen, als das Baden im Freien eine Blüte erlebte. Heute genießt man im Sommer das Meer und begnügt sich ansonsten mit dem Hallenbad.

Der hygiensche Zustand öffentlicher Einrichtungen lässt leider oft zu wünschen übrig. Es wird zwar oberflächlich geputzt, aber Schimmel und speckige Oberflächen sind keine Seltenheit. Hier hilft nur, Augen zu und durch – oder sich beschweren.

Sportsgeist

Wichtiger als die sportliche Betätigung oder das Streben nach außergewöhnlicher Leistung, ist für die Briten **der Sportsgeist.** *Be a good sport* drückt aus, dass man in Ordnung ist und kein Spielverderber (dass man also auch verlieren kann).

Sport und Spiel erfüllen für die reservierten Briten auch die **soziale Funktion,** mit anderen auf ungezwungene Weise in Kontakt zu kommen und miteinander zu kommunizieren, ohne sich unbehaglich zu fühlen.

Viele **Sportarten entstanden in Britannien,** auch solche, von denen man das nicht glauben würde, wie z. B. der alpine Skisport. Das Empire trug dazu bei, dass Briten ihre Kultur in den unterschiedlichsten Regionen

Das Angeln erfreut sich an allen Gewässern großer Beliebtheit

Cricket

Das Szenario eines Cricketspiels (genannt „Test") hat nichts gemein mit der Atmosphäre auf einem Fußballplatz. Cricket ist ein sehr gemütliches Spiel, genau das Richtige für einen lauen Sommertag. Auf einem Cricketfeld hört man nur wenige Geräusche: vom Spielfeld einige Rufe, höflicher Applaus von den Bänken, das Zirpen der Grillen. Die Teams tragen proper aussehende weiße

bzw. cremefarbene Uniformen aus geschneiderten Hosen, Poloshirts und Strickpullovern mit V-Ausschnitt sowie sonnenabweisenden Hüten. Das Ganze findet auf einem ordentlich gemähten grünen Rasen statt. Das Spiel ist so langsam, dass es oft so aussieht, als ob die Spieler einfach nur auf dem Feld herumstehen. Die maximale Spieldauer ist fünf Tage, daher ist es eher ein Spieler- als ein Zuschauersport. Während des Spieltages finden mehrere Teepausen und eine Mittagspause statt. Die verbringt man im „Pavilion" (Vereinshaus), der aus weiß gestrichenem Holz gebaut ist (ein ähnliches Vereinshaus gibt es auch beim Bowling).

Wie kein anderes Spiel, symbolisiert Cricket britischen Sportsgeist und Fairness. So sagt der Brite: „This just isn't Cricket", wenn er darauf hinweisen will, dass sein Sinn für Fairplay verletzt wurde. Das im Fußball übliche „Foul" gibt es im Cricket nicht. Jegliche Art von Betrug ist hier ein unverzeihliches Vergehen. Cricket wurde durch das Empire verbreitet und wurde bisher auch nur in den Commonwealth Nationen gespielt.

In den letzten Jahren hat Cricket an Popularität verloren, da es sich kaum jemand leisten kann, fünf Tage lang einem Spiel beizuwohnen. Daher wurde der eintägige „Test" eingeführt. Durch die Verkürzung ist das Spiel wesentlich spannender geworden.

Wer sich ein Cricketspiel ansehen möchte, gehe im Sommer (Juni bis September) entweder zu einem „Test" oder in die Klubs, wo die Vereine jedes Wochenende spielen.

Ein Cricketspiel kann bis zu fünf Tagen dauern

der Welt verbreiteten. So wurden die Spielregeln der Hauptsportarten, denen man heute weltweit nachgeht, in Britannien festgelegt: Fußball, Rugby, Hockey, Cricket, Tennis, Boxen, Golf, Rudern, Pferderennen, Bergsteigen, Schwimmen, Fechten und Segeln. Übrigens wurden im Jahr 1926 auch die Regeln für den Turniertanz *(English Style Ballroom Dancing)* von den Briten festgelegt, der heute aufgrund von Fernsehsendungen wie „Strictly come dancing" (in Deutschland heißt die Sendung „Let's Dance") wieder einen Aufschwung erlebt.

In internationalen Wettkämpfen steht Britannien selten an der Spitze, dafür fehlt der Ehrgeiz, den Leistungssportler normalerweise aufbringen müssen. Es genügt den meisten Briten durchaus, einen Sport als Amateur zu betreiben und ihn als Freizeitaktivität zu genießen. Es gibt wenig sportliche Vorbilder, abgesehen von internationalen Stars wie dem Fußballer *David Beckham,* dem Rennfahrer *Lewis Hamilton,* dem Rugbyspieler *Jonny Wilkinson* oder der Langstreckenläuferin *Paula Radcliffe.*

Im **Fußball** wird wohl am ehesten deutlich, dass die britischen Verbände im Bereich der Nachwuchsförderung zu wenig getan haben. Obwohl jede Europa- und Weltmeisterschaft mit Spannung erwartet wird, stellt sich meist schnell eine herbe Enttäuschung darüber ein, dass man einfach nicht gut genug ist. Das hat damit zu tun, dass der Rest der Welt wesentlich professioneller an den Sport herangeht und modernere Trainingsmethoden anwendet. Im 21. Jh. geht es beim englischen Fußball vor allem um Geld. Viele Fußballteams gehören heute einflussreichen Geschäftsleuten. Der *Chelsea Football Club* gehört z. B. dem russischen Ölmagnaten *Roman Abramovich.* Früher konnte man Eintrittskarten für Spiele aller Klubs direkt am Spieltag kaufen. Heute muss man Mitglied im Fanklub sein, um überhaupt ein Ticket für ein einzelnes Spiel zu bekommen. Ansonsten muss man ein Saisonticket erstehen, was sich nur die treusten Fans leisten. Für eine Familie kann ein Stadionbesuch bei ca. 50 £ pro Kopf an die 200 £ kosten. So bleiben heute leider viele Plätze in den Stadien leer.

Einen großen Überraschungserfolg gab es bei der Olympiade im Jahr 2008, als endlich einmal wieder eine beachtliche Menge an Goldmedaillen gewonnen wurde, vor allem im Schwimmen, Rudern, Segeln und beim Radfahren. Da die **Olympiade im Jahr 2012 in London** stattfinden wird, hat man dies als Ansporn genommen, den Sport mehr zu fördern und junge Sportler gezielt auf den Wettkampf vorzubereiten. Die Olympiade macht im Moment vor allem dadurch von sich reden, dass das eingeplante Budget bereits jetzt überschritten wurde. In Weymouth, wo die Segelveranstaltungen stattfinden werden, soll eine ganz neue Trabantenstadt aus dem Boden gestampft werden. Stratford City außerhalb von London wird dem Erdboden gleichgemacht, um das olympische Dorf zu bauen. Man fürchtet, dass als Folge vielen kleineren Einrichtungen im Lande, wie den *Leisure Centres,* Gelder entzogen werden.

Frauen und Sport

Frauen sind **in allen Sportarten unterrepräsentiert.** Nur 19 % aller Frauen treiben regelmäßig Sport oder nehmen in bestimmten Abständen an einer Freizeitaktivität teil, dagegen sind 24 % der britischen Männer sportlich aktiv. (In den USA oder Australien gehen im Gegensatz dazu 50 % aller Frauen dreimal pro Woche einer sportlichen Aktivität nach.) Bei traditionell als unweiblich angesehenen Sportarten wie dem Frauenfußball engagiert sich gar nur 1 % der Frauen.

Die Schuld hierfür wird verschiedenen Faktoren zugeschrieben: Leistungssport unter Frauen wird so gut wie nicht gefördert. Mädchen werden bereits früh zur Weiblichkeit erzogen und da passt Sport einfach nicht hinein. Es gibt auch relativ wenige Rollenmodelle, da es kaum erfolgreiche oder bekannte weibliche Sportlerinnen in Britannien gibt.

Laut einer Umfrage des Meinungsforschungsinstitutes *MORI* lassen sich junge britische Frauen auch deswegen vom Sport abschrecken, da sie dabei schwitzen und hinterher duschen und sich die Haare waschen müssen, wodurch die sorgsam gerichtete Frisur ruiniert wird.

In Sporteinrichtungen gehen Frauen recht schamhaft mit ihrem Körper um. Im Gruppenumkleideraum wird man sich kaum je ohne Kleider zeigen. Hier wird ein kompliziertes Handtuchritual ausgeübt, um **keinen Körperteil nackt zeigen** zu müssen. Sich nackt in einen Umkleideraum zu stellen, wird daher von vielen als schamlos empfunden, man sollte lieber eine Einzelkabine nutzen. Auch unter der öffentlichen Dusche im Schwimmbad wird kaum jemand seinen Badeanzug ausziehen. Gleiches gilt für die **Sauna** (für Männer wie für Frauen), hier ist der Besuch nur mit Badekleidung erlaubt. Nacktsaunen gibt es nur sehr selten in privaten Einrichtungen.

Tea Time!

„Well, I think we should all sit down and have a nice cup of tea, and some biscuits, nice ones mind you. Oh, and some cake would be nice as well. Lovely."

Für Briten ist tatsächlich immer und überall *Tea Time.* Auch wenn amerikanische Coffeeshops und Ketten wie Starbucks, Costa Coffee etc. inzwi-

schen in Britannien Einzug gehalten haben und von der jüngeren Generation mit Begeisterung aufgenommen werden, ist der Tee nicht totzukriegen. Er ist mit ca. **130 Millionen getrunkenen Tassen pro Tag (!)** – pro Person sind das durchschnittlich vier Tassen – bewiesenermaßen das Lieblingsgetränk der Briten. Hier handelt es sich übrigens grundsätzlich immer um schwarzen Tee. Kräutertees, grüner Tee und aromatisierte Sorten werden zwar in Geschäften verkauft, entsprechen jedoch nicht dem Massengeschmack. In Cafés werden sie kaum angeboten.

Tee bringt die Menschen zusammen, heilt alle Wunden und wird einem in jeder Lebenslage angeboten. *A nice cup of tea* macht (fast) jeden Briten glücklich.

Das Teetrinken fängt bereits morgens an und setzt sich über den ganzen Tag fort. Am Arbeitsplatz bilden unterschiedlich große Gruppen von Mitarbeitern eine **Teegemeinschaft,** die Teekasse, *Tea Kitty* genannt, hilft beim regelmäßigen Einkauf von Nachschub. Kaffeemaschinen, die in Büroküchen stehen, werden meist gar nicht genutzt und deren Anschaffung ist oft reine Verschwendung, denn zum Wecken der Lebensgeister wird eben eine gute Tasse Tee bevorzugt.

Bevor ein Amerikaner im Jahr 1908 **versehentlich den Teebeutel erfunden** hatte (die zusammengenähten Baumwollsäckchen waren mit Teeblättern gefüllt als Kostproben an Kunden verschickt worden, die aus Unwissen den kompletten Beutel ins Wasser warfen), wurden lose Teeblätter aufgegossen. Erst 1953 erkannte die britische Firma „Tetley" das Potenzial der Erfindung, die sich dann schnell in England verbreitete und der Teeindustrie einen neuen Aufschwung bescherte. Der englische Tee besteht aus gebrochenen bzw. geschnittenen Teeblättern und zieht daher schneller als die meisten der in Deutschland angebotenen Sorten.

Teetrinker sind Individualisten. Sie haben eine genaue Vorstellung davon, wie der Tee zubereitet werden muss, welche Farbe er haben soll, ob Milch und Zucker vor dem Wasser in die Tasse gegeben werden etc. Hier liegt die Tücke, wenn man für Freunde oder Kollegen Tee bereiten soll – da haben es Deutsche mit einer Tasse Kaffee wesentlich einfacher. Auf keinen Fall kommt irgendwo Zitronensaft in den Tee! Das ist eine rein kontinentaleuropäische Sitte. Es gehört zum guten Ton, sich merken zu können, wie die Kollegen, Freunde und Bekannten ihren Tee am liebsten trinken. Da jeder einen anderen Geschmack hat, gibt es leider kein perfektes Rezept. Als Regel gilt: lieber nochmal nachfragen als sich in die Nesseln setzen. Wie jemand seinen Tee mag, ist ein Ausdruck des persönlichen Geschmacks. Hieraus hat sich eine weithin geläufige Redewendung entwickelt: Wenn man etwas besonders mag, sagt man *„This is my cup of tea"* („Das ist meine Tasse Tee", d. h., Tee wie ich ihn mag). Umgekehrt, wenn man etwas nicht mag, ist das *„not my cup of tea"*.

Die nachmittägliche Teestunde wurde angeblich von einer Hofdame Königin *Viktorias* erfunden, der die Mittagsmahlzeiten bei Hofe zu spärlich ausfielen. Was mit einer Tasse Tee und Gebäck anfing, weitete sich zu einer größeren **Nachmittagsmahlzeit** aus, zu der sie dann auch Freundinnen und Freunde einlud. Es wurden kleine Kuchen, Gebäck, gebutterter Toast und Sandwiches gereicht. Wenn es Tee mit *Scones* und *Clotted Cream* (trockene Kuchen und Buttercreme) gibt, nennt man das *Cream Tea*. Dies ist eine regionale Spezialität in Südwestengland, d. h. Dorset, Devon und Cornwall.

Für **das ärmere Volk** ersetzten eine heiße Tasse Tee und eine oder zwei Scheiben Toast ganze Mahlzeiten, denn dies war fast überall billig zu haben, hielt einen warm und bekämpfte den größten Hunger. In seiner halbautobiografischen Beschreibung der heimatlosen Tramps im London der 1930er-Jahre „Down and out in Paris and London" liefert *George Orwell* Einblicke in die elende Existenz der Menschen auf der Straße. Von den erbettelten Pfennigen nährten sich sogar die Landstreicher von Tee und Toast, wenn man *George Orwell* glauben will. *Orwell* beschreibt, dass selbst die ärmsten Bettler, unter die er sich gemischt hatte, neben ihren

„A nice cup of tea ..."

wichtigen Papieren immer auch ein Säckchen Tee und Zucker in ihren Taschen mit sich herumtrugen, damit man zwischendurch mit einer „nice cup of tea" die Lebensgeister wieder wecken konnte. Daher bezeichnet der Begriff „Tea" z. B. in vielen Bevölkerungsschichten im Norden Englands, in Wales und Schottland auch heute noch das Abendessen. Die drei Hauptmahlzeiten sind: **breakfast, dinner and tea** oder in feineren Kreisen *breakfast, lunch and tea.* Im Süden Englands tendiert man eher zu der Variante *breakfast, lunch and dinner.*

Der sogenannte *High Tea,* also das, was man in Deutschland unter **„5-Uhr-Tee"** versteht, wird als Zeremonie nur in feinen Kreisen (oder in Hotels für Touristen) zelebriert. Hier werden Gurken- und Lachssandwiches, Kuchen und Gebäck serviert.

Heute gilt Tee im Allgemeinen als gesund und auch Kleinkinder bekommen ihn zu trinken, obwohl er Koffein enthält. Da der Tee in Großbritannien immer mit Milch genossen wird, sieht man ihn als Calciumspender an. Angeblich nehmen Kinder heute weniger Milch zu sich als früher, da sie in den Schulkantinen lieber Limonaden als Tee trinken. Wichtiger als der gesundheitsfördernde Effekt des Tees ist jedoch seine wohltuende und belebende Wirkung.

Straßenverkehr und öffentliche Verkehrsmittel

Abgesehen vom **Linksfahren,** muss man sich in Britannien auch auf häufigen **Kreisverkehr** einstellen. Auf der einen Seite ist es gut, dass hierdurch Ampeln eingespart werden, auf der anderen Seite muss man auf bestimmten Landstraßen alle zehn Kilometer durch einen Kreisverkehr fahren, was die Fahrgeschwindigkeit natürlich drosselt. An Fußgängerüberwegen ohne Ampeln befinden sich sogenannte *Belisha Beacons* (gestreifte Pfosten mit einer gelben Blinkleuchte). An diesen müssen Autofahrer stehenbleiben, bis die Fußgänger die andere Straßenseite erreicht haben.

Wer Auto fährt, sollte keinen Alkohol trinken, die Regeln sind streng. Die zugelassene **Promillegrenze** liegt bei 0,8 Promille. Wer mit einem höheren Wert erwischt wird, darf wie in Deutschland für einen bestimmten Zeitraum nicht mehr fahren bzw. verliert seinen Führerschein.

Falsch geparkte Autos werden gnadenlos aus dem Verkehr gezogen, daher sollte man dies nicht riskieren – auch bei Entschuldigungen wird keine Gnade gezeigt.

Besonders strikt geahndet wird zu schnelles Fahren, was für deutsche Autofahrer vielleicht gewöhnungsbedürftig ist. Auf den meisten Straßen wie auch auf Autobahnen gelten **Geschwindigkeitsbegrenzungen.** Ra-

darkontrollen haben extrem zugenommen, momentan werden sogar auf Autobahnen entsprechende Messgeräte aufgestellt, was es bisher nicht gab. Diese Form der Geschwindigkeitskontrolle hat dazu geführt, dass weniger Polizeipatrouillen unterwegs sind. Dies wiederum hat zum Ergebnis, dass Vorfälle durch Alkohol am Steuer zunehmen. Statistiken zeigen heute, dass die Geschwindigkeitskameras nicht zu einer Abnahme der Autounfälle geführt haben.

In den wenigsten Städten gibt es ein U-Bahn-Netz oder gar Straßenbahnen, der Großteil des öffentlichen Personentransportes erfolgt **mit Bus oder Bahn.** In Großstädten gibt es auch Nachtbusse. Taxifahren ist relativ teuer. Übrigens erhalten Taxifahrer in Großbritannien kein Trinkgeld, wer Trinkgeld gibt, weist sich damit als Tourist aus.

Wer von öffentlichen Verkehrsmitteln abhängig ist, sollte sich darauf einstellen, dass diese selten pünktlich sind und im Vergleich zu Deutschland sehr viel teurer. Da die Bahn privatisiert ist und die Streckennetze von verschiedenen Unternehmen geführt werden, variieren Service und Qualität ebenso wie der Komfort der Züge je nach Region. Obwohl sich die **Pünktlichkeit** der Bahnen gebessert hat, fallen immer noch viele Züge aus oder haben stundenlange Verspätungen.

Selbst die Busse entschuldigen sich ...

Lollipop-Ladies und Lollipop-Men

Eine britische Besonderheit sind die sogenannten „Lollipop-Ladies" oder „Lollipop-Men". Sie stehen an Fußgängerüberwegen, die zu Schulen führen. Sie tragen einen gut sichtbaren Mantel und ein orangefarbenes rundes Schild mit schwarzen Streifen, das für Kinder wie ein Lutscher aussieht. Für die „Lollipop-Lady" muss man immer anhalten, auch als Radfahrer. Der Stiel, an dem das Schild befestigt ist, hat oft eine eingebaute Kamera, wenn man nicht stoppt, wird man geblitzt und muss Strafe zahlen. Die „Lollipop-Lady" hat damit den Status einer roten Ampel.

Die zahlreichen Entschuldigungen, die von der Bahn für die Verspätung der Züge per Ansage durchgegeben werden, führen regelmäßig zur Belustigung der Gäste: Verspätung durch einen langsam fahrenden vorangehenden Zug, durch ein blockierendes Fahrrad oder eine verirrte Kuh auf den Schienen, aufgrund von Tod oder Krankheit eines Reisenden, wegen Bäumen auf den Gleisen, Signalproblemen etc. In Britannien ist das **Schienennetz** zwischen den Großstädten weniger gut ausgebaut als in Deutschland, vor allem gibt es kaum Schnellzüge, die sich mit dem ICE vergleichen lassen. Außergewöhnliches Wetter führt fast jedes Mal zu Verspätungen oder gar Ausfällen von öffentlichen Verkehrsmitteln, vornehmlich bei Bussen.

Das **Fahrradfahren** erlebt momentan einen Aufschwung in England – allerdings gibt es in den wenigsten Städten Fahrradwege. Das Radeln kann selbst bei mittelmäßigem Verkehr zu einer gefährlichen Unternehmung werden, da Fahrräder immer noch so selten sind, dass Autofahrer oft nicht wissen, wie sie sich verhalten sollen. Das Ausweichen auf Gehwege sollte man allerdings vermeiden, denn dies ist strafbar und wird geahndet.

Wetter

Das Wetter ist in Britannien ein beliebter, unverfänglicher Gesprächsgegenstand. Es ist nicht so schlecht, wie alle immer behaupten, denn zumindest der englische Süden ist im Winter trockener und sonniger als viele Gegenden Mitteleuropas.

Sonntagsausflug im Regen

Den berüchtigten **Londoner Nebel** (der durch Smog hevorgerufen wurde) gibt es bereits seit der Abschaffung der Kohleöfen nicht mehr. Es herrscht **gemäßigtes Inselklima,** bei dem sich die Jahreszeiten nicht durch große Temperaturschwankungen unterscheiden. Der Golfstrom wärmt besonders das Wasser in den südlichen und westlichen Regionen. Hier fällt die **Temperatur im Winter** selten unter den Gefrierpunkt. Im Süden schneit es fast nie und wenn es einmal dazu kommt, bleibt der Schnee selten liegen, weshalb hier auch Palmen und andere exotische Gewächse überleben. Es ist auch keine Seltenheit, hier noch bis in den Dezember hinein Mücken oder sogar Wespen zu sehen. Richtig kalt wird es im Winter vor allem in den Gebirgen im Westen und Norden, ab 800 Meter kann man dort auch mit Schnee rechnen. Dort sind leider auch die Sommer verhältnismäßig kühl. Skifahren kann man gut in Aviemore in den schottischen Highlands.

Die vorherrschende Windrichtung ist südwestlich bzw. nordwestlich. Was bedeutet, dass Tiefdruckgebiete vom Westen über den Atlantik heraufziehen. An der Westküste, wo sich die Gebirge befinden, bzw. in Nordirland gibt es **die höchsten Niederschlagsmengen** (1600 mm pro Jahr). Im Vergleich dazu hat der Süden nur 800 mm Regen pro Jahr. Die regenreichsten Monate sind Januar und Februar, dann entstehen wegen der relativ warmen Temperaturen oft auch heftige Stürme. Die **Durchschnittstemperatur** liegt im Januar beispielsweise in Plymouth bei

ca. 10,8 °C, in Edinburgh sind es nur 8,7 °C. Auch im Hochsommer steigt das Thermometer in Britannien selten über 25 °C. Der Wind bringt auch an schönen Tagen oft Schönwetterwolken, sodass es nicht ganz so warm wird wie auf dem Kontinent.

Trotz des gemäßigten Klimas wird gern über das Wetter gemeckert. Selten findet man eine Temperatur oder eine Wetterlage, die alle mögen. Entweder ist es zu heiß, zu kalt, zu nass oder zu trocken. Auch der Wetterbericht greift dies auf: Der Ansager spricht immer mit einem etwas entschuldigenden Unterton und versucht, die Hiobsbotschaft des Tages so angenehm wie möglich zu verkaufen. Es regnet – aber die Gärten hatten das ja mal wieder bitter nötig. Es gibt Sturmböen – aber wenigstens ist es nicht so kalt wie am Vortag. Das heiße Sonnenwetter ist vorbei – aber wenigstens kann man abends wieder schlafen etc.

Aufgrund der Tatsache, dass die britischen Inseln eine relativ kleine Inselgruppe im Atlantik sind, **kann sich das Wetter hier schnell ändern.** Wetterfronten können schnell vom Westen her einfallen, aber auch ebenso schnell wieder abziehen. Man muss daher immer darauf vorbereitet sein, dass die Wettervorhersage vom Vormittag am Nachmittag bereits ungültig ist, wenn sich z. B. die Windrichtung plötzlich gedreht hat. Am besten nimmt man immer einen Regenschutz oder Hut mit. Beständige Witterung wie auf dem europäischen Kontinent, wo manchmal tagelang dieselbe Wetterlage herrscht, ist auf den britischen Inseln selten.

Als Brite hat man gelernt, damit umzugehen. Wenn man ein Picknick oder ein Grillfest geplant hat, wird dies auch dann stattfinden, wenn es in Strömen regnet. Hier trotzt man ganz im Sinne des *Dunkirk spirit* den Gegebenheiten.

Wohnen zur Miete

Zur Miete wohnen ist und bleibt in Britannien eine Seltenheit. Man lässt sich nur dazu herab, wenn man entweder nicht über genug Geld zum Kauf einer Immobilie verfügt oder wenn man nur vorübergehend irgendwo wohnt.

Der **Standard von Mietwohnungen** lässt meist zu wünschen übrig, da in England praktisch kein Mieterschutz existiert. Auf Reparaturen von Heizungen und Ähnlichem kann man manchmal Monate warten. Mietwohnungen werden oft möbliert angeboten und man hat nicht das Recht, die Einrichtung, Wandfarbe etc. nach eigenem Geschmack abzuändern.

Eine **Grundsteuer,** die von jedem an die Stadt gezahlt werden muss, ob er Wohneigentümer ist oder zur Miete wohnt, nennt sich in Britannien

Council Tax. Normalerweise muss sie gesondert abgeführt werden und ist nicht in die Miete mit eingeschlossen. Die *Council Tax* wird je nach Wohngegend berechnet (d. h. in einer besseren Gegend zahlt man mehr) und normalerweise müssen Wasser- und Kanalgebühren noch extra bezahlt werden. Hinzu kommen dann noch die Kosten für Gas und Elektrizität.

Wer in einer teuren Großstadt wie London eine Wohnung sucht, kann preiswert ein Zimmer in einer Wohngemeinschaft *(shared accommodation)* mieten. Hierbei bietet der Vermieter die Räume einzeln an, jeder bekommt einen eigenen Mietvertrag.

Am Arbeitsplatz

Man sagt, dass die Briten pro Jahr länger arbeiten als die meisten anderen Europäer. In den meisten Unternehmen beträgt die **Wochenarbeitszeit** immer noch 40 Stunden und es gibt im Schnitt weniger Feiertage (in Großbritannien sind es 8, in Bayern z. B. 11 bis 12 Feiertage im Jahr) und weniger Urlaub: 20–25 Tage pro Jahr. (Siehe auch das Kap. „Feste und Feiertage".) In den meisten Büros werden **Überstunden** vorausgesetzt. Dies wird von vielen kritisiert, allerdings gibt es kaum Betriebsräte, da die Gewerkschaften so gut wie keinen Einfluss mehr haben. Große globale Unternehmen folgen betriebswirtschaftlichen Theorien und Modellen aus

Taxifahrer in London

den USA. Ein **Mindestlohn** wurde vor wenigen Jahren festgelegt und selbst hiergegen gab es laute Proteste, vor allem von Gastronomen. Dabei ist der Mindestlohn hier niedriger als die Bezahlung einer Kellneraushilfe in einer deutschen Kneipe.

Auf der einen Seite wird eine Ethik der Gleichberechtigung verfolgt, sodass z. B. eine bestimmte Quote an Frauen, älteren Menschen, Behinderten und Angehörigen ethnischer Minderheiten eingestellt werden muss. Gleichzeitig verfährt man außergewöhnlich **streng bei krankheitsbedingten Fehlzeiten,** hier wird hart durchgegriffen, selbst wenn ärztliche Atteste vorliegen. Man wird verwarnt und es wird schnell mit Kündigung gedroht. Wer nicht unangenehm auffallen will, sollte daher z. B. bei einer Erkältung oder Magenverstimmung lieber zur Arbeit gehen. Ganz nach dem amerikanischen Modell haben außerdem viele Unternehmen **„Motivationsprogramme"** eingerichtet, die für alle Angestellten verpflichtend sind. Auch hier sollte man möglichst ohne Murren teilnehmen, denn diese Programme dienen auch zur Bewertung des Sozialverhaltens am Arbeitsplatz. Ebenfalls hart durchgegriffen wird in Fällen von Mobbing am Arbeitsplatz *(Bullying)* sowie bei Belästigung und böswilligem Verhalten *(Harassment),* sei es aus ethnischen oder sexuellen Gründen.

Am Arbeitsplatz gibt es eine **Kleiderordnung,** der sogenannte *smart dress* („Geschäftskleidung"). Männer müssen Schlips und oft auch Anzugjacke tragen, Frauen haben es etwas leichter, da sie zwischen Bluse und Rock oder Kleid wählen können. Jeansstoffe oder Turnschuhe sind nicht erlaubt. Manche Firmen haben einen sogenannten *Dress Down Day,* an dem Jeans erlaubt sind. Für wohltätige Zwecke wird an bestimmten Tagen ebenfalls die Kleiderordnung gelockert, dann muss man sich allerdings oft an einer Kollekte beteiligen (meist für eine der bekannten Wohltätigkeitsorganisationen).

Die **Mittagspause** variiert von einer halben bis zu einer Stunde, viele nehmen ihren Lunch am Schreibtisch ein, von einer Frühstückspause hat man kaum je etwas gehört. Allerdings werden Tee- oder Kaffeepausen erlaubt, meist kochen die Mitarbeiter reihum für alle den Tee oder Kaffee. Firmenkantinen gibt es nur in sehr wenigen großen Unternehmen.

Die Strukturierung der **Arbeitszeit** ist momentan in einer Wandlung inbegriffen, dies hat zum Teil mit den veränderten Lebensbedingungen der Arbeitnehmer zu tun, so gibt es z. B. mehr allein erziehende Eltern etc. Durch Anforderungen der Dienstleistungsindustrie haben sich allerdings auch die Arbeitszeiten geändert. Fast alle Servicebetriebe und Geschäfte haben am Wochenende geöffnet und sind während der Woche teilweise bis 21 Uhr erreichbar. Es gibt Kernöffnungszeiten von 9–17 Uhr, vor allem in Callcentern wird jedoch eher länger gearbeitet. (Siehe auch das Kap.

„Einkaufen".) In vielen Betrieben ist **gleitende Arbeitszeit** eingeführt worden, die sogenannte *Flexi-Time* (flexible Arbeitszeit). Wo es sich anbietet, wird auch damit experimentiert, Angestellte von zu Hause arbeiten zu lassen. Teilzeit und Jobsharing stehen für allein erziehende Mütter und Väter zur Verfügung.

„Bobbies" – die Polizei

In Britannien nennt man die Polizisten *Bobbies,* in Anlehnung an *Robert ("Bobby") Peel,* der die britische Polizei in der viktorianischen Ära begründete. Im Gegensatz zu ihren Kollegen auf dem Festland, trugen die *Bobbies* keine Waffen. Sie waren so organisiert, dass die Verantwortlichkeit für die Verwaltung der Institution auf die Regionen entfiel. So wurde verhindert, dass eine zentrale Gewalt zu viel Macht über sie ausüben konnte.

Zur **standardmäßigen Ausrüstung** eines *Bobbies* gehörte ein Schlagstock *(Truncheon),* der in einer an den Hosenbeinen befestigten Tasche getragen wurde. Weiterhin führte er eine Pfeife und eine Taschenlampe mit sich. Dies musste dem viktorianischen Polizeibeamten genügen, um Ärger auf den Straßen einzudämmen.

Man war sehr stolz darauf, dass die Polizei **nicht bewaffnet** sein musste, um für Ordnung zu sorgen. Es war das Markenzeichen einer zivilisierten Gesellschaft, dass die Polizei in den meisten Fällen die Übeltäter zurechtweisen konnte, ohne dabei Waffengewalt zu gebrauchen. Dem Polizisten wurde in der Gemeinschaft großer Respekt entgegengebracht, er war eine **Vertrauensfigur** und absolut verlässlich. Er kannte seine Einsatzgegend und die Bürger – umgekehrt war auch die Bevölkerung vertraut mit dem Bobby unterwegs auf Streife *(on the beat).* Die Polizei spielte eine wichtige Rolle im Sozialgefüge und kümmerte sich um alle möglichen Probleme, nicht nur um Verbrechen.

Seitdem haben sowohl der Polizeiberuf als auch die Rolle der Polizei an sich einige Änderungen erfahren. Die Anzahl der Streifengänge hat sich in den letzten Jahren erheblich verringert, da Einsätze fast nur noch im Auto vorgenommen werden. Dies hat zu einer **Entfremdung** zwischen Ordnungshütern und Bürgern geführt. Kaum jemand wird heute noch mit einem Polizisten ins Gespräch kommen, es sei denn im Rahmen eines Notfalls oder Verbrechens. Im Wesentlichen ist dadurch die soziale Rolle der Polizei weggefallen, man reagiert nur noch auf Notrufe.

Die Regierung hat hier wie auch in anderen Bereichen Planziele gesetzt und versucht, das Management neu zu organisieren. Die Streifenpolizisten müssen heute für jeden Einsatz einen Wust von Papieren ausfüllen, je-

289

des kleinste Detail muss schriftlich festgehalten werden. Der Spielraum für persönliche Entscheidungen ist stark eingeschränkt worden. Die meisten Beamten sitzen daher in der Dienststelle und füllen Formulare aus, anstatt auf den Straßen nach Recht und Ordnung zu sehen. Auch eine einfache Polizeikontrolle, bei der jemand angehalten wird und seine Personalien überprüft werden, erfordert heute etwa 30 Minuten **Schreibarbeit nach dem Einsatz.** Heute will man genau wissen, wer kontrolliert wurde und warum. So soll das Vertrauen der Bevölkerung in die Polizei gestärkt werden. Widersprüchlicherweise hat das Bestreben, Statistiken zu erfüllen, dazu geführt, dass wesentlich mehr Verhaftungen für mindere Vergehen vorgenommen werden, da man das von der Regierung vorgegebene Planziel *(Target)* an Verhaftungen erreichen muss. Die geringe Anzahl an Streifengängen hat auch dazu geführt, dass Menschen sich auf den Straßen weniger sicher fühlen. Selbst die frühere Innenministerin *Jacqui Smith* gab 2007 öffentlich zu verstehen, dass sie spätabends nicht mehr in Stadtteilen wie Peckham (einem Vorort von London) herumlaufen würde. Dies löste zynische Kommentare vor allem unter den Einwohnern von Peckham aus, die immerhin in diesen Verhältnissen leben müssen und es sich in der Regel nicht aussuchen können, ob sie auf die Straße gehen oder nicht.

Um die Präsenz von Beamten in der Öffentlichkeit zu erhöhen, wurde das neue Amt eines **„Community Support Officers"** eingeführt. Diese

Beamten sind nur auf der Straße unterwegs und sollen die Lücke zwischen der Polizei und den Bürgern schließen. Leider haben sie weder die Ausbildung noch die Befugnisse eines Polizeibeamten und können daher in Notfällen oft gar nicht eingreifen, sondern müssen „die Polizei rufen".

Seit den 1980er-Jahren wurden Anschuldigungen laut, dass die Polizeibehörde nicht multikulturell ausgerichtet sei, dass nicht genug farbige Offiziere eingestellt würden, ja, in den letzten Jahren waren sogar Vorwürfe des **institutionellen Rassismus** zu hören. Insbesondere in den 1990er-Jahren stellte man fest, dass bei Polizeikontrollen auf der Straße wesentlich mehr farbige Bürger angehalten und durchsucht wurden als hellhäutige. Man vermutete auch verstärkte Kontrollen und Einsätze in den Stadtvierteln, die hauptsächlich von Immigranten bewohnt wurden.

Sir *Ian Blair,* der Chef der Londoner Polizei *(Commissioner of the Metropolitan Police),* musste zurücktreten, nachdem ein farbiger, leitender Vollzugsbeamter die Anklage erhob, seine Karriere sei durch die rassistische Einstellung und entsprechende Verhaltensweisen seiner Kollegen behindert worden. Die **Vereinigung für schwarze Polizisten** *Black Police Association (BPA)* empfahl farbigen Mitbürgern im September 2008, der Polizei nicht beizutreten, da diese Organisation von Rassisten durchsetzt sei und keine angemessenen Karrieremöglichkeiten für Farbige biete.

Aufgrund der negativen Presse, die die Polizei in den letzten Jahren erhalten hat, nahm das Ansehen der Ordnungshüter in der Bevölkerung beständig ab. Hinzu kommt die Tatsache, dass die Bürger verstärkt auch für kleinere Vergehen strafrechtlich verfolgt werden, für die man früher lediglich eine Verwarnung erhalten hätte. Man fragt sich, warum nicht mehr Energie in die Lösung schwerer Verbrechen gesteckt wird, die weitgehend ungelöst bleiben.

„Tommies" – die Armee

„For it's Tommy this an' Tommy that an' ‚Chuck him out, the brute',
But it's ‚Saviour of his country', when the guns begin to shoot."
Rudyard Kipling („Tommy", aus „The Works of Rudyard Kipling")

In Britannien gibt es **keine Wehrpflicht,** der Beitritt zur Armee ist ausschließlich freiwillig (man erhält einen Dienstvertrag für einen begrenzten

Bobbies im Einsatz

Zeitraum). Nur direkt nach dem Zweiten Weltkrieg gab es für einige Jahre eine Wehrpflicht, die jedoch im Jahr 1955 abgeschafft wurde.

Da Britannien aufgrund seiner Insellage **keine Grenzen** in dem Sinne hat, dass sie ständig bewacht werden müssen, war die Armee immer so etwas wie das „Aschenbrödel" der Nation. In Friedenszeiten beschäftigt die Nation nur einen sehr kleinen Kern von Truppen, der je nach Bedarf erweitert wird. Daher sind Gelder für den Erhalt und die Erneuerung von Ausrüstung und Waffen sowie für Training in Friedenszeiten sehr dünn gesät. Das führt dazu, dass bei überraschenden Einsätzen nicht ausreichend Truppen und oft auch nur eine überalterte Ausstattung vorhanden sind.

Bereits seit dem 17. und 18. Jh. war der britische Staat skeptisch gegenüber dem Konzept eines stehenden Heeres, wie es dies in den kontinentaleuropäischen Nationen gab. Man sah die Gefahr, das eine Armee von

potenziellen Tyrannen (wie beispielsweise *Napoleon*) dazu benutzt werden könnte, Regierungen zu stürzen und Militärdiktaturen zu begünstigen. Historisch gesehen waren es auch immer die Kosten für die Erhaltung der Truppen, die zwischen König und Bürgern zu Auseinandersetzungen geführt hatten. Selbst auf der Höhe des Empire im Jahr 1890 hatte Britannien eine kleinere Armee als die Schweiz. Daher wird die Armee **in Friedenszeiten wenig thematisiert** und oft sogar mit Ablehnung oder Argwohn betrachtet. Erst in Kriegszeiten erinnert man sich dann plötzlich der glorreichen militärischen Erfolge in der britischen Geschichte und es werden Rufe laut, man müsse den „Tommies" einen gewissen Respekt zollen. (Dieser Begriff wurde im 19. Jh. geprägt, ausgehend von *Tommy Atkins,* einer Art allgemeinem „Gattungsnamen" für britische Soldaten). Im Allgemeinen steht man der Armee recht nüchtern gegenüber, sie ist in manchen Situationen eben notwendig. Die meisten Briten stehen hinter ihren Truppen, wo auch immer der Einsatz stattfindet, denn man gibt nicht den Soldaten die Schuld für den Ausbruch von Kriegen, sondern den jeweiligen Regierungen. In Kriegszeiten machen die Soldaten „ihren Job", auch wenn dieser unschön ist.

Für Deutsche ungewohnt ist, dass es relativ **viele Frauen im britischen Heer** gibt, und zwar in allen Bereichen. Ein Grund dafür ist, dass die Armee gute Karrierechancen und Weiterbildungsmöglichkeiten bietet. Auch wenn ein Dienstvertrag beendet wird (weil z. B. Truppen abgebaut werden), bildet die hier erhaltene Ausbildung eine gute Voraussetzung zur Beschäftigung in zivilen Bereichen.

Einkaufen

Einkaufen ist eine britische Lieblingsbeschäftigung und – wenn man den Statistiken glauben will – zumindest in London auch die Lieblingsbeschäftigung der Touristen. In England ist Kleidung preiswerter als in anderen Teilen Europas. In Umfragen liegt London als Einkaufsparadies vor Paris, Rom oder Madrid, hier wurden im Jahr 2007 5,3 Milliarden Pfund ausgegeben.

Die Geschäfte sind vielfach auch an Feiertagen geöffnet und sonntags bis 16 Uhr. Einige Filialen der großen Lebensmittelläden wie *Tesco* oder *Asda* haben sogar montags bis samstags **24 Stunden lang geöffnet.** Da-

Britische Soldaten

für sind allerdings die Geschäfte auf der *High Street* („Hauptstraße") abends nicht so lange offen wie in Deutschland: Sie schließen bereits um 17.30 Uhr.

Auch wenn man keinen großen Supermarkt in der Nähe hat, findet man die nötigsten Waren im **Corner Shop** (auch *Newsagent,* einer Mischung aus Zeitungskiosk und Tante-Emma-Laden). Sie sind oftmals bis 23 Uhr geöffnet.

Die **britische High Street,** die man in jedem Ort findet, weist Filialen der gängigen Einzelhandelsketten auf, es gibt kaum noch individuell geführte Geschäfte. In den letzten Jahren haben die Briten eine Vorliebe für riesige Einkaufszentren entwickelt, die überall aus dem Boden sprießen.

Seit dem *Credit Crunch* erleben **Billigläden** wie *Primark* oder *TK MAX* einen Aufschwung, während etablierte Ketten wie *Marks & Spencer* mit Schwierigkeiten kämpfen. Für viele war es ein Schock, als die Woolworth-Kette im Frühjahr 2008 Bankrott anmeldete. Sehr beliebt sind auch Secondhandläden, die sich in Britannien *Charity Shops* nennen, wie z. B. *Oxfam.* Diese werden von wohltätigen Organisationen geführt und der Erlös der Waren dient einem guten Zweck.

Britisches Design – auch Billigläden sind immer voll im Trend

294

Essgewohnheiten und essen gehen

Noch in der näheren Vergangenheit verstanden die meisten Engländer unter Essengehen einen Ausflug in eines der benachbarten als **„Greasy Spoon"** („fettiger Löffel") bekannten Cafés. Hier wurden die englischen Standards serviert wie *Pies* (Aufläufe), *Pastries* (Pasteten) und natürlich das englische Frühstück, bestehend aus Eiern, Speck, *Baked Beans,* gebratenen Tomaten, Würstchen und Toast. Weit und breit kein Gemüse zu finden – es sei denn, es stammte aus der Dose. Alternativ dazu ging man zu einem der populären **Fish-and-Chips-Shops,** wo es außer den sogenannten *Mushy Peas* (quietschgrünes Erbsenpüree) ebenfalls keinerlei Vegetabilien gab. Wenn man richtig ausgehen wollte, besuchte man eines der indischen Restaurants.

Man kann es nicht genau datieren, aber irgendwann in den 1960er- oder 1970er-Jahren hatten die meisten Briten die Kunst des Kochens verlernt und sich zunehmend auf Fast Food und Fertigmahlzeiten verlassen. Da solche Traditionen natürlich zwischen den Generationen weitergegeben werden, lernte auch der Nachwuchs das Kochen nicht mehr. So haben noch heute viele junge Menschen keine Ahnung, wie man z. B. ein Fleischgericht selbst zubereitet. Mit dem **Anstieg des Fast-Food-Verzehrs** steigt auch der Salz-, Zucker- und Fettkonsum und es erhöht sich das Risiko z. B. an Herzkrankheiten oder Diabetes zu erkranken.

Dabei ist die **ungesunde Ernährung** nicht nur auf die Hauptmahlzeiten bezogen. Briten konsumieren mehr Schokolade als alle anderen Europäer. Als Brotersatz bzw. als Frühstück oder Zwischenmahlzeit werden Chips (im englischen *Crisps*) gegessen. *Crisps* werden in den abenteuerlichsten Geschmacksrichtungen angeboten, wie „Sonntagsbraten" oder „Ente mit

Fish and Chips

Hoi-Sin-Soße" etc., daher werden sie von vielen als Bestandteil einer Mahlzeit angesehen anstatt als Naschwerk.

In den letzten 10 bis 15 Jahren haben sich jedoch das Bewusstsein und die **Einstellung zum Essen** geändert. Die Briten stellten plötzlich mit Schrecken fest, dass die Bevölkerung und vor allem die Kinder immer übergewichtiger und kränker wurden. Gleichzeitig wurde ein neuer Lebensstil populär: Viele Engländer besitzen Zweitheime in Spanien, Frankreich oder Portugal, in denen sie entweder saisonal wohnen oder die sie vermieten. Sie brachten eine **Vorliebe für mediterrane Speisen** und den dazugehörigen Wein mit nach Hause. Diese Briten entwickelten sich zu den sogenannten **Foodies,** die auf gutes Essen besonderen Wert legen. In den letzten Jahren sind viele Gastro-Pubs bzw. Bistros entstanden, die eine international beeinflusste Küche anbieten. Es enstand, was man heute **modern British** nennt, d.h. eine moderne Aufbereitung klassischer britischer Gerichte, mit Einflüssen aus der mediterranen oder auch der asiati-

Mediterrane Speisen sind beliebt

Pub-Lunch im Sommer

Pub Lunch

Eine britische Tradition, die mit dem Pub in Verbindung gebracht wird, ist der sonntägliche „Pub Lunch", der in bestimmten Gesellschaftsschichten weitverbreitet ist. Allerdings scheiden sich hier die Geister, denn einige Briten schwören darauf und anderen ist dieser Brauch verhasst.

Das sonntägliche Mittagessen war und ist traditionell eine der wenigen Gelegenheiten, wo die gesamte Familie beisammen sitzt. In der Vergangenheit trafen sich hier die Mitglieder der erweiterten Familie, nicht nur diejenigen, die zusammen wohnten. Auf dem Speiseplan stand normalerweise ein Braten („Roast") mit Beilagen („Trimmings") in Form von „Yorkshire Pudding" (eine Art knuspriger, dünner Pfannkuchen), Rosenkohl, Karotten oder Kohl, gerösteten Kartoffeln und Soße. Nach dem Essen saß man beim Fernsehen zusammen oder ging spazieren.

Heute empfinden viele die Zubereitung einer so großen Mahlzeit als zu aufwendig und man zieht es daher vor, auswärts zu essen. Die meisten Pubs bieten ein „Sunday Roast" an, das leider jedoch nur noch selten frisch gekocht ist. Oft kommt es direkt aus der Tiefkühltruhe bzw. aus der Mikrowelle (Fleisch ausgetrocknet, Gemüse überkocht und Yorkshire Puddings so zäh wie Kaugummi). Die Qualität variiert daher je nach Etablissement sehr stark und ist am besten in kleineren, unabhängigen Pubs, wo tatsächlich noch Hausmannskost zubereitet wird.

Heutzutage verkommt der „Pub Lunch" leider oft zu einem Trinkgelage am Nachmittag, bei dem die Kinder in der Spielecke herumtollen und die Erwachsenen trinken und klönen. So werden viele sonnige Nachmittage anstatt beim Nachmittagskaffee und Spaziergang (wie z. B. in Deutschland) in einer dunklen Kneipe verbracht.

Besser ist es im Sommer, wenn man draußen sitzen kann. Allerdings sind viele Biergärten der Pubs dann auch bevölkert von Männern mit entblößten und geröteten Oberkörpern, die sich beim Biertrinken gleichzeitig in der Sonne braten.

schen Küche. Im Vergleich zu Deutschland, das durch seine Gastarbeiter bereits in den 1960er-Jahren Angehörige verschiedener Mittelmeernationen beherbergte, die auch die lokale Gastronomie prägten, waren es in England die Einwanderer aus den Mitgliedsstaaten des Commonwealth wie Indien, China und die Karibischen Staaten, die die exotische Küche lieferten. Daher ist beispielsweise in England das indische Curry eine Nationalspeise, während das in Deutschland eher die Pizza ist (für die man in England jedoch immer noch mehr bezahlen muss als für ein Curry).

Heute findet man auf fast jeder Speisekarte eines Pubs neben *Pies* und Burgern auch *Currys* oder verschiedene Versionen italienischer Klassiker. Köche wie *Gary Rhodes, Jamie Oliver, Gordon Ramsey, James Martin, Marco Pierre White, Nigella Lawson* und *Heston Blumenthal,* die alle im Fernsehen in eigenen Shows auftreten, haben die moderne britische Küche weithin bekannt gemacht.

Jamie Oliver startete eine Aktion zur **Umerziehung von Schulköchen** und -köchinnen, den sogenannten *Dinner Ladies* (und *Men*). Da in England der Schulunterricht in der Regel bis nachmittags dauert, essen die meisten Kinder in der Schule. Auch hier hatte sich jedoch die Ernährung an den allgemeinen Geschmack angepasst und es gab hauptsächlich fettige Speisen und wenig Gemüse oder Obst. **Jamie Oliver** bekam von Premierminister *Blair* die Genehmigung, eine Kampagne zur Erneuerung der Schulkost zu veranstalten. Diese Aktion führte dazu, dass Schulen heute wesentlich mehr Geld für Mahlzeiten ausgeben und frischere Kost geboten wird. Außerdem werden in vielen Kantinen – zumindest in denen der besseren Schulen – keine Süßigkeiten und Limonaden mehr offeriert und es gibt auch keine Automaten. Das gilt auch für das Lehrpersonal, hier wird hier keine Ausnahme gemacht. Hierauf gab und gibt es nicht nur positive Reaktionen. Manche sahen diese Maßnahmen als Bevormundung an. (Siehe auch die Kap. „Gesundheit" und „Wer ist ein typischer Brite?".) Einige Eltern reichten ihren Sprösslingen in der Mittagspause demonstrativ Burger und Cola über den Schulzaun, da die Kinder das neue Kantinenessen zunächst schlicht boykottieren. Inzwischen hat hier jedoch glücklicherweise die Vernunft gesiegt.

Inzwischen sind viele neue Restaurants entstanden bzw. bereits bestehende Ketten wurden modernisiert und der Speiseplan aufgefrischt. Heute bekommt man auch außerhalb Londons meist irgendwo eine gute Mahlzeit, allerdings ist gute Qualität in Britannien im Schnitt wesentlich **teurer als in anderen Ländern.** Besonders seit Ausbruch der Wirtschaftskrise kochen Briten daher wieder verstärkt zu Hause oder begnügen sich mit einem *Take Away* (Essen zum Mitnehmen) – am beliebtesten sind hier *Currys* oder *Fish and Chips.*

Soziale Regeln –
Dankeschön, Entschuldigung, Schlange stehen

Zu den wichtigsten sozialen Regeln im täglichen Leben in England gehört der **Gebrauch der Höflichkeitsfloskeln** *Thank you* („Danke schön") und *Sorry* („Entschuldigung"). Hier gilt die Regel, dass beides nicht oft genug gesagt werden kann. Wie die Autorin *Kate Fox* in ihrem Buch „Watching the English. The Hidden Rules of English Behaviour" erwähnt, findet selbst in einer einfachen Konversation beim Einkaufen das Dankeschön mindestens fünfmal Anwendung – nach oben sind keine Grenzen gesetzt. Der Verkäufer sagt *Thank you,* wenn man ihm den Gegenstand zur Bezahlung übergibt, noch einmal, wenn man ihm das Geld aushändigt und noch einmal zum Abschluss der Transaktion – manchmal wird sogar ganz zum Schluss noch ein allerletztes *Thank you* obendrauf gesetzt. Der Käufer bedankt sich ebenfalls, wenn er den Gegenstand verpackt erhält, wenn er das Wechselgeld bekommt und als Antwort auf das letzte Danke des Verkäufers – fast befindet man sich in einem Wettstreit darüber, wer sich am meisten bedankt hat. Man dankt dem Busfahrer beim Aussteigen und der Busfahrer bedankt sich beim Fahrgast, man dankt auch dem Taxifahrer, danach bedankt sich der Fahrer beim Gast (auch wenn Ersterer üblicherweise kein Trinkgeld erhalten hat). **Man dankt jedem,** dem man nur danken kann, und wo immer sich die Gelegenheit dazu ergibt. Ob dieses Dankeschön jedes Mal wirklich von Herzen gemeint ist oder nicht, es erzeugt auf jeden Fall auch bei einem Fremden ein behagliches Gefühl. Man fühlt sich aufgehoben in einer Kultur von gut meinenden Menschen.

Ähnlich verhält es sich mit der **Entschuldigung,** dem *Sorry.* Wenn ein Bus außer Betrieb ist, erscheint in der Ansage nicht einfach nur der Hinweis „Außer Betrieb", sondern: *Sorry, not in service.* Die englische Bahn entschuldigt sich dreimal pro Minute, wenn ein Zug Verspätung hat. Jeder entschuldigt sich grundsätzlich für alles und jedes.

Viele Briten entschuldigen sich im täglichen Umgang gern auch für Dinge, die sie gar nicht zu verantworten haben. Tritt ihnen z. B. jemand aus Versehen auf den Fuß oder werden sie angerempelt, entschuldigen sie sich wie aus einem Reflex heraus automatisch bei dem Verursacher des Zusammenstoßes mit einem kurzen **Sorry.** *George Orwell* spricht davon, dass England wohl das einzige Land sei, in dem ein Fußgänger von einem anderen vom Gehweg gestoßen werden kann – und dafür noch um Verzeihung bittet. Natürlich entschuldigt sich der Verursacher ebenfalls bei dem Geschädigten, ja, ist oftmals untröstlich.

Glaubt man verschiedenen Autoren, die über die Briten geschrieben haben, so ist dies Verhalten durch den **stoischen Charakter** der Inselbewohner begründet: Man regt sich über nichts auf, sondern entschuldigt sich sogar noch, wenn man getreten wird. Bei beiden Floskeln spielt übrigens auch die **Intonation** eine wichtige Rolle. Je mehr *Thank yous* und *Sorrys* man von sich gibt, umso mehr bringt man auch verschiedene Gefühle mit in den Ausdruck. Bei Missachtung dieser Höflichkeitsrituale empfinden Briten jemanden schnell als ungehobelt *(rude).*

Zu den wichtigen Umgangsformen gehört auch das Schlangestehen *(Queuing)*, d. h. **das Einreihen in eine geordnete Warteschlange.** Auch wenn man allein irgendwo steht, bildet man immer eine ordentliche Schlange. Man geht sozusagen davon aus, dass sich andere hinter einem einreihen werden, d. h., man stellt sich an den Anfang und schaut in die Richtung der Ladentheke bzw. stellt sich dorthin, wo der Bus halten wird etc. Niemals darf man sich in einer Schlange nach vorne drängen oder eine Position überspringen. Wenn zwei Ladentheken verfügbar sind, bildet sich normalerweise eine Wartereihe in der Mitte, von der aus die Kunden

„Queuing" – Schlange stehen

dann zu der jeweilig freien Theke gehen. Wenn man im Supermarkt in der Schlange steht und etwas vergessen hat, kann man die hinter einem stehende Person bitten, den Platz freizuhalten, bis man wieder da ist. Jeder wird hier kooperieren, solange man es nicht ausnutzt und auch tatsächlich gleich wieder zurückkommt. Wenn man jemanden in der Schlange kennt, ist es akzeptabel, ihm einen Gegenstand zum Mitbezahlen zu geben. Nicht annehmbar ist es allerdings, wenn derjenige nur ein Produkt in der Hand hält und man selbst mit einem randvoll gefüllten Einkaufswagen daherkommt. Dann muss man sich ordentlich am Ende der Schlange einreihen. Wenn sich die Wartereihe vorwärtsbewegt, sollte man sofort aufrücken, sonst hört man unter Umständen **missbilligendes Räuspern** von hinten. Wenn sich jemand vordrängelt, wird man ebenfalls bei den anderen Mitmenschen abfälliges Kopfschütteln und Räuspern feststellen, aber sehr selten wird jemand etwas laut sagen. Vordrängeln wird nur dann gebilligt, wenn in Supermärkten eine neue Kasse aufgemacht wird. Hier wird nicht unbedingt die Ordnung der Schlange gewahrt, sondern wer immer gerade am nächsten steht, geht zur freien Kasse. Auch wenn dies nicht gerade Begeisterung hervorruft, wird der Brite sich mit stoischer Gelassenheit in sein Los ergeben und still ertragen, dass ein anderer schneller war.

Umgangsformen und Sprachgebrauch

Was einem Deutschen in England (ebenso wie in Amerika) auffällt, ist die Tatsache, dass Menschen sich generell **mit dem Vornamen anreden,** dies gilt auch für das Geschäfts- und Arbeitsleben. Niemand spricht hier von „Herrn" oder „Frau" Soundso, es zählt der Vorname. Ausgenommen sind Anreden in sehr formellem oder offiziellem Rahmen, wie z. B. bei Würdenträgern, vor Gericht etc. Seit den 1960er-Jahren besteht die Sitte, auch fremde Menschen anhand ihrer Vornamen zu identifizieren und sie auch so zu titulieren. *Tony Blair* wies bei seiner Amtsübernahme 1997 seine Kabinettsminister und Beamte darauf hin, dass er als *Tony* angesprochen werden wollte, nicht als „Premierminister".

Höflichkeit variiert zwischen den verschiedenen **Gesellschaftsschichten.** In der Oberschicht geht man eher formell miteinander um, während in der Arbeiterklasse oder im täglichen Leben ein äußerst salopper und vertrauter Ton vorherrscht.

Man sollte darauf vorbereitet sein, auf der Straße von anderen Passanten, in Geschäften von Verkäufern oder im Bus vom Busfahrer als **Kosenamen** wie *Love* („Liebes"), *Darling* oder *Sweetheart* („Schatz") angeredet zu werden. In Nordengland kommt dies noch häufiger vor als in Südengland. Männer der unteren sozialen Klassen sprechen sich und andere Mitmenschen als *Mate* oder *Pal* an. In Schottland heißen Frauen *Hen* und Mädchen *Lass,* das kommt von *Lassie* (wie auch bei dem bekannten Filmhund), der weiblichen Form des Wortes *Lad,* d. h. Kerl/Typ.

Lediglich Menschen in Uniform o. Ä. begegnet man mit größerem Ehrerbieten. Einen Arzt, einen Würdenträger, einen Bankangestellten oder Beamten würde man nicht mit Vornamen ansprechen (Ärzte und Würdenträger erscheinen im Anzug, alle anderen tragen eine Uniform). Hier gilt die Anrede *Sir* oder im Falle einer Frau *Madam.* Polizisten nennt man *Officer.* Auch das Gegenüber nutzt in diesem Fall die höfliche Anrede. Einen Geschäftsbrief adressiert man zwar ebenfalls an einen *Sir* oder eine *Madam,* doch hat sich bei E-Mails der lockere Umgangston eingebürgert, hier spricht z. B. der Kunde den Sachbearbeiter oftmals mit Vornamen an.

Dem Briten fällt der **lockere Umgangston** leichter als einem Deutschen, da es keine Unterscheidung zwischen der höflichen Anrede „Sie" und der freundschaftlichen Anrede „Du" gibt. Das macht vieles einfacher, führt aber bei Fremden hin und wieder zu Missverständnissen. Die Tatsache, dass man mit dem Vornamen angeredet und geduzt wird, bedeutet nicht, dass einem das Gegenüber in irgendeiner Weise näher steht. Es kreiert allerdings im täglichen Umgang miteinander (ebenso wie das Bedanken und Entschuldigen) eine freundliche Atmosphäre und auch das wohlige Gefühl, in einem Sicherheitsnetz aufgehoben zu sein, wo einem niemand etwas Böses will.

Dies sind allgemein akzeptierte Umgangsformen, die man erlernen muss, will man nicht immer wieder in Fettnäpfchen treten.

Wie bittet man um einen Gefallen?

Wenn Engländer einen Fremden um einen Gefallen bitten, ist dies oft ein komplizierter, peinlicher und unbeholfener Moment. Man verletzt nicht gern die **Privatsphäre** eines anderen, nicht einmal, um freundlich miteinander zu kommunizieren. Zuerst muss man den Fremden ja ansprechen, was man normalerweise nicht tut, schon gar nicht in der Öffentlichkeit. Zweitens drängt man sich ja auf, wofür man sich ohnehin schon entschuldigen muss. Man verhält sich daher sehr vorsichtig und entschuldigt sich noch häufiger als normal üblich. Wer dem Ritual des Entschuldigens und Bedankens nicht folgt, wird allgemein als unhöflich und rüde angesehen, so als hätte er sich „einfach bedient", auch wenn er ganz normal gefragt hat.

Small Talk

Die Briten werden oft immer noch als kühl und distanziert beschrieben, dies bewahrheitet sich vor allem beim Umgang miteinander in öffentlichen Verkehrsmitteln. Auch hier gilt die Regel, dass **man dem Anderen seine Privatsphäre lässt** und Small Talk zwischen den Fahrgästen hält sich in Grenzen. Die einzige Situation, wo auch völlig Fremde manchmal miteinander ins Gespräch kommen, ist, wenn z. B. der Zug stehen bleibt oder sehr viel Verspätung hat. Aber selbst wenn eine Unterhaltung geführt wird, gehen die Gesprächspartner selten aus sich heraus oder erzählen viel von sich selbst. Wer zu offen spricht oder in irgendeiner Weise zu bedrängend wird, den empfindet man schnell als unhöflich.

Daher dauert es unter Umständen lange, bis aus Bekannten einmal Freunde werden.

ANHANG

Skulptur „Armour Boy" der walisischen Bildhauerin Laura Ford (geb. 1961)

Glossar

- **Act of Settlement** – Dieses Gesetz regelte im Jahr 1701 die Thronnachfolge der Könige und legte fest, dass kein englischer Monarch je wieder katholisch sein, noch einen Katholiken heiraten durfte.
- **Act of Union** – Dieses Gesetz von 1707 vereinte die Parlamente Englands und Schottlands und man sprach nun vom Königreich Großbritannien. Der *Act of Union* von 1801 vereinte Britannien mit Irland und das *United Kingdom of Great Britain and Ireland* (Vereinigtes Königreich von Großbritannien und Irland) entstand.
- **Albion** (von „alba", weiß) – alte Bezeichnung für die britischen Inseln, geprägt von dem Griechen *Pytheas* im Jahr 325 v. Chr.
- **Anglo-Saxon Chronicle** – Diese Chronik hielt die Ereignisse in den südlichen englischen Königreichen fest und wurde von *Alfred dem Großen* geführt und zum Teil auch niedergeschrieben.
- **Backbencher** („Hinterbänkler") – Politiker, die keinen Ministerposten haben und im *House of Commons* in den hinteren Reihen sitzen
- **Bank Holidays** – Die englischen Feiertage liegen immer auf einem Montag und die Banken haben dann geschlossen.
- **Battle of Britain** – Kampf um den Luftraum über Südengland zwischen *Royal Air Force* und der deutschen Luftwaffe im Jahr 1940
- **Beda Venerabilis** – Benediktinermönch und Theologe (ca. 672–735 n. Chr.), verfasste die *Historia Ecclesiastica Gentis Anglorum* („Kirchengeschichte des englischen Volkes")
- **Big Bang** – Reform der Londoner Finanzinstitutionen durch *Margaret Thatcher* im Jahre 1986
- **Binge Drinking** – Komatrinken
- **Bill of Rights** – Erklärung von Bürgerrechten aus dem Jahr 1689
- **Blitz** – Im Winter 1940/1941 starteten die Deutschen diesen Luftangriff, bei dem neben London auch viele andere britische Städte zerbombt wurden.
- **Boadicea** – eine der letzten kriegerischen Königinnen der Kelten vom Stamm der Icener, zog um 61 v. Chr. durch den Süden Britanniens
- **Bohos** – intellektuelle, künstlerische Personengruppe aus der Mittelschicht, abgeleitet von *bohemian*
- **Bonfire Night** – Am 5. November feiert man die Vereitelung des Anschlags auf das protestantische Parlament durch den Katholiken *Guy Fawkes* (auch Guy-Fawkes-Nacht genannt) mit Lagerfeuer und Feuerwerk.
- **Boxing Day** – Am 2. Weihnachtsfeiertag, dem 26. Dezember, kann man ungewollte Geschenke gleich wieder in den Geschäften umtauschen.

- **Brixton Riots** – Aufstände farbiger Einwanderer in Südlondon im Jahr 1981, die von der Polizei brutal niedergeschlagen wurden
- **Brownfield** – Land, das nicht wie der Grüngürtel einer Stadt geschützt ist, da es bereits bebaut wurde
- **Butlins** – 1936 gründete *Billy Butlin* die *Butlin's Holiday Camps,* um Briten einen preiswerten Urlaub zu ermöglichen.
- **C of E** – *Church of England,* die anglikanische Kirche Englands
- **Canterbury Tales** – Das erste Buch in englischer Sprache, verfasst von *Geoffrey Chaucer* (1340–1400).
- **Cenotaph** – Denkmal für die Gefallenen des Ersten Weltkrieges in London. Hier findet jedes Jahr der *Remembrance Day* statt.
- **Charity Muggers** – aufdringliche Spendensammler
- **Chav/Chavette** – wird ähnlich benutzt wie das Wort „Prolo", *Chavette* ist die weibliche Form
- **Civil Partnership** – Gleichgeschlechtliche Ehe. Sie garantiert Homosexuellen denselben Status wie heterosexuellen Eheleuten.
- **Common Law** – Das gemeine Recht, das sich in England bereits seit dem Mittelalter entwickelte.
- **Commonwealth** – Das britische Empire der ehemaligen Kolonien wurde im Jahr 1926 zum Commonwealth, in dem alle Staaten den gleichen Status hatten. Die Queen ist noch heute das Staatsoberhaupt in den meisten dieser Länder.
- **Commonwealth Games** – Die „Olympiade" des Commonwealth findet alle vier Jahre statt.
- **Commuter Belt** – Pendlergürtel (rund um London), der u. a. die Grafschaften Middlesex, Surrey, Essex, Kent und Hertford einschließt.
- **Cool Britannia** – Ein 1997 von der Labour-Regierung geprägter Begriff in Anspielung auf die Hymne „Rule, Britannia!". Hierdurch sollte das neue, junge Britannien verkörpert werden.
- **Country Gentleman** – Edelmann mit Landbesitz, auch *Landed Gentry* genannt
- **Cream Tea** – *Scones* (trockene Kuchenbrötchen), Butter, Buttercreme und Erdbeermarmelade, die zusammen mit einem Kännchen Tee gereicht werden.
- **Crown Dependencies** – Kronkolonien. Ehemalige Kolonien, die heute noch der britischen Regierung und dem Schutz der Krone unterstehen.
- **Cyber bullying** – Schikanieren per Internet bzw. über das Handy
- **Cymru** – der walisisch-gälische Name für Wales
- **Danegeld** – Ursprünglich eine Art Bestechungsgeld, mit dem sich die angelsächsischen Könige von den dänischen Invasoren freikauften. Später entwickelte sich daraus eine Steuer zur Finanzierung der Armee.

- **D-Day** – Gedenktag zur Erinnerung an die Invasion in der Normandie durch die alliierten Truppen am 6. Juni 1944
- **Devolution** – Dezentralisierung. Die Übertragung von größerer Autonomie an die britischen Nationen Schottland, Wales und Nordirland.
- **Domesday Book** – *Wilhelm der Eroberer* (1027–1087) gab das Buch in Auftrag, in dem alle seine königlichen Besitztümer (Dörfer, Städte und Ländereien) in England aufgelistet wurden.
- **Dunkirk Spirit** – Synonym für das Durchhaltevermögen und den Siegeswillen der Briten, nachdem sie 1940 von den Deutschen in Frankreich besiegt worden waren
- **East India Company** – Ostindiengesellschaft. Von *Elizabeth I.* im Jahr 1600 gegründete Handelsgesellschaft, die den Handel mit den späteren Kolonien in Afrika und Asien begründete.
- **Emo** – Ein *Tribe* („Stamm", eine Gruppe) von Jugendlichen, die sich durch eine ausgeprägte Emotionalität auszeichnen.
- **English Heritage** – Öffentliche Organisation, die vom Kultusministerium Gelder bekommt, um historische und Kulturerbestätten wie z. B. Stonehenge zu erhalten.
- **Estuary English** – Ein Dialekt, der sich aus dem Londoner *Cockney* und dem Englisch der Oberklassen entwickelt hat. Der Name ist abgeleitet von der Themsemündung: *Estuary*.
- **Foodies** – Briten, die auf gutes Essen Wert legen und entsprechende Restaurants und Gastro-Pubs frequentieren.
- **Gentleman's Clubs** – Exklusive Klubs, die nur den reichen und mächtigen Herren offenstehen.
- **Georgskreuz** – Die englische Flagge besteht aus einem weißen Untergrund mit einem roten Kreuz darauf, dem Georgskreuz.
- **Glorious Revolution** – Während der *Glorious Revolution* (1688) wurde das Modell der konstitutionellen Monarchie entwickelt. Das britische Parlament setzte *Wilhelm von Oranien* als neuen König ein. Er musste die *Bill of Rights* unterzeichnen, die die Macht des Monarchen beschnitt.
- **Good Friday Agreement** – Karfreitagsabkommen. Hierdurch wurde größere Autonomie an das nordirische Parlament übergeben, was das Ende der gewalttätigen Auseinandersetzungen einleitete.
- **Grass Roots Politician** – Basispolitiker
- **Hadrianswall** – Wurde 122 n. Chr. von Kaiser *Hadrian* errichtet, um die englischen Provinzen Roms vor den kämpferischen Pikten aus Schottland zu beschützen.
- **Happy Slapping** – Fröhliches Schlagen. Hier greifen Jugendbanden willkürlich Personen an bzw. schlagen sie zusammen und filmen dies mit dem Handy.

- **Health and Safety** – Gesundheit und Sicherheit. Jede Aktivität soll durch Vorsichtsmaßnahmen und zahlreiche Warnungen abgesichert werden.
- **Hedgerows** – jahrhundertalte Hecken, die Felder abgrenzen
- **Hen Night** – Junggesellinnenparty vor der Hochzeit
- **High Tea** – eleganter Fünf-Uhr-Tee
- **Independent/Indie** – Musikrichtung. Bands, die von großen Plattenlabels unabhängig und nicht kommerziell ausgerichtet sind.
- **It Girl** – „Es"-Mädchen. Junge Frauen, die in den Medien gerade „angesagt" sind.
- **Kinship** – Verwandtschaft. Für die Angelsachsen war die Sippe sehr wichtig und man lebte in Verbänden von Großfamilien.
- **Kornisch** – gälische, in Cornwall gesprochene Sprache, die Mitte des 18. Jh. ausstarb, inzwischen aber wiederbelebt wurde
- **Lad/Ladettes** – Kerl, Typ. Junge Männer und Frauen, die sich betrinken und in der Öffentlichkeit daneben benehmen.
- **Landlord, Landlady** – Wirt, Wirtin z.B. in einem Pub oder einem Bed&Breakfast
- **Lido** – Freibäder, die zumeist aus den 1920er-Jahren stammen
- **Local** – die Stammkneipe
- **Lollipop Ladies (Men)** – Sie stehen an Fußgängerüberwegen, die zu Schulen führen, und sind an dem orangefarbenen Straßenschild erkennbar, das für Kinder wie ein Lutscher aussieht.
- **Lord Protector** – Nach der Exekution von *Karl I.* hielt *Oliver Cromwell* den Titel des *Lord Protectors* als Oberhaupt der englischen Republik von 1653 bis 1658.
- **Magna Carta Libertatum** – 1215 von König *Johann* unterzeichnete Niederschrift und Festlegung von Bürgerrechten, die die Macht des Königs gegenüber seinen Untertanen eingrenzte
- **Maverick Politicians** – unkonventionelle Politiker
- **Mobile** – *Mobile phone,* Mobiltelefon, auf deutsch Handy genannt
- **Model Parliament** – Das Parlament, das von *Eduard I.* im Jahr 1295 ins Leben gerufen wurde. Aus dieser Ratsversammlung entwickelten sich später die beiden Kammern des Parlaments, *House of Lords* (Oberhaus) und *House of Commons.*
- **Mods** – Abgeleitet von *modernist.* Jugendbewegung der späten 1950er- und frühen 1960er-Jahre, Gegenspieler der Rocker.
- **Nanny-Staat** – ein Staat, der den Bürger bevormundet und sich in alle Belange des täglichen Lebens einmischt
- **New Money** – die neue Mittelklasse der Industriellen und Geschäftsleute im 18. Jh., die später adelige Titel durch Kauf oder Verleihung erwarb

- **Norn** – auf Orkney und den Shettland-Inseln noch bis ins 18. Jh. gesprochene nordische Sprache, die auf die Wikinger zurückging
- **Northerner** – Bewohner des englischen Nordens. Beinhaltet auch eine Charakterisierung der Eigenschaften der Menschen des Nordens: Sie gelten als ehrlich und offen.
- **Off Licence** – Geschäfte, die Alkohol zum Mitnehmen verkaufen dürfen
- **Old Boy Network** – In den „richtigen" Privatschulen werden wichtige Verbindungen geknüpft, ein Netzwerk aus ehemaligen Schulkameraden entsteht, das später für die Karriere wichtig werden kann.
- **Old Money** – jahrhundertelang vererbte adelige Titel und Reichtum, Stammbäume lassen sich bis zu den Normannen zurückverfolgen
- **Panel Show** – eine Mischung aus Talkshow und Quizrunde
- **Peerages, Peer** –Adelstitel, die Personen in den Stand eines *Lords* oder einer *Lady* erheben und ihnen damit lebenslang einen Platz im *House of Lords* verleihen. Diese Titel werden vererbt oder von der Regierung bzw. der Queen vergeben.
- **Petition of Rights** – Bürgerrechtserklärung aus dem Jahr 1628
- **Pikten** – Ureinwohner Schottlands
- **Pilgrim Fathers** – Pilgerväter. Fundamentalistische Puritaner, die in die amerikanischen Kolonien auswanderten, um dort ihre Religion in Freiheit ausüben zu können.
- **Plaid Cymru** – walisische Nationalpartei (*Plaid* = Stolz, *Cymru* = Wales)
- **Politischer Konsens** – Einverständnis der politischen Parteien darüber, Schlüsselindustrien in staatlicher Hand zu belassen und die Regierung zu deren finanzieller Unterstützung zu verpflichten
- **Posh** – Wer reich ist und irgendwie nach Geld aussieht, wird als *posh* bezeichnet. Auch Gegenstände können so deklariert werden.
- **Potato Famine** – Hungersnot von 1845–1852 in Irland durch Kartoffelmissernten
- **Powerhouse** – London gilt als Kraftwerk *(Powerhouse)* der britischen Wirtschaft.
- **Presbyterianismus** – schottische protestantische Staatsreligion, die sich am Calvinismus orientiert
- **Privy Council** – enger Kreis von Beratern des Monarchen
- **Proms** – *Promenade Concerts.* Klassische Konzerte für die allgemeine Bevölkerung, ins Leben gerufen zu Zeiten von Queen *Victoria.*
- **Punk** – Jugendbewegung der späten 1970er-Jahre
- **Quäker** – Freidenkerische protestantische Sekte aus dem 16./17. Jh.
- **Queuing** – Schlangestehen
- **Rambling Society** – Um 1930 gegründete Wandervereinigung, deren Mitglieder das Wanderrecht auf privaten Ländereien durchsetzten

- **Red Tops** – Regenbogenpresse, auch *Tabloid Press* genannt
- **Remembrance Day** – Gedenktag am 11. November am Cenotaph, zur Erinnerung an das Kriegsende im Jahr 1918 (Siehe „Cenotaph".)
- **Reithian Principles** – Auf Lord *Reith* (1889–1971) zurückgehende Prinzipien, auf denen in den 1930er-Jahren die *BBC* gegründet wurde. Dadurch erhielt das Fernsehen den Auftrag, die Bevölkerung „zu informieren, zu bilden und zu unterhalten".
- **Rosenkrieg** – Krieg des Hauses York gegen das Haus Lancaster um die Thronnachfolge von 1455 bis 1485
- **Schlacht bei Culloden** – Schlacht nahe Inverness, die die Rebellion der Jakobiter von 1745 beendete. Die *Stuarts* wurden besiegt und das Clansystem abgeschafft.
- **Schlacht von Trafalgar** – Seeschlacht während der Napoleonischen Kriege, die *Royal Navy* besiegte 1805 die französische Flotte
- **Scots** – Lowland-Schottisch, wird von ca. 30% der Schotten gesprochen
- **Scouser** – Bewohner der Gegend in und um Liverpool
- **Shaker** – eine puritanische Sekte, die 1747 aus einer Abspaltung von den *Quäkern* enstand und wegen ihrer Zimmermannskunst bekannt ist
- **Sinn Fein** – der politische Arm der IRA
- **Slavery Abolition Act** – 1833 wurde die Sklaverei innerhalb des britischen Empire abgeschafft.
- **Southerner** – Bewohner des englischen Südens. Charakterisierung für die Menschen des Südens, die im Gegensatz zum Northerner (siehe oben) eher materialistisch orientiert sind.
- **Spin Doctors** – Public-Relations-Experten, die für die Regierung arbeiten und positive Marketingslogans „erspinnen"
- **Stag Night** – Junggesellenparty vor der Hochzeit
- **State Opening of Parliament** – Jedes Jahr nach der Sommerpause eröffnet die Queen mit einer zermoniellen Ansprache das Parlament.
- **Stiff Upper Lip** – steife Oberlippe. Synonym für die steife Haltung und Reserviertheit der britischen Oberklasse, die keine Miene verzieht.
- **Sunrise Industries** – zukunftsweisende Industrien
- **Swinging Sixties** – Kulturelle Revolution der 1960er-Jahre. Es entstanden Bands wie die *Beatles* und die *Rolling Stones* und der Musikexport entwickelte sich zu einem wichtigen Wirtschaftsfaktor.
- **Tartan** – Schottenkaro. Bestimmte *Tartans,* d. h. Karomuster, sind das Kennzeichen für einen bestimmten Clan.
- **Tea Kitty** – Teekasse, in die auf der Arbeit jeder einzahlt, sodass in den Pausen immer Tee gekocht werden kann
- **Teddy Boys** – Jugendbewegung der 1950er-Jahre, assoziiert mit der Rock'n'Roll-Musik der Ära

- **Teppich von Bayeux** – Wandgehänge, auf dem 1066 die Eroberung Englands durch *Wilhelm den Eroberer* dargestellt ist
- **Terraced Houses** – Reihenhäuser, deren Hintergärten an die des nächsten Hauses angrenzen
- **Test** – Cricket Turnier
- **The Great Stink** – Zum „Großen Gestank" kam es im Jahr 1858 in London, als die Themse aufgrund von Abwässern anfing zu gären.
- **Thegns** – Ritter, die mit den angelsächsischen Königen am Hof lebten
- **Tories** – Bezeichnung für die Konservative Partei und deren Politker
- **Trainspotting** – das „Sammeln" von Zügen, indem man sie vor Ort anschaut, fotografiert und katalogisiert
- **Truncheon** – Schlagstock der *Bobbies,* der britischen Polizisten
- **Tube** – Londoner Untergrundbahn
- **Twitter** – Internetaktivität, auch *Mikroblogging,* bei dem über jede Aktivität einer Person permanent Kommentare abgegeben werden
- **Union Jack** – die britische Flagge
- **WAGs** – Auch *Trophy Wives* (Trophäenfrauen) oder *Arm Candy* (schönes Anhängsel). Dies sind Frauen, die sich ihren Status dadurch „erwirtschaftet" haben, dass sie mit einem wohlhabenden oder berühmten Mann liiert sind, meist einem Fußballer oder anderem Sportler.
- **Welsh** – in Wales gesprochene gälische Sprache
- **Whigs** – politische Partei, die im späten 18. Jh. entstand und sich für einen eingeschränkten Einfluss des Monarchen auf die Regierungspolitk einsetzte
- **White Trash** – Weißer Müll. Bezeichnet unterprivilegierte Weiße, die in Slums oder heruntergekommenen Gegenden leben.
- **Workhouses** – Arbeitshäuser, in denen die Armen im 19. Jh. ein Aus- und Unterkommen fanden
- **Working Men's Clubs** – Das Gegenstück zu den *Gentleman's Clubs* und nur Arbeitern zugänglich, die Mitglied einer Gewerkschaft oder einer Partei sind

Abkürzungen

Die Briten benutzen viele Abkürzungen im täglichen Sprachgebrauch. Hier sind einige der Wichtigsten:
- **AA** – *(Automobile Association):* Partnerfirma des ADAC
- **ASAP** – *(As soon as possible):* So schnell wie möglich
- **ASBO** – *(Anti Social Behaviour Order):* Verwarnung gegen asoziales Verhalten

- **A and E** – *(Accident and Emergency)*: Notfallstation, Ambulanz
- **BA** – *(Bachelor of Arts)*: Hochschulabschluss in Geisteswissenschaften
- **BAA** – *(British Airport Authority)*: Verwaltungsorganisation der Londoner Flughäfen
- **BHA** – *(British Humanist Association)*: Britische Humanistische Vereinigung
- **BMA** – *(British Medical Association)*: Britischer Ärzteverband
- **BNP** – *(British National Party)*: Britische Nationale Partei
- **BPA** – *(Black Police Association)*: Vereinigung farbiger Polizisten
- **BT** – *(British Telecom)*: Britisches Telekommunikationsunternehmen
- **DEFRA** – *(Department for Environment, Food and Rural Affairs)*: Behörde für Umwelt, Ernährung und ländliche Belange
- **EC** – *(European Community)*: Europäische Union
- **EEC** – *(European Economic Community)*: EWG, Europäische Wirtschaftsgemeinschaft
- **ER** – *(Elizabeth Regina)*: Königin *Elizabeth*
- **FA** – *(Football Association)*: Britischer Fußballverband
- **FO** – *(Foreign Office)*: Außenministerium
- **FT** – *(Financial Times)*: Finanzblatt der Times
- **GCE/A-Level** – *(General Certificate of Advanced Education)*: Abitur
- **GCSE** – *(General Certificate of Secondary Education)*: Realschulabschluss
- **GLA** – *(Greater London Authority)*: Londoner Verwaltungsbehörde
- **GMT** – *(Greenwich Mean Time)*: mittlere Greenwich-Zeit, war bis 1929 die Weltzeit, wird aber auch heute noch in England als gängiger Begriff für die Weltzeit benutzt
- **GP** – *(General Practioner)*: Hausarzt
- **HMP** – *(Her Majesty's Prison)*: Staatliche Vollzugsanstalt
- **HR** – *(Human Resources)*: Personalabteilung
- **HRH** – *(Her Royal Highness)*: die Queen
- **IRA** – *(Irish Republican Army)*: Irish Republikanische Armee (terroristische Vereinigung, hat die Beendigung der britischen Regierung in Nordirland zum Ziel)
- **JP** – *(Justice of Peace)*: Friedensrichter
- **LSE** – *(London School of Economics)*: Londoner Wirtschaftsakademie
- **LSO** – *(London Symphony Orchestra)*: Londoner Symphonieorchester
- **OAP** – *(Old Age Pensioner)*: Rentner
- **OBE** – *(Order of the British Empire)*: Britischer Verdienstorden und Titel
- **MBE** – *(Member of the British Empire)*: Britischer Verdienstorden und Titel
- **MD** – *(Doctor of Medicine)*: Arzt
- **MD** – *(Managing Director)*: Geschäftsführer

- **MET** – *(Metropolitan Police):* Londoner Polizeibehörde
- **MI5** – *(Military Intelligence, Section 5):* Spionageabwehrdienst
- **MI6** – *(Military Intelligence, Section 6):* britischer Geheimdienst
- **MOD** – *(Ministry of Defence):* Verteidigungsministerium
- **MP** – *(Member of Parliament):* Abgeordneter, Mitglied des Parlaments
- **mph** – *(miles per hour):* Stundenkilometer
- **NEET** – *(Not in Education Employment or Training):* junge Menschen, die sich nicht in schulischer Ausbildung, Anstellung oder berufsbildender Ausbildung befinden
- **NHS** – *(National Health Service):* Gesundheitsamt
- **NSPCC** – *(National Society for Prevention of Cruelty to Children):* Wohltätigkeitsorganisation zum Schutz von Kindern
- **NSS** – *(National Secular Society):* Atheistenverband
- **NUM** – *(National Union of Mineworkers):* Gewerkschaft der Minenarbeiter
- **OAP** – *(Old Age Pensioner):* Rentner
- **Ofcom** – *(Office for Standards in Communications):* Kontrollbehörde für die Telekommunikationsindustrie
- **Ofsted** – *(Office for Standards in Education):* Kontrollbehörde für den Standard der Lehre und des Lehrpersonals in Erziehungsanstalten
- **Oxbridge** – *(Oxford and Cambridge):* die beiden Eliteuniversitäten
- **PA** – *(Personal Assistant):* Chefsekretärin
- **PH** – *(Public House):* Pub
- **PhD** – *(Doctor of Philosophy):* Doktortitel für Geisteswissenschaften
- **PM** – *(Prime Minister):* Premierminister
- **PO** – *(Post Office):* Post
- **QC** – *(Queen's Counsel):* Kronanwalt
- **Quango** – *(Quasi autonomous non-governmental organisation):* Halbstaatliche Organisation
- **RAC** – *(Royal Automobile Club):* Automobilklub
- **RADA** – *(Royal Academy for Drama and the Arts):* Hochschule der Darstellenden und Bildenden Künste
- **RAF** – *(Royal Air Force):* Britische Luftwaffe
- **Rd** – *(Road):* Abkürzung für Straße
- **RN** – *(Royal Navy):* die Marine
- **RNLI** – *(Royal National Lifeboat Institution):* Lebensrettungsgesellschaft zur See
- **RSPCA** – *(Royal Society for the Prevention of Cruelty to Animals):* Nationale Organsation zum Schutz von Tieren
- **RSPCB** – *(Royal Society for the Prevention of Cruelty to Birds):* Nationale Organisation zum Schutz von Vögeln

- **SNP** – *(Scottish National Party)*: Schottische Nationalpartei
- **TA** – *(Territorial Army)*: die britische Armee
- **UDA** – *(Ulster Defence Association)*: „Verteidigungsorganisation Ulsters", paramilitärische kriminelle Unterbewegung der loyalistischen Kräfte in Nordirland
- **UKIP** – *(United Kingdom Independence Party)*: Anti-Europa-Partei
- **VAT** – *(Value Added Tax)*: Mehrwertsteuer
- **WIFI** – *(Wireless Fidelity)*: WLan-Anschluss

Literaturtipps

Reiseliteratur

- *Bill Bryson,* **Reif für die Insel,** Wilhelm Goldmann Verlag, 2007. *Bill Bryson* ist ein amerikanischer Journalist, der in den 1970er- und 1980er-Jahren in Britannien lebte und hier viel reiste. Er schildert seine Eindrücke in humoristischer Form.
- *Charlie Connelly,* **Attention all Shipping**, A Journey Round the Shipping Forecast, Little Brown, 2008. Humorvolle Beschreibung einer Rundreise durch die verschiedenen Seeregionen, die vom *Shipping Forecast,* dem Wetterbericht für die Schifffahrt abgedeckt werden.
- *Heinrich Heine,* **Englische Fragmente, Reisebilder und Reisebriefe,** Vierter Teil, BookSurge Publishing, 2001. *Heines* Eindrücke von der englischen Gesellschaft haben im modernen Britannnien immer noch Relevanz und er bringt viele typisch britische Charaktereigenschaften genau auf den Punkt.
- *Paul Theroux,* **The Kingdom by the Sea**, A Journey Around the Coast of Great Britain, Penguin Books, 1983. *Paul Theroux* umrundet das Vereinigte Königreich entlang der Küste und gibt ein Stimmungsbild von einer Inselnation, die durch die Nähe zur See geprägt ist.

Reiseführer

- *Semsek, Hans-Günter,* **England – der Süden,** REISE KNOW-HOW, Bielefeld. Den Süden Englands mit diesem kompletten Reisehandbuch entdecken. Enthält einen Stadtführer zu London.
- *Semsek, Hans-Günter,* **Cornwall/Kernow,** REISE KNOW-HOW, Bielefeld. Das Urlaubshandbuch für Aktivurlauber und für Geschichtsinteressierte.
- *Braun, Andreas; Cordes, Holger; Großwendt, Antje,* **Schottland – Orkney, Hebriden und Shetland,** REISE KNOW-HOW, Bielefeld. Dieser

Reiseführer führt in jeden Winkel Schottlands – ob ins rauhe Hochland oder zu den sanft rollenden Hügeln im Süden, ob an Sandstränden oder zu atemberaubenden Steilküsten.

- *Schulze-Thulin, Britta,* **Wales,** REISE KNOW-HOW, Bielefeld. Mit ausführlicher Beschreibung der Sehenswürdigkeiten des kleinen keltischen Landes im Westen Großbritanniens.
- *Semsek, Hans-Günter,* **Irland,** REISE KNOW-HOW, Bielefeld. Die grüne Insel lässt sich mit diesem kompletten Reisehandbuch wunderbar entdecken und erleben. Mit informativen Seiten zu Nordirland.

Sachliteratur

- *Anthony Aldgate, Jeffrey Richards,* **Cinema and Society from 1930 to the Present,** IB Tauris, 2002. Wichtige Meilensteine der britischen Filmgeschichte, nach kulturwissenschaftlichen Aspekten analysiert (für Filminteressierte).
- *Rudolf Beck, Konrad Schröder,* **Handbuch der britischen Kulturgeschichte,** Wilhelm Fink Verlag, 2006. Kompakter Überblick über wichtige Ereignisse der britischen Geschichte.
- *Michael Billington,* **State of the Nation, British Theatre since 1945,** Faber and Faber Limited, 2007. Umfassender Überblick über die Geschichte des britischen Nachkriegstheaters (für Kulturinteressierte).
- *Harry Bingham,* **This Little Britain. How one small country built the modern world,** Fourth Estate, 2007. Hier wird (stolz) aufgezeigt wie britisches Gedankengut die Welt beeinflusste.
- *James Boswell,* **Dr. Samuel Johnson: Leben und Meinungen,** Diogenes 2008. Eine Charakterisierung des Literaten *Dr. Johnson.*
- *Richard Dawkins,* **Der Gotteswahn** (engl. The God Delusion), Ullstein TB, 2008. *Dawkins* ist einer der bekanntesten Wissenschaftler Britanniens und führend in der atheistischen Bewegung.
- *Alexis de Tocqueville,* **Das Elend der Armut: Über den Pauperismus,** Avinus Verlag, 2007. Einblick in die Betrachtungen der Lebensverhältnisse der Armen im 19. Jh.
- *Kate Fox,* **Watching The English. The Hidden Rules of English Behaviour,** Hodder and Stoughton Ltd., 2004. Die Anthropologin *Kate Fox* deckt anhand von Feldstudien bestimmte Verhaltensmuster der Engländer humoristisch auf. Doch sind nicht alle hier aufgeführten Muster und Typisierungen heute noch zutreffend.
- *Hans-Dieter Gelfert,* **Typisch Englisch. Wie die Briten wurden, was sie sind,** Verlag C. H. Beck, 2005. Anhand verschiedener Aspekte der britischen Kulturgeschichte wird der Nationalcharakter der Briten erklärt.

- *Ed Glinert,* **East End Chronicles,** Penguin Books, 2006. Gruselige Begebenheiten aus der Geschichte des Londoner Eastends werden spannend geschildert.
- *Christopher Hitchens,* **Der Herr ist kein Hirte: Wie Religion die Welt vergiftet,** Heine, 2008. Wie *Richard Dawkins* ist auch *Hitchens* ein Atheist, der aufzuzeigen versucht, dass organisierte Religion negative Auswirkungen auf die Gesellschaft haben kann.
- *George Mikes,* **How to be an Alien,** Penguin Books, 1946. Das wohl bekannteste Buch eines Ausländers (Ungar) in Britannien, der von den Schwierigkeiten der Eingliederung schreibt.
- *Harry Mount,* **A Lust for Windowsills,** Little Brown Book Group, 2008. Betrachtungen über Besonderheiten der britischen Architektur.
- *Jeremy Paxman,* **The English,** Penguin Books, 2007. Einer der renommiertesten britischen Journalisten, der mehrere Bücher über die britischen Gesellschaft geschrieben hat.
- *Howard Sounes,* **Seventies,** Simon and Schuster UK, 2006. Abriss wichtiger kultureller Ereignisse der 1970er-Jahre.

Politik und Geschichte

- *John Cannon, Ralph Griffiths,* **The Oxford Illustrated History of the British Monarchy,** Oxford University Press, 1988. Eine detaillierte Übersicht über die britischen Monarchen der vier Nationen.
- *M. Dillon, N. K. Chadwick,* **Die Kelten,** Kindlers Kulturgeschichte, Parkland Verlag, 2004. Guter Überblick über die Geschichte der Kelten.
- *Sheppard Frere,* **Britannia, a History of Roman Britain,** Book Club Associates, 1974. Ein Klassiker zur Geschichte der Römer in Britannien.
- *Christopher Hibbert,* **The English, A Social History, 1066–1945,** Grafton, 1987. Faszinierender Einblick in das gesellschaftliche Leben im Wandel der Zeiten.
- *Tristram Hunt,* **Building Jerusalem, The Rise and Fall of the Victorian City,** 2004. Eingehende Studie über die Auswirkungen der Industrialisierung auf die Lebensumstände in der viktorianischen Großstadt.
- *Thomas Mergel,* **Großbritannien seit 1945,** UTB, 2005. Interessanter Überblick in die britische Nachkriegsgeschichte.
- *John Stuart Mill,* **On Liberty,** Forgotten Books, 2008 (Über die Freiheit, Reclam Taschenbuch 1986). Die Ideen des Philosophen *Mill* zum Verhältnis zwischen Staat und Bürger finden noch heute Anwendung.
- *Kenneth Morgan,* **The Oxford Popular History of Britain,** Oxford University Press, 1993. Allgemeiner Überblick über die verschiedenen Epochen britischer Geschichte.

- *Liza Picard,* **Dr. Johnsons London,** Weidenfeld and Nicholson, 2000. Interessantes über das tägliche Leben der Londoner im 18. Jh.
- *Michael Wood,* **Domesday, A Search for the Roots of England,** 1987. Einblick in die Inhalte des *Domesday Books* (das Reichsgrundbuch Englands), das von *Wilhelm dem Eroberer* in Auftrag gegeben worden war.

Belletristik

- *Alan Bennett,* **Die Souveräne Leserin,** Wagenbach Verlag 2008. Mit englischem Witz geschriebenes Buch, in dem die Queen aus Zufall das Lesen entdeckt und soviel Vergnügen daran hat, dass dies ihr höfisches und öffentliches Leben beeinflusst. Obwohl frei erfunden, gewinnt man durchaus Einblicke in Aspekte des täglichen Lebens der Queen.
- *George Orwell,* **Essays and Journalism 1931–1949,** Secker and Warburg, 1980. *Orwell* schildert in seiner halbautobiografischen Reisebeschreibung eindrücklich das Leben der Armen und Bettler auf den Straßen Londons.
- *Charles Dickens,* **Oliver Twist,** Penguin Books, 1994 (**Oliver Twist,** Diogenes Verlag, 2005). Eines der bekanntesten Werke des Autors über den Waisenjungen *Oliver Twist.*
- *Charles Dickens,* **Hard Times,** Penguin Classics, 1995 (**Harte Zeiten,** Insel Verlag, 2004). Hier schildert *Dickens* u. a. die Zustände in den durch die Industrialisierung entstandenen Großstädten.
- *Charlotte Brontë,* **Jane Eyre,** World's Classics, 1993 (**Jane Eyre,** DTV Taschenbuch, 2008). Eindringliche Beschreibung des Lebens einer mittellosen jungen Frau aus gutem Hause.
- *Charlotte Brontë,* **Shirley,** Penguin Popular Classics, 1994 (**Shirley,** Insel Taschenbuch, 2006). Den historischen Hintergrund für die Liebesgeschichte um die Protagonistin *Shirley* und einen Tuchfabrikanten bilden die Arbeiterunruhen im Jahre 1812.
- *Elizabeth Gaskell,* **North and South,** Penguin Popular Classics, 1994. Ähnlich wie in *Brontës* „Shirley" werden hier die Probleme und sozialen Auswirkungen der Industrialisierung anhand der Romanze zwischen einer jungen Frau und einem Industriellen verdeutlicht.
- *Rudyard Kipling,* **The Works of Rudyard Kipling,** Wordsworth Editions Ltd., 1994. (Gesammelte Werke, 3 Bände, List Paul Verlag, 1986). *Kipling* war einer der bekanntesten Autoren der späten viktorianischen Periode, sein Enthusiasmus für das Empire war umstritten.
- *Johanna Schopenhauer,* **Reise durch England und Schottland,** Steingrüben Verlag, 1965. Die Autorin gibt ihre Eindrücke und Beobachtungen zu verschiedenen Aspekten des britischen Lebens wieder.

- *William Shakespeare,* **The Complete Works of William Shakespeare,** Magpie Books, 1992 (**Sämtliche Werke in einem Band,** Otus, 2006).

Informatives aus dem Internet

- **http://archive.timesonline.co.uk/tol/archive/** – Im Archiv der *Times* kann man zu einzelnen Themen recherchieren
- **www.timesonline.co.uk** – Die *Times* bietet einen guten Einblick in aktuelle Belange
- **www.guardian.co.uk** – Auch der *Guardian* behandelt aktuelle Themen
- **www.bbc.co.uk** – Auf der Webseite der *BBC* findet man Informatives über viele Themenbereiche und einen Überblick über die hauseigenen DVD-Produktionen
- **www.ordnancesurvey.co.uk/oswebsite/getamap/** – *Ordnance Survey* ist der nationale Kartografieverlag für Britannien mit großem Sortiment
- **www.national.rail.co.uk** – Bahnauskunft mit Fahrplänen und Hinweisen auf Verspätungen
- **www.metoffice.gov.uk** – Das Wetteramt gibt ausführliche Informationen über die Wetterlage in den einzelnen Regionen
- **wwww.nicecupofteaandasitdown.com** – Informatives und Beschauliches zum Tee
- **www.visitbritain.de** – Webseite der britischen Tourismusbehörde mit praktischen Informationen und Hinweisen für die einzelnen Regionen
- **www.enjoyengland.com** – Englische Tourismusbehörde
- **www.visitscotland.com** – Schottische Tourismusbehörde
- **www.visitwales.com** – Walisische Tourismusbehörde
- **www.discovernorthernireland.com** – Nordirische Tourismusbehörde
- **www.fco.gov.uk** – Das britische Außenministerium bietet nützliche Informationen über geschäftliche Transaktionen mit dem Ausland
- **www.britishcouncil.org** – Das Britische Kultusministerium informiert über Kunst und kulturelle Initiativen in Britannien
- **http://ukingermany.fco.gov.uk/de** – Offizielle Website der Britischen Botschaft in Deutschland, u. a. mit Informationen zu Visafragen
- **www.deutsche-in-london.net** – Hier werden praktische Fragen des täglichen Lebens in England erklärt und Tipps erteilt
- **www.forum.walkingbritain.co.uk** – Hinweise und Tipps für das Wandern in Britannien
- **www.statistics.gov.uk** – Allgemeine Statistiken zu Britannien (entspricht dem Statistischen Bundesamt in Deutschland)
- **www.private-eye.co.uk** – Satiremagazin

Entdecke

England

VisitEngland ist das offizielle englische Fremdenverkehrsamt - auf www.visitengland.de finden Sie Anregungen für Ihren nächsten Kurztrip oder Ihre geplante Rundreise sowie eine Fülle an praktischen Informationen.

Unterkünfte: Wo Sie auch übernachten möchten, hier finden Sie Tausende von Unterkünften, die von unabhängigen Inspektoren besucht und bewertet wurden - damit Sie bei Ihrem Aufenthalt garantiert zufrieden sind.

visitEngland.de

Nützliches: Kaufen Sie Fahrkarten für öffentliche Verkehrsmittel, Eintrittskarten, Landkarten und vieles mehr in unserem Online Shop.

Highlights und Geheimtipps: Was Sie in England nicht verpassen sollten, finden Sie ebenfalls auf unserer Webseite. Planen Sie Ihren Aufenthalt und suchen Sie nach Sehenswürdigkeiten und Veranstaltungen an Ihrem Urlaubsort.

Reise Know-How
das komplette Programm
fürs Reisen und Entdecken

**Weit über 1000 Reiseführer, Landkarten, Sprachführer und Audio-CDs
liefern unverzichtbare Reiseinformationen und faszinierende Urlaubsideen
für die ganze Welt – *professionell, aktuell und unabhängig***

Reiseführer: komplette praktische Reisehandbücher für fast alle touristisch interessanten Länder und Gebiete **CityGuides:** umfassende, informative Führer durch die schönsten Metropolen **CityTrip:** kompakte Stadtführer für den individuellen Kurztrip **world mapping project:** moderne, aktuelle Landkarten für die ganze Welt **Edition REISE KNOW-HOW:** außergewöhnliche Geschichten, Reportagen und Abenteuerberichte **Kauderwelsch:** die umfangreichste Sprachführerreihe der Welt zum stressfreien Lernen selbst exotischster Sprachen **Kauderwelsch digital:** die Sprachführer als eBook mit Sprachausgabe **KulturSchock:** fundierte Kulturführer geben Orientierungshilfen im fremden Alltag **PANORAMA:** erstklassige Bildbände über spannende Regionen und fremde Kulturen **PRAXIS:** kompakte Ratgeber zu Sachfragen rund ums Thema Reisen **Rad & Bike:** praktische Infos für Radurlauber und packende Berichte außergewöhnlicher Touren **sound)))trip:** Musik-CDs mit aktueller Musik eines Landes oder einer Region **Wanderführer:** umfassende Begleiter durch die schönsten europäischen Wanderregionen **Wohnmobil-TourGuides:** die speziellen Bordbücher für Wohnmobilisten mit allen wichtigen Infos für unterwegs

www.reise-know-how.de

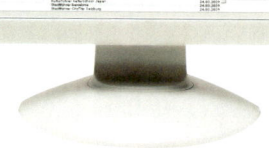

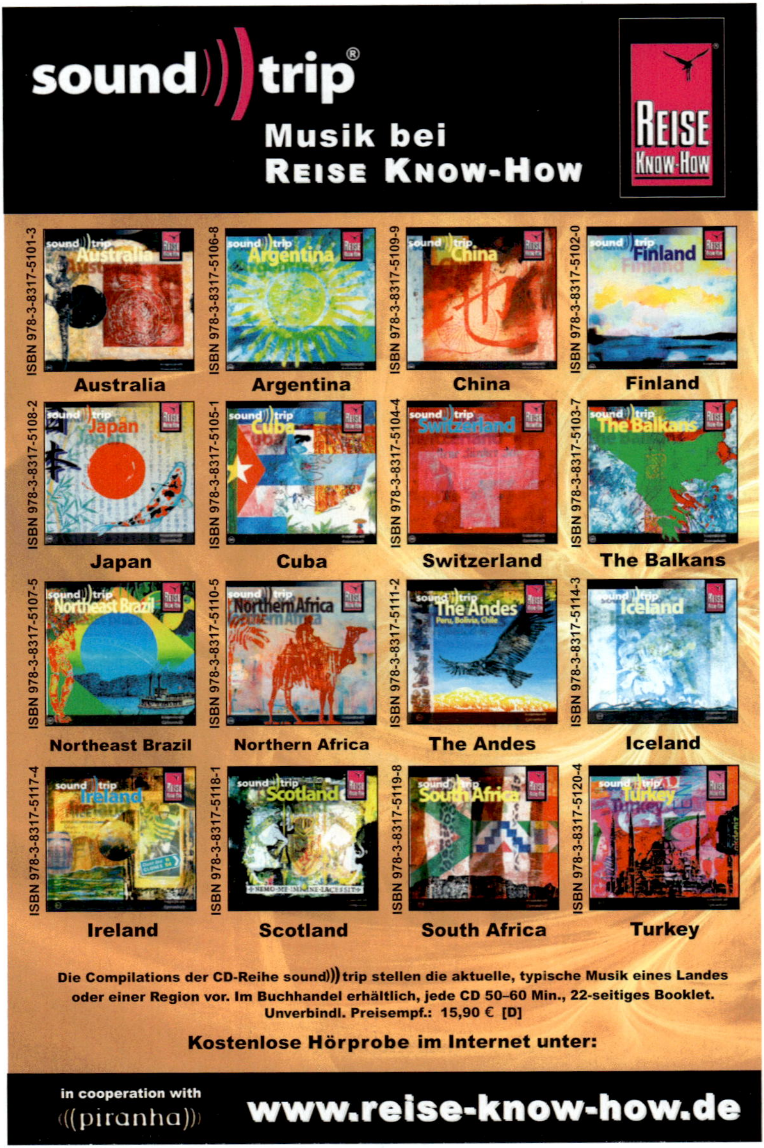
sound))) trip®
Musik bei
REISE KNOW-HOW
REISE KNOW-HOW
ISBN 978-3-8317-5101-3
Australia
ISBN 978-3-8317-5106-8
Argentina
ISBN 978-3-8317-5109-9
China
ISBN 978-3-8317-5102-0
Finland
ISBN 978-3-8317-5108-2
Japan
ISBN 978-3-8317-5105-1
Cuba
ISBN 978-3-8317-5104-4
Switzerland
ISBN 978-3-8317-5103-7
The Balkans
ISBN 978-3-8317-5107-5
Northeast Brazil
ISBN 978-3-8317-5110-5
Northern Africa
ISBN 978-3-8317-5111-2
The Andes
ISBN 978-3-8317-5114-3
Iceland
ISBN 978-3-8317-5117-4
Ireland
ISBN 978-3-8317-5118-1
Scotland
ISBN 978-3-8317-5119-8
South Africa
ISBN 978-3-8317-5120-4
Turkey
Die Compilations der CD-Reihe sound))) trip stellen die aktuelle, typische Musik eines Landes oder einer Region vor. Im Buchhandel erhältlich, jede CD 50–60 Min., 22-seitiges Booklet.
Unverbindl. Preisempf.: 15,90 € [D]
Kostenlose Hörprobe im Internet unter:
in cooperation with
(((piranha)))
www.reise-know-how.de

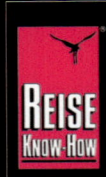

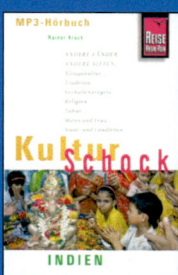

Register

Großbritannien

NORDSEE

Shetland Inseln
Lerwick

Orkney Inseln
Stromness

John o' Groats
Thurso
Wick

Fraserburgh
Peterhead
Aberdeen

Dundee

Inverness
★ *Schlacht von Culloden*

Ullapool

S C H O T T L A N D

Highlands

Perth
Dunfermline
Edinburgh
Galashiels

Stirling
Lowlands

Glasgow
Kilmarnock
southern Uplands
Dumfries

Hadrianswall

Ayr
Stranraer

Stornoway
Lewis
Tarbert

Uig
Skye

Fort William
Mull
Oban

Brodick
Arran

N. Uist
Lochmaddy

S. Uist
Lochboisdale

Jura
Islay

ATLANTISCHER
OZEAN

Campbeltown
Larne
Ballymena
Antrim
Coleraine

0   100 km

334

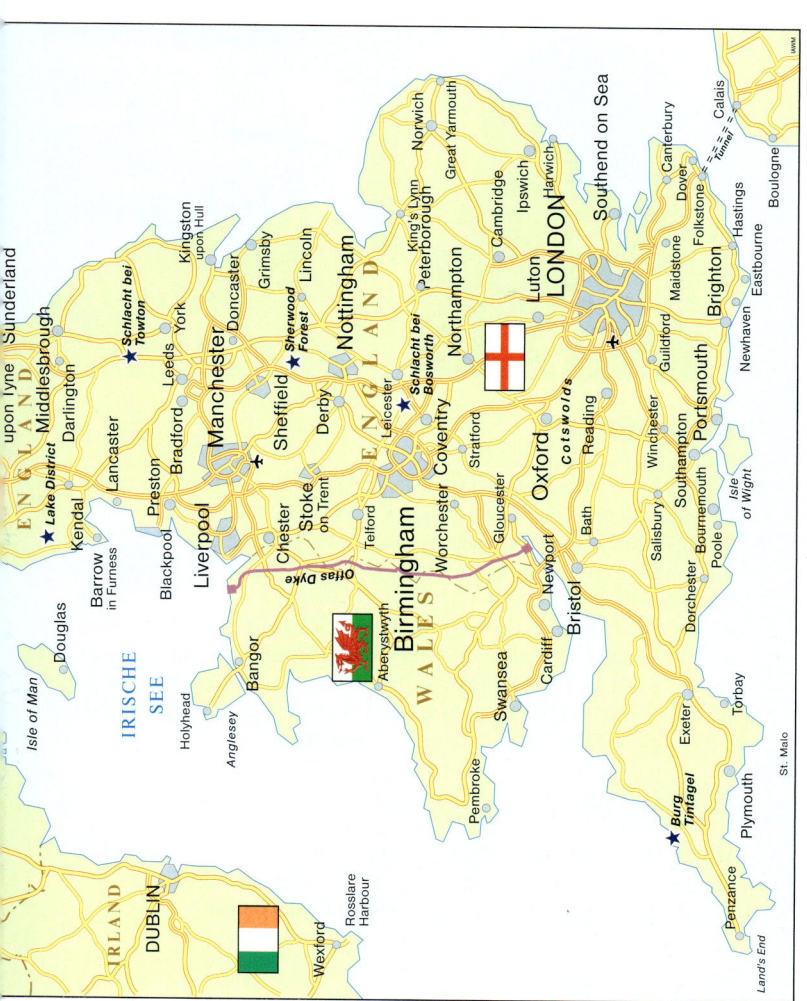

IRLAND

DUBLIN

Isle of Man

Douglas

Holyhead

Anglesey

Bangor

IRISCHE
SEE

Sunderland

upon Tyne
Middlesbrough

Darlington

★ Lake District

Kendal

Barrow
in Furness

Lancaster

Preston

Blackpool

Liverpool

Chester

Bradford

Manchester

Kingston
upon Hull

Grimsby

York

Leeds

★ Schlacht bei
Towton

Doncaster

Sheffield

Lincoln

★ Sherwood
Forest

Derby

Nottingham

Stoke
on Trent

E N G L A N D

Telford

Otias Dyke

Aberystwyth

Birmingham

W A L E S

Pembroke

Swansea

Worcester

Coventry

★ Schlacht bei
Bosworth

Leicester

Northampton

Stratford

Gloucester

Newport

Cardiff

Bristol

Bath

Norwich

Great Yarmouth

King's Lynn

Peterborough

Cambridge

Ipswich

Harwich

Northampton

Luton

LONDON

Southend on Sea

Oxford

Cotswolds

Reading

Winchester

Salisbury

Southampton

Portsmouth

Bournemouth

Poole

Dorchester

Isle
of Wight

Newhaven

Brighton

Eastbourne

Hastings

Newhaven

Maidstone

Guildford

Canterbury

Dover

Folkstone
Tunnel

Calais

Boulogne

Exeter

Torbay

★ Burg
Tintagel

Plymouth

Penzance

Land's End

St. Malo

Rosslare
Harbour

Wexford

Die Autoren

Lilly Nielitz-Hart studierte Amerikanistik und Kulturwissenschaft in Frankfurt und arbeitete dort mehrere Jahre für eine namhafte Kulturinstitution. Heute ist sie als freie Journalistin, Autorin und Übersetzerin u. a. für Reisebuchverlage und Touristikunternehmen tätig (Veröffentlichungen u. a. Stadtführer Frankfurt).

Simon Hart, geboren in Leeds, studierte Geschichte und Archäologie. Er lehrte Archäologie u. a. für die University of British Columbia. Heute ist er Lehrer für Geschichte und Politik. Beide haben die britischen Inseln ausgiebig bereist und leben heute an der Südküste Englands. Zusammen haben sie einen Stadtführer London herausgegeben.

Danksagung

Wir danken *Mira Bigus, Siegfried Bigus, Steve Cox, Karen Cox-O'Rourke, Alma Hart, Chris Lane, Rob Iliffe* und *Daniela Riley* für ihre Mithilfe und Unterstützung. Ein besonderer Dank geht an *Claudia Bigus*.